Der Menschensohn im Evangelium
nach Johannes

TANZ 35

Texte und Arbeiten zum neutestamentlichen Zeitalter

herausgegeben von Klaus Berger

Markus Sasse

Der Menschensohn im Evangelium nach Johannes

francke verlag

Die Deutsche Bibliothek – CIP-Einheitsaufnahme

Sasse, Markus:
Der Menschensohn im Evangelium nach Johannes / Markus Sasse. –
Tübingen ; Basel : Francke, 2000
  (Texte und Arbeiten zum neutestamentlichen Zeitalter ; 35)
  ISBN 3-7720-2827-6

© 2000 · A. Francke Verlag Tübingen und Basel
Dischingerweg 5 · D-72070 Tübingen

Das Werk einschließlich aller seiner Teile ist urheberrechtlich geschützt. Jede Verwertung außerhalb der engen Grenzen des Urheberrechtsgesetzes ist ohne Zustimmung des Verlages unzulässig und strafbar. Das gilt insbesondere für Vervielfältigungen, Übersetzungen, Mikroverfilmungen und die Einspeicherung und Verarbeitung in elektronischen Systemen.
Gedruckt auf säurefreiem und alterungsbeständigem Werkdruckpapier.

Printed in Germany

ISSN 0939-5199
ISBN 3-7720-2827-6

Meinen Eltern
Waltraud und Horst Sasse

Vorwort

Die vorliegende Arbeit wurde im Wintersemester 1998/1999 unter dem Titel „Die Menschensohnchristologie des Johannesevangeliums" von der Theologischen Fakultät der Ruprecht-Karls-Universität in Heidelberg als Dissertation angenommen. Für den Druck wurde sie geringfügig überarbeitet.

Zu danken habe ich in besonderer Weise meinem Doktorvater Prof. Dr. Klaus Berger. Er hat die Arbeit nicht nur angeregt, sondern während der ganzen Enstehungsphase mit großem Engagement betreut und begleitet. Herr Berger hatte stets ein offenes Ohr für noch unausgereifte Überlegungen und Entdeckungen und förderte die weitere Beschäftigung damit, auch wenn sie mitunter seiner eigenen Auslegung entgegenstanden.

Zu danken habe ich auch für die drei Jahre, in denen ich für Herrn Berger als geprüfte Hilfskraft arbeiten durfte. Ohne diese finanzielle Unterstützung wäre eine kontinuierliche Arbeit kaum möglich gewesen. Die Erfahrungen v.a. aus den von mir geleiteten Tutorien sind über Umwege auch der wissenschaftlichen Arbeit zugute gekommen.

Prof. Dr. Gerd Theißen danke ich für ein sehr gründliches Zweitgutachten.

Bevor die Ergebnisse der Arbeit die vorliegende redaktionelle Endgestalt erreicht hatten, wurden sie einige Jahre mündlich überliefert. Dies geschah v.a. im allmontäglichen Doktorandenkolloquium. Die dort vorgestellten ersten eigenen Ergebnisse wurde kritisch und kompetent diskutiert. Für die Anregungen aus diesem Kreis danke ich Dr. Andreas Blaschke, Dr. Peter Busch, Dr. Gabriele Fassbeck, Dr. Stephan Hagenow, Wichard von Heyden, Dr. Hans-Christoph Meier, Dr. Peter Söllner, Dr. Holger Sonntag, Dr. Jürgen Zangenberg.

Für hilfreiche Hinweise und kritische Anfragen danke ich ferner Pfr. Boris Bebber, Prof. Dr. Christoph Burchard, Prof. Dr. James H. Charlesworth, Pfr. Gerhard Eckstein, Prof. Dr. Hans-Joachim Eckstein, Dr. Volker Hampel, Herman Konings PA, PD Dr. Volker Küster, Prof. Dr. Dieter Zeller.

Ohne die ideelle und finanzielle Hilfe meiner Eltern Waltraud und Horst Sasse wäre die Arbeit nicht zustandegekommen. Ihnen sei das Buch in Liebe gewidmet.

Zuletzt danke ich meiner Frau Constanze Beringer, die v.a. die vielen negativen Begleiterscheinungen, die die wissenschaftliche Arbeit so mit sich gebracht hat, mit viel Verständnis und bewundernswerter Kondition ertragen hat. Ihre inhaltlichen und methodischen Anfragen und Ermunterungen haben mir oft über wissenschaftliche Durststrecken hinweggeholfen.

Bad Dürkheim, im Juli 2000

Inhalt

Einleitung	1
1 Das Thema	2
2 Kurzer Überblick zum Stand der Forschung	3
2.1 Rudolf Bultmann	3
2.2 Ernst Käsemann	6
2.3 Siegfried Schulz	6
2.4 Carsten Colpe	7
2.5 Rudolf Schnackenburg	8
2.6 Juan Peter Miranda	9
2.7 Jan-Adolf Bühner	9
2.8 Francis J. Moloney	10
2.9 Michael Theobald	11
2.10 Robert Rhea	12
2.11 Delbert Burkett	13
2.12 Ertrag und Folgerungen	13
3 Zur eigenen Vorgehensweise	18

I. Hauptteil
Zum theologischen und historischen Standort des Johannesevangeliums — 20

4 Einleitende Bemerkungen zum Johannesevangelium	20
5 Die Situation der Adressaten (Sozialgeschichte und Textpragmatik)	26
5.1 Vorausgesetzte Hypothesen	26
5.2 Forschungsansätze	28
5.2.1 James L. Martyn	29
5.2.2 Raimond E. Brown	30
5.2.3 Klaus-Martin Bull	32
5.2.4 Klaus Wengst	34
5.3 Die Situation der johanneischen Gemeinde	35
5.3.1 Der Ausschluß aus der Synagoge (9,22; 12,42; 16,2)	36
5.3.2 Die johanneische Gemeinde und das Judentum	40
5.3.3 Die Fraglichkeit der Herkunft Jesu	42
5.3.4 Der Ditheismusvorwurf (5,18; 10,22-39)	42

5.3.5 Die johanneische Gemeinde und ihre jüdische Identität in Abgrenzung zur jüdischen Synagoge	43
5.3.6 Theologische Auseinandersetzungen innerhalb der johanneischen Gemeinde	47
5.3.7 Die johanneische Gemeinde und die Täuferjünger (1,35-51; 3,22-36)	47
5.3.8 Auseinandersetzungen mit heidnischen Kulten (2,1-12; 5,1-9)?	49
6 Konsequenzen für die Darstellung des Wirkens Jesu im Johannesevangelium	**51**
6.1. Der juristische Charakter des Johannesevangeliums: Der Prozeß der Gemeinde gegen die Welt	51
6.1.1 Die himmlische Anklageschrift: Der Prolog und seine Funktion für das Evangelium	53
6.1.2 Die Präsentation der Beweise: Die Zeugen	57
6.1.3 Der Anwalt und Ankläger: Der Paraklet	60
6.2 Der didaktisch-pädagogische Charakter des Johannesevangeliums	61
6.2.1 Der übergreifende Lernprozeß der Jünger und untergeordnete Lernprozesse	62
6.2.2 Unterschiedliche Lernprozesse im Verlauf des Evangeliums	63
6.2.3 Ertrag	68
7 Abschließende Bemerkungen zur Gesamtintention des Johannesevangeliums	**69**

II. Hauptteil
Das Bild des Menschensohnes im Johannesevangelium — 71

8 Der Menschensohn und sein Kontakt zum Himmel (1,51)	**73**
8.1 Auf- und Abstieg von Engeln	73
8.2 Menschensohn und Engel	74
8.3 Der Menschensohn als Wesen mit himmlischer Würde	75
8.4 Der Menschensohn als Anwort auf die Frage des Nathanael	77
9 Der Ab- und Aufstieg des Menschensohnes (3,13)	**79**
9.1 Zum Kontext von 3,13: Exegese von 3,1-12	80
9.1.1 Abgrenzung und Aufbau des Nikodemusgesprächs	80
9.1.2 Nikodemus - ἄρχων τῶν Ἰουδαίων - und sein	85

Inhalt XI

„Bekenntnis"(3,1f.)
9.1.3 Von oben geboren (3,3) 92
9.1.4 Die Provokation des Nikodemus (3,4) 98
9.1.5 Geboren aus Wasser und Geist (3,5) 99
9.1.6 Die irdische Unvermittelbarkeit von σαρξ und πνεῦμα 106
(3,6f.)
9.1.7 Exkurs: Die Entsprechung von Herkunft und Ziel als 107
Grundmuster der johanneischen Christologie und
Soteriologie
9.1.8 Das Bildwort vom Wind (3,8) 118
9.1.9 Nikodemus' letzte Frage (3,9) 119
9.1.10 Kritik am Unverständnis (3,10) 120
9.1.11 Zeugnis und Glaube (3,11f.) 122
9.1.12 Resumee: Nikodemus und seine textpragmatische 127
Funktion für die intendierten Leser
9.2 Ab- und Aufstieg des Menschensohnes (3,13) 131
9.2.1 Der Menschensohn als Antwort auf die Frage des 131
Nikodemus
9.2.2 Herkunft und Ziel des Menschensohnes 134
9.2.3 Menschensohn und Geistgeborene 137
9.2.4 Gründe für die Verwendung des Menschensohnes in 140
3,13
9.2.5 Der Menschensohn als der Ab- und Aufgestiegene - zur 150
Bedeutung und Herkunft der Verben ἀναβαίνειν und
καταβαίνειν und ihrer Verknüpfung mit dem
Menschensohn

10 Die Erhöhung des Menschensohnes (3,14; 8,28; 12,32- 157
34) als Kreuzigung und Verherrlichung (12,23; 13,31f.)
10.1 Erhöhung und Kreuzigung (12,32-34; 8,28; 3,14) 157
10.1.1 Die Identität von Erhöhung und Kreuzigung 157
10.1.2 Die Erhöhung als kosmisches Geschehen: Der Tod 160
Jesu als Sieg über den Herrscher der Welt
10.1.3 Die soteriologischen Konsequenzen der Erhöhung 162
10.2 Ab- und Aufstieg und Erhöhung (3,13 und 14) 163
10.2.1 Die Erhöhung der ehernen Schlange (Num 21,8f.) und 163
die Erhöhung des Menschensohnes (3,14f.)
10.2.2 Das Verhältnis von 3,13 und 3,14 169
10.3 Verherrlichung und Erhöhung (12,23.28.32.34; 13,31f.) 170
10.4 Der erhöhte Menschensohn 172

11 Die Gerichtsvollmacht des Menschensohnes (5,27) 175
11.1 5,27 und Dan 7,13.14 ((LXX) 175

11.2 Die Gerichtsfunktion des Menschensohnes in ÄthHen, TestAbr und in den synoptischen Evangelien	176
11.3 Die Gerichtsfunktion des Menschensohnes als Legitimation des Sohnes	178
11.4 Der Menschensohn als präsentischer und futurischer Richter	179
12 Der Menschensohn und das Brot vom Himmel (6,25-59)	**182**
12.1 Die göttliche Beauftragung des Wundertäters - Speisung (6,1-15) und Seewandel (6,16-21)	184
12.2 Exegese von 6,25-59	191
12.2.1 Vergängliche Speise und Speise zum ewigen Leben, die der Menschensohn gibt (6,25-27)	191
12.2.2 Gottes Werke und Glaube (6,28f.)	200
12.2.3 Jesus als das wahre Brot des Lebens (6,30f.32-58)	201
12.3 Auswertung	228
13 Der Menschensohn als Gegenstand des Glaubens (9,35-41)	**231**
13.1 Der geheilte Blindgeborene als Repräsentant des johanneischen Judenchristentums	231
13.2 Das Bekenntnis zu Jesus als dem Menschensohn	234
14 Auswertung der Einzelergebnisse	**237**
14.1 Die Einheitlichkeit der johanneischen Menschensohnworte	237
14.2 Die traditionsgeschichtliche Herkunft	241
14.3 Das Verhältnis zu den synoptischen Menschensohnworten	243
14.4 Der Auftrag des Menschensohnes	245
14.5 Der Menschensohn und die Gemeinde	246
14.6. Der Menschensohn als Teil des Kommunikationsgeschehens	247

Schluß
Der Menschensohn im Rahmen der johanneischen Christologie   248

15 Die verschiedenen christologischen Bezeichnungen	**248**
16 Die vermittelnde Funktion der christologischen Bezeichnungen	**251**
17 Die Argumentationsstruktur in der johanneischen Christologie - Versuch einer vereinfachenden Darstellung	**253**

18 Menschensohn und Sohn	258
18.1 Die Sohnchristologie	258
18.2 Vergleich von Menschensohnchristologie und Sohnchristologie	259
18.3 Der Menschensohn als christologische Interpretation des Sohnes	260
19 Die besondere Bedeutung des Menschensohnbegriffes in der johanneischen Christologie	263
20 Ausblick	265
21 Christologische Bezeichnungen im Johannesevangelium	268
22 Stellenregister (Auswahl)	277
23 Sachregister (Auswahl)	281
24 Literaturverzeichnis	285

Einleitung

1 Das Thema

Der Begriff Menschensohn, der außer in Act 7,56 und Apk 1,13; 14,14 nur in den Evangelien vorkommt,[1] findet sich 13mal im Johannesevangelium. Er begegnet - wie auch in den synoptischen Evangelien - fast ausschließlich in Reden Jesu. Lediglich in 12,34c und d wird von der Volksmenge nach dem Menschensohn gefragt. Dies geschieht im Anschluß auf eine Äußerung Jesu, die Unverständnis bei den Hörern hervorruft. Die Bezeichnung Menschensohn ist in dieser Rede bereits eingeführt (12,30) und die Nachfrage bezieht sich darauf.[2] Der Menschensohn wird nicht vom erzählenden Evangelisten als Bezeichnung der Funktion Jesu verwandt. Er begegnet nur in wörtlicher Rede und bezieht sich immer auf die Person Jesu. Der Gebrauch dieser Bezeichnung beginnt mit den ersten wörtlichen Äußerungen Jesu (Nathanaelgespräch in 1,47-51) und endet mit einem Kommentar zur Enttarnung des Verräters (13,31f.). Im weiteren Verlauf des Evangeliums ist vom Menschensohn nicht mehr die Rede. Das Wirken des Menschensohnes endet mit seiner Erhöhung.

Was den Terminus Menschensohn angeht, gehe ich von folgender Definition aus: Der Begriff Menschensohn ist kein christologischer Hoheitstitel wie Christus und Gottessohn[3], sondern eine Selbstbezeichnung Jesu, die seine Funktion beschreibt.[4] Die christologische Bezeichnung Menschensohn umschreibt „die eschatologische Identität Jesu mit dem künftigen Richter mit Hilfe apokalyptischer Bildersprache"[5].

---

[1] Zum Befund vgl. auch BECKER, Jesus S.249ff.; COLPE, υἱὸς τοῦ ἀνθρώπου, CONZELMANN, Theologie S.105; DUNN, Christology S.981f.; DE JONGE, Christologie im Kontext S.160ff.; NICKELSBURG, Son of Man S.142; PAINTER, Johannine Son of Man S.1869f.; SCHENK, Menschensohn S.15f.; STUHLMACHER, Theologie I S.118f.; THEIßEN / MERZ, Jesus S.474.
[2] Vgl. DE BOER, Death S.149; THEIßEN / MERZ, Jesus S.474.
[3] Vgl. dazu BERGER, Auferstehung S.417, Anm. I 605; HOFIUS, Messias S.118; KMIECIK, Menschensohn S.11, Anm.2.; MERKLEIN, Auferweckung S.244; MOULE, Son of Man S.278. Zur Anwendung des Ausdrucks 'Titel' vgl. KARRER, Jesus Christus S.18.
[4] Vgl. MERKLEIN, Auferweckung S.244; KARRER, Jesus Christus S.303f.; THEIßEN / MERZ, Jesus S.476-480.
[5] BERGER, Auferstehung S.417, Anm. I 605. Vgl. auch BERGER, Theologiegeschichte S.669-671. Zur Bezeichnung Menschensohn als Chiffre für Messias vgl. HAMPEL, Menschensohn und historischer Jesus S.98-101. Zu den sprachlichen und gattungskritischen Fragen vgl. u.a. BECKER, Jesus S.253f.; BERGER, Theologiegeschichte S.664ff.;

Die Frage nach der Authentizität der Menschensohnworte wird im folgenden nicht behandelt.[6] Die vorgelegte Arbeit ist kein Beitrag zum sog. Menschensohn-Problem, auch wenn es in einigen Fällen zu inhaltlichen Überschneidungen kommt - v.a. bei der traditionsgeschichtlichen Herleitung. Hier geht es vielmehr um die Verwendung einer christologischen Bezeichnung im Blick auf ihre argumentative Funktion im Johannesevangelium im Rahmen eines Kommunikationsgeschehens.

CASEY, Idiom and Translation; GERLEMAN, Menschensohn S.1-13; HAHN, Christologische Hoheitstitel S.13-23; KARRER, Jesus Christus S.288-294; KOCH, Messias und Menschensohn S.80-84; SCHENK, Menschensohn S.15-31.454-461; THEIßEN / MERZ, Jesus S.471f.

[6] Eine Zusammenstellung der zu dieser Frage vorgelegten Hypothesen bietet VÖGTLE, Gretchenfrage. Vgl. ferner AUFRECHT, Son of Man Problem; CASEY, Idiom and Translation; COLPE, Menschensohn-Problem S.361-363; KARRER, Jesus Christus S.294ff.; STUHLMACHER, Theologie I S.118-125; THEIßEN / MERZ, Jesus S.476; YARBRO COLLINS, Apocalyptic Son of Man-Sayings.

2 Kurzer Überblick zum Stand der Forschung

Der folgende kurze Überblick dient der Einordnung des Themas in den Zusammenhang der Erforschung der Christologie des Johannesevangeliums. Zunächst werden die wichtigsten Entwürfe skizziert und nach ihrer Relevanz für Erforschung des johanneischen befragt. Ferner werden ausgewählte Forschungsansätze zum Thema kurz dargestellt.[7] Der darauffolgende thematische Überblick leitet über in die daraus entwickelten eigenen Fragestellungen für die vorliegende Arbeit.

Der johanneische Menschensohn war eine lange Zeit kein Gegenstand der Erforschung des Johannesevangeliums. Zwar hatte schon BOUSSET[8] auf die besondere Bedeutung des Menschensohnbegriffs für die Präexistenzchristologie des vierten Evangeliums hingewiesen, intensive Beschäftigungen mit der spezifischen Rolle des Menschensohnes im Johannesevangelium blieben aber aus.

2.1 Rudolf Bultmann

In der Folgezeit ging es mehr um die traditions- und religionsgeschichtliche Einordnung des Johannesevangeliums. Diese wurde ermöglicht durch die Erschließung mandäischer Quellen durch LIDZBARSKI.[9] Grundlegend für die weitere Forschung ist dabei BULTMANNS Aufsatz von 1925[10]: Für BULTMANN steht hinter dem Grundschema der johanneischen Christologie der gnostische Erlösermythos, wie er sich besonders im Schrifttum der Mandäer finde.

„Die Grundzüge des gnostischen Erlösermythos, dessen konkrete Ausgestaltung im einzelnen variieren kann, sind die folgenden: Aus der

---

[7] Über den Forschungsstand von 1957 bis 1969 informiert detailliert RUCKSTUHL, Menschensohnforschung. Vgl. ferner BURKETT, Son of the Man S.16-37; BÜHNER, Der Gesandte S.8-117 (zur johanneischen Christologie insgesamt); LOADER, Christology S.1-19; MENKEN, Christology; MOLONEY, Johannine Son of Man (2. Aufl.) S.221-256; RHEA, Johannine Son of Man S.11-20.
[8] BOUSSET, Kyrios Christos S.156.
[9] LIDZBARSKI, Mandäische Liturgien. Vgl. dazu BÜHNER, Der Gesandte S.25f.; VIELHAUER, Literatur S.445ff.
[10] BULTMANN, Bedeutung. Zu BULTMANNs Interpretation des Johannesevangeliums insgesamt vgl. die Darstellungen bei BÜHNER, Der Gesandte S.24ff.; HAACKER, Stiftung des Heils S.9-16; HAENCHEN, Das Johannesevangelium und sein Kommentar; SCHMITHALS, Johannesevangelium und Johannesbriefe S.164-174.176; THEOBALD, Fleischwerdung des Logos S.55-67 (v.a. zum Prolog); THYEN, Johannesevangelium S.208f.

Lichterwelt wird eine göttliche Gestalt auf die von dämonischen Mächten beherrschte Welt herabgesandt, um die Lichtfunken, die aus der Lichterwelt stammen und infolge eines Falles in der Urzeit in menschliche Leiber gebannt sind, zu befreien. Der Gesandte nimmt menschliche Gestalt an und tut auf Erden die ihm vom Vater aufgetragenen Werke, wobei er vom Vater nicht abgeschnitten ist. Er offenbart sich in seinen Reden (...) und vollzieht so die Scheidung zwischen den Sehenden und den Blinden, denen er als ein Fremdling erscheint. Die Seinen hören auf ihn, und er erweckt in ihnen die Erinnerung an ihre Lichtheimat, lehrt sie ihr eigentliches Selbst erkennen und lehrt sie den Rückweg in die Heimat, in die er selbst, ein erlöster Erlöser, wieder emporsteigt."[11]

Der Logosspekulation des Prologs liege die in der jüdischen Weisheitsliteratur beheimateten Spekulation über die personhafte göttliche Weisheit zugrunde. Diese Spekulation wiederum sei eine Variante des gnostischen. Erlösermythos - wie auch die Logosspekulation Philos (häufiger Wechsel von Logos und Sophia). BULTMANN hält den gnostischen Erlösermythos für vorchristlich und versteht ihn als Bindeglied zwischen den mandäischen, manichäischen, hermetischen, christlich-gnostischen, philonischen Texten, die ansonsten voneinander unabhängig sind. Kennzeichen des Erlösermythos seien Ab- und Aufstieg des erlösenden Offenbarers, Verbundenheit mit den Seinen, Gegensatz zur Welt, Dualismus.[12] Entscheidend sei dabei nicht eine Botschaft, die der Gesandte bringt, sondern lediglich das „daß" seines Gesandtseins, seines Offenbart-Seins. Am Verhältnis zu diesem Gesandten entscheide sich die Existenzfrage für die Menschen.

Der gnostische Erlösermythos wurde nach BULTMANN vom Evangelisten jedoch nicht unverändert übernommen. Während die Gnosis mehrere aufeinander folgende „Erscheinungen derselben göttlichen Gestalt (Gestaltwandel des Erlösers)" biete, verstehe der Evangelist „Jesus als einmalige geschichtliche Gestalt". Jesus ist der Gesandte, „der Erlöser in exklusiver Singularität."[13] Ferner betone der Evangelist die Identität von Schöpfer und Erlöser im Gegensatz zum absoluten Dualismus der Gnosis, wonach die Welt durch eine kosmische Katastrophe entstanden sei. Weitere Vorstellungen, die vom Evangelisten nicht übernommen

---

[11] BULTMANN, Johannesevangelium Sp. 847. Vgl. dazu die Darstellung der Diskussion bei SCHNACKENBURG, Johannesevangelium 1 S.433-447 (Exkurs 6: Der gnostische Erlösermythos und die joh. Christologie).
[12] Vgl. dazu BULTMANN, Johannesevangelium S.847. Ein Modell des vorchristlichen gnostischen Erlösermythos hat K.M. FISCHER anhand des Nag-Hammadi-Traktats „Die Exegese über die Seele" (NHC II,6) rekonstruiert. Vgl. K.M. FISCHER, Der johanneische Christus S.255f.
[13] VIELHAUER, Literatur S.449.

werden, seien die Präexistenz der Seelen und die Wesensidentität von Mensch und Erlöser.

„Der Evangelist verwendet den gnostischen Mythos - in dieser Korrektur - zur Entfaltung seiner Christologie und Soteriologie; er konnte mit ihm besser als mit apokalyptischen Kategorien die Jenseitigkeit der Offenbarung und besser als mit sakramentalen Kategorien die Gegenwärtigkeit des totalen Heils zum Ausdruck zu bringen."[14]

Nach BULTMANN war die Übernahme des Mythos und dessen Anwendung auf Jesus durch eine Übereinstimmung in Grundeinsichten bedingt: Diese sind Unweltlichkeit des menschlichen Selbst, Weltverflochtenheit und Weltverfallenheit des menschlichen. Selbst, Unweltlichkeit Gottes und Notwendigkeit von Erlösung und Offenbarung. Das Evangelium antworte auf die durch diese Grundeinsichten auftretenden Fragen. Die Identifikation von Jesus und dem gnostischen Erlösermythos hat zur Folge, daß die Logik des Mythos die Logik des Evangeliums bestimmt. „Der Weg Jesu im vierten Evangelium entspricht dem Weg des gnostischen Gesandten, den BULTMANN in 27 Stationen zergliedert."[15] Unmittelbare Folgen dieser Anwendung des Mythos-Schemas auf das Johannesevangelium sind die Vereinheitlichung der verschiedenen christologischen Bezeichnungen unter dem einen Aspekt des Gesandtseins, die sich daraus ergebene Vernachlässigung von Untersuchungen der einzelnen christologischen Bezeichnungen sowie die von BULTMANN vorgenommenen Textumstellungen.[16]

Für den Menschensohnbegriff hat diese Sicht weitreichende Konsequenzen: Der johanneische Menschensohn wird nicht (wie der synoptische) von Dan 7 her verstanden. Berührungen mit dem Menschensohn der synoptischen Tradition werden von BULTMANN mittels Quellenzuweisung getilgt. Züge des danielischen Menschensohnes (in 5,27) werden der Kirchlichen Redaktion zugeschrieben.[17] Der johanneische Menschensohn ist überhaupt kein eigenständiger Gegenstand der Forschung, da er unter dem Sendungsschema subsumiert wird.

---

[14] VIELHAUER, Literatur S.450.
[15] Vgl. BÜHNER, Der Gesandte S.25.
[16] Ausgeführt in BULTMANN, Johannes. Vgl. auch Darstellung und Kritik bei KÜMMEL, Einleitung S.171f. (Bedenken gegen Textumstellungen); SCHNELLE, Einleitung S.550-558; SMITH, Composition; THYEN, Johannesevangelium S.208f.; VIELHAUER, Literatur S.420-423.
[17] Vgl. BULTMANN, Johannes S.196f.

2.2 Ernst Käsemann

Einen anderen Weg geht KÄSEMANN.[18] Er revidiert die Literarkritik BULTMANNs: Die Gnosis sei nicht der Quelle, sondern dem Autor zuzuschreiben. Das Johannesevangelium ist für KÄSEMANN eine gnostische Schrift. Es enthalte eine Epiphaniechristologie mit dem inhaltlichen Höhepunkt in Joh 17 und nicht, wie BULTMANN annimmt, eine Paradoxchristologie. Gegen den Entscheidungsdualismus BULTMANNs setzt KÄSEMANN einen gnostischen Erwählungsdualismus. Das Johannesevangelium sei nicht das Produkt der werdenden Großkirche, sondern entstammt einem Konventikel mit gnostisierender Tendenz (Konventikelfrömmigkeit.).

Ausgangspunkt der johanneischen Christologie ist bei KÄSEMANN der urchristliche Enthusiasmus aus dem Bereich der hellenistischen Gemeinden.[19] Enthusiasmus ist hier „Erfahrung der Herrlichkeit eines aus dem Himmel auf die Erde gestiegenen Gottes."[20] Die religionsgeschichtliche Kategorie, in der das Erdenwirken Jesu im Johannesevangelium dargestellt wird, ist dementsprechend nicht wie bei BULTMANN der gnostische Erlöser, sondern die Epiphanie Gottes. So kann KÄSEMANN über den johanneischen Menschensohn sagen, er sei „Gott in die menschliche Sphäre hinabsteigend und dort epiphan werdend."[21] Züge einer Niedrigkeitschristologie werden von KÄSEMANN weitgehend bestritten. Selbst die Sendungsaussagen sind nur durch die Ausstattungsregie für das irdische Wirken bedingt und werden von KÄSEMANN mit dem Gedanken des Gehorsams verbunden.[22] Die Sendungsterminologie sei zudem mit dem Menschensohn verbunden, hinter dem wiederum die Vorstellung vom Urmenschen aus Röm 5,12ff. stünde.[23] Die Inkarnation wird als Projektion der Präexistenzherrlichkeit verstanden.

2.3 Siegfried Schulz

SCHULZ[24] verknüpft die Zugänge BULTMANNs und KÄSEMANNs zu einem eigenen Ansatz: Es ist eine Kombination vom gnostischen Hintergrund der Sendungschristologie (BULTMANN) und dem Enthusiasmus

---

[18] Zur Kritik vgl. BORNKAMM, Interpretation; BÜHNER, Der Gesandte S.73-78.
[19] Zur Abhängigkeit KÄSEMANNS von BOUSSET in diesem Punkt vgl. BÜHNER, Der Gesandte S.73-78.
[20] BÜHNER, Der Gesandte S.76
[21] KÄSEMANN, Wille S.35.
[22] KÄSEMANN, Wille S.28f.
[23] Vgl. zur Kritik BÜHNER, Der Gesandte S.79-82.
[24] SCHULZ, Johannes.

als Traditionsträger (KÄSEMANN). In einer frühen Arbeit[25] widmete sich SCHULZ bereits dem johanneischen Menschensohn - jedoch weniger als eigenständigen Forschungsgegenstand, sondern vielmehr als Beispiel seiner methodengeschichtlichen Erwägungen, in denen er auch andere christologische Terminologien als Beispiele verwendet. SCHULZ untersucht von den Einzeltexten ausgehend sog. Thema-Traditionen. Für die Menschensohn-Thema-Tradition ergibt sich für ihn folgendes Bild: Das im Johannesevangelium vorliegende Material handele vom apokalyptischen Menschensohn. Dieses Material sei zu untergliedern in (1) zukünftig-apokalyptisches und (2) präsentifiziertes, wobei letzteres sich am Alten Testament und an gnostischem Material orientiere. „Grundlegend sei das gnostische Schema vom Ab- und Aufstieg des Gesandten (...), das sekundär mit der Menschensohn-Lehre verschmolzen sei. Der aus der judenchristlichen Tradition stammende 'Menschensohn' sei im Enthusiasmus durch die Ab- und Aufstiegs-Lehre der präsentisch ausgerichteten Gesandtenchristologie angepaßt worden (...)"[26].

Der Menschensohnbegriff wird hier wenigstens zum Teil Gegenstand der Untersuchung. Er wird nicht wie bei BULTMANN und KÄSEMANN unter die jeweilige Interpretation subsumiert. Ferner wird die Beziehung zum apokalyptischen Menschensohnbegriff deutlich gemacht und in Bezug auf Joh 5,27 von einer literarischen Abhängigkeit von Dan 7 ausgegangen. Außerdem wird aus den Texten eine Thema-Tradition erschlossen und nach Beziehungen zu anderen Thema-Traditionen gefragt.

2.4 Carsten Colpe

COLPE[27] hat in seiner kritischen Darstellung der religionsgeschichtlichen Schule die religionsgeschichtliche Einordnung des Johannesevangeliums bei BULTMANN einer grundlegenden Kritik unterzogen: Nach COLPE hat es den gnostischen Erlösermythos in frühchristlicher Zeit noch nicht gegeben. Einen einheitlichen Erlösermythos gebe es erst im Manichäismus als aus gelehrter Reflexion stammender Kunstmythos.[28]

---

[25] SCHULZ, Untersuchungen. Vgl. dazu J.M. ROBINSON, Recent Research S.247-252; RUCKSTUHL, Menschensohnforschung S.183-194.
[26] BÜHNER, Der Gesandte S.83f.
[27] COLPE, Die religionsgeschichtliche Schule. Vgl. dazu auch SCHNACKENBURG, Johannesevangelium 1 S.435ff.; THYEN, Johannesevangelium S.206.
[28] Vgl. auch NETHÖFEL, Strukturen existentialer Interpretation, bes. S.78: „Bultmanns Kommentar ist in seiner mythischen Struktur (...) ein Abbild des gnostischen Erlösermythos - und damit dessen Variante."

In seinem umfangreichen ThWNT-Artikel sieht COLPE Ähnlichkeiten zwischen dem johanneischen Menschensohn und dem himmlischen Mann aus der philonischen Tradition.[29]

2.5 Rudolf Schnackenburg

Nach SCHNACKENBURG[30] bilden alle Menschensohn-Logien einen „einheitlich-geschlossenen Gedankenkreis"[31]:
„Der Menschensohn ist der joh. Messias, Lebensspender (...) und Richter, der diese Funktion schon ausübt und allein ausüben kann, weil er der vom Himmel herabgestiegene und dorthin wieder aufsteigende Menschensohn ist."[32]

SCHNACKENBURG lehnt es ab, über die 13 Menschensohn-Worte hinaus Spuren der johanneischen Menschensohnvorstellung in weiteren Texten nachzuweisen.[33] Auch die Gleichung 'Menschensohn = Mensch', wodurch sich BULTMANNs Interpretation, den johanneischen Menschensohn traditionsgeschichtlich aus dem gnostischen Erlösermythos nachzuweisen, geradezu aufdrängt, akzeptiert er nicht.[34] Er sieht den johanneischen Menschensohn näher bei der synoptischen Tradition. Zwischen den johanneischen Menschensohnworten und denen der Synoptiker gebe es einige Berührungspunkte (z.B. Gerichtsfunktion [5,27 - Lk 12,8; Mk 8,38 parr.; Mk 13,26 parr.; Mk 14,62; Lk 11,30 par.; Lk 12,40 par.; Lk 17,24.26.30 par.; Mt 13,41; Mt 19,28; Mt 25,31; Lk 18,8; Lk 21,36]; Erhöhung und Verherrlichung - Kommen in Herrlichkeit [Mk 8,38parr.; Mk 13,26; Mt 25,31]). Der Johannesevangelist komme jedoch zu seinen Gegenwartsaussagen über den Menschensohn
„nicht über die synoptische Tradition, sondern auf eigenen Wegen theologischen Weiterdenkens. Da verfolgen die Synoptiker und Johannes, die auf dem gemeinsamen Boden zunächst der Zukunftsaussagen und dann, wenn auch schon verschieden, der Leidensaussagen über den Menschensohn bauten, je eine eigene Linie."[35]

---

[29] Vgl. COLPE, υἱὸς τοῦ ἀνθρώπου S.474. Zur Kritik vgl. BURKETT, Son of the Man S.28-33.
[30] SCHNACKENBURG, Menschensohn. Vgl. dazu RUCKSTUHL, Menschensohnforschung S.183-194.
[31] SCHNACKENBURG, Menschensohn S.126.
[32] SCHNACKENBURG, Johannesevangelium 1 S.414.
[33] Vgl. SCHNACKENBURG, Johannesevangelium 1 S.414ff.
[34] Vgl. SCHNACKENBURG, Johannesevangelium 1 S.414f.
[35] SCHNACKENBURG, Menschensohn S.131.

Der wichtigste Beitrag SCHNACKENBURGs ist hier das Betonen der engen Verbindung der johanneischen Menschensohnworte mit denen der synoptischen Tradition. Der Menschensohn der synoptischen Tradition sei sekundär mit dem Ab- und Aufstiegsschema kombiniert worden. Das nach BULTMANN zugrundeliegende Mythos-Schema lehnt SCHNACKENBURG ab.

2.6 Juan Peter Miranda

Im Anschluß an SCHNACKENBURG untersucht MIRANDA[36] die johanneische Sendungschristologie, wobei er sich ausgiebig mit dem gnostischen Erlösermythos beschäftigt, diesen jedoch als religionsgeschichtliche Kategorie für das Johannesevangelium ablehnt. MIRANDA versteht Sendung parallel zur prophetischen Beauftragung, wobei der Sohntitel nur Gehorsamsmotiv ist.

2.7 Jan-Adolf Bühner

Ebenso wie MIRANDA hat auch BÜHNER[37] die Sendungschristologie untersucht. Er deutet sie in Analogie zum orientalischen Botenbegriff und der jüdischen Vertretungslehre. Der johanneische Christus ist als prophetischer Gesandter zu verstehen. Im ausdrücklichen Anschluß an BERGER[38] entwickelt BÜHNER seine Theorie von einer anabatischen Berufungsvision, die dem Auftreten Jesu vorgelagert ist.
  Jesus sei „in einer Art Berufungsvision anabatisch in den Himmel gelangt, dort zum Menschensohn gewandelt und als solcher in seine irdische Existenz hinabgestiegen."[39] Jesu Weg als Menschensohn führe demnach „über die Katabase zur Erhöhung im Kreuz, die eine Erhöhung auch über die Himmlischen ist und deshalb vermutlich im anschaulichen Hintergrund als Entrückung zu verstehen ist."[40]
Im Johannesevangelium komme es im Laufe eines Traditionsprozesses zur Verbindung von Sendungslehre und Menschensohn:
„Die johanneische Sendungslehre, welche ihren traditionsgeschichtlichen Urpunkt in einem apokalyptisch-visionären Prophetenbild zu haben scheint, entfaltet sich also unter Einfluß der Menschensohn-Lehre: so-

---

[36] MIRANDA, Vater.
[37] BÜHNER, Der Gesandte. Vgl. auch BERGER, Rezension Bühner; MOLONEY, Johannine Son of Man (2.Aufl.) S.237ff..
[38] Vgl. BERGER, Auferstehung S. 566f. Anm. II 414.
[39] BÜHNER, Der Gesandte S.398. Zur Kritik vgl. BURKETT, Son of the Man S.35-37.
[40] BÜHNER, Der Gesandte S.399.

fern der Prophet seine geheime Identität mit dem Menschensohn bezeugt, ist zugleich seine irdische Sendung durch die der - in dieser Hinsicht einem מלאך ähnlichen - himmlischen Figur 'Menschensohn' überformt. Da er als Menschensohn Gottes himmlischer Erwählter ist, wird er darin zum vertrauten Bevollmächtigten und Sohn des Vaters. Als Menschensohn bekommt der johanneische Christus also Anteil an der im Himmel anhebenden Sendung der מלאכים; als Menschensohn wird er darüber hinaus in das exklusive Sohn- und שליח-Verhältnis zum himmlischen Vater erhoben."[41]

Zusammenfassend formuliert BÜHNER:

„Die traditionsgeschichtliche Entwicklung der johanneischen Sendungslehre setzt ein in der prophetisch-visionären Grundlage der Christologie: Jesus ist als apokalyptischer Prophet gesandt und damit als Anabatiker vom Himmel her gesandt; diese 'Sendung vom Himmel her' verbindet sich zunächst mit der Menschensohn-Lehre, da der Menschensohn traditionell eine Boten bzw. מלאך-Figur ist und in einem besonderen d.i. Auftrags- und Vollmachtsverhältnis zu Gott steht. Daneben nimmt Johannes die urchristliche Tradition von der 'Sendung des Sohnes Gottes' auf. Beide Ansätze münden traditionsgeschichtlich im spätjohanneischen Konzept vom Beauftragten und Bevollmächtigten Gottes."[42]

2.8 Francis J. Moloney

Die bislang ausführlichste Arbeit über den johanneischen Menschensohn hat MOLONEY[43] vorgelegt: Der Evangelist habe den Menschensohnbegriff aus der christlichen Tradition aufgenommen und ihn in sein christologisches Schema eingepaßt. Aber er stehe in der gleichen Interpretationslinie von Dan 7,13 wie die synoptischen Evangelien, das äthiopische Henochbuch, 4 Esra und die Kirchenväter.[44] Der johanneische Menschensohn sei der menschliche Jesus - der inkarnierte Logos, der in die Welt kam, um Gott zu offenbaren[45] und durch Leiden seine Herrlichkeit zu erlangen.[46] MOLONEY legt Wert darauf, daß es sich beim Menschensohn nicht um ein Himmelswesen handelt, sondern um den Menschen

---

[41] BÜHNER, Der Gesandte S.409.
[42] BÜHNER, Der Gesandte S.414.
[43] MOLONEY, Johannine Son of Man. Vgl. auch die Darstellung bei RHEA, Johannine Son of Man S.19f.
[44] MOLONEY, Johannine Son of Man S.219.
[45] MOLONEY, Johannine Son of Man S.220.
[46] MOLONEY, Johannine Son of Man (2.Aufl.) S.237.

Jesus als inkarnierten Logos.⁴⁷ Ferner macht er deutlich, daß zwischen dem Gebrauch des Menschensohnbegriffs und des Sohnbegriffs im Johannesevangelium zu unterscheiden ist. MOLONEY bietet eine andere Deutung des Ab- und Aufstieg-Schemas: Demnach gebe es keinen Auf-, sondern nur einen Abstieg des Menschensohnes. Jesus habe die exklusive Erkenntnis der Offenbarung Gottes. Das Evangelium richte sich damit gegen eine an Mose orientierte Frömmigkeit. Hier orientiert sich MOLONEY an MEEKS. Nach MEEKS sind die dem Johannesevangelium zugrundeliegenden Traditionen teilweise aus der Begegnung mit feindlicher, jüdischer Mosefrömmigkeit entstanden. Der Evangelist sei von der Mose-Tradition über den Propheten-König geleitet gewesen.⁴⁸

2.9 Michael Theobald

THEOBALD bezeichnet in seiner umfassenden Analyse des Johannesprologs die Menschensohnchristologie als den Rahmen der johanneischen Christologie.⁴⁹ Die Menschensohn-Worte seien vom Evangelisten planvoll komponiert.⁵⁰

„Die Gesandtenchristologie des Corpus [sc. des Evangeliums, M.S.] setzt nicht die Logoschristologie des Prologs, sondern die Menschensohn-Vorstellung als ihren sie definierenden Rahmen voraus. Er garantiert ihre Autarkie, so daß man die joh. Christologie mit gutem Grund auch 'Menschensohnchristologie' nennen kann. Über die Erhöhungs- und Verherrlichungsaussagen ist sie mit dem Zentrum des joh. Jesusbildes, der Deutung seines Todes verbunden."⁵¹

Die ältere Menschensohnchristologie sei „erst nachträglich durch die Logoschristologie präzisiert"⁵² worden. Nach THEOBALD gehört der Logosprolog zum letzten Redaktionsstadium des Johannesevangeliums und bietet eine Generalisierung der im Corpus des Evangeliums narrativ vermittelten Sachverhalte.⁵³

---

⁴⁷ Vgl. MOLONEY, Johannine Son of Man S.213. Ähnlich auch PAMMENT, Son of Man; RHEA, Johannine Son of Man. Zur Kritik vgl. ASHTON, Understanding S.340; WILCKENS, Johannes S.53f.
⁴⁸ Vgl. MEEKS, Prophet-King.
⁴⁹ THEOBALD, Im Anfang war das Wort; THEOBALD, Die Fleischwerdung des Logos; THEOBALD, Gott S.55f.
⁵⁰ Vgl. THEOBALD, Fleischwerdung des Logos S.388f.
⁵¹ THEOBALD, Fleischwerdung des Logos S.392f.
⁵² THEOBALD, Fleischwerdung des Logos S.398.
⁵³ Vgl. THEOBALD, Fleischwerdung des Logos S.371ff.; ferner THEOBALD, Im Anfang war das Wort S.127-130; THEOBALD, Gott S.80.

2.10 Robert Rhea

Nach RHEA[54] ist der johanneische Menschensohn ein messianischer, aber kein apokalyptischer Titel. Es gebe keine Anhaltspunkte für eine Rezeption von Dan 7, ÄthHen oder 4Esr. Ebenso fehlen überhaupt apokalyptische Bilder im Johannesevangelium. Die Verwendung des Menschensohntitels sei durch die theologische Absicht des Evangelisten bedingt, die vom einzigartigen Offenbarungsstatus Jesu bestimmt sei.[55] Der Menschensohntitel schaffe lediglich den Rückbezug zur prophetischen Aufgabe Jesu: Er diene dazu, die göttliche Gegenwart anzuzeigen, die ihn zu einem menschlichen Propheten gemacht habe.

„Since the title occurs often in the midrashic discussion which points to an interdependency between it and the concept of the Mosaic-Prophet-Messiah, it is highly likely that the Evangelist has derived his use of the term as a messianic title from a prophetic background and tradition. In this light the poetic use of the term in the Psalms and its use as a means of adress in Ezekiel take on a renewed significance. Also the appearance of the term in the Jewish-Christian, apocryphal work, The Testament of Abraham, points to a similar usage.

It is, therefore, highly probable that the term Son of Man was a somewhat obscure yet significant phrase which provided a means of referring to prophetic office. It served to indicate the divine presence which had itself manifest to the human prophet."[56]

Im Anschluß an MOLONEY stellt RHEA fest, daß der Begriff Menschensohn das Mensch-Sein des Offenbarers auf Erden betont.

„It is as the incarnate Son, the Son of Man, that Jesus serves as the place on earth where God is revealed to humankind. Divine revelation is thus transmitted through a human element to all humankind."[57]

RHEA betont einen engen Bezug zum leidenden Gottesknecht.[58] Die Erhöhungsvorstellung erkläre sich aus Anknüpfung an Jes 52,13. Für RHEA ist der Menschensohn der leidende johanneische Jesus, der die Offenbarung über den Weg der Klimax des Kreuzes in die Welt bringt.

---

[54] RHEA, Johannine Son of Man. Vgl. v.a. die Zusammenfassung S.69-71.
[55] Vgl. RHEA, Johannine Son of Man S.69.
[56] RHEA, Johannine Son of Man S.69f. (unterstrichen bei RHEA).
[57] RHEA, Johannine Son of Man S.70.
[58] Vgl. dazu die Besprechung bei MENKEN, Christology S.317f.

2.11 Delbert Burkett

Die jüngste Arbeit zum johanneischen Menschensohn wurde von BURKETT vorgelegt.[59] Nach BURKETT hat der johanneische Menschensohn keinerlei Beziehung zu Dan 7,13 und der jüdischen Apokalyptik.[60] BURKETT führt die Verwendung des Menschensohnbegriffs im Johannesevangelium (wie die gesamte johanneische Christologie) auf Prov 30,1-4 zurück.

„(1) The title has no connection with Dan 7.13 or the apocalyptic tradition. (2) The correct translation of the designation is 'the son of the Man' or 'the Man's son'. (3) The sources of the descent/ascent terminology are three Old Testament passages: Gen 28.12 (Jn 1.51), Isa 55.10-11 (Jn 6) and Prov. 30.4 (Jn 3,13). (4) The source of the expression itself is a christological interpretation of Prov. 30.1-4, in which Jesus is identified as 'Ithiel', the son of 'the Man'".[61]

Dominierend ist für BURKETT die Sohnchristologie.[62] Er betont eine enge Verbindung von Sohn und Sohn des Menschen. Es liege keine eigenständige Menschensohnchristologie vor. Der Menschensohn ist Teil der Sohnchristologie.

2.12 Ertrag und Folgerungen

Beim Überblick über die bisherigen Forschungsergebnisse fällt auf, daß der johanneische Menschensohn meist im Rahmen der johanneischen Christologie untersucht wird. In der Erforschung des sog. Menschensohnproblems nimmt der johanneische Menschensohn nur eine untergeordnete Position ein. So wird er in den meisten Untersuchungen zum Thema Menschensohn im Neuen Testament - wenn überhaupt - nur am Rande erwähnt. Auch in den Arbeiten zum Menschensohn in den synoptischen Evangelien werden die johanneischen Menschensohnstellen meist nicht zum Vergleich herangezogen.[63] Dies entspricht dem Primat der synoptischen Evangelien in der Frage nach dem historischen Jesus.

---

[59] BURKETT, Son of the Man. Vgl. auch MOLONEY, Rezension Burkett; SCHNELLE, Rezension Burkett.
[60] Vgl. zum folgenden BURKETT, Son of the Man S.49f.
[61] BURKETT, Son of the Man S.49f.
[62] Vgl. BURKETT, Son of the Man S.171.
[63] So u.a. HAHN, Christologische Hoheitstitel; HAMPEL, Menschensohn und historischer Jesus; KMIECIK, Menschensohn; TÖDT, Menschensohn; VIELHAUER, Gottesreich und Menschensohn; VÖGTLE, Gretchenfrage.

Bei der Erforschung des johanneischen Menschensohnes steht v.a. die Frage nach dem traditionsgeschichtlichen Ursprung im Vordergrund.[64]

Bei der Behandlung dieser Frage geht es zugleich auch um das Verhältnis des Johannesevangeliums zu den synoptischen Evangelien und um den Ursprung der Menschensohnbezeichnung überhaupt.

- Der johanneische Menschensohnbegriff rezipiert die jüdische Apokalyptik (Dan 7; ÄthHen 37-71; 4Esr 13 und hat traditionsgeschichtlich dieselbe Grundlage wie die Menschensohn-Worte der synoptischen Evangelien (MOLONEY, PAMMENT[65], SCHENK, SCHNACKENBURG, SMALLEY[66], WILCKENS[67])
- Der johanneische Menschensohn hat traditionsgeschichtliche Wurzeln in der Ben-Adam-Anrede im Ezechielbuch (BERGER[68], SIDEBOTTOM, SMALLEY, VAWTER[69]).
- Der johanneische Menschensohn ist eine Kombination aus apokalyptischem Menschensohn und Gottes Offenbarung am Sinai in jüdischer Tradition (BORGEN[70]).
- Die Wurzeln des johanneischen Menschensohnbegriffs liegen nicht in der jüdischen Apokalyptik (BULTMANN, BURKETT, M. MÜLLER[71], RHEA)
- Der johanneische Menschensohn ist entweder der hellenistische (DODD[72], HAMERTON-KELLY[73], HIGGINS[74], LIGHTFOOT, MURRAY, TAYLER), der allgemein-orientalische (BORSCH) oder der jüdische (BARRETT, CULLMANN, SIDEBOTTOM, RICCA) himmlische Mensch.
- Der johanneische Menschensohn ist eine Kombination aus synoptischem Menschensohn und einem himmlischen Menschen, der auf- und absteigt (ASHTON, HIGGINS[75], TALBERT[76]).

---

[64] Vgl. zum Folgenden MOLONEY, Johannine Son of Man (2.Aufl.), S.222-247.
[65] PAMMENT, Son of Man.
[66] SMALLEY, Johannine Son of Man Sayings; SMALLEY, John S.212ff.
[67] WILCKENS, Johannes S.53f.
[68] BERGER, Johannes S.157-162.
[69] VAWTER, Ezekiel and John.
[70] BORGEN, Traditions.
[71] M. MÜLLER, Ausdruck S.142f.
[72] DODD, Interpretation S.241-249.
[73] HAMERTON-KELLY, Pre-existence.
[74] HIGGINS, Menschensohn-Studien S.49.
[75] HIGGINS, Jesus and the Son of Man S.153-184.
[76] TALBERT, Myth.

- Der johanneische Menschensohn zeigt Verbindung zum himmlischen Menschen bei Philo (COLPE[77]).
- Der johanneische Menschensohn ist nicht von der synoptischen Menschensohnvorstellung abhängig (HAHN[78], SMALLEY[79]). Beide gehen auf dieselben antiken Wurzeln zurück (BORSCH, SCHWANK).
- Der Johannesevangelist kennt die synoptische Tradition, entwickelt aber sein eigenes Konzept im Kontext seiner eigenen Christologie (HIGGINS[80], IBER, LINDARS, MOULE, REIM, SCHNACKENBURG,).
- Der johanneische Menschensohn ist ein komplett neues Konzept (KINNIBURGH, MARTYN, MEEKS).

Von deutlich geringerer Bedeutung ist die Frage nach der schriftstellerischen Intention bei der Verwendung des Menschensohnbegriffs im Johannesevangeliums.

- Im Johannesevangelium liegt keine eigenständige Menschensohnchristologie vor (BULTMANN, LIGHTFOOT[81], MARTYN, PAINTER[82]). Der Menschensohn ist Teil der Sohn- bzw. Sendungschristologie (BÜHNER, BULTMANN, BURKETT[83], FREED[84], MARTYN[85], RHEA).
- Die Menschensohn-Worte unterscheiden sich zwar von anderen christologischen Themen oder Traditionen (SCHULZ), sind aber nur vorgegebenes Traditionsgut der johanneischen Gemeinde. Es gibt keine vom Evangelisten planvoll entwickelte Menschensohnchristologie (HIGGINS[86], SCHULZ[87])
- Es gibt eine von anderen christologischen Konzeptionen unterscheidbare Menschensohn-Konzeption (ASHTON[88], COPPENS[89],

---

[77] COLPE, υἱὸς τοῦ ἀνθρώπου S.474.
[78] HAHN, υἱὸς τοῦ ἀνθρώπου Sp.933.
[79] SMALLEY, Johannine Son of Man Sayings S.300.
[80] HIGGINS, Jesus and the Son of Man S.153-184.
[81] LIGHTFOOT, St John's Gospel S.104
[82] PAINTER, Johannine Son of Man.
[83] Vgl. BURKETT, Son of the Man S.171.
[84] FREED, Son of Man S.403
[85] MARTYN, History and Theology S.134
[86] HIGGINS, Jesus and the Son of Man.
[87] SCHULZ, Menschensohn-Christologie.
[88] ASHTON, Understanding S.339f.
[89] COPPENS, Le fils de l'homme néotestamentaire S.65; COPPENS, logia.

CULLMANN[90], LINDARS[91], MOLONEY[92], RUCKSTUHL[93], SCHNACKENBURG, THEOBALD[94]).
- Der johanneische Menschensohn ist eine Bezeichnung des inkarnierten Logos (COLPE[95], BÜHNER[96] FORESTELL[97], MOLONEY[98], SCHENK[99]).
- Bei der Verwendung der Menschensohnbezeichnung wird das Mensch-Sein Jesu betont (MOLONEY[100], PAMMENT[101], RHEA[102])
- Der johanneische Menschensohn ist vom Evangelisten mit der Gesandtenvorstellung verbunden worden (BERGER[103], BÜHNER[104]).
- Der johanneische Menschensohnbegriff ist nur eine Funktionsbezeichnung für den Offenbarer und hat keinen eigenen semantischen Gehalt (DORMAN[105], M. MÜLLER[106]).
- Der johanneische Menschensohn ergänzt oder korrigiert andere messianische Bezeichnungen bzw. ist ein christologisches Korrektiv (LOADER[107], MOLONEY[108], NICHOLSON[109], SCHENK[110], THEOBALD[111]).

---

[90] CULLMANN, Christologie S.189ff.
[91] LINDARS, Son of Man S.44f.
[92] MOLONEY, Johannine Son of Man S.214.
[93] RUCKSTUHL, Menschensohnforschung S.171.
[94] THEOBALD, Fleischwerdung des Logos S.392.
[95] COLPE, υἱὸς τοῦ ἀνθρώπου S.480f.
[96] BÜHNER, Der Gesandte S.404.
[97] FORESTELL, Word of the Cross S.74.
[98] MOLONEY, Johannine Son of Man S.211f.246.
[99] SCHENK, Menschensohn S.153.
[100] Vgl. MOLONEY, Johannine Son of Man S.213. PAMMENT, Son of Man.
[101] PAMMENT, Son of Man.
[102] RHEA, Johannine Son of Man S.70.
[103] BERGER, Johannes S.162f.
[104] BÜHNER, Der Gesandte S.414.
[105] DORMAN, Son of Man S.138.
[106] M. MÜLLER, Ausdruck.
[107] LOADER, Central Structure S.199: „The Vehicle for Interpreting the Death of Jesus" (*kursiv* bei LOADER)
[108] MOLONEY, Johannine Son of Man S.214: „Almost every saying is a concluding statement, on the lips of Jesus, resolving a series of questions or insufficient confessions about the nature of Jesus (...) 'The Son of Man' appears to be used to give the correct answer to the question: 'Who is Jesus?'"
[109] NICHOLSON, Death as Departure S.62.
[110] SCHENK, Menschsohn S.156f.
[111] THEOBALD, Fleischwerdung des Logos S.389.

Aus den oben dargestellten Forschungsansätzen ergeben sich für eine weitere Erforschung folgende Fragen?

(1) Gibt es im Johannesevangelium eine Menschensohnchristologie oder nur einige durch die Tradition bedingte unzusammenhängende Menschensohnsprüche?

(2) Gibt es ein bestimmtes Vokabular, daß sich mit dem Menschensohnbegriff verbindet?

(3) Liegt der Verwendung des Menschensohnbegriffs eine übergreifende Intention zugrunde?

(4) Ist die Verwendung des Menschensohnbegriffs durch eine bestimmte Situation der johanneischen Gemeinde bedingt?

(5) Welchen schriftstellerischen Zweck erfüllt die Verwendung des Menschensohnbegriffs?

(6) Gibt es eine Argumentationsstruktur für die johanneischen Menschensohnworte?

(7) Welches Verhältnis besteht zwischen synoptischen und johanneischen Menschensohnworten? Gehen sie auf die gleiche Tradition zurück oder gibt ein vermittelndes Bindeglied?

(8) Wie verhält sich der Menschensohn zu den anderen christologischen Bezeichnungen im Johannesevangelium? Weist er Besonderheiten auf? Welche Rolle spielt er innerhalb der johanneischen Christologie?

3 Zur eigenen Vorgehensweise

1. In der Erforschung des Johannesevangeliums ist es bis jetzt zu keinem Konsens bezüglich des Menschensohnbegriffs gekommen. Die Deutungen variieren stark und sind meist von der jeweiligen Gesamtdeutung des Evangeliums und dessen religions- und theologiegeschichtlichen Einordnung abhängig. Daher ist es notwendig vor einer Untersuchung des Menschensohnbegriffs zunächst die wichtigsten Einleitungs-fragen zum Johannesevangelium zu klären.

2. Daran anschließend ist nach der historischen und theologischen Situation der intendierten Leser zu fragen. Vorausgesetzt wird dabei ein Textverständnis, wo-nach Texte immer nur in Kontexten verständlich sind: Ein Text ist „Teil eines Kommunikationsgeschehens"[112]. Es ist daher sowohl nach der Intention des Autors zu fragen als auch nach den impliziten bzw. intendierten Lesern.[113] Die historische Situation der Adressaten soll möglichst genau bestimmt werden. Das Johannesevangelium ist - innerhalb eines Kommunikationsgeschehens - als Antwort auf die durch sie hervorgerufenen Probleme der johanneischen Gemeinde zu verstehen.[114]

3. Dann werden die Aussagen der johanneischen Menschensohnworte gesammelt, um sie anschließend in einem Gesamtbild zueinander in Beziehung zu setzen. Bei der Erstellung dieses Gesamtbildes werde ich

---

[112] EGGER, Methodenlehre S.34. Zur Methode der Textpragmatik in der Linguistik und in der biblischen Exegese vgl. u.a. BERGER, Exegese S.86-127.bes.: S.92-94; BREUER, Texttheorie S.44-71; EGGER, Methodenlehre S.34-40; FRANKEMÖLLE, Handlungsanweisungen S.19-49 (Gleichnisse); GÜLICH / RAIBLE, Textmodelle S.14-58; HARDMEIER, Texttheorie und biblische Exegese S.52-153; ISER, Akt des Lesens; ISER, Appellstruktur; KMIECIK, Menschensohn S.15-25 (Markusevangelium); KÜSTER, Text und Kontext; SCHLIEBEN-LANGE, Linguistische Pragmatik; SCHMIDT, Textthe-orie S.107-111; WARNING, Rezeptionsästhetik. Zum Johannesvangelium: DE BOER, Narrative Criticism (Auseinandersetzung mit POWELL, What is Narrative Criticism? bei Betonung der Legitimität literarkritischer Ansätze); BOTHA, Jesus and the Samaritan Woman; BÜHLER, Kreuzestheologe S.194-199; CULPEPPER, Anatomy; DUNN, Let John be John; HAMMES, Ruf ins Leben S.165f.; NICHOLSON, Death as Departure S.29-41; SCHLÜTER, Selbstauslegung; STALEY, The Prints First Kiss; STIBBE, John as Storyteller; THEOBALD, Fleischwerdung des Logos S.165; THYEN, Werk S.123f.; ZUMSTEIN, Analyse narrative; ZUMSTEIN, Johannesevangelium.
[113] Zum impliziten Leser vgl. ISER, Akt des Lesens S.50-66; ISER, Der implizite Leser. Dazu auch FREY, Der implizite Leser und die biblischen Texte S.276f.
[114] Vgl. u.a. THYEN, Werk S.119f.; THYEN, Johannesevangelium S.211.

mich besonders um die Eckpunkte des Auftretens des Menschensohnes (Ab-und Aufstieg, Erhöhung und Verherrlichung) bemühen und ihre Verbindung untereinander aufzeigen. Diese Vorgehensweise ist durch den Textbefund begründet: Die christologische Bezeichnung Menschensohn dient zur Deutung von Anfang und Ende des Wirkens Jesu.[115] In diesem Arbeitsschritt wird zur Erhellung der Einzelaussagen auch nach ihrer traditionsgeschichtlichen Herkunft und ihrem Verhältnis zur synoptischen Tradition gefragt.

4. Der Schlußteil der Arbeit beschäftigt sich mit dem Verhältnis der Menschensohnchristologie zu den anderen christologischen Aussagen im Johannesevangelium. Der Menschensohnbegriff wird mit den anderen christologischen Bezeichnungen und den mit diesen verbundenen Wortfeldern verglichen und profiliert. Hierbei will ich zu erklären versuchen, warum der Evangelist diese Bezeichnung für Jesus gebraucht hat und welche Funktion der Menschensohn innerhalb der johanneischen Christologie einnimmt.

Die christologischen Aussagen des Johannesevangelium werden je für sich betrachtet. Dabei wird die durch die Textlektüre erschlossene Arbeitshypothese vorausgesetzt, daß der Evangelist seine christologischen Aussagen mit einem je spezifischen Vokabular verbindet.[116] Auch wenn sich die christologischen Bezeichnungen auf den einen gemeinsamen historischen Sachverhalt beziehen, haben sie doch unterschiedliche Funktionen. Dies ist v.a. wichtig, wenn man voraussetzt, daß sich das Johannesevangelium an unterschiedliche Gruppen richtet, die je unterschiedliche Erwartungen und Vorstellungen haben, die vom Evangelisten unterschiedlich aufgenommen, bestätigt, integriert oder kritisiert werden.

Die Ergebnisse werden v.a. aus der direkten Arbeit am Text gewonnen. Daher stellen die Exegesen der Rede-Komplexe, in denen der Menschensohnbegriff eine wichtige Rolle spielt, im Mittelpunkt dieser Arbeit. Dabei wird immer wieder gefragt, welche Funktion die Verwendung des Menschensohnbegriffs gerade an dieser Stelle hat.

---

[115] Vgl. dazu NICHOLSON, Death as Departure S.60-62.
[116] Vgl. dazu LINDARS, Son of Man S.44.

I. Hauptteil

Zum theologischen und historischen Standort des Johannesevangeliums

Sind christologische Deutungen oder die Verwendung bestimmter christologischer Bezeichnungen durch die Situation der Gemeinde bedingt, so ist es notwendig, diese Situation so genau wie möglich zu rekonstruieren. Dabei ist zu beachten, daß nicht Hypothesen über Hypothesen getürmt werden.[117] Vielmehr soll auch hier von einer relativ sicheren Minimaldeutung ausgegangen werden, die dann an einzelnen Elementen unterfüttert werden kann.

4 Einleitende Bemerkungen zum Johannesevangelium

Die Forschung am Johannesevangelium ist von einem Konsens in den Einleitungsfragen weit entfernt.[118] Daher ist hier kurz die eigene Sicht zu referieren.

1. Das Johannesevangelium ist eine judenchristliche Schrift, die während des ersten nachchristlichen Jahrhunderts im palästinischen Raum entstanden ist.[119]

---

[117] Vgl. dazu die kritischen Erwägungen von HENGEL, Johanneische Frage S.248-252.
[118] Vgl. den kurzen Überblick bei NORDSIEK, Johannes S.VIIf. Ferner: HAINZ, Redaktionsgeschichte S.157-160; GAWLICK, Mose S.1; KRAUS, Johannes und das Alte Testament S.1, Anm.2.; SCHMITHALS, Johannesevangelium und Johannesbriefe S.175f.
[119] Zu den Einleitungsfragen vgl. NORDSIECK, Johannes; SCHNACKENBURG, Johannesevangelium 1 S.2-152; SCHNELLE, Einleitung S.538-541. Zur Sprache des Autors vgl. zusammenfassend HENGEL, Johanneische Frage S.276f.: „Daß der Autor aus dem jüdischen Eretz Israel stammt, zeigt z.B. die Tatsache, daß er eine Koine mit einem deutlichen semitischen Einschlag schreibt ..." (S.276) - mit Verweis u.a. auf BEYER, Semitische Syntax (Vergleich mit Qumran-Texten) S.17f.297f.; SCHLATTER, Sprache und Heimat S.28f. (Vergleich mit rabbinischen Texten). Nach HENGEL ist das Johannesevangelium allerdings als Alterswerk des Evangelisten erst in Ephesus entstanden (zu dessen Biographie vgl. S.324f.). HENGEL betont jedoch die jüdische Herkunft des Evangelisten. Er verweist u.a. auf WELLHAUSEN, Das Evangelium Johannis S.123: „Man braucht den jüdisch-biblischen Ideenkreis nicht zu verlassen, um zu sehen wo-

In der neueren Forschung ist vielfach die Frage nach dem historischen Quellenwert des Johannesevangeliums hinsichtlich des historischen Jesus bzw. hinsichtlich des johanneischen Christentums gestellt worden.[120] Es geht dabei um die Glaubwürdigkeit des Evangeliums aber auch um seine zeitliche wie örtliche Bestimmung. Liefert das Johannesevangelium ein zutreffendes Bild der Verhältnisse der Zeit Jesu? Bewahrt es glaubhafte alte Traditionen, die in den synoptischen Evangelien nicht belegt sind? Wie nahe ist das Johannesevangelium den Ereignissen um Jesus - zeitlich und räumlich? Letztlich geht es hier auch um die Frage nach der kulturellen Verortung des johanneischen Christentums: Kleinasien oder Syrien-Palästina.

Im allgemeinen wird das Johannesevangelium für ein Produkt der späteren Zeit gehalten, das sich durch eine völlig andere Art der Darstellung von dem Modell der synoptischen Evangelien unterscheidet.[121] Die Verortung variiert dabei, je nach dem, ob man Berührungen mit der Gnosis voraussetzt (Syrien)[122] oder das Johannesevangelium für das Produkt eines Schulbetriebs hält (Kleinasien).[123] Das hohe Niveau der Dar-

---

her er stammt." Für eine Entstehung des Johannesevangeliums im palästinischen Raum plädieren u.a. M. BARTH, Juden; CULLMANN, Der johanneische Kreis S.26-29.102f.; REIM, Lokalisierung; RITT, Frau S.293, Anm.18; WENGST, Bedrängte Gemeinde.

[120] Vgl. u.a. BERGER, Johannes; RUCKSTUHL, Mutterboden; J.A.T. ROBINSON, Priority; STAUFFER, Historische Elemente.

[121] Vgl. dazu exemplarisch SCHNELLE, Einleitung S.537f.

[122] So u.a. BAUER, Johannesevangelium S.244; BECKER, Johannes 1 S.64; BULTMANN, Johannesevangelium Sp.849; KÖSTER, Einführung S.616; VIELHAUER, Literatur S.460. Zur Kritik vgl. HENGEL, Johanneische Frage S.284-287.

[123] Vgl. exemplarisch SCHNELLE (im Anschluß an STRECKER), Antidoketische Christologie S.53; er beruft sich dabei auf BOUSSET, Jüdisch-christlicher Schulbetrieb S.316 und HEITMÜLLER, Zur Johannes-Tradition S.189ff. Ferner: CULPEPPER, Johannine School; HENGEL, Johanneische Frage S.264-274; SCHMITHALS, Johannesevangelium und Johannesbriefe S.208-214; SCHNELLE, Einleitung S.495ff.; SCHNELLE, Schule; SCHÜSSLER-FIORENZA, Quest; STRECKER, Schule; TAEGER, Johannesapokalypse; VOUGA, Johannine School. Zur Kritik vgl. RUCKSTUHL / DSCHULNIGG, Stilkritik S.53; „Diese Zusatzhypothese einer die joh. Schriften tragenden gemeinsamen Schule ist zwar naheliegend, sie kann auch leitende gemeinsame Vorstellungen und theologische Aussagen erklären. Sie muß aber wohl versagen, wenn es darum geht, die Gemeinsamkeiten aller Schriften bis in sprachliche Kleinigkeiten und Nebensächlichkeiten zu begründen. Hier hilft auch die Zusatzhypothese einer joh. Schule nicht weiter; sie müsste neben den theologischen Grundeinsichten auch eine eigene Sprache bis in kleinste Einzelheiten vermittelt haben, eine Annahme, die sehr unwahrscheinlich ist. Eine solche durchgeformte Schulsprache gibt es unseres Wissens in der ganzen Antike nirgends. Sie wäre sozusagen ein 'Kulturwunder'." RUCKSTUHL / DSCHULNIGG vertreten die gemeinsame Verfasserschaft von Johannesevangelium und Johannesbriefen aufgrund stilkritischer Untersuchungen. Vgl. auch SCHMITHALS, Johannesevangelium und Johannesbriefe S.213f.

stellung - v.a. die anspruchsvolle Christologie - wird meist als Argument für eine zeitliche Ansetzung nach den synoptischen Evangelien verwendet.[124] Demgegenüber wird aber auch auf historische Einzelheiten und Lokaltraditionen verwiesen, die das Johannesevangelium über die Synoptiker hinaus bietet und die für eine Verwurzelung im palästinischen Raum sprechen könnten.[125]

Die folgende kurze Übersicht zählt eine Reihe von johanneischen Besonderheiten auf, die es möglich machen könnten, ein bestimmtes Profil der johanneischen Gemeinde zu erstellen und deren kulturelle Verwurzelung zu bestimmen. Einer besonderen Rolle käme dabei einer johanneischen Lokalkoloritforschung[126] zu; diese steckt bislang jedoch noch in den Kinderschuhen.[127]

(1) Detaillierte topographische Angaben weisen auf gute Ortskenntnisse des Verfassers aber auch auf die seiner Adressaten, die mit sonst unbekannten Ortslagen anscheinend etwas anfangen können.[128] Die johanneische Gemeinde scheint Verbindungen zu diesen Orten zu haben.

(a) Bethanien jenseits des Jordan als Taufstelle des Johannes (1,28; vgl. 3,26)[129]

(b) Johannes in Änon bei Salim (3,23)[130]

(c) Sychar und der Jakobsbrunnen (4,5f.)[131]

---

[124] Vgl. dagegen M. BARTH, Juden S.75-78; BERGER, Johannes S.17f.; RIESNER, Christologie S.239-242; RUCKSTUHL, Mutterboden S.277-280.

[125] Vgl. u.a. BERGER, Theologiegeschichte S.714f.; BERGER, Johannes; CULLMANN, Der johanneische Kreis S.102ff.; REIM, Lokalisierung; WENGST, Bedrängte Gemeinde S.183f.

[126] Vgl. dazu THEIßEN, Lokalkolorit S.10: „Unter Lokalkoloritforschung verstehen wir den Versuch, biblische Texte auf lokalisierbare Gegebenheiten hin auszuwerten, so daß sich Text und Land - einschließlich der in ihm gefundenen archäologischen Relikte - gegenseitig erhellen."

[127] Vgl. fruchtbare Ansätze bei CULLMANN, Der johanneische Kreis S.20-25; HENGEL, Johannesevangelium; THEIßEN, Lokalkoloritforschung S.490f.; STAUFFER, Historische Elemente; ZANGENBERG, Frühes Christentum und Samarien.

[128] So M. BARTH, Juden S.46f. Vgl. dazu insgesamt DODD, Historical Tradition S.233-247; FELDTKELLER, Identitätssuche S.19-21; FORTNA, Fourth Gospel S.294-314; FREYNE, Locality S.1896f.; KUNDZIN, Überlieferungsstoffe; SCHEIN, Following the Way; SCHNACKENBURG, Johannesevangelium 1 S.5f.; SCHWANK, Ortskenntnisse.

[129] Vgl. dazu BULTMANN, Johannes S.64f.; KUNDSIN, Überlieferungsstoffe S.20f.; PIXNER, Bethanien; RIESNER, Bethany Beyond the Jordan. RIESNER verbindet Bethanien jenseits des Jordan mit der Batanäa. Dazu kritisch HENGEL, Johanneische Frage S.291, Anm.77. HENGEL plädiert für Peräa.

[130] Vgl. dazu ZANGENBERG, Frühes Christentum und Samarien S.60-67; BOISMARD, Aenon pres de Salim; PIXNER, Bethanien S.168.

[131] Vgl. dazu HENGEL, Johannesevangelium S.297-308; H.-M. SCHENKE, Jakobsbrunnen; ZANGENBERG, Frühes Christentum und Samarien S.96-106.

(d) Bethesda (5,2ff.)[132]
Alle diese Ortslagen sind für eine kleinasiatische Gemeinde völlig bedeutungslos.
(2) Die verschiedenen Landschaften erfahren eine unterschiedliche Bewertung (v.a. Galiläa gegenüber Judäa).[133] Der Evangelist scheint an diesen Gegenden unterschiedlich interessiert zu sein. Auch Samarien spielt eine im Vergleich zu den Synoptikern wichtigere Rolle.[134]
(3) Es gibt keine Voraussage der Zerstörung des Tempels.[135] Die chronologische Angabe in 2,20 (seit 46 Jahren im Bau) stimmt mit der Chronologie des Johannesevangeliums bezüglich Jesu Wirksamkeit überein.[136]
(4) Bethsaida wird als Heimatort von Philippus, Petrus und Andreas erwähnt (1,44; 12,21: Philippus) und betont.[137]
(5) Das Johannesevangelium bietet die wahrscheinlichere Datierung der Hinrichtung Jesu.[138]
(6) Die differenzierte Beurteilung des Konflikts zwischen Juden und Samaritanern - auf der Basis der jeweiligen Reklamierung der alttestamentlichen Heilstraditionen - setzt eine Sachkenntnis voraus, die für ein kleinasiatisches Christentum zumindest ungewöhnlich - ja sogar irrelevant - wäre.[139]
(7) Die Auseinandersetzung mit den Täufergruppen zeigt ebenso palästinisches Lokalkolorit. Die umarmende Integrationstaktik des Johannesevangeliums (s.u.) setzt eine Täuferfraktion (verbunden mit den o.g. Ortslagen) im Umkreis der johanneischen Gemeinde voraus. Dies wäre für Kleinasien kaum wahrscheinlich zu machen.
(8) Auch die Trennungsprozesse zwischen Judentum und johanneischer Gemeinde mit ihren schmerzhaften sozialen Folgen sind eigentlich nur im Kontext einer jüdischen Majorität denkbar.[140] Daß die Folgen

---

[132] Vgl. dazu COLPE, Bethesda; DUPREZ, Jésus et les Dieux Guérisseurs; HENGEL, Johannesevangelium S.308-316; JEREMIAS, Bethesda; KÜCHLER, Betesda; KÜCHLER, Zum „Probatischen Becken"; LABAHN, Spurensuche; MEES, Heilung; PIERRE / ROUSEE, Sainte Marie de la Probatique; RIESNER, Betesda; THEIßEN, Lokalkolorit S.15.
[133] Vgl. u.a. M. BARTH, Juden S.57-60; BASSLER, Gallileans; MEEKS, Galilee; RISSI, Juden S.2122f.
[134] Vgl. ZANGENBERG, Frühes Christentum und Samarien. Zum Verhältnis des Johannesevangeliums zu den Samaritanern vgl. neben ZANGENBERG auch BROWN, Gemeinde S.36f.; SCOBIE, Origins.
[135] So M. BARTH, Juden S.53; BERGER, Johannes S.84-90. Anders HENGEL, Johanneische Frage S.299f.; SCHNELLE, Einleitung S.540.
[136] Vgl. J.A.T. ROBINSON, Wann entstand das Neue Testament? S.287ff.
[137] Vgl. dazu BERGER, Johannes S.116-118
[138] Vgl. M. BARTH, Juden S.54ff.; THEIßEN / MERZ, Jesus S.152ff.
[139] Vgl. ZANGENBERG, Frühes Christentum und Samarien S.192-196.
[140] Vgl. WENGST, Bedrängte Gemeinde; BULL, Gemeinde 120f.

noch aktuell sind, zeigt die Schärfe der Auseinandersetzungen, woraus sich auch die differenzierte Redeweise von den Juden und ihrer Kultur erklärt (s.u.).[141]

2. Der Text des Johannesevangeliums wird in seiner Endgestalt untersucht.[142] Damit wird jedoch nicht bestritten, daß der vorliegende Text eine durchaus komplexe Entstehungsgeschichte hatte. So berechtigt die Fragen nach der quellenkritischen Arbeit des Evangelisten bzw. des Bearbeiters auch sein mögen, die quellenkritisch orientierten Entwürfe zum Johannesevangeliums beantworten nicht die m.e. bedeutenderen Fragen nach Disposition und Intention des Evangeliums im uns vorliegenden Zustand.

„Wie immer das Evangelium *historisch* zustande gekommen sein mag, so sind doch jetzt alle seine Teile in ihrer für die Lektüre allein relevanten Funktion nichts als die Elemente, aus denen die fiktionale und inspirierende *Textwelt* des Evangeliums aufgebaut ist. (...) Das heißt nun aber, daß auch umgekehrt keinerlei hypothetische Vorgeschichte von Teiltexten und das Maß von deren vermeintlich *redaktioneller* Bearbeitung über Bedeutung und Sinn von Passagen des Evangeliums zu entscheiden vermögen. Völlig unabhängig von der mutmaßlichen Geschichte ihrer Entstehung wollen literarische Texte als Resultate von Produktionsprozessen auf der Ebene ihrer Gleichzeitigkeit von Lesern als Sinnangebote wahrgenommen werden."[143]

Wie THYEN sehe ich im Autor von Joh 1-21 den Verfasser des Evangeliums.[144] THYEN geht die Interpretation vom Ganzen des Evangeliums her an. Damit kommt er zu der Einsicht, daß

---

[141] Vgl. WENGST, Bedrängte Gemeinde.
[142] So u.a. auch BERGER, Exegese S.27; BERGER, Einführung S.95-102; BERGER, Johannes; BROWN, John I/II; BROWN, Gemeinde; BURKETT, Son of the Man; GIBLIN, Crossing; GIBLIN, Confrontations; HENGEL, Johanneische Frage; DE JONGE, Jesus: Stranger from Heaven and Son of God S.VII-VIII; MINEAR, Functions; MLAKUZHYIL, Structure; NICHOLSON, Death as Departure; OLSSON, Structure; POYTHRESS, Testing; POYTHRESS, Use; RUCKSTUHL, Einheit (siehe auch S.291-303.304-331); RUCKSTUHL / DSCHULNIGG, Stilkritik; L. SCHENKE, Johannesevangelium; L. SCHENKE, Johannes; SCHNELLE, Antidoketische Christologie; SCHWEIZER, Ego eimi; STENGER, Ostergeschichte; THOMPSON, Humanity; THYEN, Johannes 13; THYEN, Entwicklungen; THYEN, Johannesevangelium; THYEN, Heil; WELCK, Zeichen; WENGST, Bedrängte Gemeinde; WILCKENS, Johannes. Zur Forschungslage vgl. BECKER, Streit S.7-21; HAINZ, Redaktionsgeschichte S.164-168; SCHMITHALS, Johannesevangelium und Johannesbriefe S.192-196; THYEN, Johannesevangelium S.210ff.; WELCK, Zeichen S.1-48; WENGST, Bedrängte Gemeinde S.23ff.
[143] THYEN, Werk S.119 (*kursiv* bei THYEN). Vgl. zum folgenden auch THYEN, Licht S.22-24.
[144] Vgl. THYEN, Johannesevangelium S.211.

„der gesamte überlieferte Text des Johannesevangeliums (...) der allein faßbare 'vierte Evangelist'" ist, „der die verborgenen oder verdrängten Implikationen seiner Tradition angesichts konkreter Herausforderungen seiner Leser neu explifiziert. (...) Die Interpretation des Johannesevangeliums muß darum auf der Ebene der Synchronie von seinem überlieferten Text ausgehen. Mit Methoden, die Literaturwissenschaft und Textlinguistik ausgebildet haben, müssen seine ihn strukturierenden und seine Einheit konstituierenden Merkmale sichtbar gemacht werden"[145]

3. Das Johannesevangelium setzt keines der synoptischen Evangelien in seiner Endgestalt voraus.[146] Gemeinsame Traditionen werden unterschiedlich rezipiert. Das Johannesevangelium will die synoptischen Evangelien weder ersetzen noch ergänzen. Es handelt sich um einen literarisch unabhängigen und eigenständigen Entwurf neben den synoptischen Evangelien.[147]

---

[145] THYEN, Johannesevangelium S.211.
[146] In der Frage nach dem Verhältnis von Johannesevangelium und synoptischen Evangelien ist es in der Forschung bisher zu keinem Konsens gekommen Zur Zeit wird wohl mehrheitlich von der Kenntnis eines oder mehrerer synoptischer Evangelien ausgegangen. Vgl. in diesem Sinne u.a. BARRETT, Johannes S.59-71; BINZLER, Johannes und die Synoptiker; KLEINKNECHT, Johannes 13; KÜMMEL, Einleitung S.167ff.; NEIRYNCK, John and the Synoptics; NEIRYNCK, John and the Synoptics 1975-1990; SABBE, John and the Synoptics; L. SCHENKE, Johannes S.432f.; SCHNELLE, Johannes und die Synoptiker; STRECKER, Literaturgeschichte S.203-234; THYEN, Johannesevangelium S.208; WILCKENS, Johannes S.2-5. Gegen die Kenntnis eines oder mehrerer synoptischer Evangelien (meist aber für die Kenntnis der den synoptischen Evangelien zugrundeliegenden Traditionen) plädieren u.a. BECKER, Johannes 1 S.38; BERGER, Theologiegeschichte S.707ff.; BERGER, Johannes; BÖCHER, Dualismus S.18; BORGEN, Bread from Heaven; BULTMANN, Johannesevangelium; BROWN, John 1; DAUER, Passionsgeschichte; DAUER, Johannes und Lukas; DODD, Historical Tradition S.444-453; GARDNER-SMITH, Saint John (völlig unabhängig, schöpft aus eigener Tradition); HAENCHEN, Johannesevangelium S.80f.; SCHNACKENBURG, Johannesevangelium 1 S.15-32; THEIßEN / MERZ, Jesus S.50. Zur Forschungslage vgl. BECKER, Literatur S.289-294; BECKER, Streit S.21-28; BLINZLER, Johannes und die Synoptiker; KÜMMEL, Einleitung S.167f.; SABBE, John and the Synoptics; SCHMITHALS, Johannesevangelium und Johannesbriefe S.118-123; VIELHAUER, Literatur S.416-420.
[147] Vgl. dazu BERGER, Johannes S.289f.

5 Die Situation der Adressaten (Sozialgeschichte und Textpragmatik)

Die Ausgangsthese lautet: Das Johannesevangelium ist Zeugnis eines bereits geschehenen Trennungsprozesses der johanneischen Gemeinde von der jüdischen Synagoge, der im Bewußtsein der Gemeinde noch längst nicht bewältigt ist und für sie grundlegende Fragen aufwirft, die ihre Identität als messianische Gemeinschaft betreffen.[148] Wenn im folgenden von der johanneischen Gemeinde die Rede ist, so soll dies nicht zwangsläufig bedeuten, daß das Johannesevangelium aus einer Einzelgemeinde hervorgegangen ist oder an eine solche gerichtet ist. Vielmehr ist es ebenso denkbar, daß der Evangelist sein Evangelium an verschiedene judenchristliche Gemeinden richtet, die das Schicksal der Trennung von der jüdischen Synagoge miteinander teilen.[149]

5.1 Vorausgesetzte Hypothesen

1. Gegenwärtige Erfahrungen der Gemeinde mit der jüdischen Synagoge werden in die Geschichte Jesu zurückprojiziert.[150] Diese These kann wohl als opinio communis der Johannesforschung gelten.[151]

VIELHAUER faßt die Sicht der älteren - vor allem durch die Arbeiten BULTMANNs beeinflußten - Johannesinterpretation zusammen: „Das (sc. die Darstellung der Juden im Johannesevangelium, M.S.) ist offensichtlich die Perspektive einer späteren Zeit, für die sich das Bild des Judentums infolge der Verwerfung Jesu und der Verfolgung der Christen so simplifiziert hat, daß nur noch die Feindschaft gegen Jesus davon übriggeblieben ist; der Verfasser trägt dieses Bild in die Geschichte Jesu ein, gibt ihm aber grundsätzliche Bedeutung: 'die Juden' sind bei ihm Symbol für die Ungläubigen überhaupt, Repräsentanten der ungläubigen Welt."[152]

---

[148] Vgl. WENGST, Bedrängte Gemeinde; BERGER, Einführung S.180f. Zum Begriff Trennungsprozeß / Trennungsprozesse vgl. WANDER, Trennungsprozesse S.2; THEIßEN, Entstehung S.184; THEIßEN, Lokalkolorit S.124, Anm.132; VOUGA, Geschichte S.167.
[149] Vgl. dazu BERGER, Theologiegeschichte S.724; SCHLÜTER, Selbstauslegung S.120-122.
[150] Vgl. schon VON DOBSCHÜTZ, Die urchristlichen Gemeinden S.165.
[151] So u.a. ONUKI, Gemeinde und Welt S.29; WIEFEL, Gemeinde S.220.
[152] VIELHAUER, Literatur S.432 im Anschluß an BULTMANN, Johannesevangelium.

Problematisch an dieser Sicht ist jedoch der paradigmatisch-symbolhafte Charakter der Juden, der dazu führt, die historische Bedingtheit der johanneischen Darstellung der Juden zu vernachlässigen.[153]

2. Es ist im Johannesvangelium mit zwei Zeit-Ebenen zu rechnen.[154]
MARTYN spricht - zunächst nur im Zusammenhang der Exegese von Joh 9, später aber im Blick auf das ganze Evangelium - von „two levels of witness"[155]. In der ersten Ebene gehe es um einmalige Ereignisse während seines Erdenwirkens Jesu („an *einmalig* event during Jesus' earthly lifetime"[156]), in der zweiten um Erfahrungen der Gemeinde mit Ereignissen, in denen sich die bleibende Gegenwart des erhöhten Herrn äußert:
„The text is also a witness to Jesus' powerful presence in actual events experienced by the Johannine church"[157]
Nach ERLEMANN gibt es ein besonderes johanneisches Zeitverständnis:
„Johannes versucht (...) die Zeit der irdischen Wirksamkeit Jesu mit seiner eigenen Zeit in ein Verhältnis zu setzen. Er tut dies, indem er die Zeit Jesu und die Ankündigungen über sein und der Jünger Geschick im Zusammenhang von Kreuzigung und Auferstehung transparent werden läßt für die eigene Zeit. (...) Die Ereignisse rund um die Wirksamkeit Jesu spiegeln im Kleinen wider, was sich für Joh seit damals bis zu seiner Zeit als Geschichte der Christen darstellt. Die Zeit Jesu ist antizipierendes Abbild des erhofften Endgeschehens, was den Jüngern in den Abschiedsreden prophezeit wird, ist Vorwegnahme und Abbild der eigenen Situation, was für Ostern angekündigt wird, ist transparent für Pfingsten und Parusie."[158]

---

[153] Vgl. auch die Kritik an dieser Sicht bei ONUKI, Gemeinde und Welt S.35, der die „empirisch-historische Situationsgebundenheit" betont. Zudem ist, wie WENGST, Bedrängte Gemeinde S.128-152, zu Recht betont, hier eher von einer differenzierten Sichtweise der johanneischen Gemeinde bezüglich des Judentums zu reden.
[154] Vgl. dazu auch BULL, Gemeinde S.109f.; DE JONGE, Disciples S.12; LÉON-DUFOUR, Symbolic Reading S.443-445; U.B. MÜLLER, Eigentümlichkeit S.28; NICHOLSON, Death as Departure S.156ff.; PANCARO, Law S.16-24; SCHLÜTER, Selbstauslegung S.120-122; ONUKI, Gemeinde und Welt S.12 u. 34-37, wendet hierauf - wie schon MUßNER, Johanneische Seeweise S.14-17; WIEFEL, Gemeinde S.220ff. - den Begriff „Horizontverschmelzung" an, den er der Hermeneutik GADAMERS (vgl. GADAMER, Wahrheit und Methode S.275-290.) entnimmt. Vgl. auch KÜHSCHELM, Verstockung S.45-56. Zur Kritik an GADAMER vgl. KÜSTER, Text und Kontext S.133. Zur Rezeption GADAMERS vgl. auch HAMMES, Ruf ins Leben S.21ff.
[155] MARTYN, History and Theology S.30.
[156] MARTYN, History and Theology S.30 (*kursiv* bei MARTYN).
[157] MARTYN, History and Theology S.30.
[158] ERLEMANN, Naherwartung S.179 mit Verweis auf BARRETT, Johannes S.477 u.ö.

3. Die Erfahrungen Jesu mit der Welt können auf die Erfahrungen der Gemeinde hin gedeutet werden.[159] Die Geschichte Jesu wirkt als übergreifendes Interpretationsmuster.

„Die Hörer/Leser erleben in der Handlung des JohEv ihre eigene Geschichte mit, die sie teils hinter sich haben und in der sie sich teils noch befinden. Jesus und die Jünger sind dabei Identifikationsfiguren für sie. Die Pharisäer und die 'Juden' aber sind jene gegnerischen Kräfte, die die johanneische Gemeinschaft bedrängen und ächten."[160]

Damit ist auch gemeint, daß der Evangelist über die Rede Jesu zu seinen Jüngern zu seiner Gemeinde spricht.[161]

4. Die johanneische Gemeinde versteht sich als Nachfolgerin der Gruppen, die Jesu Messianität schon während seines Auftretens erkannt haben und ihn als Gottes Gesandten aufgenommen haben. Die Verbindung zwischen ersten Anhängern und johanneischer Gemeinde leistet der Evangelist durch sein Zeugen-Konzept (s.u.).[162]

5. Zum Beweis der Messianität Jesu ist es notwendig, ihn gegen andere Gestalten, mit denen ein eschatologischer Status verbunden wird, abzugrenzen und zu profilieren. Dies kann in Richtung auf Gegner oder konkurrierende Kulte außerhalb der Gemeinde aber auch auf verschiedene Gruppen innerhalb der Gemeinde geschehen.

5.2 Forschungsansätze

Was die Rekonstruktion der Situation der johanneischen Gemeinde angeht, ist zwischen verschiedenen Forschungsansätzen zu unterscheiden. Die wichtigsten Rekonstruktionsversuche sollen hier kurz vorgestellt werden.[163] Unter Aufnahme und Weiterführung der hier ausgewählten Ansätze wird dann versucht, eine eigene Sicht der Situation der johanneischen Gemeinde zu ermitteln. MARTYN, BROWN, BULL u.a. versuchen eine Geschichte der johanneischen Gemeinde oder Gemeinden zu rekonstruieren, wobei etwa bei BROWN und BULL die johanneischen

---

[159] Vgl. dazu grundsätzlich MEEKS, Funktion S.279. Für MEEKS ist das Johannesevangelium als Schrift eine „Ätiologie der johanneischen Gruppe" (ebd.). Vgl. auch KRAUS, Johannes und das Alte Testament S.17
[160] L. SCHENKE, Johannesevangelium S.64.
[161] Vgl. WENGST, Bedrängte Gemeinde S.81; L. SCHENKE, Johannesevangelium S.113f..
[162] Vgl. dazu zuletzt SCHNELLE, Geisttheologie S.21.
[163] Vgl. dazu insgesamt BECKER, Literatur S.305-312; BECKER, Streit S.28-39; 45-48; 48-50; 50-56; MOLONEY, Johannine Son of Man (2.Aufl.) S.247-256; SCHMITHALS, Johannesevangelium und Johannesbriefe S.157-162.

Briefe miteinbezogen werden. Bei der Ermittlung der Entstehungsgeschichte der johanneischen Gemeinde aus ihrem literarischen Niederschlag im Text des Johannesevangeliums werden von diesen Forschern Phasen der Entstehung rekonstruiert, denen bestimmte Äußerungen des Evangeliums zugeordnet werden.[164]

5.2.1 James L. Martyn

MARTYN erklärt die Situation der johanneischen Gemeinde aus der Auseinandersetzung mit dem Judentum. Er rekonstruiert drei Phasen[165]: In der frühen Phase[166], die die Zeit vor dem Jüdischen Krieg[167] bis in die achtziger Jahre umfaßt, befänden sich die johanneischen Judenchristen noch innerhalb der Synagoge. Während dieser Zeit seien Überlieferungen über Jesus gesammelt und in einem Evangelium („A Sign Source") schriftlich fixiert worden. Heidenmission, Gültigkeit von Gesetz und Sabbat seien noch nicht diskutiert worden. Im Vordergrund hätten die Wunder Jesu gestanden, die ihn als den Messias legitimierten. Während der mittleren Phase habe sich die Situation grundlegend geändert[168]: Das starke Wachstum der johanneischen Judenchristen habe zu Konflikten mit den nichtchristlichen Juden innerhalb der Synagoge geführt. Die Abgrenzung der beiden Gruppen habe intensive Diskussionen über die Legitimation der Messianität Jesu zur Folge gehabt. Gleichzeitig sei es zur Verfolgungssituation durch die Einführung des Ketzerssegens in das Achtzehnbittengebet während der Neuordnung des Judentums nach 70 n.Chr. in Jabne gekommen.[169] Diese Verfolgung - verbunden mit dem

---

[164] Neben den hier kurz vorgestellten Ansätzen seien noch folgende Rekonstruktionsversuche erwähnt, die meist mithilfe ausgiebiger Literarkritik eine theologiegeschichtliche Entwicklung der johanneischen Gemeinde nachzuzeichnen versuchen: BECKER, Johannes 1 S.43-48; S.147-151; BECKER, Literatur S.308ff.; CULLMANN, Der johanneische Kreis (zu dessen vorsichtiger Anwendung der Literarkritik vgl. S.10f.); LANGBRANDTNER, Weltferner Gott; U.B. MÜLLER, Geschichte der Christologie; RICHTER, Eschatologie; RICHTER, Element.
[165] Zur Rekonstruktion der Phasen vgl. MARTYN, Glimpses und das Referat bei BROWN, Gemeinde S.134-137.
[166] Vgl. MARTYN, Glimpses S.151-160.
[167] Vgl. MARTYN, Glimpses S.158 mit Verweis auf SMITH, Johannine Christianity S.246.
[168] Vgl. MARTYN, Glimpses S.160-164.
[169] Vgl. MARTYN, Glimpses S.161f.; MARTYN, History and Theology S.50-62. Eine Beziehung zum sog. Ketzersegen der birkat ha-minim wird ebenfalls vertreten von BROWN, Gemeinde S.19; PAINTER, Quest S.53; REIM, Gemeinde S.77; WIEFEL, Gemeinde S.226 - vorsichtiger hingegen WENGST, Bedrängte Gemeinde S.90. Bestritten wird eine solche Beziehung u.a. von BERGER, Einführung S.181; BULL, Gemeinde S.116-122; KÜGLER, Johannesevangelium S.53f.; MAIER, Auseinandersetzung S.130f.; SCHÄFER, Synode von Jabne S.154.; STEGEMANN / STEGEMANN, Sozialgeschichte S.206f. Zum Forschungsstand vgl. den kurzen Überblick bei REIN, Heilung S.261-277. Zur sog.

Vorwurf des Ditheismus an die johanneischen Christen - habe zur Ausprägung einer hohen Christologie und zur Formulierung eines Dualismus zwischen Jesus/Anhängern und der Welt geführt. In der von MARTYN nicht näher datierten späten Phase sei es zur Entwicklung einer eigenen Identität der johanneischen Gemeinde gekommen. Man habe sich gegenüber den sog. Geheimchristen („so-called Christian Jews") innerhalb der Synagoge abgegrenzt, die man nun den Juden als Jünger des Mose zuordnete.[170] Auf der anderen Seite sei man sich der Existenz von ebenfalls aus der Synagoge vertriebenen Judenchristen bewußt gewesen, mit denen man sich zu vereinigen suchte.[171] Nach MARTYN gab es zur Zeit der Entstehung des Johannesevangeliums also vier Gruppen: (1) Die johanneische Gemeinde; (2) die jüdische Synagoge; (3) die sog. Geheimchristen innerhalb der Synagoge; (4) andere aus der Synagoge vertriebene Judenchristen, mit denen man sich zu vereinigen hoffte.[172]

5.2.2 Raimond E. Brown

BROWN geht in seiner Rekonstruktion in die gleiche Richtung wie MARTYN, schließt aber die gesamte Entwicklung der johanneischen Gemeinde - unter Berücksichtigung der drei Briefe - mit ein und bietet ein noch feingliedrigeres Bild der johanneischen Gemeinde und der Gruppen, die in ihr und um sie herum bestanden haben könnten.

BROWN nimmt vier Phasen an:[173] Die erste Phase ist die Zeit vor der Abfassung des Evangeliums (Mitte der fünfziger bis Ende der achtziger Jahre): Der Ursprung der johanneischen Gemeinde sei die Täuferbewegung. Ausgehend von Joh 1,35-51 nimmt BROWN an, daß Täuferjünger mit davidisch-messianischer Erwartung, unter denen sich auch der spätere Lieblingsjünger befand[174], zu Jüngern Jesu wurden. Diese bildeten die

---

Synode von Jabne vgl. COHEN, Significance; NEUSNER, Formation of Rabbinic Judaism; SCHÄFER, Synode von Jabne; STEMBERGER, Synode von Jabne; STEMBERGER, Judentum S.18.56-58.

[170] Vgl. MARTYN, Glimpses S.164f.
[171] Nach MARTYN, Glimpses S.170ff., sind dies die anderen Schafe aus Joh 10.
[172] Vgl. MARTYN, Glimpses S.174.
[173] Vgl. v.a. den kurzen Überblick in BROWN, Gemeinde S.18-20 und S.129-131 (Tafel 1: Geschichte der johanneischen Gemeinde). Die Entwicklung der johanneischen Gemeinde zeichnet BROWN in Anlehnung an seine Theorie zur Entstehung des Evangeliums - vorgelegt in BROWN, John I S.XXXIVff. BROWN lehnt sich in der Abfolge der Phasen an die literarkritisch ermittelten Entstehungsphasen von BOISMARD / LAMOUILLE, Jean an. Vgl. dazu THYEN, Johannesevangelium S.209. Vgl. die kurzen Zusammenfassungen der „five stages" bei THYEN, Literatur 2 S.216-219 und PAINTER, Quest S.42f.
[174] Zur besonderen Rolle des Lieblingsjüngers im Zusammenhang von BROWNs Rekonstruktion der Gemeinde-Geschichte vgl. BROWN, Gemeinde S.27-29.

ursprüngliche Gruppe. Sie hätten ihre Erwartung in der Wundertätigkeit Jesu und in der Erfüllung der Prophezeiungen bestätigt gefunden. Dazu käme die zweite Gruppe - bestehend aus tempelkritischen Juden, die Jesus nicht im davidischen sondern im mosaischen Horizont verstanden.[175] Für sie sei Jesus der Gesandte Gottes, der Gottes Wort unter die Menschen brachte. Diese Leute hätten nach BROWN bereits Samaritanermission betrieben, seien aber gleichzeitig von samaritanischer Frömmigkeit beeinflußt worden. Diese zweite Gruppe habe als Katalysator für die Ausbildung einer Präexistenzchristologie gewirkt. Dies habe zur Auseinandersetzung mit den Juden geführt, die darin einen Ditheismus sahen. Die christusgläubigen Juden seien daraufhin aus der Synagoge ausgestoßen worden. Gleichfalls habe die johanneische Gemeinde ihrerseits eine Abgrenzung zum Judentum vollzogen. BROWN sieht gegen Ende dieser Phase eine Dominanz der Kategorie des Ersatzes:[176] Das, was man durch den Ausschluß aus dem Synagogalverband verlor (Kult, Tempel, Feste) ersetzte man durch eine Konzentration auf Christus, wobei man betonte, daß das Neue größer war als das, was man verlor. Durch diese Betonung des Neuen sei aus dem johanneischen Christentum in dieser Phase eine neue Religion geworden, die sich vom Judentum unterschied.[177] Während dieser Phase des Ersatzes der Synagogengemeinschaft durch die Gemeinschaft mit Christus habe sich eine präsentische Eschatologie entwickelt.[178]

In der zweiten Phase (um 90), die Zeit der Abfassung des Johannesevangeliums, seien bekehrte Nichtjuden zur Gemeinde gestoßen. BROWN hält es für möglich, daß die Gemeinde von Palästina in die Diaspora umgesiedelt ist, um die Griechen zu bekehren.[179] Die Gemeinde habe sich dann in Denken Sprache der neuen Situation (Öffnung gegenüber Nichtjuden mit oder ohne geographischer Veränderung) angepaßt und vermittelnde Ausdrucksformen mit universalen Tendenzen geschaffen. Die Situation der Gemeinde, die durch Ablehnung und Verfolgung durch die Juden und durch die Zurückweisung durch andere außenstehende Gruppen (s.u.) bestimmt gewesen sei, habe dann zu einer negati-

---

[175] Das Verständnis Jesu in mosaischen Kategorien schreibt BROWN dem Kontakt mit den Samaritanern zu. Vgl. BROWN, Gemeinde S.36f.
[176] Vgl. BROWN, Gemeinde S.40.
[177] Vgl. BROWN, Gemeinde S.41: „Johanneisches Christentum ist wirklich eine neue Religion geworden, die zu ihrer eigenen Verteidigung behauptet, sie sei eher reicher als ärmer. Was sie dazugewann, ist größer als was sie hinter sich ließ."
[178] Vgl. BROWN, Gemeinde S.42.
[179] Vgl. BROWN, Gemeinde S.46f. u. S.129f. Ein Umzug der johanneischen Gemeinde von ihrem Ursprungsort nach Ephesus wird ebenfalls angenommen von KLAUCK, Gemeinde ohne Amt? S.199f.; OLSSON, Johannine Movement S.32ff.; L. SCHENKE, Johannesevangelium S.127f.; WENGST, Johannes S.30; ZURHELLEN, Heimat S.376-380.

ven Sicht der Welt geführt. BROWN rechnet für diese Phase mit sieben Gruppen (einschließlich der johanneischen Gemeinde), die im Text des Johannesevangeliums literarischen Niederschlag gefunden haben:[180] Es sind die Welt (Gruppe I)[181], die Juden (Gruppe II)[182], die Anhänger des Täufers (Gruppe III)[183], die Judenchristen in den Synagogen (Gruppe IV)[184], judenchristliche Kirchen mit unvollständigem Glauben (Gruppe V)[185], die Christen der (petrinischen) Apostelkirchen (Gruppe VI)[186] und die johanneische Gemeinde (Gruppe VII)[187]. Diese Zeit sei durch die Auseinandersetzung der Gemeinde mit diesen sechs außenstehenden Gruppen bestimmt gewesen.

In der dritten Phase, der Zeit der Abfassung der Briefe (um 100), gehe es um Auseinandersetzungen innerhalb der johanneischen Gemeinde. Es sei zu einer Spaltung der Gemeinde gekommen: Während die Anhänger des Verfassers der johanneischen Briefe eher das Kommen Jesu im Fleisch und die Forderung nach Halten der Gebote für den Kern der christlichen Botschaft gehalten hätten, betonten die Dissidenten die Göttlichkeit Jesu, deren Erkenntnis allein für die Erlösung (schon jetzt) Bedeutung hat.

Die vierte Phase umfaßt die Zeit nach den Briefen (zweites Jahrhundert). Beide Gruppen hätten sich weiter auseinanderentwickelt: Die Anhänger des Verfassers der johanneischen Briefe hätten sich mit der Großkirche vereinigt, während die Dissidenten den Weg zu Doketismus und Gnosis einschlagen hätten.

5.2.3 Klaus-Martin Bull

Den jüngsten Rekonstruktionsversuch einer Geschichte der johanneischen Gemeinde(n) legt BULL vor.[188] Er unterscheidet literarkritisch fünf Schichten des Johannesevangeliums:

Die erste Schicht sei die dem Evangelisten vorliegende Tradition, die zweite dann das Werk des Evangelisten (Verbindung von Wundertradition und Passionsüberlieferung unter dem Dach der johanneischen Gesandtenchristologie[189]). Auf dieses Werk des Evangelisten folgen nach

---

[180] Vgl. BROWN, Gemeinde S.48ff.
[181] Vgl. BROWN, Gemeinde S.51-54.
[182] Vgl. BROWN, Gemeinde S.54-56.
[183] Vgl. BROWN, Gemeinde S.57-58.
[184] Vgl. BROWN, Gemeinde S.59-60.
[185] Vgl. BROWN, Gemeinde S.60-65.
[186] Vgl. BROWN, Gemeinde S.65-70.
[187] Vgl. BROWN, Gemeinde S.70-72.
[188] BULL, Gemeinde. Vgl. zur Kritik WENGST, Rezension Bull.
[189] Vgl. BULL, Gemeinde S.7.

BULL drei Redaktionen. Die Beschreibung der Situation, in der der Evangelist sein Evangelium schreibt, entspricht im wesentlichen der Analyse von WENGST (s.u.) und den WENGST zugrundeliegenden Arbeiten von MARTYN und BROWN (s.o.), wobei BULL auf genauere Identifizierungen bestimmter Gruppen bewußt verzichtet[190]: Durch den Synagogenausschluß sei die überwiegend judenchristliche johanneische Gemeinde in eine Situation sozialer und theologischer Orientierungslosigkeit geraten. Die Intention des Evangelisten in dieser Situation formuliert BULL folgendermaßen:

„Die Suche nach einem neuen integrierenden Zentrum wird damit zur Überlebensfrage der Gemeinde. Der Evangelist versucht mit seinem Evangelium darauf eine Antwort zu geben. Er muß die Orientierungslosigkeit der Christen seiner Gemeinde auffangen und dabei zugleich seine eigene, nicht unbestrittene Theologie plausibel machen."[191]

Die Antwort des Evangelisten sei die Betonung der „Exklusivität der Offenbarung des Sohnes Gottes"[192] Der Sohn sei die „Integrationsfigur"[193], die über die soziale Orientierungslosigkeit hinweghilft.[194]

BULL unternimmt dann den Versuch, die den von ihm ermittelten drei Redaktionen des Johannesevangeliums zugrundeliegenden Situation der Gemeinde zu ermitteln. Die Situation der ersten Redaktion habe sich gegenüber der des Evangelisten kaum geändert. BULL sieht die wichtigste Veränderung darin, „daß die Gemeinde jetzt eine auch äußerlich vom κόσμος geschiedene Größe ist, deren Binnenstruktur beschrieben werden kann und deren Schicksal dem Jesu entspricht (15,18.20)."[195] Die Gemeinde habe begonnen sich zu konsolidieren. Der erste Redaktor habe „versucht, diesen Prozeß durch Aufnahme und Weiterführung der Theologie des Evangelisten zu unterstützen und zu begleiten. Die Weiterführung lag naturgemäß auf dem Gebiet der Ekklesiologie, denn hierzu hatte der Evangelist wenig gesagt."[196] Zur Zeit der zweiten Redaktion habe sich die Auseinandersetzung verschärft und zwar wegen Konsequenz der Christologie des Evangelisten.[197] Es sei in dieser Situation auch zu Martyrien gekommen.[198] Die Situation, die BULL der dritten und endgültigen Redaktion zugrundelegt hat, weist in der Außenperspektive keine wesentlichen Veränderungen auf, allerdings sei es innerhalb der

---

[190] Vgl. BULL, Gemeinde S.124, Anm. 50.
[191] BULL, Gemeinde S.124.
[192] BULL, Gemeinde S.134.
[193] BULL, Gemeinde S.125 mit Verweis auf BERGER, Einführung S.183.
[194] Vgl. BULL, Gemeinde S.156.
[195] BULL, Gemeinde S.158.
[196] BULL, Gemeinde S.160.
[197] Vgl. BULL, Gemeinde S.185.
[198] Vgl. BULL, Gemeinde S.173f. und 184f.

Gemeinde zu einer Spaltung gekommen, wobei das Herrenmahl eine herausragende Rolle gespielt haben soll.[199] Der Verfasser der dritten Redaktion habe „die Heilsnotwendigkeit der Teilnahme am Herrenmahl"[200] betont und die Autorität seiner Redaktion mit der Autorität des Lieblingsjüngers begründet. Dahinter steht auf der historischen Ebene nach BULL ein Konflikt der Fraktion um den Redaktor mit den Leitern der Gemeinde.[201]

Zwischen der zweiten und dritten Redaktion ordnet BULL die johanneischen Briefe (in der kanonischen Reihenfolge) ein, die von dieser innergemeindlichen Auseinandersetzung geprägt seien.

5.2.4 Klaus Wengst

Anders als die oben dargestellten Ansätze rekonstruiert WENGST[202] keine Phasen der Entwicklung der johanneischen Gemeinde, sondern erklärt das Johannesevangelium einheitlich aus der aktuellen Situation des Synagogenausschlusses[203]:

Das Johannesevangelium entstamme judenchristlichem Milieu und ist als Anwort auf eine aktuelle innerjüdische Auseinandersetzung zu verstehen. WENGST macht deutlich, daß sich die Gemeinde des Johannesevangeliums in einer Situation der Bedrängnis durch das sich gerade herausbildende rabbininische Judentum befindet. Die Gemeinde leide unter dem Trauma des Synagogenausschlusses und unter den damit verbundenen Repressalien durch die jüdische Führungsschicht.[204] WENGST lokalisiert das Johannesevangelium in den Landschaften Gaulanitis und Batanäa im nördlichen Ostjordanland zur Zeit Agrippas II. - genauer: zwischen 80 und 90. Die Erfahrung der Bedrängnis durch das Mehrheitsjudentum, das administrative Macht zu haben scheint[205], passe laut

---

[199] Vgl. BULL, Gemeinde S.187.
[200] BULL, Gemeinde S.188.
[201] Vgl. BULL Gemeinde S.195, der diese Deutung von KÜGLER, Jünger S.475, übernimmt.
[202] WENGST, Bedrängte Gemeinde. Zur Kritik vgl. HENGEL, Johanneische Frage S.288ff.; KÜGLER, Johannesevangelium; SCHNELLE, Antidoketische Christologie S.37f.; THYEN, Johannesevangelium S.215.
[203] So neben WENGST auch BERGER, Einführung S.180-183; BERGER, Johannes; DUNN, Let John Be John; KLAUCK, Gemeinde ohne Amt? S.197-199; REIM, Gemeinde; VOUGA, Geschichte S.178; ZUMSTEIN, Geschichte S.423ff. (jedoch nicht ohne Verzicht auf redaktionsgeschichtliche Modelle).
[204] Vgl. WENGST, Bedrängte Gemeinde S. 75-104.
[205] Vgl. WENGST, Bedrängte Gemeinde S.75 und 155, der das Stichwort „Behörde" von BULTMANN, Johannes S.59 (bezogen auf 9,22 S.254) übernimmt. BULTMANN beschreibt damit die Unterscheidung von ὄχλος und Ἰουδαῖοι: „So erscheinen denn auch in 119 die Ἰουδαῖοι wie eine Behörde, die von ihrem Sitz Jerusalem aus zum

WENGST am besten in die Zeit des sich neu entwickelnden Judentums nach 70 in Jabne unter den für Juden besonders vorteilhaften Herrschaftsbedingungen im Reich Agrippas II.[206] Zwar lehnt WENGST einen direkten Bezug zum sog. Ketzersegen des Achtzehnbittengebets ab,[207] sieht aber Ketzersegen und Johannesevangelium im gleichen religiösen Klima, in dem das sich gerade entwickelnde rabbinische Judentum bemüht ist, die neuen Grundlagen zu vereinheitlichen und jedwede sektiererische Tendenzen auf Kurs zu bringen bzw. zu isolieren.[208]

5.3 Die Situation der johanneischen Gemeinde

Die Auseinandersetzung zwischen der vertriebenen judenchristlichen johanneischen Gemeinde und der altgläubigen jüdischen Synagoge sind der entscheidende Konflikt, in den das Johannesevangelium hineingeschrieben ist. Auf diesem historischen, sozialen und theologischen Hintergrund ist es zu verstehen.[209]

Zweck der Untersuchung Sachverständige delegiert." (S.59). THYEN, Johannesevangelium S.215, kritisiert zutreffend: „Doch aus dem 'wie eine Behörde' [bei BULTMANN, M.S.], das ein Phänomen der Textebene beschreibt, wird bei Wengst unversehens ein Urteil über einen Sachverhalt auf der historischen Referenzebene: als Behörde." (Kritisch dazu auch BERGER, Johannes S.76; HENGEL, Johanneische Frage S.290f.) THYENs Kritik richtet sich v.a. gegen die weitgehenden Konsequenzen, die WENGST bezüglich der Datierung daraus zieht. Vgl. auch WENGSTs Antwort auf THYEN in Bedrängte Gemeinde S.162, Anm.17. Zur Machtposition der Pharisäer im Johannesevangelium vgl. auch von WAHLDE, Relationships S. 513-518.
[206] Vgl. WENGST, Bedrängte Gemeinde S.160-163.
[207] Vgl. WENGST, Bedrängte Gemeinde S.90: „Eine solche direkte Verbindung (sc. zum Ketzersegen) herzustellen ist sicher nicht angemessen. Die *birkat ha-minim* intendierte nicht den Synagogenausschluß und wirkte auch nicht ohne weiteres in dieser Weise. Dennoch ist der Hinweis auf sie von Bedeutung, da sie von Ketzern spricht und die im Johannesevangelium als 'Synagogenausschluß' zum Ausdruck gebrachte Erfahrung eine solche sein dürfte, wie sie Menschen machen mußten, die zu Ketzern erklärt worden waren. Die *birkat ha-minim* gehört also in den größeren Kontext, der das 'Klima' in der Zeit und Umwelt des Johannesevangeliums bestimmte." (*kursiv* bei WENGST). Vgl. dagegen die mißverständliche Darstellung bei SCHNELLE, Einleitung S.539.
[208] Vgl. WENGST, Bedrängte Gemeinde S.90-104.
[209] So auch BERGER, Einführung S.180-183; BERGER, Johannes S.64ff.; DUNN, Let John Be John; HAMMES, Ruf ins Leben S.168; DE JONGE, Christologie im Kontext S.130ff.; KLAUCK, Gemeinde ohne Amt? S.197-199; REIM, Gemeinde; VOUGA, Geschichte S.178; WENGST, Bedrängte Gemeinde S.75-104; ZUMSTEIN, Geschichte S.423ff. Auch L. SCHENKE, Johannesevangelium S.118-121, sieht das Johannesevangelium als Reaktion auf den Synagogenausschluß, hält den Konflikt mit dem Judentum aber für abgeschlossen (S.120). L. SCHENKE betont zudem einen inhaltlichen Zusammenhang zwischen dem sog. Johanneischen Schisma (nach 1Joh und Joh 6,60-71) und dem Konflikt mit dem Judentum. Vgl. auch L. SCHENKE, Schisma; KLAUCK, Gemeinde ohne Amt? S.199-201. Anders HENGEL, Johanneische Frage S.298-306, bes. S.300:

5.3.1 Der Ausschluß aus der Synagoge (9,22; 12,42; 16,2)

Die Christologie ist das zentrale Thema, das die Konflikte zwischen johanneischer Gemeinde und altgläubigen Juden verursacht hatte und zum Ausschluß aus der Synagogalgemeinschaft geführt hat.[210] Der Evangelist zeichnet ein bedrückendes Bild von der Bedrängung der Gemeinde seitens des Judentums. Die Gemeindeglieder sind in einer Situation des völligen Ausgeliefertseins.[211]

Zutreffend bemerkt WENGST:
„Die Gemeinde soll deshalb die gegen sie inszenierten Bedrängnisse als Ausdruck ihrer Konformität mit Jesus begreifen (15,18-20) und sich ihnen nicht durch Abfall entziehen.(...) Der Ausschluß aus der Synagoge ist demnach eine bedrängende Erfahrung der johanneischen Gemeinde; und weil sie diese Erfahrung macht, läßt sie der Evangelist von Jesus vorausgesagt sein, um sie aushalten zu können."[212]

Nach BERGER leistet das Johannesevangelium hier theologische Trauerarbeit:
„Die von der Synagoge vollzogene Ablösung wird von den joh Christen als schmerzvoll empfunden (Trauer) und bewirkt vor allem eine soziale und theologische Desorientierung kaum vorstellbaren Ausmaßes. Das JohEv versteht sich als umfassende Antwort auf diese Desorientierung".[213]

„Die Auseinandersetzung mit den Juden ist längst nicht mehr das Hauptthema des Werks." Daß es im Johannesevangelium um den Unglauben der Juden geht, schreibt HENGEL der Erzählsituation der Geschichte Jesu zu. „D.h., die Juden stehen im Evangelium für alle Nicht-Glaubenden, weil Jesus nicht den Heiden, sondern nur seinem eigenen Volk predigte." (300) Daß die johanneische Gemeinde vom Aposynagogos akut betroffen ist, wird auch von den Vertretern einer literarkritischen Lösung des Problems der Entstehung des Evangeliums bestritten. Vgl. SCHMITHALS, Johannesevangelium und Johannesbriefe S.421ff.; BECKER, Johannes 1 S.46; PAINTER, Farewell Discourses S.525ff.; SCHNELLE, Antidoketische Christologie S.37-48; SCHNELLE, Einleitung S.544ff. Sie weisen diesen Konflikt meist einer bestimmten Quelle oder Bearbeitung zu.

[210] Vgl. SCHLÜTER, Selbstauslegung S.129f.
[211] Vgl. zur Illustration BULL, Gemeinde S.120f.
[212] WENGST, Bedrängte Gemeinde S.82.Vgl. auch CULPEPPER, Anatomy S.222; VOUGA, Geschichte des frühen Christentums S.147. Dagegen wenden sich u.a. KÜGLER, Johannesevangelium S.50f.; SCHNELLE, Antidoketische Christologie S.41.136.
[213] BERGER, Einführung S.182. Vgl. auch SCHLÜTER, Selbstauslegung S.124; SCHNACKENBURG, Johannesevangelium 3 S.138; THYEN, Johannesevangelium S.212.

Hauptbeleg für die so bestimmte Situation sind die sog. ἀποσυνάγωγος-Stellen (9,22; 12,42; 16,2).[214]

- Zum ersten Mal begegnet das Stichwort ἀποσυνάγωγος in 9,22 im Kontext des Verhörs der Eltern des Blindgeborenen. Diese fürchten sich, über ihren Sohn auszusagen, da die Juden 'schon'[215] beschlossen haben, alle, die sich zu Jesus als Messias bekennen, aus der Synagoge auszuschließen (9,22). Die von WENGST hier für die verhörenden Juden eingeführte Bezeichnung Behörde (s.o.) ist eine Assoziation, die ich nicht übernehmen will, weil sie die Deutung auf der Gemeinde-Ebene zu stark verengt, auch wenn die Indizien, die zu dieser Annahme führen, zutreffend sind. Wichtig ist, daß der Evangelist hier den Machtcharakter seiner Gegner betont. Es geht aber um eine innerjüdische Angelegenheit. Die jüdische Gemeinschaft verstößt eine von ihr als häretisch abgelehnte Gruppe aus ihrer Mitte. Diese Jurisdiktionsgewalt in religiösen Fragen besaß die jüdische Synagoge ohnehin.[216] Die Annahme von magistralen Maßnahmen ist dazu nicht notwendig. Die Maßnahmen der Juden beschränken sich aber nicht auf die Verfolgung der explizit Bekennenden. Auch die Angehörigen werden mit Repressalien bedroht. Der Evangelist impliziert hier

---

[214] Zum zeitgeschichtlichen Kontext vgl. CARROLL, Exclusion; FORKMAN, Limits S.105f.; MAIER, Auseinandersetzung S.130-141; SCHLÜTER, Selbstauslegung S.136-140; W. STEGEMANN, Synagoge S.148-156; STEGEMANN / STEGEMANN, Sozialgeschichte S.209f. WANDER, Trennungsprozesse S.272ff. Zur Praxis des Synagogenausschlusses vgl. auch Josephus, Bellum VII 407ff.437ff.

[215] Im Wort „schon" (ἤδη) in 9,22 sieht WENGST einen Anhaltspunkt dafür, daß der Evangelist und seine Gemeinde diese Maßnahme kennen: „Es impliziert , daß - wie immer es sich mit dem hier genannten Geschehen auf der Zeitebene der Erzählung verhalten haben mag - es sich auf alle Fälle um ein solches handelt, das dem Evangelisten und seiner ersten Leser- und Hörerschaft als gegenwärtige Erfahrung vertraut und also auf ihrer Zeitebene zu Hause ist." (S.77) ἤδη meint daher ein „schon damals": Schon damals haben die Juden Anhänger Jesu aus der Synagogalgemeinschaft ausgeschlossen. Dies spricht für die gegenwärtige Bedeutung des ἀποσυνάγωγος für die johanneische Gemeinde. Vgl. in diesem Sinne auch BULL, Gemeinde S.110, Anm.1; STEGEMANN/ STEGEMANN, Sozialgeschichte S.209.

[216] Vgl. Josephus, Antiquitates XIV 256-258; dazu: MAIER, Auseinandersetzung S.130; BULL, Gemeinde S.119f. Auch die synoptischen Evangelien und die Apostelgeschichte kennen Verfolgungen durch jüdische Synagogen bzw. Verhöre vor den Synagogen: Mk 13,9; Mt 10,17; 23,34; Lk 12,11; 21,12; Act 6,8-8,1; 9,2; 22,19; 26,11. Die Historizität dieser Erwähnungen ist jedoch umstritten. Vgl. dazu BECKER, Paulus S.60-64; HENGEL, Paulus S.265-290; MAIER, Auseinandersetzung S.133f.; RIESNER, Frühzeit S.53-56; STEGEMANN / STEGEMANN, Urchristliche Sozialgeschichte S.205.207-212; WANDER, Trennungsprozesse S.123-145.146-167.214-221.244-262.263-275.

Angst als Hinderungsgrund für den Übertritt zur johanneischen Gemeinde.[217]
- Nach 12,42f. gibt es aber dennoch führende Männer, die zum Glauben an Jesus gekommen sind, was sie jedoch nicht öffentlich bekennen, da sie sich vor den Pharisäern fürchten, welche die sich zu Jesus Bekennenden mit dem Synagogenausschluß bedrohen. Der Evangelist kritisiert diese Haltung und bringt sie in Zusammenhang mit der Forderung Jesu, sich zwischen Glauben und Unglauben zu entscheiden. Nach WENGST ist eine solche Machtposition der Pharisäer für die Zeit Jesu nicht denkbar.[218] Es handele sich daher wohl um eine akute Erfahrung aus der Zeit des Evangelisten.[219]
- In 16,2-4 sagt Jesus den Jüngern den Synagogenausschluß und Verfolgung bis zum Tode voraus. In der Jesusgeschichte aber ist der Synagogenausschluß bereits als Androhung gegenwärtig, bzw. in der Gestalt des geheilten Blindgeborenen bereits einmal vollzogen. Das Vorausgesagte ist bereits Realität. Auf der Zeit-Ebene der Jesusgeschichte macht eine solche Voraussage daher kaum Sinn. Es ist daher eher davon auszugehen, daß hier der Evangelist eine akute Erfahrung seiner Gemeinde durch Jesus voraussagen läßt.[220] Der Gemeinde soll deutlich werden, daß sie sich gewissermaßen in einer Schicksalsgemeinschaft mit Jesus befindet. Wie schon Jesus von der Welt nicht angenommen wurde, so werden jetzt seine Anhänger bedrängt.[221]

Der Terminus ἀποσυνάγωγος begegnet nur im Johannesevangelium.[222] Weder die übrigen Schriften des Neuen Testament, noch die außerkanonische frühchristliche Literatur, noch Texte der paganen oder jüdischen Umwelt bieten Belege für diesen Begriff. Sein besonderes Kennzeichen ist der Ausschluß wegen des Bekenntnisses zu Jesus.[223] Der Begriff ἀποσυνάγωγος meint die einseitige Aufkündigung der Synagogengemeinschaft durch das altgläubige Mehrheitsjudentum. Er ist nicht

---

[217] Vgl. dazu SCHLÜTER, Selbstauslegung S.140f.
[218] Vgl. WENGST, Bedrängte Gemeinde S.80.
[219] Vgl. WENGST, Bedrängte Gemeinde S.80; gegen SCHNELLE, Antidoketische Christologie S.136.
[220] Vgl. WENGST, Bedrängte Gemeinde S.81f.
[221] WENGST, Bedrängte Gemeinde S.82.
[222] Vgl. zum Begriff BILLERBECK, Kommentar IV S.329-333; MARTYN, History and Theology S.39; REIN, Heilung S.262-266; SCHLÜTER, Selbstauslegung S.122-143; SCHRAGE, ἀποσυνάγωγος; STRECKER, Theologie S.518f.; WENGST, Bedrängte Gemeinde S.75-104.
[223] Vgl. ONUKI, Gemeinde und Welt S.31; REIN, Heilung S.262f.266; SANDERS, First Decades S.1947ff.; SCHLÜTER, Selbstauslegung S.148.

identisch mit dem Synagogenbann, welcher immer eine Strafe ist, die den Betreffenden in der Synagoge halten will, nicht aber ihn ausschließen.[224]

Klare Fronten sind in dem Konflikt um die Bedeutung Jesu jedoch nicht erkennbar. In beiden größeren Lagern, im Jüngerkreis bzw. in der johanneischen Gemeinde und bei den jüdischen Gegnern kommt es zu Spaltung und Abfall. Die Grenzen sind noch fließend. Dies weist auf eine erst kürzlich erfolgte Trennung,[225] nach der sich die daraus hervorgegangenen Gruppen noch nicht gefunden haben. Eine bestimmte Organisationsform der Gemeinde läßt sich aus dem Text des Johannesevangeliums nicht ermitteln.[226] Die Gemeinde war ja schließlich noch kurz zuvor Teil der jüdischen Synagoge. Am wahrscheinlichsten dürfte sein, daß der Aposynagogos zunächst das einzige identitätsstiftende Moment ist. Mit BERGER ließe sich daher die johanneische Gemeinde am zutreffendsten als „Schicksalsgemeinschaft der Hinausgeworfenen"[227] bezeichnen.

Der Trennungsprozeß betrifft aber nicht nur Juden und Judenchristen, sondern auch die Gruppen, die sich im Umkreis der Synagoge befanden. Umkreis meint hier nicht eine räumliche, sondern vielmehr eine theologische oder kultische Nähe. Die johanneische Gemeinde wirbt um diese Zwischengruppe. Dabei können besonders bei den Sympathisanten auch wirtschaftliche und politische Motive eine Rolle gespielt haben, wie sie THEIßEN für die paulinische Gemeinde in Korinth annimmt.[228] Gerade in der Gestalt des Nikodemus wird deutlich, daß sich unter diesen Sympathisanten auch Vertreter der jüdischen (pharisäischen) Oberschicht fanden.[229]

---

[224] Vgl. dazu MARTYN, History and Theology S.44 im Anschluß an BILLERBECK, Kommentar IV S.329. Ferner: BERGER, Einführung S.181; MAIER, Auseinandersetzung S.130f.; W. STEGEMANN, Synagoge S.140f.; STEGEMANN / STEGEMANN, Sozialgeschichte S.209; WENGST, Bedrängte Gemeinde S.53. Zum befristeten bzw. endgültigen Ausschluß in Qumran-Texten vgl. u.a. CD X,2f.; XII,5f.; 1QS VIII,24-26.; XI,1 bzw. 1QS VII,2.16-18.23-25; VIII,22f.; 4Q261 Frg. 4,2; 4Q270 Frg. 11. Zum Bann CD VI,5; IX,7; 1QM XVIII,5; 11Q19 II,10; weitere Texte im Stichwortregister von MAIER, Qumran-Essener III.
[225] Gegen BECKER, Johannes 1 S.46; HENGEL, Johanneische Frage S.300; PAINTER, Farewell Discourses S.525ff.; SCHMITHALS, Johannesevangelium und Johannesbriefe S.421ff.; SCHNELLE, Einleitung S.544ff.
[226] Vgl. BERGER, Theologiegeschichte S.709.
[227] BERGER, Einführung S.183.
[228] Vgl. THEIßEN, Schichtung.
[229] Vgl. THEIßEN, Lokalkoloritforschung S.490f.

5.3.2 Die johanneische Gemeinde und das Judentum

Das Johannesevangelium ist sowohl jüdisch als auch antijüdisch.[230] Dies weist auf eine intensive innerjüdische Diskussion.

Auffällig am Textbefund am Johannesevangelium ist, daß die Juden meist mit οἱ Ἰουδαῖοι bezeichnet werden. Dies betrifft sowohl die Darstellung der jüdischen Gegner Jesu als auch die Juden im allgemeinen. In den synoptischen Evangelien hingegen wird zwischen den verschiedenen Religionsgruppen (Pharisäer, Saduzäer, Schriftgelehrte) unterschieden. Statistisch gesehen ist dies ungewöhnlich. Beim Blick in die Wortstatistik zeigt sich, daß das Johannesevangelium zusammen mit der Apostelgeschichte im neutestamentlichen Schrifttum eine Sonderrolle einnehmen (Mt: 5; Mk: 6; Lk 5; Joh: 71; Act: 79; Paulus: 26, davon Röm: 11 und 1Kor: 8; insgesamt: 194).[231]

Die Übereinstimmungen der Worte gegen die Juden mit den johanneischen Kosmosaussagen beziehen sich auf die Ungläubigkeit der Juden, die Jesus nicht als den Messias anerkennen.[232] Die Ungläubigkeit der Juden wird durch den Begriff Welt interpretiert. Es geht hier aber nicht um das Judentum schlechthin, sondern um den Teil der Zuhörer, der Jesus die Gefolgschaft versagt. Hier urteilen Judenchristen über Juden und werben gleichzeitig um sie. Die Gemeinde leidet unter dem Synagogenausschluß.[233] Die pauschale Darstellung der jüdischen Gegner als οἱ Ἰουδαῖοι ist durch die innerjüdische Auseinandersetzung bedingt.

Folgende Beobachtungen sprechen für diese Deutung:
– Die Selbstbezeichnung Israel wird positiv verstanden. Nur die Gottesverehrung der Juden ist legitim (4,22): Jesus sagt eine Zeit voraus, in der Gott weder auf dem Garizim (hier: dieser Berg) noch in Jeru-

---

[230] Zur Darstellung der Juden im Johannesevangelium insgesamt vgl. neben den Exkursen in den Kommentaren und den Einleitungen v.a. ASHTON, Identity; BARRETT, Judentum; BARTH, JUDEN; BERGER, Johannes S.76-83; BULL, Gemeinde S.109ff.; GRÄBER, Antijüdische Polemik; GRÄBER, Die Juden als Teufelssöhne; HAHN, Heil; HAHN, Juden; HENGEL, Johanneische Frage S.294-298; LOWE, Who were the Ἰουδαῖοι?; LEISTNER, Antijudaismus; MEEKS, Jew?; REIM, Gotteskinder / Teufelskinder; RISSI, Juden; SCHLÜTER, Selbstauslegung S.144-148; E.W. STEGEMANN, Tragödie; E.W. STEGEMANN, Xenophobie; STRECKER, Theologie S.514-523; THYEN, Heil; VON WAHLDE, Jews; WENGST, Bedrängte Gemeinde S.128-152; WIEFEL, Gemeinde.
[231] Vgl. DUNN, Antisemitismus S.182; HENGEL, Johanneische Frage S.296f.
[232] Gegen SCHNELLE, Einleitung S.544: „Was Jesus von 'den Juden' widerfuhr, erleidet in der Gegenwart die Gemeinde von der 'Welt'. Die 'Juden' dienen Johannes somit auf textinterner Ebene vornehmlich als Paradigma für die Krisis der Welt angesichts der Offenbarung." So auch BULTMANN, Johannes S.59; GRÄBER, Polemik S.152f.; BAUER, Johannesevangelium S.28f.
[233] Vgl. BERGER, Einführung S.182.

salem angebetet werden wird. Der Ausspruch 'Das Heil ist von den Juden.' ist an sich noch keine positive Äußerung Jesu über die Juden. In ihrem Kontext sagt diese Bemerkung Jesu, daß die Juden in der Frage des Kennens Gottes einen Vorsprung gegenüber den Samaritanern haben. Den jüdischen Gegnern aber wird wiederholt von Jesus vorgeworfen, sie würden den Vater nicht kennen. 'Juden' meint daher hier den gemeinsamen heilsgeschichtlichen Traditionskontext von Judentum, Jesus und johanneischer Gemeinde. Die Samaritaner hingegen sind nicht Teil dieses Traditionskontextes. Aber es kommt die Zeit, in der auch dies überwunden sein wird.

- Die Schrift spielt eine ambivalente Rolle[234]: Einerseits wird sie negativ gegen Jesus in Anspruch genommen, zeugt aber andererseits auch für ihn (3,14; 5,39.45; 8,37f.), und Jesus ist es, der sie erfüllt. Die Juden - wenn sie gegen Jesus sind - erfüllen sie nicht. Weil sie Jesus töten wollen, werden sie negativ beurteilt. Das Johannesevangelium ist missionarisch. Es gibt keine absolute Qualität. Die Qualität entscheidet sich immer an der Stellung zu Jesus.

- Im Johannesevangelium fehlt eine Auseinandersetzung über alle rituellen Fragen (Beschneidung, Geltung der Tora etc.).[235] Alle diese Punkte sind von der Gemeinde positiv bewahrt. Auch wird die Tempelzerstörung nicht einmal angedroht. Hier findet keineswegs eine Ablösung durch das Heidenchristentum statt (siehe Joh 12, auch die Fernheilung in Joh 4). Es wird keine neue Abrahamskindschaft für andere erwiesen (Joh 8).

Fazit: Hier liegt noch keine pauschale institutionelle Ablösung vor. Die Christen leiden unter dem Trauma des Vertriebenseins aus der Synagoge.

---

[234] Zur Rolle der Schrift im Johannesevangelium vgl. u.a. DIETZFELBINGER, Aspekte; HANSON, Prophetic Gospel; HENGEL, Schriftauslegung; HENGEL, Johanneische Frage S.298ff.; KRAUS, Johannes und das Alte Testament; OBERMANN, Schrift; REIM, Studien; SCHUCHARD, Scripture. Über den Forschungsstand informiert OBERMANN, Schrift S.3-36.

[235] Vgl. THYEN, Johannesevangelium S.203. Gegen die Vertreter einer heidenchristlichen Herkunft, die das johanneische Christentum als gesetzesfreies Heidenchristentum verstehen; so etwa SCHNELLE, Einleitung S.542. Für HENGEL, Johanneische Frage S.299 weist das Fehlen dieser Auseinandersetzung gerade nicht auf judenchristliche Adressaten, sondern auf eine heidenchristliche Gemeinde für die diese Fragen längst entschieden seien: „ D.h. aber: Für Johannes ist der Kampf darum, daß allein der Glaube an Christus, den Gottessohn, rettet und nicht die Erfüllung der Gebote der Tora, längst ausgekämpft, die ‚Gesetzeswerke' stehen überhaupt nicht mehr zur Diskussion. Die Streitfrage: Christus *oder* das Gesetz bzw. *und* das Gesetz, auf die Matthäus noch in seiner Weise eingeht, ist für ihn ohne jede Einschränkung im Sinne des *‚solus Christus et sola fide'* entschieden." (*kursiv* bei HENGEL)

Sie quält es, daß die eigenen Brüder sich Jesus verschließen. Die Schärfe der Äußerungen ist durch die Enttäuschung zu verstehen. Jesus Christus ist nicht der Stifter einer neuen Religion, sondern der Ausleger des jüdischen Gottes.

5.3.3 Die Fraglichkeit der Herkunft Jesu

Im Johannesevangelium geht es fast ausschließlich um die richtige Bewertung der Gestalt Jesu. Daran knüpft sich für die Glaubenden Heil. Die Fraglichkeit der Herkunft Jesu ist das zentrale Argument seiner Gegner und der Gegner der johanneischen Gemeinde.[236] Die Fraglichkeit der Herkunft Jesu ist gewissermaßen das tertium comparationis, daß beide Zeit-Ebenen verbindet. Die Verfolgungssituation haben zwar Jesus und die johanneische Gemeinde auch gemeinsam, der Grund für beide Verfolgungssituationen aber ist die Fraglichkeit der Herkunft Jesu. Die Gemeinde sieht sich in der Kontinuität der ersten Anhänger Jesu - sowohl im richtigen Erkennen des legitimen Anspruchs Jesu als auch in der Verfolgungssituation.[237]

Gegen die von den jüdischen Gegnern vorgebrachten Einwände zu Herkunft Jesu setzt der Evangelist sein Zeugen-Konzept und das Gesandten-Konzept (s.u.).[238] Das Johannesevangelium läßt sich in diesem Sinne als Bewältigungsschrift lesen, die die gegenwärtigen Vorwürfe der altgläubigen Juden aufgreift, widerlegt und als Abwendung von Gott verurteilt.

5.3.4 Der Ditheismusvorwurf (5,18; 10,22-39)

Die jüdische Synagoge wirft den johanneischen Judenchristen vor, ihre Christologie relativiere den jüdischen Monotheismus.[239]

- 5,18 erklärt die Motivation der Gegner, die Jesus töten wollen. Sie mißverstehen die Funktion Jesu in dem Sinne, als würde sich Jesus mit Gott gleichsetzen.
- 10,22-39: Die Juden bedrängen Jesus, sich offen als Messias zu bezeichnen. Nachdem Jesus seine Einheit mit dem Vater betont, was die Juden als Ditheismus mißverstehen, versuchen sie ihn zu steinigen bzw. festzunehmen. Jesus muß fliehen.

---

[236] Vgl. dazu WENGST, Bedrängte Gemeinde S.110-122.
[237] Vgl. MIRANDA, Vater S.144f.
[238] Zum Zeugnisthema im Johannesevangelium vgl. BERGER, Johannes S.129f.; BEUTLER, Martyria; U.B. MÜLLER, Eigentümlichkeit; MUßNER, Johanneische Seeweise S.34-38.
[239] Vgl. dazu BERGER, Johannes S.65f.189-195; BROWN, Gemeinde S.40; MARTYN, Glimpses S.164f.; L. SCHENKE, Johannes S.424ff.; SCHLÜTER, Selbstauslegung S.129f.; THEOBALD, Gott S.41-51.

Dagegen setzt der Evangelist seine christologische Konzeption, die Jesus so dicht wie nur möglich an Gott heranrückt, jedoch immer im Rahmen des jüdisch Möglichen bleibt.[240]

5.3.5 Die johanneische Gemeinde und ihre jüdische Identität in Abgrenzung zur jüdischen Synagoge

5.3.5.1 Die Beanspruchung alttestamentlicher Heilstraditionen (5,19-47; 8,48)

Die Auseinandersetzung um die Funktion Jesu wird innerjüdisch mit jüdischen Argumenten geführt. Die johanneische Gemeinde ist nicht bereit, nach dem Synagogenausschluß ihre jüdische Identität aufzugeben oder auch nur zur Diskussion zu stellen. Vielmehr wird der Streit um die Funktion Jesu zugleich zur Frage nach dem wahren Israel (vgl. 5,31-47; 8,30-59). Gesetz und Sabbat werden in ihrer Geltung nicht infragegestellt.[241] Abraham und Mose werden zwar durch die Funktion Jesu überboten, nicht jedoch in ihrer Bedeutung relativiert oder gar abgewertet. Johanneische Gemeinde und altgläubiges Judentum berufen sich jeweils auf die Heilstraditionen des Alten Testament und argumentieren von diesem Standpunkt aus.[242] Der Evangelist geht sogar soweit, daß er die eigene Position als die des wahren Israels, als die der einzig gültigen Gottesbeziehung darstellt und somit die Gottesbeziehung der altgläubigen Juden bestreitet.

– Nach 5,19-47 erkennen die Juden nicht die Botschaft der Schrift, die Zeugnis über die Vollmacht Jesu ablegt. Von besonderer Bedeutung ist hier, daß der Evangelist den Gegnern das Argument der Schriftgemäßheit entreißt. Denn die Herkunft Jesu ist in den Augen der Gegner mit der Schrift nicht in Einklang zu bringen (so später in 6,42; 7,41ff.52) - auch wird Jesu eigene Schriftkompetenz zumindest angezweifelt (7,15). Gegen den direkten Vorwurf der schriftwidrigen Herkunft wehrt sich der Evangelist nicht; er läßt ihn unbeantwortet. Hier aber bestreitet er das richtige Schriftverständnis der Gegner und klärt im vornherein, daß die Gegner sich nicht auf die Schrift als Argument gegen Jesus berufen können und auch nicht auf die Autorität des Mose, da Mose in der Schrift Zeugnis für Jesus abgelegt hat. Der Evangelist bestreitet in diesem Abschnitt das Juden-Sein seiner jüdi-

---

[240] Vgl. BERGER, Johannes S.190f.
[241] Vgl. BERGER, Einführung S.183.
[242] Vgl. BARRETT, Johannes S.71; MEEKS, Jew S.172; REBELL, Gemeinde; E.W. STEGEMANN, Tragödie S.119; THYEN, Heil.

schen Gegner. Sie erkennen Jesu Werke nicht, die die Zeugenschaft Gottes für Jesus beweisen (5,36 und später 6,29). Das heißt: Sie erkennen auch Gott nicht. Auch die Offenbarung Gottes in der Schrift durch Mose verstehen sie nicht. Der Konflikt, der sich hier auf der Gemeinde-Ebene abspielt, ist ein Konflikt um das wahre Judentum. Der Evangelist behauptet, daß die zu Unrecht ausgestoßene johanneische, messianische, jüdische Gemeinde, das wahre, gottwohlgefällige Judentum ist, während die, die weiterhin die Schrift und Mose für sich reklamieren, im Unrecht stehen und sich von Gott abgewandt haben. Thema dieser Auseinandersetzung zwischen johanneischer Gemeinde und altgläubigem Judentum ist nicht die Geltung des Sabbats oder die Geltung der Schrift. Beides wird in seiner Berechtigung nicht angetastet. Es geht lediglich um die Frage der rechten Auslegung.[243] Somit handelt es sich um eine innerjüdische Auseinandersetzung um das richtige Verständnis der Schrift im Blick auf die Funktion Jesu - denn um andere Inhalte der Schrift geht es hier ja nicht - und nicht um die Frage der Geltung.[244]

- In 8,48 wird Jesus von den Juden als Samaritaner und von einem Dämon Besessener beschimpft.[245] Während der Vorwurf besessen zu sein noch an weiteren Stellen begegnet (7,20; 8,52; 10,20), wird nur hier im Neuen Testament Jesus vorgeworfen, ein Samaritaner zu sein. Diese Vorwürfe sind getrennt voneinander zu untersuchen. Sie sind nicht einfach synonym in dem Sinne, daß Jesus als besessener Samaritaner beschimpft wird.[246] ZANGENBERG hat hingegen nachgewiesen, daß beide Vorwürfe aus einer je eigenen Gesprächssituation zu erklären sind:[247] So bezieht sich der Besessenheitsvorwurf auf Jesu Worte über sein Verhältnis zu Vater (hier in 8,42-47; so auch in 7,20: Jesu Lehre stammt von Gott; 10,20: Auftrag vom Vater). Auch in 8,49f. verweist Jesus in der Bestreitung des Vorwurfs auf sein Ver-

---

[243] Nach LOHSE, Jesus Worte über den Sabbat S.63, hingegen „spiegelt sich die Auseinandersetzungen wider, die zwischen Kirche und Synagoge zu Ende des 1. Jh.s n. Chr. geführt wurden". „In dem Bekenntnis zu Jesus, der das φῶς τοῦ κόσμου ist (Joh 9 16), oder in der leidenschaftlichen Ablehnung seines das jüdische Gesetz auflösenden Tuns trennen sich Kirche und Synagoge voneinander." Zur Frage nach dem Gesetz im Johannesevangelium vgl. KOTILA, Zeuge; LOADER, Attitude S.432-491; PANCARO, Law; über den Forschungsstand informiert LOADER, Attitude S.433-447.
[244] Vgl. BERGER, Einführung S.183.
[245] Vgl. dazu ZANGENBERG, Frühes Christentum in Samarien S.197-204.
[246] So bei HENGEL, Johanneische Frage S.190; einen engen Zusammenhang beider Vorwürfe sieht auch BECKER, Johannes 1 S.308f. Vgl. auch die Auflistung der Erklärungsmöglichkeiten bei SCHNACKENBURG, Johannesevangelium 2 S.293, der in eine ähnliche Richtung tendiert.
[247] Vgl. ZANGENBERG, Frühes Christentum in Samarien S.202f.

hältnis zum Vater. Der Samaritanervorwurf, der im Gegensatz zum Besessenheitsvorwurf nicht zurückgewiesen wird, begegnet dort, wo es um die Problematik der berechtigten oder unberechtigten Inanspruchnahme alttestamentlicher Heilstraditionen auf jüdischer Seite geht. Es geht also nicht um eine samaritanische Herkunft Jesu oder durch Jesus vertretene spezifisch samaritanische Inhalte, sondern um Jesu Rolle in diesem Konflikt. Jesus ist in dem Sinne Samaritaner, daß er im Streit mit dem Judentum um die alttestamentlichen Heilstraditionen die Rolle eines Samaritaners (aus jüdischer Sicht) einnimmt.[248] Sollte dieser Vorwurf auch eine Entsprechung im Konflikt zwischen johanneischer Gemeinde und dem altgläubigen Judentum haben, so verdeutlicht dies die Schärfe der Debatte. Es geht hier um alles oder nichts, um die Zugehörigkeit zum wahren Israel.[249] Altgläubiges Judentum und johanneische Gemeinde bestreiten sich gegenseitig die Reklamierung der Heilstraditionen des Alten Testaments (wie schon in 5,31-47).[250] Der Evangelist beschreibt diesen Konflikt analog zum Streit zwischen Juden und Samaritanern.[251] Die eigene Position des Evangelisten zu den Samaritanern ist aus diesem Text allerdings nicht herauszulesen, da es sich nur um die strukturelle Beschreibung von Konfliktrollen handelt.

5.3.5.2 Die Gefährdung der Gemeinde durch Abfall und Spaltung (6,60-71; 8,31-59)

Die Existenz des altgläubig gebliebenen Judentums ist für die johanneische Gemeinde eine ständige Bedrohung für ihre eigene sich gerade erst entwickelnde theologische Identität. Die Gefahr des Abfalls als Rückkehr zur Synagoge ist deutlich erkennbar (6,60-71).[252] Das dürfte vor allem daran liegen, daß sich altgläubiges Judentum und johanneische Gemeinde als Judentum verstehen, die johanneische Gemeinde sich jedoch als messianisch erfülltes Judentum begreift. Es ist für den Evan-

---

[248] Vgl. ZANGENBERG, Frühes Christentum in Samarien S.202: „Indem Jesus die Berechtigung der jüdischen Reklamierung atl. Heilstraditionen problematisiert, stellt er sich für seine jüdischen Kontrahenten quasi auf eine Stufe mit den Samaritanern."
[249] Vgl. ZANGENBERG, Frühes Christentum in Samarien S.202: „Der Samaritanervorwurf demonstriert, für wie grundsätzlich die Juden des JohEv die jesuanische Position empfunden haben: es geht um die Frage, wer wahres Israel ist."
[250] REIM, Gemeinde S.74, sieht im Samaritanervorwurf einen Vorwurf gegen den Evangelisten, der von den Juden beschuldigt wird, häretische samaritanische Theologie zu vertreten.
[251] Vgl. ZANGENBERG, Frühes Christentum in Samarien S.203f.
[252] Vgl. WENGST, Bedrängte Gemeinde S.124f.; REBELL, Gemeinde S.174; BULL, Gemeinde S.237; BERGER, Einführung S.181.

gelisten notwendig, seiner Gemeinde begreiflich zu machen, inwieweit sie sich von der Synagoge unterscheidet und daß es sich soteriologisch lohnt, sich von ihr zu unterscheiden. Diese Unterscheidung ist mit einem deutlichen Verlust an Sozialprestige verbunden und somit eine irdische Last für die Gemeindemitglieder. Der Evangelist muß verständlich machen, daß sich das Aushalten dieser Last lohnt und daß es ein im ewigen Sinne tödlicher Irrtum ist, in das im irdischen Sinne sichere Sozialgefüge der Synagoge zurückzukehren.[253]

– 6,60-71: Nachdem Jesus in der Synagoge von Kapernaum gelehrt hat, kommt es wegen seiner Worte zur Spaltung unter den Jüngern.[254] Der Evangelist verarbeitet hier wohl die eigenen Erfahrungen, wonach es wegen bestimmter Jesus-Worte zu einer Abfallbewegung in der johanneischen Gemeinde gekommen ist. Im Text wird dies sogar noch präzisiert: die abtrünnigen Anhänger gehen zurück.[255] Als Ort ihrer Rückkehr dürfte die jüdische Synagoge impliziert sein. Auch die nachgetragene Ortsangabe in 6,59, wonach Jesus seine Rede in der Synagoge von Kapernaum gehalten hat, scheint dies nahezulegen Der Evangelist sah zumindest die Gefahr des Rückfalls von Gemeindemitgliedern zum altgläubigen Judentum. Es ist aber sehr wahrscheinlich, daß sich Rückfälle bereits vollzogen haben und der Evangelist seine Gemeindemitglieder in dieser Situation zum „Bleiben" aufruft. Das altgläubige Judentum ist eine ständige Versuchung für die johanneischen Judenchristen. Es bietet anscheinend die bequeme Möglichkeit einer Rückkehr für die aus seiner Sicht häretischen johanneischen Judenchristen. Diese Rückkehr kann man sich nach 6,66 wohl ganz plastisch als Heimkehr, als Wieder-Seßhaft-Werden vorstellen. Das Petrusbekenntnis fungiert hier als argumentative Bewältigung dieser mißlichen Situation: Petrus' Frage nach dem Wohin eines möglichen Abfalls macht deutlich, daß es keinen Weg zurück gibt, denn nur Jesus hat Worte des ewigen Lebens (6,68), nur Jesus ist der Heilige Gottes (6,69). Es gibt nur den einen Weg zum ewigen Leben, und der ist verbunden mit dem Glauben an Jesus.

– 8,31-59: Zu Beginn dieses Abschnitts, der eine durchgehende Diskussion um den Anspruch Jesu umfaßt, werden die Gesprächspartner als an ihn glaubende Juden bezeichnet. Es wird sich wohl um eben jene

---

[253] Vgl. zu 3,19ff. SCHWANKL, Licht und Finsternis S.179: „Die christologische Licht-Metapher macht ihr (sc. der johanneischen Gemeinde, M.S.) klar, was sie an Jesus hat; die Sicht der feindlichen Außenwelt als Finsternis schneidet den Rückweg der Gemeinde ins Judentum ab, verhindert also, daß die joh. Christen 'desertieren'."
[254] Vgl. L. SCHENKE, Schisma.
[255] Vgl. WENGST, Bedrängte Gemeinde S.124.

handeln, die nach der Rede Jesu im 8,21-29 zum Glauben an ihn gekommen sind (8,30). Während der Diskussion aber wandelt sich schlagartig das Klima: Aus den jesusgläubigen Juden werden wieder jüdische Gegner Jesu, die Jesus sogar mit dem Tode bedrohen (8,37 und 8,59). Jesus wird durch abgefallene Anhänger mit dem Tode bedroht. Dahinter könnte eine gegenwärtige Erfahrung des Evangelisten stehen, wonach besonders abgefallene ehemalige Gemeindeglieder, die zur Synagoge zurückgekehrt sind, der Gemeinde durch Bedrängung zusetzen.[256]

Als Zeichen der eigenen Abgrenzung von der die Existenz der neuen Gemeinschaft gefährdenden altgläubigen Synagoge wird von der Gemeinde die Wassertaufe als Zugangskriterium eingeführt. Da man sich darin den Täuferjüngern angleicht, bedarf es einer Klärung der je eigenen Positionen, wobei die Täuferjünger umarmend integriert werden sollen (s.o.).[257]

5.3.6 Theologische Auseinandersetzungen innerhalb der johanneischen Gemeinde

Bedingt durch die veränderte Situation des Synagogenausschlusses gibt es auch eine theologische Auseinandersetzung innerhalb der johanneischen Gemeinde. Vorsichtigere judenchristliche Vorstellungen aus der Zeit vor der Trennung werden nun vom Evangelisten aufgegriffen, als unzureichend empfunden und mittels der eigenen neuen Theologie kategorisch überboten.[258]

5.3.7 Die johanneische Gemeinde und die Täuferjünger (1,35-51; 3,22-36)

Vor allem mit der Gruppe der Anhänger Johannes des Täufers muß sich die johanneische Gemeinde auseinandersetzen. Wahrscheinlich gibt es in der Gemeinde oder aber außerhalb einen Kreis von Täuferjüngern.[259] Falls er sich innerhalb der Gemeinde befindet, soll er in seiner unsicheren Identität gestärkt werden, die durch die Trennungsprozesse hervorgerufen ist. Außerhalb der Gemeinde befindliche Täuferjünger werden

---

[256] Vgl. WENGST, Bedrängte Gemeinde S.130: „Daß sie sich zur Kompensation des einstigen 'Irrtums' bei der Bekämpfung der Ketzerei besonders hervorgetan haben, ist gut vorstellbar."
[257] Vgl. BERGER, Einführung S.181f.
[258] Vgl. dazu BERGER, Johannes S.69.73; BERGER, Theologiegeschichte S.715ff.; BROWN, Gemeinde S.60-65; RISSI, Juden S.2111ff.
[259] Vgl. dazu BROWN, Gemeinde S.57f.; WENGST, Bedrängte Gemeinde S.177.

zum Übertritt aufgefordert. Wie Johannes seine Jünger zu Jesus schickte, sollen sie dem Willen ihres Lehrers folgend sich auf die Seite der johanneischen Gemeinde schlagen. Wahrscheinlich sind die Täuferjünger vom Synagogenausschluß besonders betroffen, da sie nun ihr Verhältnis zum altgläubigen Judentum wie zur neu entstandenen judenchristlichen Gemeinde aufgrund der neuen Situation klären müssen. Der Evangelist versucht, sie durch seine vorsichtige Hochschätzung des Täufers in die johanneische Gemeinde zu integrieren. Der Täufer wird dabei zum hochgeschätzten Zeugen der Legitimität Jesu und zum Garanten der neuen johanneischen Theologie.

- In 1,35-51 weist Johannes die ersten Jünger durch ein christologisches Bekenntnis zu Jesus. Daran ist zweierlei bedeutsam: Erstens wird hier sehr deutlich die vorbereitende und auf Jesus hin verkündigende Funktion des Täufers betont, die den Gedanken einer messianischen Konkurrenz von Jesus und Johannes von vornherein ausschließen soll. Zweitens „über-weist" hier Johannes zwei seiner Jünger zu Jesus. Dies entspricht der vorauslaufenden Funktion des Täufers. Der Jüngerkreis des Vorbereiters soll in den Jüngerkreis des Vollenders übergehen. Der Messias beruft seine ersten Jünger also keineswegs selbst, vielmehr fordert sie sein Vorläufer zum Übertritt auf.

- In 3,22-36 verdeutlicht der Täufer in einem Gespräch mit einem Juden, daß er Jesus nicht als Konkurrenz versteht. Er betont seine eigene vorbereitende Funktion. In 3,31-36 wird Johannes eine Zusammenfassung der johanneischen Sendungschristologie vom Evangelisten in den Mund gelegt[260], die vor allem den Aussagen aus 3,1-21 entspricht. Dies soll ein Einverständnis des Täufers mit der Christologie der johanneischen Gemeinde und mit dem christologischen Selbstverständnis Jesu zum Ausdruck bringen. Entscheidend ist, daß der Evangelist die Aussagen von 3,31-36 als Zeugnis des Täufers formuliert. Bezüglich des Taufverständnisses dürfte es unterschiedliche Auffassungen in der johanneischen Gemeinde und bei den Täuferjüngern gegeben haben.[261] Diese dürften für die Täuferanhänger ein gewichtiger Grund dafür gewesen sein, sich bisher nicht der johanneischen Gemeinde angeschlossen zu haben. Es ging, wie hier mit dem Stichwort καθαρισμός (3,25) angedeutet wird, um die

---

[260] Dieser Tatbestand hat einen Teil der Forschung dazu veranlaßt, Umstellungshypothesen anzunehmen. Vgl. u.a. BULTMANN, Johannes S.92; BECKER, Johannes 1 S.130; SCHNACKENBURG, Johannesevangelium 1 S.374.

[261] Vgl. SCHNELLE, Antidoketische Christologie S.198; SCHNACKENBURG, Johannesevangelium 1 S.452.

Wirksamkeit der Taufe.[262] Dieses Zeugnis des Täufers soll nun der Gruppe der Täuferanhänger signalisieren, daß schon Johannes die Gestalt Jesu in den richtigen, nämlich den johanneischen, Kategorien gedeutet hat. Es ist daher sicher nicht zufällig, daß der Evangelist nach dem Abschnitt über die Geisttaufe als Geburt von oben (3,1-10) und deren soteriologischer Motivation anhand der christologischen Bezeichnungen Menschensohn (3,13-15), Sohn (3,16-18) und Licht (3,19-21) diesen Text gesetzt hat. Johannes macht deutlich, daß er Jesu Tauftätigkeit oder die seiner Jünger (vgl. 4,2) nicht als Konkurrenz ansieht wegen seiner auch sonst betonten vorbereitenden Funktion. Darüber hinaus bezeugt er den Wahrheitsgehalt der Jesusrede in 3,11-21 und betont, daß es darauf ankommt, das legitime Zeugnis des von oben Gekommenen bzw. von Gott Gesandten anzunehmen. Wie schon in 3,1-21 geht es darum, an den Gesandten zu glauben und durch diesen Kontakt mit der himmlischen Sphäre das ewige Leben zu erlangen. Damit kann es für die Täuferjünger nur den einen Weg geben, sich der johanneischen Gemeinde anzuschließen und nicht auf ihrer nur scheinbar unabhängigen (weil nur vorlaufenden) Tauftradition zu beharren. Wichtig ist hierbei aber, daß der Evangelist nicht einfach die Wirksamkeit der Johannestaufe negiert. Vielmehr nimmt er die Bindung der Täuferjünger an die Person des Täufers positiv auf und zeigt, daß, wie Johannes nur ein Vorläufer Jesu war, jetzt auch die Täuferanhänger den von Johannes aufgezeigten Weg weitergehen und sich der johanneischen Gemeinde anschließen sollen. Die johanneische Gemeinde kommt ihnen dabei mit der Hochschätzung der Gestalt des Täufers ein Stück weit entgegen.[263]

5.3.8 Auseinandersetzungen mit heidnischen Kulten (2,1-12; 5,1-9)?

Ob sich das Johannesevangelium mit heidnischen Kulten auseinandersetzt, ist nicht mit Sicherheit zu beantworten. Da eine direkte Polemik fehlt, kann man lediglich bestimmte Motive einer Wundererzählung mit heidnischen Kulten vergleichen. Die Kenntnis von heidnischen Kulten ist sowohl bei Jesus als auch beim Evangelisten vorauszusetzen. Die Frage ist nur, ob im Text des Johannesevangeliums darauf angespielt wird.

---

[262] Vgl. SCHNACKENBURG, Johannesevangelium 1 S.452.
[263] Vgl. dazu BERGER, Johannes S.68; ERNST, Johannes der Täufer S.212-214; HAMMES, Ruf ins Leben S.160; HENGEL, Schriftauslegung S.268-271; STOWASSER, Johannes der Täufer S.241.

- 2,1-12: Die Hochzeit in Kana ist ein Zeichen für die Messianität Jesu. Hier handelt es sich möglicherweise um die Überbietung eines Dionysos-Wunders[264] in Verbindung mit dem Messiaszeichen Wein.[265]
- 5,1-9: Die Annahme, daß es sich bei diesem Heilungswunder um die Überbietung eines Asklepios-Wunders handelt, ist prinzipiell möglich.[266] Im ersten Jahrhundert n.Chr. ist dieser Kult in Syrien und Palästina an einigen Orten ansässig.[267] Er hat über den Umweg über Phönizien auch in Palästina Verbreitung gefunden. Es ist davon auszugehen, daß der Asklepios-Kult im Palästina des ersten Jahrhunderts bekannt war. Jedoch bleibt die Annahme der die Überbietung eines Asklepios-Wunders hypothetisch. Ein Asklepiosheiligtum für den Teich Bethesda[268] vor den Toren Jerusalems ist erst für die Zeit der Aelia Capitolina archäologisch nachweisbar. In der Zeit vor 70 n.Chr. bestand dort eine Badeanlage heidnischen Charakters, die in ihrer kultischen Ausrichtung nicht näher bestimmbar ist.

---

[264] Vgl. BERGER / COLPE, Textbuch S.152 (Nr. 257); KÖSTER, Einführung S.622.
[265] Zur messianischen Gabe des Weines vgl. SCHNACKENBURG, Johannesevangelium 1 S.341f. Zu den religionsgeschichtlichen Parallelen vgl. BERGER/COLPE, Textbuch Nr.254-257.
[266] RENGSTORF, Anfänge S.16f., nimmt an, hinter ὑγιη γίνεσθαι (5.9a) stecke eine Anspielung auf den Asklepioskult. Vgl. auch BERGER / COLPE, Textbuch S.159f.; SCHNELLE, Antidoketische Christologie S.112. Anm. 136.
[267] Vgl. MCCASLAND, The Asclepios Cult in Palestine.
[268] Vgl. dazu DUPREZ, Jésus et les Dieux Guérisseurs; HENGEL, Johannesevangelium S.308-316;JEREMIAS, Bethesda; KÜCHLER, Betesda; KÜCHLER, Zum „Probatischen Becken"; LABAHN, Spurensuche; MEES, Heilung; PIERRE / ROUSEE, Sainte Marie de la Probatique; RIESNER, Betesda; THEIßEN, Lokalkolorit S.15.

6 Konsequenzen für die Darstellung des Wirkens Jesu im Johannesevangelium

Beim Johannesevangelium handelt es sich um eine judenchristliche Schrift, die in der Situation unmittelbar nach der Trennung von der Synagoge entstanden ist. Die Trennung und die dadurch verursachten Probleme sind der Anlaß für die Abfassung des Johannesevangeliums. Der Hinauswurf wird bewältigt durch das Formulieren einer bestimmten christologischen Konzeption. Der historischen Situation entspricht der literarische Charakter des Evangeliums.[269] Dieser beinhaltet zwei Aspekte:
1. Klären der Gestalt Jesu als Streitpunkt zwischen Juden und johanneischer Gemeinde.
2. Einbeziehung der johanneischen Christen in das heilsschaffende Wirken Jesu.

Beide Aspekte bewirken unterschiedliche Arten der Darstellung des Geschicks Jesu: Dem ersten Aspekt entspricht der juristische Charakter des Johannesevangelium, dem zweiten der didaktisch-pädagogische Charakter.

6.1 Der juristische Charakter des Johannesevangeliums: Der Prozeß der Gemeinde gegen die Welt

Die historische Situation, die der Evangelist zu bewältigen hat, veranlaßt ihn, die Geschichte des Wirkens Jesu unter juristischen Kategorien zu betrachten und darzustellen.[270]
„Die Auseinandersetzung mit dem Judentum wird wesentlich mit juristischen Kategorien geführt (Zeugnis, Anklage, Apologie), womit die Auseinandersetzung zwischen Juden und Judenchristen hier etwas Prozeßhaftes gewinnt, weil es sich in der Tat um einen auch juristisch zu bewertenden Vorgang der Trennung zwischen Korporationen handelt.

---

[269] Vgl. BERGER, Johannes S.131f.
[270] Vgl. dazu ASHTON, Understanding S.220-232; 523-527; BECKER, Johannes 1 S.298-300; BERGER, Theologiegeschichte S.724; BLANK, Krisis S.198-230; BÜHNER, Denkstrukturen S.227; LINCOLN, Trials; MEEKS; Divine Agent S.56f.; U.B. MÜLLER, Eigentümlichkeit S.30-37.

Daher auch die Betonung der juristischen Dimension in der Christologie."[271]

Es geht dabei zum Einen darum, Jesu messianischen Anspruch gegenüber der Synagoge zu verteidigen und die Verfolgung, Verhaftung, Verurteilung und Hinrichtung Jesu als unbegründete Willkürmaßnahme seitens der jüdischen Oberschicht darzustellen. Die Römer werden dagegen weitgehend entlastet. Messianische Erwartungen, die zu Konflikten mit der römischen Besatzungsmacht hätten führen können (König der Juden; Speisung des Volkes als hoheitlicher Akt; Erhöhung Jesu als Herrscher-Apotheose), werden durch die neue christologische Konzeption des Evangelisten im irdischen Sinne abgewiesen und ins Himmlische überhöht (vgl. die Speisungsmetaphorik in 6,1-15 und 6,22-58 [s.u.]). Damit soll gesagt werden, daß es für die römische Besatzungsmacht keinerlei Anlaß gab, Jesus zu verurteilen. Alles beruhte auf Intrigen der jüdischen Oberschicht, die angesichts Jesu steigender Anhängerzahl ihren Einfluß auf das Volk gefährdet sah.

Andererseits geht der Evangelist offensiv vor, indem er zur Behauptung und Vergewisserung seiner Adressaten sein Evangelium als Prozeß zwischen Gemeinde und ungläubiger Welt schreibt, wobei die Welt auf der Anklagebank sitzt. Dies geschieht v.a. im Prozeß Jesu vor Pilatus.
„Stellt so das gesamte Evangelium zur Vergewisserung seiner Leser (20,30f.) den Prozeß Jesu dar, so ist dies - oft mit dem Stilmittel der Ironie bezeichnet - ein 'Prozeß' in dem hintergründigen Sinn, daß hier die 'Welt', die Jesus den Prozeß macht, in Wahrheit vor ihrem eschatologischen Richter steht."[272]

Der Evangelist klagt die Welt an, sich dem Heilswillen Gottes verweigert zu haben. Die gegnerischen Vorwürfe bezüglich der Herkunft Jesu werden juristisch beantwortet. Der Evangelist bedient sich deshalb der Gesandtenvorstellung. Diese orientiert sich - wie BÜHNER gezeigt hat - am orientalischen Botenrecht und an der jüdischen Vertretungslehre und ist daher eine primär juristische Kategorie.[273] Entscheidend ist neben dem Offenbarungscharakter der Sendung[274] die Klärung der Zugehörigkeit Jesu mit juristischen Mitteln. Die Sendungschristologie hat ihren histori-

---

[271] BERGER, Einführung S.180.
[272] THYEN, Johannesevangelium S.216. Vgl. auch HAHN, Prozeß; U.B. MÜLLER, Eigentümlichkeit S.38f.; SÖDING, Macht S.40ff.
[273] Vgl. neben BÜHNER, Der Gesandte, auch BORGEN, God's Agent.
[274] Vgl. in diesem Sinne u.a. BULTMANN, Theologie S.385-392; CONZELMANN, Theologie S.373-380; KUHL, Sendung S.58-106; MIRANDA, Vater S.146f. u.ö.

schen Ort in der juristischen Erwiderung auf die gegnerischen Vorwürfe bezüglich der Herkunft Jesu.

6.1.1 Die himmlische Anklageschrift: Der Prolog und seine Funktion für das Evangelium

Der Prolog zeigt Denkstrukturen und Wortfelder auf, die im Laufe des Evangeliums immer wieder begegnen (s.u.).[275] Der Evangelist rahmt sein Werk durch den Prolog (1,1-18) und einer Bemerkung über dessen Zweck (20,30f.).[276] Er betont den Auswahlcharakter seines Buches. Ihm genügt zu seinem Zweck eine Auswahl.

„Der Prolog hat die Funktion eines programmatischen Eröffnungstextes, er dient als Lektüreanweisung für die Leser, indem er das vom Evangelisten beabsichtigte Verstehen des Folgenden vorbereitet und prägt. Eine deutliche Korrespondenz besteht zwischen Joh 1,1-18 und Joh 20,30f, wo der Evangelist das Ziel seiner Evangelienschreibung nennt: Glauben an den Gottessohn Jesus zu wecken und zu erneuern. Der Leser wird somit vom Evangelisten in das Werk eingeführt, und er darf sich des Verstehens gewiß sein, wenn er in die grundlegende Glaubensaussage Joh 20,31 einstimmen kann.(...) Das JohEv versteht sich als Versuch, vor allem nichtpharisäische Juden zu überzeugen. Es argumentiert auf der Basis jüdischen Rechts und ist eine Vorstufe der späteren Gattung der 'Apologie'."[277]

---

[275] Vgl. zur schriftstellerischen Funktion des Prologs u.a. CARTER, Prologue; DUNN, Let John Be John S.334f.; NICHOLSON, Death as Departure S.43ff.; J.A.T. ROBINSON, Relation; THEOBALD, Im Anfang war das Wort; THEOBALD, Fleischwerdung des Logos S.296-372; THEOBALD, Gott S.80; WEISER, Theologie II S.158.
[276] Vgl. SCHNELLE, Einleitung S.549.
[277] SCHNELLE, Einleitung S.549. Vgl. auch VIELHAUER, Literatur S.428: „Der Prolog (...) beginnt in der Ewigkeit und endet in der Gegenwart der Gemeinde, um von vornherein sicherzustellen, daß in Jesus, dem fleischgewordenen Logos, Gott selbst begegnet." Schon VON HARNACK, Verhältnis S.191, hatte den Johannesprolog als Leseanweisung verstanden. Der Prolog diene als Einführung in das Evangelium für hellenistische Leser. Ähnlich auch DUNN, Let John Be John S.334; SCHNACKENBURG, Johannesevangelium 1 S.197-200. THEOBALD, Fleischwerdung des Logos S.371-373, hat die Funktion des Johannesprologs für das Evangelium untersucht und kommt zu folgendem Ergebnis: Der Prolog generalisiert Sachverhalte, die im Corpus des Evangeliums kontextbezogen erzählt werden: „Wo das Corpus Evangelii kontextbezogen einzelne Aspekte einer Sache profiliert, da summiert er und überhöht ins Grundsätzliche" (S.371f.). THEOBALD nimmt an, daß der Prolog nicht zum ursprünglichen Evangelium gehörte, sondern erst durch eine Redaktion an den Anfang des Evangeliums gelangt sei. Die narrativen Texte des Evangeliums seien die Vorgabe für die Abstrahierung und Generalisierung des Prologs gewesen. Vgl. auch THEOBALD, Im Anfang war das Wort S.127-130; THEOBALD, Gott S.80. Nach ONUKI, Gemeinde und Welt S.108, bietet der Johannesprolog eine „retrospektive (...) Zusammenschau des eschatologischen Schicksals der Offenbarung Gottes".

Die folgende Übersicht zeigt in Auswahl die inhaltlichen und thematischen Überschneidungen von Prolog und Evangelium.

Prolog	Evangelium
1: Im Anfang war das Wort	
1-2: Wort im Anfang bei Gott	6,46: Nur wer von Gott ist, hat den Vater gesehen.
3: Schöpfungsmittlerschaft	5,25: Dem Sohn gegeben, das Leben in sich zu haben. 17,5: Präexistenzherrlichkeit Jesu 17,24: Von Gott gegebene Präexistenzherrlichkeit Jesu
4: In ihm ist Leben	3,14f.: Glaube an erhöhten Menschensohn bewirkt ewiges Leben. 3,16: Glaube an den hingegebenen Sohn bewirkt ewiges Leben. 6,27: Speise, die der Menschensohn bringen wird, bringt ewiges Leben. 6,47: Wer glaubt, hat das ewige Leben. 8,12: Wer mir nachfolgt, wird Licht des Lebens haben. 15,5: In ihm Bleiben bewirkt reiche Frucht.
4: Leben = Licht der Menschen	8,12: Licht des Lebens
5: Licht/Finsternis	3,19: Licht/Finsternis 8,12: Licht/Finsternis
5: Nicht-Annehmen des Lichts	3,20: Hassen des Lichts; Nicht-Kommen zum Licht
6-8: Johannes als Zeuge für das Licht	1,19-28: Johannes als Vorläufer Jesu 1,29-34: Johannes bekennt die Legitimität Jesu 3,22-36: Johannes als Zeuge für Jesus 5,36: Johannes als Licht
9: Das wahre Licht kam in die Welt.	3,19: Licht kam in die Welt 12,35ff.: Das Licht ist bei euch
10: Schöpfungsmittler wird von der Welt nicht erkannt.	1,26bf.: Mitten unter euch (Pharisäer), aber nicht erkannt. 14,17: Geist der Wahrheit von der Welt nicht gesehen und nicht erkannt.
11: Kam in sein Eigentum	15,19: Jünger nicht Eigentum der Welt
11: von den Seinen nicht angenommen	3,11: ...ihr nehmt unser Zeugnis nicht an. 3,19f.: Hassen des Lichts; Böses tun 8,37: Das Wort Jesu fand keine Aufnahme unter den Juden. 13,1b: Jesus liebte die Seinen, die in der Welt

	waren → Liebe bis zur Vollendung
12: Aufnahme	6,45: Annehmen der Lehre Gottes 13,20: Aufnahme Jesu ist Aufnahme Gottes.
12: Kinder Gottes	6,45: Schüler Gottes 20,17: mein Vater und euer Vater
12: Glauben an seinen Namen	3,18: Glaube an den Namen des einzigen Sohnes
13: aus Gott geboren	3,3: von oben geboren. 3,5: aus Wasser und Geist geboren 3,6: aus Geist geboren 3,7: von oben geboren
13: Gegensatz: aus Blut, aus Wille des Fleisches, Wille eines Mannes geboren	3,6: Gegensatz: aus Fleisch geboren
14: Fleischwerdung des Wortes	6,53: Fleisch des Menschensohnes 7,16: Jesu Lehre ist von Gott
14: Wohnen unter uns	12,35ff.: Das Licht ist bei euch
14: Sehen	1,50f.: Sehen der himmlischen Welt in Beziehung zum Menschensohn 3,3: Sehen des Reiches Gottes 11,40: Sehen der Herrlichkeit Gottes
14: Herrlichkeit	2,11: Jesus offenbart seine Herrlichkeit durch Zeichen 11,40: Wer glaubt, wird die Herrlichkeit Gottes sehen. 12,41: Jesaja sah seine Herrlichkeit (Jes 6,1) 17,5: Präexistenzherrlichkeit Jesu 17,22: Vermittlung der göttlichen Herrlichkeit an die Jünger mit dem Ziel des Eins-Seins 17,24: Von Gott gegebene Präexistenzherrlichkeit Jesu
14: Einziggeborener des Vaters	6,46: Nur wer von Gott ist, hat den Vater gesehen.
14: voll Gnade und Wahrheit	1,17: Gnade und Wahrheit durch Jesus 3,21: Wahrheit und Licht
15: Johannes als Zeuge für Jesu Jesus war vor ihm, obwohl er nach ihm wurde.	1,30: Identifikation des in 1,15 Verkündigten mit dem ihm begegnenden Jesus.
16: Fülle Gnade über Gnade	6,1-15: Speisung 5000 6,22-59: Speisung durch den Menschensohn bewirkt Leben in Fülle
17: Verhältnis Jesus/Mose	5,45ff: Mose als Zeuge für Jesu Anspruch 6,31-33.48-51: Manna des Mose / Jesus als Brot vom Himmel

	7,19-26: Beschneidung am Sabbat (Mose) wird überboten durch Heilung am Sabbat (Jesus) - jedoch ohne Abwertung des Mose.
17: Gesetz durch Mose	7,19: Gesetz durch Mose, aber keiner von euch (Juden) befolgt es. 7,23: Gesetz des Mose erlaubt Beschneidung am Sabbat.
17: Gnade und Wahrheit durch Jesus Christus	3,21: Wahrheit und Licht 4,23f.: Anbetung in Geist und Wahrheit 8,32: Erkennen der Wahrheit; Wahrheit wird euch frei machen. 14,6: Weg, Wahrheit, Leben 14,17; 16,13: Paraklet als Geist der Wahrheit 17,17: Gottes Wort ist Wahrheit; Heiligung in der Wahrheit (vgl. auch 17,19)
18: Einziger, der von Gott Kunde bringen kann.	6,46: Nur wer von Gott ist, hat den Vater gesehen.
18: Ruhen am Herzen des Vaters	13,23; 21,20: Lieblingsjünger lag an der Seite Jesu
18: Gott (prädikativ)	

Der Prolog hat im Rahmen der juristischen Darstellung des Evangelisten eine wichtige Funktion: Er stellt die grundlegende These des Johannesevangeliums auf: Gott hat sich in seiner Heilsinitiative den Menschen zugewandt. Dies geschah durch die Fleischwerdung des λόγος. Dieser λόγος ist identisch mit dem Menschen Jesus aus Nazareth. Das Vergehen der Gegner der johanneischen Gemeinde besteht eben darin, dies nicht erkannt zu haben. 1,10 und 1,11 zeigen deutlich eine parallele Struktur: Der Schöpfer der Welt wurde durch die Welt nicht erkannt. Der Eigentümer wird von den Seinen, die ihm gehören, nicht aufgenommen. Dem Schöpfer gehört also das Geschöpf, aber das Geschöpf erkennt den Schöpfer nicht und nimmt ihn nicht auf. Die schöpfungstheologischen Aspekte in 1,10 werden in 1,11 eigentumsrechtlich verdeutlicht. Erst dadurch, daß das Geschöpf als Eigentum des Schöpfers verstanden wird, wird das Nicht-Aufnehmen zum juristischen Delikt. Es ist also ein argumentativer Fortschritt erkennbar. 1,11 macht das entscheidende Vergehen deutlich. Es ist gewissermaßen das Negativmuster, von dem sich die johanneische Gemeinde abhebt (1,12f.). Dies bestimmt die Argumentation des ganzen Evangeliums.[278] 1,10 erklärt dieses Verge-

---

[278] Vgl. BÜHLER, Kreuzestheologe S.196ff.; MUßNER, Semantische Achse S.249; CULPEPPER, Anatomy S.97ff.

hen mit dem schöpfungstheologischen Besitzanspruch, indem eine Verbindung mit 1,3 hergestellt wird.

Der Evangelist generalisiert hier die Erfahrung seiner Gemeinde: Die johanneische Gemeinde hat den Ausschluß aus dem Judentum erfahren müssen. Dies wird in Kontinuität gesehen mit dem Nicht-Annehmen Jesu durch die Seinen. Die Seinen sind hier wohl die Menschen an sich. Das paßt am ehesten zu dem generalisierenden Charakter der hier verwandten Bilderwelt (Licht, Welt, Erkenntnis).[279] Daß es sich bei den Menschen, denen Jesus begegnete, hauptsächlich um Juden handelt, ist durch die im Evangelium geschilderte Jesusgeschichte belegt. Dieser historische Sachverhalt ist aber im Prolog nicht von Bedeutung. Es geht um das Eigentumsrecht des fleischgewordenen Logos[280]: Die Welt ist durch seine Schöpfungsmittlerschaft (1,3) geworden (1,10) und ist sein Eigentum (1,11). Innerhalb der Logik und der Bilderwelt des schöpfungstheologisch-generalisierend argumentierenden Prologs kann es sich nicht nur um die Gruppe der Juden handeln.

6.1.2 Die Präsentation der Beweise: Die Zeugen

Der Evangelist antwortet auf die Vorwürfe und Einwände der Gegner bezüglich der Herkunft Jesu mit einem Zeugen-Konzept,[281] d.h. er versucht soviel Zeugen wie nur möglich (nach der in 8,17 erwähnten Zwei-Zeugen-Regel aus Dtn 19,15ff.[282]) für Jesu Wirken und Verkündigung aufzuzählen und in seine Darstellung miteinzubeziehen. Anders ausgedrückt: Der Evangelist bietet Belege für die im Prolog aufgestellte These, daß Jesus der λόγος Gottes ist und die Welt sich ihm schuldhaft verweigert hat (s.o.). In das Zeugen-Konzept gehört das Wortfeld Bezeugen / Zeugnis / Sehen etc. sowie Bekenntnisaussagen von Anhängern oder Sympathisanten. Die folgende Auflistung zeigt in Auswahl das Vorkommen dieses Wortfeldes.

1,7f.: Johannes der Täufer als Zeuge für das Licht

---

[279] Vgl. THEOBALD, Fleischwerdung des Logos S.231f.; THEOBALD, Gott S.80; Gegen MEEKS, Funktion S.268; PRYOR, Jesus and Israel.
[280] Vgl. THEOBALD, Fleischwerdung des Logos S.331f.: „Wie oben dargestellt, hat dieser Satz (sc. 1,11) im Anschluß an 1,9f aller Wahrscheinlichkeit nach seine Pointe darin, die Paradoxie der Ablehnung des fleischgewordenen Logos durch seine *eigenen* Geschöpfe zum Ausdruck zu bringen und damit ineins seinen Universalanspruch gegen ein sektiererisch-abgrenzendes Gemeindeverständnis schon im Prolog unmißverständlich festzuschreiben." (*kursiv* bei THEOBALD)
[281] Vgl. dazu BERGER, Johannes S.129f.; BEUTLER, Martyria; U.B. MÜLLER, Eigentümlichkeit; MUßNER, Johanneische Seeweise S.34-38.
[282] Zur sog. Zwei-Zeugen-Regel vgl. auch Num 35,30; Dtn 17,6; CD IX,17-23; 11Q19 LXI,6-12; 2Kor 13,1; Hebr 10,28.

1,14b: Wir haben Herrlichkeit gesehen.
1,15: Zeugnis des Täufers.
1,19-28: Aussage des Täufers: Er ist nicht der Messias.
1,29-34: Zeugnis des Täufers für Jesus (Sohn Gottes).
1,49: Nathanael-Bekenntnis (Sohn Gottes; König von Israel)
2,11: Die Jünger glauben an Jesus, der in Kana seine Herrlichkeit offenbart hat.
2,17.22: Jünger als Zeugen (Glauben, Erinnern) der Tempelreinigung, die dieses Ereignis mit der Schrift in Verbindung bringen (nach Jesu Auferstehung)
2,25: Jesus braucht von niemandem ein Zeugnis über die Menschen.
3,2: Nikodemus als Sympathisant aus der jüdischen Oberschicht bezeugt Wunder Jesu.
3,11: Was wir wissen, bezeugen wir.
3,22-36: Täuferzeugnis
3,31ff.: Jesus als Zeuge für Gott.
4,39: Zeugnis der Samaritanerin, wodurch viele zum Glauben kommen.
4,42: Bekenntnis der Samaritanerin (Retter der Welt)
4,53: Königlicher Beamter wird gläubig mit seinem ganzen Haus.
5,31-39: Gott als Zeuge für Jesus[283]
- Werke als Zeugnis
- Schrift als Zeugnis
- Das Zeugnis von Johannes dem Täufer hat Jesus nicht nötig.
6,68f.: Petrusbekenntnis
8,12-20: Jesu Selbstzeugnis.
8,17: Zwei-Zeugen-Regel nach Dtn 19,15
8,18: „Ich bin's, der von sich selbst zeugt; und der Vater, der mich gesandt hat, zeugt auch von mir."
8,48-59: Jesus wird von Gott geehrt.
10,25: Werke im Namen des Vaters zeugen für Jesus
15,26: Geist der Wahrheit (Paraklet) zeugt für Jesus
15,27: Jünger zeugen für Jesus, da sie von Anfang an dabei waren.
16,7: Der Paraklet, der kommt, hat innerhalb der Welt hat eine Prozeßfunktion, indem er die Welt überführt der Sünde, der Gerechtigkeit und der Verurteilung.
18,28-19,5: Pilatus als Zeuge der Unschuld Jesu.

---

[283] Zum juristischen Charakter von 5,31-47 vgl. U.B. MÜLLER, Eigentümlichkeit S.32.

19,35: Der Lieblingsjünger als Zeuge des Todes Jesu.
20,11-18: Maria als Zeugin der Erscheinung Jesu.
20,29: Thomas als Zeuge der Auferstehung Jesu.
20,30f.: Das Johannesevangelium als Zeuge für Messianität Jesu.
21,24ff.: Der Lieblingsjünger als Zeuge der Erscheinung des Auferstandenen.

Als Zeugen haben auch die Gegner Jesu eine wichtige Funktion.[284] Sie bezeugen die prinzipielle Möglichkeit des Erkennens Jesu und seiner heilsgeschichtlichen Rolle. Der Vorwurf gegen sie lautet, sie hätten Jesus erkennen können, haben sich aber aus unterschiedlichen Gründen der Heilsinitiative Gottes verweigert.

Das Zeugnismotiv betrifft jedoch nicht nur die Jesusgeschichte. Es hat auch eine wichtige Funktion für die Gegenwart der Gemeinde: Das Zeugnis Gottes für Jesus (5,31-39) und das Zeugnis des Geistes für Jesus (15,26) setzt sich fort im Zeugnis der Jünger für Jesus - wobei dem Lieblingsjünger als Garanten für die Wahrheit des im Evangelium geschilderten Geschicks Jesu eine besondere Rolle zukommt (19,35; 21,24ff.)[285]. Das Zeugnis der Jünger und des Lieblingsjüngers findet dann seine folgerichtige Fortsetzung im Zeugnis der johanneischen Gemeinde gegenüber der altgläubigen jüdischen Synagoge.[286] Das Zeugnis der Gemeinde (und des Evangelisten) wird wiederum vom Parakleten[287] bestätigt: Der

---

[284] Vgl. BERGER, Johannes S.77.
[285] Vgl. dazu THEOBALD, Jünger S.246f.
[286] Vgl. SCHNELLE, Geisttheologe S.21: „Das Zeugnis-Motiv bringt einen zentralen Gedanken johanneischer Theologie zum Ausdruck: Das ganzheitliche Bestimmtsein durch die Offenbarung Gottes in Jesus Christus. Die Wahrnehmung dieses Geschehens ist keineswegs nur ein intellektueller Akt, sondern betrifft die ganze Existenz. Deshalb setzt sich das Zeugnis der Jünger folgerichtig fort. Dieses Glaubenszeugnis gegenüber einer nichtglaubenden Welt ist ein geschichtliches Zeugnis, es beginnt mit den Jüngern Jesu und wird von der johanneischen Gemeinde fortgeführt. In ihrem öffentlichen Zeugnis gegenüber einer nichtglaubenden Welt darf sich die Gemeinde des Beistandes des Geistes gewiß sein." Vgl. auch SCHNACKENBURG, Johannesevangelium 3 S.162.
[287] Zum Parakleten vgl. neben den Exkursen in den Kommentaren u.a. BERGER, Johannes S.135f.; O. BETZ, Paraklet; BEUTLER, Martyria S.276ff.; BORNKAMM, Paraklet; BURGE, Annointed Community; DIETZFELBINGER, Paraklet; ERLEMANN, Naherwartung S.182; JOHNSTON, Spirit-Paraclete; KARRER, Jesus Christus S.310f.; U.B. MÜLLER, Parakletenvorstellung; MUßNER, Parakletsprüche (mit problematischer Unterscheidung von Geist für die Gemeinde und Geist für die Apostel); PORSCH, Pneuma S.233-236; SCHNACKENBURG, Gemeinde S.45f.; SCHNELLE, Ekklesiologie S.43f.; SCHNELLE, Geisttheologe; SCHULZ, Menschensohn-Christologie S.142-158; THEOBALD, Gott S.73ff.; WALTER, Glaube S.146-149. Vgl. auch aus systematisch-theologischer Sicht WELKER, Gottes Geist S.206-213.

Paraklet bezeugt die berechtigten soteriologischen Ansprüche der johanneischen Gemeinde gegenüber den jüdischen Gegnern. Der Paraklet bezeugt die Wahrheit des Evangeliums nach innen - gegenüber der Gemeinde[288] - damit gehört er auch in die Zeugenreihe. Erst durch den von Jesus gesandten Geist wird die Wahrheit für die Jünger, den Evangelisten und die Gemeinde zugänglich (14,16-20.26; 15,26; 16,13).[289]

- Nach 14,16f. gibt Gott auf die Bitte Jesu hin einen anderen Parakleten. Vorausgesetzt ist damit Jesus als Fürbitter im Himmel für die Gemeinde (vgl. Röm 8,26.34; Hebr 7,24).
- Nach 14,26 heißt es: Gott wird ihn schicken in Jesu Namen.
- Nach 15,26 sendet Jesus den Parakleten vom Vater her (vgl. auch Act 2,33: der Erhöhte sendet von Gott her den Heiligen Geist.).
- Nach 16,7f. sendet Jesus den Parakleten nach seinem Weggang. Vorausgesetzt ist damit Jesus als Fürbitter im Himmel für die Gemeinde (s.o.).

Der Geist ist also nicht nur der Lehrer und Garant (s.u.)[290], sondern mit der Gabe des Geistes ist zugleich ein neuer Zeuge für Jesus gewonnen. Und damit kann auch jetzt die Gemeinde Zeuge für Jesus werden (15,26f.). Der Paraklet repräsentiert Jesus und Jesu Wort sowie dessen Wirkungsgeschichte: die johannei-sche Gemeinde.[291]

6.1.3 Der Anwalt und Ankläger: Der Paraklet

Im Rahmen des Prozeßverfahrens zwischen Gemeinde und feindlicher Welt hat der Paraklet die Funktion, die Gemeinde nach außen zu vertreten. Er bezeugt die Wahrheit des Evangeliums,[292] denn das Evangelium ist ein Produkt des Geistes der Wahrheit. Der Paraklet vertritt die Gemeinde nach außen jedoch nicht, indem er apologetisch die Vorwürfe der gegnerischen Seite entkräftet. Er ist vielmehr derjenige, der die Welt in einer universalen κρίσις überführt (16,8).[293] Das Wort κρίσις be-

---

[288] Vgl. dazu SCHNACKENBURG, Gemeinde S.45f.
[289] Vgl. dazu IBUKI, Wahrheit S.297-306.
[290] Vgl. SCHNELLE, Geisttheologie S.21.
[291] Vgl. zutreffend WELKER, Gottes Geist S.209: „Durch den Parakleten werden Jesus und Jesu Wort in *vielen* Erfahrungskontexten authentisch und konzentriert vergegenwärtigt. Anders als der fleischlich-irdische Jesus kann dieser Beistand bzw. durch ihn Jesus »in Ewigkeit« bei den Jüngern und Jüngerinnen sein (Joh 14,16f.)." (*kursiv* bei WELKER)
[292] Vgl. dazu SCHNACKENBURG, Gemeinde S.45f.
[293] Vgl. SCHNACKENBURG, Johannesevangelium 3 S.162: „Ähnlich wie im Prozeß Jesu der Angeklagte in Wirklichkeit der Ankläger, der Verurteilte der Gerechtfertigte, der Vernichtete der Sieger ist, so ist es auch im 'Prozeß' Gottes mit der ungläubigen Welt, den

deutet: innerhalb eines Prozesses den Schuldigen zu überführen. Die Sünde, der die Welt überführt wird, ist das Nicht-Glauben. Das entscheidende Vergehen wurde bereits begangen. Das Gericht vollzog sich im Verhalten zu Jesus: Annahme oder Ablehnung.

Der Geist hat zwei Orte im Johannesevangelium: Im Zusammenhang der öffentlichen Wirksamkeit Jesu begründet er die noch ausstehende einzige Zugangsweise zu Gott (3,5f.; 6,63). Negativ begründet er das Nicht-Verstehen der sich verweigernden Gegner: Ein tieferes Verständnis ist nur durch den Geist möglich. Dieser aber ist der Welt nicht gegeben (14,17). Der Geist ist exklusiv der Gemeinde gegeben und nicht der Welt. Im nichtöffentlichen Teil des Evangeliums hat der Geist bezeugende und verteidigende Funktion.

Fazit: Der Paraklet hat eine doppelte verbale Funktion: Er belehrt in der Zeit nach dem Weggang Jesu nach innen und bezeugt in einem Prozeßverfahren gegen die feindliche Welt nach außen. Der Paraklet hat eine stabilisierende Funktion, indem er all das leistet, was die Gemeinde jetzt braucht. Insofern ist er genau der Helfer in der Zeit nach Jesus, auf den die Gemeinde angewiesen ist.

6.2 Der didaktisch-pädagogische Charakter des Johannesevangeliums

Das Johannesevangelium ist jedoch nicht nur als literarischer Rechtsstreit zu begreifen. Von besonderer Bedeutung ist der didaktisch-pädagogische Charakter des Evangeliums.[294] Auch dieser ist durch die historische Situation bedingt. Der Grund für das falsche Verhalten der Gegner Jesu und der johanneischen Gemeinde war das Nicht-Verstehen der im Prolog dargelegten christologisch-soteriologischen Beziehung von Jesus und Gott. Das entscheidende Bekenntnis der johanneischen Gemeinde ist formuliert in 3,13-15 (s.u.). Dort wird über den Prolog hinausgehend auch die soteriologische Sinnhaftigkeit des Todes Jesu als Rückkehr zum Himmel erklärt. An diesem Bekenntnis orientiert formuliert der Evangelist Lernprozesse mit unterschiedlichen Erfolgen.[295] Die christologischen

---

jener Prozeß vor Pilatus in verborgener Weise schon darstellt und der sich weiter in der Begegnung der Gemeinde Jesu mit den ungläubig-feindseligen Menschen vollzieht." Vgl. auch BERGER, Johannes S.135f.; BLANK, Verhandlung; BLANK, Krisis S.332-339.

[294] Zur Begriffsbestimmung vgl. KRON, Grundwissen Didaktik S.39-49 u.ö.
[295] Vgl. L. SCHENKE, Christologie S.445; L. SCHENKE, Johannes S.400-405; SCHNELLE, Geisttheologie S.21; ZUMSTEIN, Geschichte S.423f.

Aussagen von Anhängern und Außenstehenden werden an diesem Bekenntnis gemessen.

Die Pädagogik des Johannesevangeliums dient jedoch nicht nur einer Wissensvermittlung. Es geht darum, die soteriologische Orientierungslosigkeit der Gemeinde zu bewältigen. Das Johannesevangelium hat angesichts der krisenhaften Situation der johanneischen Gemeinde eine ausgesprochen seelsorgerliche Funktion.[296]

6.2.1 Der übergreifende Lernprozeß der Jünger und untergeordnete Lernprozesse

Das Johannesevangelium ist die Darstellung eines übergreifenden Lernprozesses im Rahmen einer Jesus-Biographie.[297] Die Lernenden in diesem Lernprozeß sind die Jünger Jesu als Gruppe bzw. die johanneische Gemeinde. Diesem übergreifenden Lernprozeß der Jünger dienen untergeordnete Lernprozesse von einzelnen Jüngern, Anhängern im weiteren Sinne und Einzelpersonen, die nicht zum Kern der Jesusnachfolge bzw. zur johanneischen Gemeinde gehören. Der Evangelist zeigt anhand dieser Lernprozesse, wie man scheitern kann bzw. wie man den Zugang zum ewigen Leben findet. Dies ist in dualistischen Kategorien dargestellt. Der johanneische Dualismus ist darin ein pädagogischer Dualismus.[298] Er dient der Motivation zu einer positiven Entscheidung, die dem Lernziel des Lernprozesses entspricht.[299] Das Lernziel ist generalisiert im Prolog formuliert.

Die Gattung, die hauptsächlich dafür verwendet wird, ist der sog. Offenbarungsdialog (s.u.), der sich in den meisten Fällen als Lehrdialog näher bestimmen läßt. Anhand der Gesprächspartner Jesu werden die Lernprozesse exemplarisch dargestellt.

---

[296] Vgl. dazu BERGER, Theologiegeschichte S.724: „Im übrigen ist aber die Gemeinde mit sich selbst beschäftigt - wie kein anderes ist das JohEv auf die Nöte und die Krise einer bestehenden Gemeinschaft gerichtet. (...) Das JohEv ist damit ein seelsorgerliches Evangelium für Menschen, die nicht weiter wissen."

[297] Zum Johannesevangelium als Jesus-Biographie vgl. FRICKENSCHMIDT, Evangelium als Biographie S.415f. Zur pädagogischen Funktion antiker Biographien vgl. FRIKKENSCHMIDT, Evangelium als antike Biographie S.36f.

[298] Vgl. dazu BERGER, Bibelkunde S.303: „Das, was er als Offenbarung vom Vater her zu bringen hat, ist vor allem, daß er selbst dieser Gesandte und damit der einzige Weg zum Vater ist. Die Einheit Jesu mit dem Vater wird häufig betont, um die Legitimität dieses Gemeinschaftsverhältnisses zu betonen. Für das Verhältnis Gott/Welt gilt eine Art Dualismus, der sich auf die Ablehnung Jesu gründet und als 'missionarischer Dualismus' für die Gemeinde von Bedeutung ist."

[299] Daher spricht BULTMANN, Theologie S.373.377f., von einem Entscheidungsdualismus.

Folgende Elemente sind dabei wichtig:
(1) Unvollkommenes Vorverständnis, das deutlich in aus johanneischer Sicht defizitären Kategorien ausgedrückt wird, um von Jesus im johanneischen Sinne korrigiert zu werden.
(2) Die sog. johanneischen Mißverständnisse.
(3) Doppeldeutige Ausdrücke (himmlisch / irdisch).
(4) Ergebnissicherung in Einzelbekenntnissen (vgl. 6,69; 11,27)

6.2.2 Unterschiedliche Lernprozesse im Verlauf des Evangeliums

Verschiedenen Teilen des Johannesevangeliums liegen unterschiedliche didaktisch-pädagogische Konzepte zugrunde. Der Wechsel der Konzepte orientiert sich an der Dreiteilung des Evangeliums:
1. Öffentliche Wirksamkeit
2. Abschiedsreden
3. Passion und Ostern

6.2.2.1 Öffentliche Wirksamkeit: Das Bekenntniskonzept

Die Zeit der öffentlichen Wirksamkeit Jesu (1,1-13,31) ist die Zeit der gefährdeten Existenz der Jünger. Es kommt zu Abfall und Spaltung im Jüngerkreis. Die Jünger sind in zentralen christologisch-soteriologischen Fragen noch unverständig. Sie sind in dieser Zeit noch Kinder Gottes auf Probe, weil ihnen das πνεῦμα noch nicht verliehen ist.

Anhand des Bekenntnisses bestimmter Einzelpersonen werden Lernprozesse entwickelt.

- Nikodemus (3,2): Jesus als von Gott gekommener Lehrer.
- Samaritanerin (4,19): Prophet. → Samaritaner (42): Retter der Welt.[300]
- Petrus (6,68f.): Jesus als der Heilige Gottes, der Worte des ewigen Lebens hat.
- Blindgeborener (9,38): Glaube an den Menschensohn
- Marta (11,27): Jesus als Messias und Sohn Gottes, der in die Welt kommen soll.

Marta formuliert in 11,27 im Anschluß an Jesu Ich-bin-Wort ihr Bekenntnis zu Jesus. Wie schon das Petrus-Bekenntnis in Joh 6 steht auch das Marta-Bekenntnis in einem gefährdeten Kontext. In Joh 6 stritten sich viele Jünger wegen der für einige unerträglichen Verzehrmetapher in der Rede vom Menschensohn als Himmelsbrot. Angesichts der Spaltung des weiteren Jüngerkreises fragt Jesus auch die Zwölf, ob sie zu ihm

---

[300] Vgl. dazu KOESTER, Saviour.

stehen. Darauf folgt das Petrus-Bekenntnis. Auch hier stellt Jesus nach seinem Ich-bin-Wort die Glaubensfrage an die verzweifelte und auch zweifelnde Marta, die diese mit ihrem Bekenntnis beantwortet.

Joh 6, 68f.	Joh 11,27	Joh 20,31
6,69: ...πεπιστεύκαμεν....	... ἐγὼ πεπίστευκα ὅτι σὺ εἶ	...ἵνα πιστεύσητε ὅτι Ἰησοῦς ἐστιν
6,69: ...ὁ ἅγιος τοῦ θεοῦ	ὁ χριστὸς ὁ υἱὸς τοῦ θεοῦ ὁ εἰς τὸν κόσμον ἐρχόμενος.	ὁ χριστὸς ὁ υἱὸς τοῦ θεοῦ
6,68: ... ῥήματα ζωῆς αἰωνίου ἔχεις.	11,26: καὶ πᾶς ὁ ζῶν ὁ πιστεύων εἰς ἐμὲ οὐ μὴ ἀποθάνῃ εἰς τὸν αἰῶνα.	καὶ ἵνα πιστεύοντες ζωὴν ἔχητε ἐν τῷ ὀνόματι αὐτοῦ

Gemeinsam sind die Stichworte „zum Glauben kommen" und „ewiges Leben". Unterschiedlich ist die durch den Kontext bedingte Betonung der Funktion Jesu. Während sich Petrus im Anschluß an die anstößige Brotrede auf die Vollmacht der Worte Jesu bezieht (Worte des ewigen Lebens), geht es im Marta-Bekenntnis um das richtige Verständnis von Glaube und ewigem Leben im Kontext der Auferweckung des Lazarus. Beide Bekenntnisse orientieren sich an der in 20,31 formulierten theologischen Gesamtintention des Johannesevangeliums. Der Glaube an den Messias, den Sohn Gottes, der in die Welt gekommen ist, ist entscheidend für das ewige Leben.

In diesem Konzept sind die lerntheoretischen Aspekte am Stärksten. Die Lernprozesse enden positiv oder negativ. Regelrechte Bekehrungen von Gegnern fehlen. Das Gegenteil ist häufiger der Fall: Bereits gewonnene Anhänger werden durch Jesu Worte zu Gegnern (z.B. 6,41ff.60-71). Es wird immer ein gewisses positives Vorverständnis vorausgesetzt. Auf Jesus werden meist schon messianische Kategorien angewandt, welche oft judenchristlichen Traditionen entsprechen, die anderswo anerkannte christliche Bekenntnisse sind.[301] Das Johannesevangelium hält diese vorläufigen Bekenntnisse für soteriologisch defizitär und wendet darauf sehr enge eigene christologische Kategorien an. Das Johannesevangelium ist christologisch-soteriologisch intolerant.

---

[301] So im Falle des Nikodemus. Vgl. dazu BERGER, Johannes S.69f; BERGER, Theologiegeschichte S.715f.

6.2.2.2 Die Abschiedsreden: Das Belehrungskonzept für die Zukunft der Gemeinde

Die Abschiedsreden beginnen nach dem endgültigen Scheitern eines Jüngers (Judas). Dieses Scheitern bedeutet im übergreifenden Lernprozeß einen deutlichen Einschnitt. Judas hat sich durch seinen Verrat nicht nur vom Heil ausgeschlossen, sondern auch aus der Gruppe der Jünger - und somit auch vom Lernprozeß. Sein Scheitern ist endgültig. In den Abschiedsreden begegnet dann nur noch eine Kerngruppe von treugebliebenen Jüngern. Die Zeit der Prüfung und Verfolgung ist zunächst vorbei. Im folgenden geht es für die Jünger nun nicht mehr nur um Vorläufiges, sondern um Endgültiges. Die Jünger werden auf die Zeit vorbereitet, in der Jesus nicht mehr unter ihnen ist, [302] sie stattdessen aber im Besitz des Geistes sind.[303] Die Kerngruppe ist dann - nach dem Empfang des πνεῦμα - im Heilsstatus, in einer durch Jesus und πνεῦμα vermittelten Heilsgemeinschaft mit Gott (reziproke Immanenz; vgl. 17,21ff.). Diese neue Existenz der Gemeinschaft mit dem Geist bedarf - da sie noch in der irdischen Welt stattfindet - einer belehrenden Leitung aus der himmlischen Sphäre.

Der Paraklet hat die Funktion der künftigen Belehrung der Gemeinde (s.o.).[304] Diese hier erst angekündigte Funktion ist in der Gegenwart der Gemeinde bereits Wirklichkeit geworden, sie wird aber in den Abschiedsreden noch von Jesus selbst wahrgenommen. Daher spricht 14,16 von einem anderen Parakleten. Die Weisungen durch Jesus sind somit der Maßstab für die inspirierte Leitung der Gemeinde durch den Geist.[305]

Die dargestellten Lernprozesse sind hier von anderer Art: Die dualistischen Tendenzen des neuen Existenzverständnisses werden hier betont. Es geht um eine Erklärung der pneumatischen Existenz im Gegenüber zum κόσμος. Es geht nicht mehr um den pädagogischen Dualismus, da die eindeutige Entscheidung bereits vollzogen ist - jetzt nennt Jesus die Jünger Freunde (14,14f.). Dem entspricht, daß Jesus nun nicht mehr in Bildern redet (16,25.29f.)[306], was zu einer tieferen Erkenntnis der Jünger führt (16,30). Ausgehend vom Bekenntnis der Gemeinde wird über die Folgen des neuen Status reflektiert - und zwar

---

[302] Vgl. ONUKI, Gemeinde und Welt S.161, spricht - im Blick auf Joh 16 - von einer tröstenden Funktion der Rede. So auch SCHNACKENBURG, Johannesevangelium 3 S.140.
[303] Vgl. dazu DIETZFELBINGER, Werke S.33f.
[304] Vgl. auch BEUTLER, Martyria S.276ff.; ERLEMANN, Naherwartung S.182; PORSCH, Pneuma S.233-236; SCHNACKENBURG, Gemeinde S.45f.
[305] Vgl. MUßNER, Seeweise S.56-63.
[306] Vgl. dazu BERGER, Theologiegeschichte S.642f.; BERGER, Johannes S.174-178; SCHNACKENBURG, Johannesevangelium 3 S.181-187.

sowohl im Verhältnis zu Außenstehenden (κόσμος) als auch bezüglich der soteriologischen Größen Gott/Vater, Jesus und Paraklet/Geist. In den Jesusreden wurden diese zuvor nicht hinreichend zugeordnet - bedingt durch die biographische Rahmen-Struktur. Die Jünger waren zwar Zeugen der öffentlichen Wirksamkeit Jesu und haben sich für ihn entschieden. Ihre Fragen in den Abschiedsreden zeigen jedoch, daß ihr Lernfortschritt noch nicht ausreichend ist (13,9.37; 14,5.8).[307]

- Petrus mißversteht in 13,36-38 Jesu Ankündigung seiner Rückkehr zum Vater im irdisch-räumlichen Sinne. Jesu Herrschaft mißversteht er im irdisch-politischen Sinn in 18,10, wo er bei Jesu Gefangennahme einem Knecht des Hohepriesters ein Ohr abschlägt. Beide Fälle zeigen, daß Petrus Jesu präexistente Herkunft von Gott und seine Rolle im göttlichen Heilsplan noch nicht verstanden hat.[308]
- In 14,1-14 verstehen Thomas und Philippus noch nicht, daß Jesus und der Vater eins sind.[309] Jesus betont, daß nur die Erkenntnis Jesu zur Erkenntnis Gottes führen kann.
- Zentral ist die Forderung nach der Einheit der Gemeinde. Die Einheit der Glaubenden ist abgeleitet von der Einheit von Jesus und Gott (17,20-22). Dies ist als Kommentar zum neuen Gebot der Bruderliebe (vgl. 13,34; 15,12) zu verstehen.[310] Das Gebot ist nicht deshalb neu, weil der vom Himmel herabgestiegene Jesus es formuliert hat, sondern weil in diesem Gebot die Einheit Jesu mit Gott abgebildet wird, weil dieses Gebot die Einheit Gottes selbst abbildet. Die Liebe ist die Weise, in der der eine und einzige Gott abgebildet wird, weil immer, wo Gott am Werk ist, eine solche Einheit besteht. Durch die Praxis der Gemeinde selber wird der Inhalt der Jesusverkündigung der Welt sichtbar gemacht.

Es gibt keine Lernprozesse, die durch Taten Jesu oder durch Kontakt mit Außenstehenden hervorgerufen worden sind. Es wurden deutliche Perspektivwechsel vollzogen: In den Abschiedsreden geht es um die Innenperspektive und die Zukunftsperspektive. Die Abschiedsreden sind am Unverständnis der Jünger entwickelte Belehrungen für die bevorstehende Zeit des Geistes. Auch jetzt verstehen die Jünger noch nicht vollständig, wie die Voraussage ihres Scheiterns durch Jesus in 16,32 belegt. Dennoch ist ein Lernfortschritt erkennbar. Diesen formulieren die Jün-

---

[307] Vgl. L. SCHENKE, Christologie S.446.
[308] Vgl. dazu THEIßEN, Autoritätskonflikte S.250.
[309] Vgl. L. SCHENKE, Christologie S.445f.
[310] Vgl. dazu SCHNACKENBURG, Johannesevangelium 3 S.216-221.

ger in 16,30 (Jesus ist von Gott ausgegangen), wofür sie von Jesus in 17,8.25 gelobt werden.[311].

6.2.2.3 Passion und Ostern: Das Bewährungskonzept

Mit der Verhaftung Jesu beginnt für die Jünger die Zeit der Bewährung. Eine herausragende Rolle spielt hier der sog. Lieblingsjünger.[312] Im Unterschied zu Petrus wird von ihm ein Scheitern nicht ausgesagt.[313] Dies hat seinen Grund in der besonderen Nähe dieses Jüngers zu Jesus. Von ihm heißt es, er habe an der Brust Jesu gelegen (13,25; 20,20). Anscheinend qualifiziert ihn die Liebe Jesu dazu, im Gegensatz zu Petrus nicht zu versagen. Er ist Petrus, wie die Geschichte vom 'Wettlauf' zum leeren Grab zeigt, immer einen Schritt voraus (20,1-10). Der Lieblingsjünger nimmt an dem dargestellten Lernprozeß nicht teil.[314] Er übernimmt vielmehr von Jesus die Funktion dessen, der den Lernprozeß der Jünger steuert und zum Vorbild für die johanneische Gemeinde wird.

Der Höhepunkt des Lernprozesses der Jünger ist das Bekenntnis des Thomas:
L. SCHENKE formuliert zusammenfassend:
„Thomas bekennt vom Auferstandenen, dessen Identität mit dem irdischen Jesus er geradezu experimentell feststellen durfte: »*Mein Herr und mein Gott!*« Er vollzieht damit nach, was die anderen Jünger bereits acht Tage zuvor stillschweigend anerkannt haben (vgl. 14,20). Der auferstandene Jesus, den Thomas mit seinen Sinnen leiblich identifizieren kann, ist die Erscheinung Gottes. In ihm ist Gott präsent."[315]

Damit ist der Bogen zurück zum Prolog geschlagen: Dort war in diesem Sinne schon von der Herkunft Jesu die Rede (1,1f.14.18). Der Prolog steht jedoch außerhalb der Lernprozesse. Er bietet vielmehr für den Leser die Vorwegnahme des zu erreichenden Lernziels der Jünger.

---

[311] Vgl. L. SCHENKE, Christologie S.447.
[312] Vgl. dazu BAUCKHAM, Beloved Disciple; BERGER, Johannes S.96-105 (Identifizierung mit dem Jünger Andreas); BROWN, John I S.XCII-XCVIII; BULL, Gemeinde S.25-40; CULLMANN, Der johanneische Kreis S.67-88; ERNST, Johannes S.17-26; HAENCHEN, Johannesevangelium S.S.601-605; KÜGLER, Jünger; NORDSIECK, Johannes S.1-18; QUAST, Peter; RUCKSTUHL, Jünger; SCHNACKENBURG, Johannesevangelium 3 S.449-464; STENGER, Ostergeschichte; STRECKER, Theologie S.485-490; THEOBALD, Jünger; VAN TILBORG, Love S.87-110; VIELHAUER, Literatur S.453-456.
[313] Vgl. BÜHLER, Kreuzestheologe S.200f.
[314] Vgl. zum folgenden L. SCHENKE, Christologie S.447, Anm.1.; THEIßEN, Autoritätskonflikte S.252f.
[315] L. SCHENKE, Christologie S.447.

6.2.3 Ertrag

Dem Evangelist geht es in seiner Darstellung des Wirkens Jesu nicht nur darum, der orientierungslos gewordenen johanneischen Gemeinde eine neue theologische Identität zu vermitteln. Vielmehr versucht er das Gesamtphänomen Jesus Christus aus einer rückschauenden Perspektive verständlich zu machen.

Wie in der allgemeinen Didaktik üblich ist es hier sinnvoll, zwischen Bildungsinhalt und Bildungsgehalt zu unterscheiden:[316] Der Bildungsinhalt des Johannesevangeliums als didaktisch-pädagogischer Text ist das Wissen um die heilsgeschichtlichen Zusammenhänge von der Schöpfung der Welt durch Gott und seinen Schöpfungsmittler, den λόγος, über den in die Welt gesandten Sohn, den fleischgewordenen λόγος und richtenden Menschensohn Jesus Christus, bis hin zur Zeit der sich auf ihn berufenden und an ihn glaubenden Gemeinde, die durch den von Vater und Sohn gesandten Geist geleitet wird. Bildungsgehalt ist die Ausrichtung auf ein gemeinsames Ziel: die identitätsstiftende - pneumatisch begründete - Einheit der Gemeinde, die die Einheit von Vater und Sohn abbildet und nach außen repräsentiert (17,21-23). Der durch den Glauben an Jesus und die pneumatische Neugeburt ermöglichte Zugang zu Gott (Gotteskindschaft) verbunden mit einer daraus abgeleiteten Einheit der Gemeinde (Bruderliebe) bewältigt die gegenwärtige zerrissene Existenz der geistgeborenen Glaubenden in der gottfeindlichen Welt.

---

[316] Zur Unterscheidung von Bildungsinhalt und Bildungsgehalt vgl. MEYER, Leitfaden S.116. Zum vorausgesetzten Bildungsbegriff im Anschluß an KLAFKI, Studien vgl. KRON, Grundwissen S.130ff.

7 Abschließende Bemerkungen zur Gesamtintention des Johannesevangeliums

Die Gemeinde steht - wie oben dargestellt - in einer besonderen historischen Situation, die die Entstehung der spezifisch johanneischen Christologie bedingt. Das Johannesevangelium „entsteht zu einem Zeitpunkt, da die Synagogengemeinschaften beginnen, sich von denen dauerhaft zu trennen, die sich zu Jesus als dem Messias bekennen."[317] Durch diesen Ausschluß aus der Synagogengemeinschaft befindet sich die Gemeinde in einer prekären Situation. Ihr ist gewissermaßen die theologische Identität abhanden gekommen. Durch die schmerzvolle Trennung von der jüdischen Synagoge muß diese Gemeinde, für die Christentum messianisch erfülltes Judentum bedeutet, ihren theologischen Standpunkt gegenüber den „altgläubigen" Juden deutlich machen. Sie tut dies mit jüdischen Kategorien. Dabei muß es ihr darum gehen, die Messianität Jesu und die daraus folgende soteriologische Bedeutung für die Glaubenden ihren altgläubig gebliebenen Kontrahenten, den Zweiflern in den eigenen Reihen und den unentschlossenen Sympathisanten (wie Nikodemus) aus der allen gemeinsamen Tradition schlüssig zu beweisen. Daraus ergibt sich der Prozeßcharakter des Johannesevangeliums. Das Evangelium beginnt mit der These (Prolog). Die Messianität Jesu wird vorausgesetzt und anhand des Logosbegriffes dargestellt. Darauf folgen durch das ganze Evangelium hindurch Indizien und Beweise, die die anfängliche These bestätigen.

Die Intention des Johannesevangeliums liegt in der Spannung von Zum-Glauben-Kommen (πιστεύειν) und Bleiben (μένειν). Der missionarische Charakter des Johannesevangeliums kommt darin zum Ausdruck, daß es sowohl außenstehende Gruppen (wie die Täuferjünger, Sympathisanten, Unentschlossene, Samaritaner etc.) integrieren will (πιστεύειν), als auch die von der Synagoge bedrängten Anhänger vor dem Abfall bewahren will (μένειν). Für die erste Gruppe argumentiert der Evangelist dezidiert christologisch, da es um das Anerkennen der Präsenz Gottes in Jesus als Basis johanneischen Judenchristentums geht. Für die zweite Gruppe argumentiert der Evangelist soteriologisch. Ihnen soll klar werden, daß sie nur im Rahmen des johanneischen Christentums das

---

[317] BERGER, Einführung S.181; vgl. auch BERGER, Theologiegeschichte S.658, WENGST, Bedrängte Gemeinde S.75-104; L. SCHENKE, Johannesevangelium S.113-132.

ewige Leben haben. Das Wort Gottes ist weder ablösbar von der Person Jesu noch vom Geist, der die johanneische Gemeinde belehrt.

Eine Bündelung der Aspekte bietet das Ich-bin-Wort in 14,6:
„Ich bin der Weg, die Wahrheit und das Leben." (christologisch)
„Keiner kommt zum Vater, außer durch mich." (soteriologisch)

Dem entspricht die konzeptionelle Einheit von Christologie und Soteriologie in den johanneischen Offenbarungsdialogen.[318] Legitimität und soteriologische Relevanz Jesu werden nicht unabhängig voneinander geklärt, sondern sind Teile einer Gesamtkonzeption.

---

[318] Zur Einheit von Christologie und Soteriologie in systematisch-theologischer Sicht vgl. RATSCHOW, Jesus Christus S.202-206; TILLICH, Systematische Theologie II S.163.

II. Hauptteil:

Das Bild des Menschensohnes im Johannesevangelium

Was wird nun über den Menschensohn in diesen 13 Stellen ausgesagt? Welche Vorstellungen werden mit ihm verbunden?[319]

(1) Auf den Menschensohn werden die Engel auf- und niedersteigen (1,51).

(2) Nur der Menschensohn ist zum Himmel hinaufgestiegen, weil er vom Himmel herabgestiegen ist (3,13).

(3) Der Menschensohn muß erhöht werden, so wie es Mose mit der Schlange in der Wüste tat (3,14).

(4) Der Sohn hat Gerichtsvollmacht, da er der Menschensohn ist (5,27).

(5) Der Menschensohn bringt die Speise, die für das ewige Leben bleibt. Er ist von Gott beglaubigt (6,27).

(6) Nur das Essen / Trinken des Fleisches / Blutes des Menschensohnes bewirkt Leben (6,53).

(7) Der Menschensohn steigt wieder dorthin auf, wo er vorher gewesen ist (6,62).

(8) Der Menschensohn wird von den Juden erhöht werden (8,28).

(9) Der Blindgeborene wird nach seiner Heilung von Jesus gefragt, ob er an den Menschensohn glaubt (9,35), aber er weiß nicht, wer der Menschensohn ist (9,36). Nachdem Jesus sich ihm gegenüber mit dem Menschensohn identifiziert hat, wirft er sich vor ihm nieder.

(10) Die Stunde ist gekommen, daß der Menschensohn verherrlicht wird (12, 23)

---

[319] Vgl. auch SCHNACKENBURG, Johannesevangelium 1 S.412ff.

(11) Die Hörer zeigen Unverständnis über die Äußerung Jesu, daß der Menschensohn erhöht werden müsse (12,34c).

(12) Die Hörer fragen, wer dieser Menschensohn ist (12,34d).

(13) Nachdem der Verräter enttarnt ist und die Jüngergemeinschaft verlassen hat, sagt Jesus, daß jetzt der Menschensohn verherrlicht ist und Gott mit ihm (13,31f.).

Die Menschensohnworte lassen sich in verschiedene Gruppen zusammenfassen, wobei diese untereinander Verbindungen aufweisen[320]
1. Der Menschensohn und sein Kontakt zum Himmel (1,51)
2. Der Ab- und Aufstieg des Menschensohnes (3,13)
3. Die Erhöhung des Menschensohnes (3,14; 8,28; 12,23.28.32-34) als Kreuzigung und Verherrlichung (13,31f.)
4. Die Gerichtsvollmacht des Menschensohnes (5,27)
5. Der Menschensohn und das Brot vom Himmel (6,25-59)
6. Der Menschensohn als Gegenstand des Glaubens (9,35-41)

Ein Überblick über die verschiedenen Gruppen soll zeigen, daß die johanneischen Menschensohnworte einen einheitlichen Vorstellungskreis bilden. Es geht jetzt darum, die hier aufgeführten Aussagen über den Menschensohn zueinander in Beziehung zu setzen. Ich versuche, aus den Einzelaussagen über den Menschensohn ein Gesamtbild zu erstellen, wobei es mir vor allem um den Themenkomplex von Ab- und Aufstieg und seine Verbindungen mit den Vorstellungen von Erhöhung und Verherrlichung geht.

---

[320] Die Gruppeneinteilung orientiert sich an SCHNACKENBURG, Menschensohn S.125f.; SCHNACKENBURG, Johannesevangelium 1 S.412ff.

8 Der Menschensohn und sein Kontakt zum Himmel (1,51)

Zum ersten Mal begegnet die Bezeichnung Menschensohn im Gespräch Jesu mit Nathanael im Anschluß an die ersten Jüngerberufungen (1,47-51). Wichtig an dieser Stelle ist, daß hier sowohl der Menschensohn als auch die Auf- und Abstiegsthematik eingeführt werden,[321] auch wenn letztere nicht im Sinne von 3,13 auf ihn als agierende Person bezogen ist (s.u.). Auch wenn es sich bei καταβαίνειν um einen Epiphanieterminus handelt (s.u.), geht es hier dennoch nicht primär um eine Angelophanie[322], sondern um die christologische Einordnung des Menschensohnbegriffs.[323] In dieser Vision wird dem Leser die neue Kategorie Menschensohn vorgestellt. 1,51 bietet einen Ausblick und eine vorweggenommene Deutung bezüglich des nun im folgenden Verlauf des Evangeliums geschilderten Geschicks des Menschensohnes.[324]

8.1 Auf- und Abstieg von Engeln

Nach BERGER sind die Worte vom Auf- und Absteigen „in der jüd.-hellenistischen Literatur termini technici für den prophetischen Offenbarungsempfang."[325] Die im zwischentestamentlichen Judentum belegte Tradition von begleitenden und belehrenden Propheten[326] würde hier zugrundeliegen. Die Engel, die auf den Menschensohn auf- und niedersteigen, seien dessen himmlische Kontaktpersonen. Sie informieren ihn über den himmlischen Offenbarungsinhalt.[327]

Problematisch an dieser Deutung ist jedoch die Tatsache, daß weder an dieser Stelle, noch im gesamten Johannesevangelium von einer Verkündigungsfunktion des Menschensohnes die Rede ist. Die Verkündigung ist die Aufgabe des Sohnes. Es ist durchaus möglich, daß die von

---

[321] Vgl. MEEKS, Funktion S.255; ZUMSTEIN, Johannesevangelium S.357f., Anm.25.
[322] So MIRANDA, Vater S.53. Vgl. auch WINDISCH, Angelophanien S.226f., der zwar betont, daß es im Johannesevangelium keine Angelophanien gebe, aber dennoch annimmt, der Evangelist habe 1,51 einer Quelle entnommen, die Angelophanien enthielt.
[323] Vgl. HAMMES, Ruf ins Leben S.48f.; SCHENK, Menschensohn S.160.
[324] Vgl. THEOBALD, Fleischwerdung des Logos S.388: „Was Jesus seinen Jüngern in diesem Logion verheißt, das Gewahrwerden des geöffneten Himmels über dem Menschensohn, erfüllt sich in seinem Offenbarerweg, wie er in Kana beginnt (2,1ff)."
[325] BERGER, Amen-Worte S.113.
[326] Belege bei BERGER, Amen-Worte S. 113f.
[327] Vgl. BERGER, Amen-Worte S.114.

BERGER angeführte Tradition hinter diesem Text steht. Aber mir scheint, daß der Evangelist vordergründig auf etwas anderes hinaus will (s.u.).

Das Motiv vom Auf- und Niedersteigen von Engeln begegnet bereits in Gen 28,12 in Jakobs Traum von der Himmelsleiter.[328]
„Und er träumte, und siehe, eine Leiter stand auf der Erde, die berührte mit der Spitze den Himmel, und siehe, die Engel Gottes stiegen darauf auf und nieder."

Ein Blick auf diesen Text zeigt auch den Grund für die unterschiedliche Reihenfolge von Auf- und Abstieg in 3,13 und 1,51. In Gen 28,12 und in 1,51 steigen die Engel erst hinauf und dann hinab. Damit ist wohl eher eine ständige Bewegung gemeint und nicht der einmalige Abstieg und der einmalige Aufstieg des einmaligen Repräsentanten wie in 3,13. Wie auf Jakobs Leiter zwischen Erde und Himmel so steigen hier die Engel zwischen Menschensohn und geöffnetem Himmel auf- und nieder.[329] 1,51 ist wahrscheinlich eine direkte Anspielung auf Gen 28,12. Dadurch soll wohl gesagt werden, daß der auf Erden wirkende Menschensohn einen ständigen und direkten Kontakt zum Himmel hat.[330] Während seines Wirkens besteht eine Verbindung von Erde und Himmel.

8.2 Menschensohn und Engel

Der Menschensohn ist von Engeln umgeben.[331] Diese Vorstellung ist auch aus den synoptischen Evangelien bekannt:

---

[328] Vgl. dazu ASHTON, Understanding S.342-348; BERGER, Amen-Worte S.113, Anm.108; BÖCHER, Dualismus S.40; BULTMANN, Johannes S.74, Anm.4; SCHNACKENBURG, Johannesevangelium 1 S.318; L. SCHENKE, Johannes S.50; SMALLEY, Johannes 1,51 S.308f. Gegen MICHAELIS, Joh. 1,51 S.572f.

[329] Vgl. auch die Interpretationen von Gen 28,12 in den Targumim (Targum Pseudo-Jonathan.; Targum Neofiti I). Dazu FOSSUM, Alter Ego im Anschluß an ROWLAND, John 1 51 S.501f. (u.ö.)

[330] Vgl. dazu u.a. HIGGINS, Menschensohn-Studien S.26f.; SCHENK, Menschensohn S.160; SCHNACKENBURG, Johannesevangelium 1 S.318f.413; SCHNACKENBURG, Synoptische und johanneische Christologie S.1743; WILCKENS, Johannes S.53.

[331] Vgl. dazu BERGER, Johannes S.165: „Es ist nun die Eigenart himmlischer Wesen nach visionären Darstellungen, daß sie nicht räumlich sind. Denn Raum wird mit Körper verknüpft gedacht. Himmlische Wesen aber sind körperlos, daher sind sie nicht räumlich, sondern flächenhaft. (...) Von daher wird es verständlich, daß die Engel, die den Menschensohn umgeben, nicht räumlich hinter ihm oder unter ihm zu stehen kommen. (...) Das heißt: Die herauf- und hinabsteigenden Engel sind solche, die den Menschensohn umgeben, die man aber nicht anders schildern kann als nach Art flächenhafter Darstellung."

- Mk 8,38; Mt 16,27: Kommen in der Herrlichkeit seines Vaters mit den heiligen Engeln.
- Mk 13,26f.; Mt 24,31: Kommen in den Wolken mit großer Kraft und Herrlichkeit; Senden der Engel zur Sammlung der Auserwählten.
- Mt 25,31: Kommen in seiner Herrlichkeit und mit seinen Engeln; Sitzen auf dem Thron seiner Gerechtigkeit

In den synoptischen Evangelien ist meist die Rede von der Wiederkunft des Menschensohn auf den Wolken in der δόξα Gottes bzw. in seiner eigenen δόξα. Dabei wird er von den Engeln begleitet.[332] Ihre Funktion ist dabei die Sammlung der Auserwählten - als Vollzug des Gerichts (Mt 13,36-41.49).[333]

Für das Johannesevangelium ist der Zusammenhang von Menschensohn und Engeln nur hier belegt. Auch sonst ist von Engeln im Zusammenhang mit Jesu öffentlichem Wirken nicht die Rede (vgl. 12,29; 20,12). Während die Engel in den synoptischen Evangelien zur Ausstattungsregie des wiederkehrenden Menschensohnes gehören, Zeichen seiner Hoheit sind (vgl. das Stichwort δόξα), haben sie im Wirken des Menschensohnes im Johannesevangelium keine Funktion. Auch eine Sammlungsfunktion der Engel kennt das Johannesevangelium nicht. Die Anwesenheit der Engel legitimiert hier lediglich die himmlische Herkunft und seine Verbundenheit mit der himmlischen Sphäre.

8.3 Der Menschensohn als Wesen mit himmlischer Würde

1,51 legitimiert den Menschensohn als ein mit himmlischer Würde ausgestattetes Wesen. Der Menschensohn ist der 'Ort'[334], an dem man es mit Gott zu tun hat. Durch die Engel wird ihm ständige Verbindung mit der himmlischen Sphäre bescheinigt.[335] Der Menschensohn ist die erste

---

[332] Vgl. dazu HEGERMANN, δόξα Sp.835f.; KMIECIK, Menschensohn S.53ff. (zu Mk 13,26).106 (zu Mk 8,38).
[333] Vgl. dazu SCHENK, Menschensohn S.140. Zur Gerichtsfunktion der Engel (ähnlich wie in ÄthHen 62,11) vgl. STOWASSER, Rezeption S.247, Anm.11.
[334] Vgl. Bethel in Gen 28; HAMMES, Ruf ins Leben S.48; SCHNACKENBURG, Johannesevangelium 1 S.319; SCHNELLE, Tempelreinigung S.369; THEOBALD, Fleischwerdung des Logos S.369ff. Zu Jesus als dem wahren Ort des Zugangs zu Gott vgl. auch Joh 4,21ff.
[335] Vgl. SMALLEY, Johannes 1,51 S.312: „Der Menschensohn im Himmel ist auch der Menschensohn auf Erden und man kann das 'noch Größere', das Jesus dem Natanael zu sehen verheißen hat (Joh 1,50), bereits wahrnehmen."

christologische Bezeichnung in einer Jesusrede - also die erste Äußerung Jesu über seine Funktion. Dieses Jesuswort schließt damit direkt an den Abschluß des Prologs (1,18) an, den ersten Abschnitt des Evangeliums, in dem es um die Funktion Jesu geht.[336] Unterbrochen wird dies durch die Täuferzeugnisse (1,19-27.29-34) und die Jüngerberufungen (1,35-46).

Jesus ist nach 1,18 der einzige von Gott legitimierte Offenbarer, der einzige, der Gott gesehen hat, der einzige Sohn Gottes, der präexistent bei Gott war (1,1-3), der von Gott geboren ist (1,13) und die Herrlichkeit des Vater hat (1,14). In 1,51 wird dies auf das Wirken Jesu übertragen. Der Menschensohn bezeichnet nicht ein Himmelswesen, das sich bei Gott aufhält und auf dessen Wirken man wartet, sondern ist eine Bezeichnung der Funktion des auf Erden wirkenden Jesus. Jesus als der Menschensohn ist die Verbalisierung des im Prolog eingeführten λόγος im Blick auf das bevorstehende Wirken Jesu. Der Menschensohn ist identisch mit dem fleischgewordenen λόγος. Im angekündigten Wirken Jesu ist die δόξα des μονογενής sichtbar.[337] Dies wird ausgedrückt, wenn Jesus sagt:

„... Du wirst noch Größeres als das sehen (1,50)."

nämlich:

„...Ihr werdet den Himmel geöffnet sehen und die Engel Gottes hinauf- und herabsteigen über dem Menschensohn (1,51)."

Der inhaltliche Bezug zur Offenbarung der δόξα im Wirken des Menschensohnes scheint die einzige Parallelität zu den synoptischen Evangelien zu sein, was die Begleitung des Menschensohnes durch Engel angeht.

Im Unterschied zu den synoptischen Evangelien geschieht dies alles bereits im irdischen Wirken und nicht erst in der zu erwartenden Wiederkunft des Menschensohnes. Solange der Menschensohn auf Erden wirkt, ist der Himmel über ihm geöffnet (vgl. ÄthHen 14,15; SyrBar 22,1; TestLev 2,6)[338], ist Zugang zu Gott möglich durch ein glaubendes Verhalten zu dem einzigartigen Repräsentanten Gottes.[339] Dadurch kann die sonst unüberbrückbare Grenze zwischen himmlischer und irdischer Sphäre durchbrochen werden. Dies ist nur möglich im Glauben an den

---

[336] Vgl. dazu THEOBALD, Fleischwerdung des Logos S.287f.
[337] Vgl. HAMMES, Ruf ins Leben S.48: „Vielmehr läßt der 'irdische' Jesus in seinem Wirken - im ganzen Offenbarungswerk, das ab Joh 2 geschildert wird - die Herrlichkeit Gottes aufscheinen. Als der Präexistente vollzieht er seine Sendung in den κόσμος aus der ungebrochenen, andauernden Verbindung mit der himmlischen Welt heraus."
[338] Zum apokalyptischen Motiv des geöffneten Himmels vgl. u.a. ROWLAND, Open Heaven S.54.78; ROWLAND, John 1.51.
[339] Vgl. dazu NICHOLSON, Death as Departure S.62ff.

Menschensohn, weil dieser aus der himmlischen Sphäre stammt (3,13) und Gott in ihm präsent ist. Der Menschensohn ist hier selbst so etwas wie die Leiter in der Jakobsgeschichte. Sich an ihn klammern heißt: Zugang zu Gott haben. Nach seiner Rückkehr steht der Menschensohn am anderen Ende der Leiter und wird die, die an ihn glauben, zu sich ziehen (12,32).

8.4 Der Menschensohn als Anwort auf die Frage des Nathanael

Der Menschensohn ist die erste christologische Bezeichnung, die im Munde Jesu begegnet.[340] Jesus nimmt hier die von Nathanael in 1,49 ausgesprochenen messianischen Erwartungen (Sohn Gottes, König von Israel) auf und überbietet sie (50) im Sinne der Menschensohnchristologie. Er bescheinigt Nathanael, daß dessen messianische Kategorien nicht verkehrt sind; aber die Menschensohnkategorie ist etwas Größeres. Die von Nathanael an Jesus herangetragenen messianischen Erwartungen sind von ihm im irdisch-nationalen Sinne verstanden worden (vgl. auch 6,15). Dagegen macht der Evangelist deutlich, daß Jesus hier nur in himmlischen Kategorien verstanden werden kann. Hier begegnet zum ersten Mal die Korrekturfunktion der Menschensohnbezeichnung. Gerade im irdischen Sinne verstandene Würdebezeichnungen Jesu werden durch den Menschensohnbegriff korrigiert. Auch in 3,1-21 werden bestehende messianische Erwartungen (Von Gott gekommener Lehrer, Wundertäter) durch die Menschensohnchristologie überboten (s.u.). Diese Art der Überbietung messianischer Erwartungen durch die Menschensohnchristologie geschieht auch noch in Joh 6; dort jedoch in einem größeren Zusammenhang (s.u.). Der Evangelist hat bewußt hier die Bezeichnung Menschensohn ans Ende der ersten kurzen Jesusrede gesetzt. Er will damit deutlich machen, womit man es im Folgenden zu tun hat. Alle an Jesus herangetragenen Messiaserwartungen müssen sich an der Bezeichnung Menschensohn messen lassen. Der Menschensohnbegriff fungiert als christologisches Korrektiv.

---

[340] Vgl. THEOBALD, Fleischwerdung des Logos S.388.

8.5 Ertrag

1,51 hat eine vorbereitende Funktion im Blick auf die großen Jesusreden in Joh 3 und Joh 6. Die Gedankenwelt des Prologs wird mit dem angekündigten öffentlichen Wirken Jesu verbunden:

(1) Der Menschensohn ist ein Wesen, das ständigen Kontakt mit der himmlischen Sphäre hat.

(2) Er ist identisch mit dem präexistenten λόγος und somit der einzige von Gott legitimierte Offenbarer. Der Menschensohn ist die Anwendung des präexistenten λόγος auf das irdische Wirken Jesu.

(3) Sein Wirken ist verbunden mit der Offenbarung seiner δόξα (1,14) auf Erden.

(4) Der offene Himmel über dem Offenbarer symbolisiert die Einzigartigkeit der soteriologischen Funktion Jesu: Nur in ihm ist Gott präsent, und nur durch ihn ist Gemeinschaft mit Gott möglich.

9 Der Ab- und Aufstieg des Menschensohnes (3,13)

Die in 1,51 eingeführte Vorstellung vom Auf- und Abstieg der Engel auf den Menschensohn wird in 3,13 auf den Menschensohn übertragen, der vom Himmel herabgestiegen ist und dorthin auch wieder aufsteigt (6,62). Die Ab- und Aufstiegs-Vorstellung ist das unterscheidende Hauptmerkmal des johanneischen Menschensohnes sowohl im Vergleich mit den apokalyptischen Traditionen als auch im Vergleich mit der synoptischen Tradition.

Die Begriffe Abstieg und Aufstieg in eben dieser Reihenfolge bilden den Rahmen der irdischen Geschichte des Menschensohnes.[341] Die Kernaussage von 3,13 lautet: Nur der vom Himmel herabgestiegene Menschensohn (der nach der Auskunft des Evangeliums Jesus ist) konnte auch dorthin wieder aufsteigen.[342] Seine Rückkehr entspricht seiner Herkunft. Hier wird die Exklusivität des Menschensohnes als ein vom Himmel Gekommener proklamiert. Diese vom Wortsinn von Vers 13 ausgehende Deutung ist gewissermaßen eine Minimaldeutung, die noch durch zusätzliche Erkenntnisse zu unterfüttern ist.

Von der oben genannten Minimaldeutung ausgehend versuche ich nun 3,13 innerhalb der Argumentationsstruktur von 3,1-21 zu erklären. Ziel der folgenden Exegese soll sein, die spezifische Rolle der christologischen Bezeichnung Menschensohn innerhalb dieses zentralen Textabschnittes herauszuarbeiten. Dabei soll zunächst die Argumentationsstruktur des Dialogs nachgezeichnet werden. Dies ist deshalb so ausführlich geschehen - v.a. im Blick auf 3,1-12 - um in die johanneischen Denkstrukturen einzuführen, die maßgeblich sind für ein adäquates Verständnis der Funktion christologischer Bezeichnungen. Das Nikodemusgespräch - die erste große Jesus-Rede des Evangeliums - hat seine zentrale Funktion als Leseanweisung, die zwischen der universalistischen Sicht des Prologs und dem Corpus des Evangeliums vermittelt. Im Anschluß daran wird in einer Auswertung 3,13 auf die spezifischen Vorstellungen hin untersucht, die mit dem Menschensohn hier verbunden werden.

---

[341] Vgl. dazu NICHOLSON, Death as Departure S.21f.
[342] So u.a BECKER, Johannes 1 S.140; BULTMANN, Johannes S.107f.; NICHOLSON, Death as Departure S.104; SCHNACKENBURG, Johannesevangelium 1 S.404f..

9.1 Zum Kontext von 3,13: Exegese von 3,1-12

9.1.1 Abgrenzung und Aufbau des Nikodemusgesprächs

3,1-21 ist ein einheitliches Textstück.[343] Es ist inhaltlich nicht von 2,23ff. abhängig. Mit dem Auftreten des Nikodemus setzt ein neuer Abschnitt ein.

Häufig wird in der Forschung die Ansicht vertreten, Nikodemus sei Repräsentant der πολλοί aus 2,23ff., die nur wegen der Zeichen an Jesus glauben und denen er sich nicht anvertraute.[344] 2,23ff. wird dann meist als inhaltliche Überleitung aufgefaßt. In der Tat könnte die Verwendung des Stichworts σημεῖον in 2,23 und 3,2 zu dieser Deutung Anlaß geben - ebenso wie der Stichwortanschluß ἄνθρωπος (2,25; 3,1).[345] Dennoch ist hier HOFIUS zuzustimmen, der mit Recht darauf hinweist, daß mit Nikodemus in 3,1 eine deutliche Steigerung gegenüber 2,23ff. vorliegt.[346] Mit Nikodemus tritt hier eine Gestalt auf, die im christologischen Disput um die messianische Würde Jesu eine weitaus gewichtigere Rolle spielt als die nur wundergläubigen πολλοί in 2,23ff. Die Unterschiede zwischen den πολλοί und Nikodemus sind erheblich: Während von den πολλοί gesagt wird, sie seien wegen der σημεῖα Jesu zum Glauben an seinen Namen gekommen, wird von Nikodemus nicht gesagt, er sei zum Glauben gekommen.[347] Bei ihm sind die σημεῖα vielmehr ein Hinderungsgrund dafür, Jesus - wie seine Pharisäerkollegen - abzulehnen. Und gerade weil er eben nicht zum Glauben an Jesus gekommen ist, wendet er sich an ihn, weil ihm die Kategorie fehlt, in die er Jesus einordnen kann. Er verlangt keine weiteren σημεῖα von Jesus - dies wäre aber von einem Repräsentanten der von Jesus in diesem Sinne geringgeschätzten

---

[343] So u.a. BECKER, Johannes 1 S.129ff.156; BROWN, John S.128ff.; HAMMES, Ruf ins Leben S.168.HOFIUS, Wiedergeburt S.34; REBELL, Gemeinde S.134ff.; SÖDING, Wiedergeburt S.197;

[344] Vgl. BARRETT, Johannes S.204; BASSLER, Nicodemus S.637; BECKER, Johannes 1 S.150; BERGMEIER, Taufe S.63f.; BROWN, John S.129; DE JONGE, Nicodemus S.31f.43, Anm. 6; FREY, Schlange S.178; MEEKS, Funktion S.260; MERKLEIN, Gott und Welt S.289f.; PESCH, Auslegung S.209; RÖHSER, Prädestination S.196; SCHNELLE, Antidoketische Christologie S.200; SÖDING, Wiedergeburt S.195; STIMPFLE, Blinde S.39.49f.; WELCK, Zeichen S.110-112 und Anm.182. Zur Zusammengehörigkeit von 2,23ff und 3,1-21 vgl. auch HAMMES, Ruf ins Leben S.75; KORTING, Struktur S.160ff. Dagegen wenden sich u.a. BULTMANN, Johannes S.93f.; HOFIUS, Wiedergeburt S.34; SCHNACKENBURG, Johannesevangelium 1 S.379; TOPEL, Note S.220.

[345] So z.B. BERGMEIER, Taufe S.63; FREY, Schlange S.178; KORTING, Struktur S.158.160.

[346] Vgl. HOFIUS, Wiedergeburt S.34.

[347] Vgl. BULTMANN, Johannes S.94; anders SCHLATTER, Johannes S.86.

πολλοί zu erwarten gewesen.³⁴⁸ Vielmehr erwartet Nikodemus von Jesus in einem Gespräch Klarheit über die tiefere Bedeutung der σημεῖα im Bezug auf das Verhältnis von Jesus und Gott, wobei die σημεῖα nur der Anlaß für das Interesse des Nikodemus waren. Im übrigen wird im ganzen Nikodemusgespräch das Stichwort σημεῖον nicht wieder aufgenommen oder gar kritisch diskutiert (im Unterschied zu 6,14f.26ff.).³⁴⁹ Ein inhaltlicher Anschluß des ἄνθρωπος von 3,1 an den ἄνθρωπος in 2,25 besteht nicht.³⁵⁰ Dort ging es um die Menschenkenntnis Jesu, der in das Innere des Menschen schauen kann - wohl im Sinne einer Kardiognosie.³⁵¹ Der ἄνθρωπος in 2,25 ist generisch aufzufassen, während ἄνθρωπος in 3,1 eine bestimmte Person - nämlich Nikodemus - meint und somit mit 'Mann' zu übersetzen ist.³⁵²

Umstritten ist auch die Abgrenzung nach hinten. Der Wechsel vom Dialog zum Monolog veranlaßt einige Ausleger, den Abschnitt bereits mit 3,10³⁵³ oder 3,12³⁵⁴ oder 3,13³⁵⁵ oder 3,15³⁵⁶enden zu lassen. Hiergegen ist folgendes einzuwenden:

(1) Die von Nikodemus implizit an Jesus gerichtete Frage nach dessen Herkunft bleibt unbeantwortet, wenn man den Abschnitt früher abbrechen läßt. Auf die christologische Frage des Nikodemus (3,2) gibt Jesus keine direkte Antwort, sondern behandelt ein soteriologisches

---

[348] Darüber hinaus wäre noch zu hinterfragen, ob die πολλοί überhaupt wegen ihres Wunderglaubens von Jesus geringgeschätzt werden. BITTNER, Zeichen S.103f., weist zu Recht darauf hin, daß hier jede Anspielung auf einen defizitären Zeichenglauben fehlt. Jesu Geringschätzung beruhe, so BITTNER, allein auf Jesu Erkenntnis-Gabe (mit Hinweis auf Jes 11). Vgl. dazu auch JOHNS / MILLER, Signs 528f. und BERGER, Johannes S.167ff. (mit Vergleichstexten in Anm. 125).

[349] Vgl. BITTNER, Zeichen S.106. Zu ganz anderen Ergebnissen muß man kommen, wenn man - wie BECKER, Johannes 1 S.158 - den Glauben des Nikodemus als Wunderglauben (im Blick auf 2,23-25) charakterisiert und somit einen Gegensatz von Glaube aufgrund von Wundern und Glaube aufgrund der Selbstoffenbarung Jesu im Wort in das Nikodemusgespräch hineinliest. Nach WELCK, Zeichen S.111, figuriert Nikodemus „als Vertreter des unzureichenden *Wunder*glaubens" (*kursiv* bei WELCK). Im Unterschied zu BECKER sieht WELCK hier keine Kritik an jeglichem Wunderglauben, sondern nur an unzureichendem Wunderglauben, dem die persönliche Konsequenz (Taufe) fehlt.

[350] Gegen FREY, Schlange S.178 u.a.

[351] Vgl. dazu KUHN, Christologie und Wunder S.494-497; BERGER, Johannes S.168.

[352] Vgl. BAUER, Johannesevangelium S.47 (ἄνθρωπος = τις wie in 1,6 und 3,3); HOFIUS, Wiedergeburt S.36, Anm.7; SCHNACKENBURG, Johannesevangelium 1 S.373.

[353] So MOLONEY, Johannine Son of Man S.47f.; L. SCHENKE, Dialog S.582-586.

[354] So SCHNACKENBURG, Johannesevangelium 1 S.375. Nach SCHNACKENBURG endet der Abschnitt in 3,12 mit einer Frage Jesu, die nicht beantwortet wird. SCHNACKENBURG verweist dabei auf 5,47. Zur Kritik vgl. HOFIUS, Wiedergeburt S.35.

[355] So KOHLER, Kreuz S.248.

[356] So RUCKSTUHL, Abstieg S.318f.; TOPEL, Note S.220.

Thema, das mit der Frage des Nikodemus zusammenhängt, aber noch nicht eine Antwort bildet. Erst ab 3,13 beantwortet Jesus die Frage nach seiner Herkunft und Legitimation anhand der christologischen Bezeichnungen Menschensohn, Sohn und Licht. Darauf ist in der Einzelexegese noch näher einzugehen.

(2) In 3,11 wendet sich Jesus mit ἀμὴν ἀμὴν λέγω σοι ein letztes Mal direkt an Nikodemus und spricht ihn als Vertreter einer Gruppe (ὑμῶν) an. Diese Anrede setzt sich fort in 3,12, und die dort angesprochenen ἐπουράνια sind das Thema der folgenden Belehrungen in 3,13-15 (Stichwortanschluß οὐρανός in 3,13), deren soteriologische Konsequenzen dann in 3,16-21 mahnend eingeschärft werden.

(3) Der Wechsel vom Dialog zum Monolog läßt sich formgeschichtlich erklären: Die Einbettung der Jesus-Reden in Dialoge ist ein typisches Merkmal für die Kompositionstechnik des Johannesevangelisten.[357] Beispiele dafür sind neben 3,1-21: 1,47-51 (Nathanael-Gespräch); 4,7-15 (Gespräch mit der Samaritanerin am Jakobsbrunnen: lebendiges Wasser); 4,31-38 (Jüngerdialog über die wahre Speise); 6,25-59 (Brotrede); 11,11-16 (Tod des Lazarus); 11,21-27 (Auferstehung); 16,16-24 (Trennung).[358] Mißverständnis oder Unverständnis bezüglich zentraler johanneischer Metaphern (Geburt von oben, Speise, Brot / Fleisch, Auferstehung, Abschied etc.) treiben die Jesusreden argumentativ voran.[359] Mißverstehende sind hier sowohl Jesusanhänger (Jünger, Marta) als auch Ungläubige (Nikodemus, Samaritanerin). Ein

---

[357] Zur Gattung des Offenbarungsdialogs vgl. BERGER, Formgeschichte S.252-256; zu den johanneischen Offenbarungsdialogen vgl. S.253f. Ferner: BEUTLER, Gattungen S.2554 („durch Zwischenfragen unterbrochene Offenbarungsrede"); DODD, Interpretation S.400ff. (Wechsel von Dialog zu Monolog als Charakteristikum der johanneischen Jesusreden); STRECKER, Literaturgeschichte S.223.

[358] Vgl. BERGER, Formgeschichte S.253.

[359] Vgl. dazu BULTMANN, Johannes S.95, Anm.2; LEROY, Rätsel und Mißverständnis; LEROY, Mißverständnis. Nach LEROY liegt hier die Gattung Rätsel zugrunde. Der historische Ort der Verwendung dieser Gattung liege in der Verkündigung der johanneischen Gemeinde, die sich als Sondergruppe versteht, der das Verständnis dieser Rätsel vorbehalten sei. Außerhalb dieser Gruppe sei ein Verständnis nicht möglich, die Gemeinde bediene sich einer Sondersprache. Anders als LEROY sieht BERGER, Formgeschichte S.252, hier keine spezielle Gattung vorliegen, sondern behandelt das johanneische Mißverständnis als Stilelement des Offenbarungsdialogs, wozu auch das Motiv des Unverständnis der Jünger gehört. Zustimmend auch STRECKER, Literaturgeschichte S.224. Zum johanneischen Mißverständnis vgl. ferner: BECKER, Johannes 1 S.161ff.; BÜHLER, Kreuzestheologe S.201; CULLMANN, Gebrauch; CULPEPPER, Anatomy S.152-165; LONA, Glaube S.172-176; MOSER, Mißverständnis; SCHOTTROFF, Der Glaubende S.228-245; NICHOLSON, Death as Departure S.34-36; VOUGA, Le cadre historique S.33f. BERGER, Formgeschichte S.252 weist darauf hin, daß das Mißverstehen von Metaphern auch bei den Synoptikern begegnet: Mk 6,30-34; 8,1-10.15.17-21 und Lk 2,48f.

wichtiges Strukturelement in einigen dieser Texte bilden die ἀμὴν-ἀμὴν-Worte Jesu (z.B. 1,51; 3,3.5.11; 6,26.32.47.53; 16,20.23). Diese bekräftigen die christologische Aussage Jesu und weisen den Inhalt des Jesuswortes als traditionell aus.[360] Daß das Gespräch wie hier ohne Ergebnis oder abschließende Bemerkung auf der Erzählebene endet, ist auch sonst in johanneischen Offenbarungsdialogen zu beobachten. Der Wechsel vom Dialog zum Monolog am Ende eines Offenbarungsdialogs begegnet neben Kapitel 3 auch in 6; 8 und 14.[361] Typisch für den Schluß neutestamentlicher Reden insgesamt ist auch die abschließende konditional formulierte Mahnrede (hier: 3,18-21; vgl. 6,44-47b.51-58; Mt 7,24-27; 10,37-42; Lk 6,47-49; 10,16 u.ö.).[362]

3,1-21 entspricht also mit seinen gattungskritischen Merkmalen den auch sonst im Johannesevangelium begegnenden Offenbarungsdialogen.[363] Der Wechsel vom Dialog zum Monolog ist in diesem Zusammenhang nicht ungewöhnlich und weist nicht auf einen Wechsel der Gesprächssituation.

Das Thema des Abschnitts ist die Mission Jesu mit ihren soteriologischen Konsequenzen für die johanneische Gemeinde. Es geht um Jesu Herkunft von Gott (3,13.19), um die Heilsinitiative Gottes (3,14f. 16ff.19), um die Begegnung mit Jesus, die gerichtsrelevant ist (3,15.17f. 19-21), und um die Zugehörigkeit zur Gemeinde, die durch die Taufe erreicht wird (3,1-12) und Eintritt in das Reich Gottes ermöglicht (3,3.5).

Für 3,1-21 ergibt sich die folgende Oberflächenstruktur:[364]

1-2a: Der Pharisäer Nikodemus, ἄρχων τῶν Ἰουδαίων, sucht Jesus nachts auf. → 7,50

---

[360] Vgl. dazu BERGER, Amen-Worte S.102f.; 116f.: „Durch das Amen, Amen bekräftigt Jesus die Tatsache seiner Zeugenschaft, ebenso aber bekräftigt die Gemeinde die Traditionalität dieser Worte. (...) Weil Amen-Worte nur Bezeugungen dessen sind, was Jesus beim Vater hörte, stehen sie ganz im Rahmen des Gesandtseins Jesu durch Gott und ebenso im Rahmen des Gesandtseins der Jünger durch Jesus." Ferner: SCHENK, Menschensohn S.158.
[361] Vgl. BECKER, Johannes 1 S.130; SCHNELLE, Antidoketische Christologie S.197.
[362] Vgl. BERGER, Formgeschichte S.72f; BERGER, Exegese S.123.
[363] Gegen L. SCHENKE, Dialog S.582.585f..
[364] Zur näheren Begründung dieser Grobstruktur vgl. die Ausführungen in den Einzelexegesen. Auf eine ausführliche Exegese der Verse 16-21 wurde jedoch verzichtet. Vgl. neben den Kommentaren dazu v.a. BECKER, Reflex; HAMMES, Ruf ins Leben S.68-175; HOFIUS, Wiedergeburt S.59-80; IBUKI, Wahrheit S.336-354; KOHLER, Kreuz S.248-270; KORTING, Struktur S.178ff.; MERKLEIN, Gott und Welt S.292-299; MILLER, John 3,1-21; SCHWANKL, Licht und Finsternis S.148-185 (zu 19-21); WEDER, Asymmetrie. Zum Verhältnis von 3,1-21 zu 3,22-36 vgl. KLAIBER, Zeuge (Synopse S.232f.).

2b: Nikodemus: Jesus als von Gott gekommener Lehrer. Von Gott wegen der Zeichen.
3: Jesus: Geburt von oben als Bedingung für das Sehen des Reiches Gottes
4: Nikodemus: wörtliches Mißverständnis bzw. Provokation
5: Jesus: Geburt aus Wasser und Geist als Bedingung für das Kommen in das Reich Gottes
6: Gegensatz von Fleisch und Geist
7: Nikodemus soll sich nicht über V.3 wundern - Geburt von oben,
8: denn...: Bildwort vom Wind als Erläuterung für die Geburt aus dem Geist
9: Nikodemus: Wie kann das geschehen?
10: Jesus: Verwunderung über die Unkenntnis des Nikodemus, der doch Lehrer Israels ist.

Bindeglied: Unwissen

11: Jesus: (wir) wissen → reden // sehen → bezeugen
   Zeugnis nicht annehmen (ihr)
12: Reden zu euch über: irdische Dinge → nicht geglaubt // himmlische Dinge → wie werdet
   ihr glauben?

Bindeglied: Himmel

Menschensohn
13: Vom Himmel herabgestiegener und hinaufgestiegener Menschensohn
14: Menschensohn muß erhöht werden - wie Mose die Schlange in der Wüste (Num 21,8)
15: Ziel: Ewiges Leben für die an ihn Glaubenden.

Bindeglied: Ewiges Leben für die an ihn Glaubenden.

Sendung des Sohnes
16: Ziel der Sendung des Sohnes = Ewiges Leben für die an ihn Glaubenden
17: Nicht Gericht, sondern Rettung der Welt.
18: Glauben an den Namen des Sohnes als Gerichtskriterium

Bindeglied: Gericht

Licht als Metapher für das Gericht
19: Gericht: Licht kam in die Welt, Menschen aber liebten Finsternis wegen ihrer bösen Taten
20: Wer Böses tut, haßt das Licht aus Furcht vor Aufdeckung der bösen Taten.

> 21: Wer Wahrheit tut, kommt zum Licht - zur Aufdeckung: Taten in Gott vollbracht.

9.1.2 Nikodemus - ἄρχων τῶν Ἰουδαίων - und sein „Bekenntnis"(3,1f.)

Der Pharisäer Nikodemus, ein führender Mann unter den Juden[365] und Lehrer (3,10), erscheint als Beispiel für einen jüdischen Sympathisanten, der zwar Jesus eine gewisse religiöse Würde zukommen läßt, aber nicht den nötigen Schritt zum Übertritt in die Gemeinde vollzieht.[366] Hinderungsgrund sind Differenzen in der christologischen und soteriologischen Bewertung der Person Jesu.

Nikodemus kommt nachts zu Jesus.[367] Darauf legt der Evangelist besonderen Wert, denn er charakterisiert Nikodemus auch in der Begräbnisgeschichte als denjenigen, der Jesus bei Nacht aufgesucht hatte (19,39). In 7,50 allerdings fehlt dieses Attribut. Wenn man wie WENGST 12,42 darauf anwendet, bedeutet dies, daß Nikodemus zu den dort erwähnten zögerlichen Anhängern aus der jüdischen Oberschicht gehört, die sich aus Furcht vor den Pharisäern, die Abweichler aus der Synagoge

---

[365] Das griechische Wort ἄρχων dürfte hier mit Ratsherr oder Mitglied des Rates übersetzt werden (Joh 7,26. 48; 12,42; Lk 23,13.35; 24,20; Act 3,17; 4,4.8); vgl. BULTMANN, Johannes S.94, Anm.3; HOFIUS, Wiedergeburt S.36, Anm.9; MERK, ἄρχων Sp.403; WELCK, Zeichen S.110f., Anm. 174; WENGST, Bedrängte Gemeinde 138. Vgl. ferner KLINGHARDT, Gesetz S.132-134; KLINGHARDT, Gemeinschaftsmahl und Mahlgemeinschaft S.255.

[366] Vgl. als Überblick TANZER, Salvation; ferner: HARVEY, True Israel S.88; RENSBERGER, Johannine Faith S.55; WENGST, Bedrängte Gemeinde S.137-143. Gegen die Deutung als Sympathisant spricht sich BERGER, Johannes S.68f., aus. Nach BERGER ist Nikodemus ein „Vertreter christlich gewordener Pharisäer, wie sie Act 15,5 ausdrücklich erwähnt. Ihm fehlt nur noch etwas, damit er Christ im Sinne des JohEv werden und in den Kreis seiner Adressaten eingegliedert werden kann, nämlich die Geisttaufe (Joh 3,5: aus Wasser und Geist)." (ebd.)

[367] Vgl. dazu insgesamt MEINERTZ, Nacht. MEEKS, Funktion S.261, deutet die Bemerkung „nachts" symbolisch im Kontext des Gegensatzes von Licht und Finsternis mit Bezug auf 3,19-21: „Nikodemus *kommt* zum Licht, doch wird er geschildert als einer, der dieses Licht nicht sehr deutlich wahrnimmt, der zaudert und unfähig ist, den entscheidenden Schritt aus dem Dunkel ins Licht zu tun." (*kursiv* bei MEEKS.) Ähnlich auch BARRETT, Johannes S.226; BEASLEY-MURRAY, John S.47; BROWN, John 1 S.130; GNILKA, Johannesevangelium S.36f.; SCHNACKENBURG, Johannesevangelium 1 S.380. Zur Kritik vgl. KORTING, Struktur S.158f. J. SCHNEIDER, Johannes S.90f. hält es für möglich, daß es Nikodemus - gemäß der (bei BILLERBECK, Kommentar II 419f., belegten) Vorliebe der rabbinischen Gelehrten für nächtliche Gespräche - um die Ruhe des nächtlichen Termins ging. Ähnlich auch BECKER, Johannes 1 S.131. BORNHÄUSER, Missionsschrift S.26, deutet „nachts" dahingehend, daß Nikodemus von Jesus im Verborgenen das Geheimnis der Gottesherrschaft erfahren will. So auch SCHLATTER, Johannes S.85; JEREMIAS, Abendmahlsworte S.123.

ausschließen, nicht öffentlich zu Jesus bekennen.³⁶⁸ WENGST sieht dieses Verhalten zutreffend als Erfolg des Synagogenausschlusses an. Diese Deutung vernachlässigt aber, daß Nikodemus als Pharisäer dargestellt wird. Zieht man 9,15 und 10,19-21 (Spaltungen unter den Pharisäern) hinzu, könnte man vermuten, daß Nikodemus zu der Gruppe der Pharisäer gehört, die zwar nicht Jesu Anspruch voll anerkennen, ihn aber auch nicht als Sünder (9,16) bzw. als Dämon (10,19-21) verdammen.

	3,2	7,46	9,16	10,19-21
Einschätzung der Person Jesu	Rabbi; Lehrer (von Gott gekommen)	nicht verhaftet		kein Besessener
Begründung	Zeichen, die niemand tun kann, wenn nicht Gott mit ihm ist.	Kein Mensch hat je so gesprochen	Kein Sünder kann solche Zeichen tun.	Kein Dämon kann Blinde heilen.

Nikodemus befindet sich noch in einer christologischen Diskussion - wie diese Pharisäer, die selber noch keinen eigenen Standpunkt haben, Jesu Verbindung mit Gott aber nicht kategorisch ausschließen können.³⁶⁹ Das 'wir' in 3,2 macht zudem deutlich, daß Nikodemus als Repräsentant einer bestimmten Gruppe unter den Pharisäern zu verstehen ist, die nicht zu den Gegnern Jesu gehören will und nicht an der Verfolgung Jesu und seiner Anhänger teilnehmen will.³⁷⁰ Inwieweit Nikodemus hier in einem quasi offiziellen Auftrag seiner Gruppe handelt oder ob ihn nur sein persönliches Interesse zu Jesus treibt, läßt sich nicht entscheiden. Der Evangelist stellt das Kommen des Nikodemus als den Besuch eines einzelnen dar.³⁷¹

Nikodemus redet Jesus in 3,2 mit ῥαββί an und bezeichnet ihn im selben Vers als διδάσκαλος. Beide Begriffe begegnen zusammen auch in 1,38 und 20,16, wobei διδάσκαλος jeweils die griechische Übersetzung

---

³⁶⁸ So WENGST, Bedrängte Gemeinde S.123; MARTYN, History and Theology S.59f.116; SCHENKE, Johannesevangelium S.57. Gegen HOFIUS, Wiedergeburt S.36, der diese Deutung für eine „sachlich unbegründete Eintragung aus 19,38" (ebd.) hält; so auch schon BORNHÄUSER, Missionsschrift S.26; BULTMANN, Johannes S.94.
³⁶⁹ Vgl. dazu HOFIUS, Wiedergeburt S.37: „Nikodemus soll offensichtlich diejenigen repräsentieren, die Jesus hohe *menschliche* Prädikate zuzubilligen bereit sind." (*kursiv* bei HOFIUS)
³⁷⁰ RICHTER, Tauftext S.329, versteht Nikodemus als Vertreter des Judenchristentums der (von RICHTER vermuteten) Grundschrift, welches vom Evangelisten kritisiert wird. BECKER, Johannes 1 S.131f., sieht in Nikodemus einen Vertreter der Christologie der (von BECKER vermuteten) Semeiaquelle. LEROY, Rätsel und Mißverständnis S.135, sieht in Nikodemus den Vertreter eines liberalen Judentums.
³⁷¹ Vgl. BITTNER, Zeichen S.106; SCHNACKENBURG, Johannesevangelium 1 S.380.

des hebräischen ῥαββί ist. In diesem Kontext hat die Anrede ῥαββί titularen Charakter: Nikodemus bekundet damit Jesus seine Hochachtung.[372] Darin zeichnet sich Nikodemus gegenüber seinen Pharisäerkollegen aus. Für diese ist Jesus nicht schriftkompetent. Und dies ist für sie ein wichtiges Argument, um Jesus abzulehnen und zu verfolgen. In 7,15 wird Jesus vorgeworfen, er könne die Schrift nicht verstehen, ohne dafür ausgebildet zu sein (μὴ μεμαθηκώς). Jesus wird dort die Lehrtauglichkeit im Sinne der Pharisäer abgesprochen.[373] Außerdem ist die verbreitete Unkenntnis bezüglich des Gesetzes für diese ein Grund, daß Menschen überhaupt zum Glauben an Jesus kommen konnten (7,49). Die Respektbezeugung des Nikodemus besteht eben darin, daß er Jesus als ῥαββί / διδάσκαλος anredet und ihn als solchen ernstnimmt und nicht als Besessenen (7,20) oder Volksverführer (7,49) versteht. Nikodemus kommt als Lehrer zu Jesus und möchte mit ihm ein Gespräch von Lehrer zu Lehrer führen.[374]

Zunächst formuliert Nikodemus sein 'Bekenntnis'[375]. Nikodemus legt in seinem Bekenntnis seine vorläufige Deutung der Person Jesu vor. Vorläufig deshalb, weil implizit im Bekenntnis des Nikodemus eine Frage an Jesus enthalten ist. Es ist die Frage nach der richtigen Kategorie zur Bestimmung der Person Jesu. Das Bekenntnis ist zweigeteilt: 1. Jesus sei ein Lehrer, der von Gott gekommen ist (ἀπὸ θεοῦ ἐλήλυθας διδάσκαλος). Dies ist die vorläufige Einschätzung. 2. Zu dieser Einschätzung ist Nikodemus gelangt, weil er sich Jesu Zeichen nicht anders erklären konnte, als daß Jesus etwas mit Gott zu tun hat. Implizit stellt

---

[372] Das bedeutet nicht, daß ῥαββί hier ein geschützter Ehrentitel ist nach der Definition der späteren rabbinischen Schriften. Jesus wird mit ῥαββί bzw. διδάσκαλος angesprochen, weil er wie ein jüdischer Schriftgelehrter auftritt (vgl. 6,59; 7,14.28; 8,20; 18,20) - von Außenstehenden (1,38; 3,2; 6,25) wie von Anhängern (11,28; 13,13) und Jüngern (1,49). Auch Johannes der Täufer wird so angesprochen (3,26). Vgl. dazu HAHN, Christologische Hoheitstitel S.74-81; KARRER, Jesus Christus S.228-233; LOHSE, ῥαββί S.964ff.; OBERMANN, Schrift S.45, Anm. 39; RENGSTORF, διδάσκω S.154-160; THEIßEN / MERZ, Jesus S.317f. Die Respektbezeugung liegt lediglich in der von Nikodemus damit ausgedrückten Gleichrangigkeit bzw. Kollegialität als Basis für ein gemeinsames Gespräch; vgl. BARRETT, Johannes S.226.
[373] Vgl. OBERMANN, Schrift S.43; RINKE, Kerygma S.110; SCHRENK, γράφω S.764.
[374] Vgl. HOFIUS, Wiedergeburt S.37f.; WENGST, Bedrängte Gemeinde S.138.
[375] Zur Anwendung des Begriffes Bekenntnis auf 3,2b vgl. MEEKS, Funktion S.259; NEYREY, John III S.118. Die Pluralform οἴδαμεν weist ihn als Vertreter einer Gruppe aus (s.o.). Auch wenn οἴδαμεν ebenso für ein 'ich' stehen könnte, legen die Pluralformen in 3,7b und 3,11f. für 3,2 den Pluralgebrauch nahe. Vgl. dazu BULTMANN, Johannes S.94, Anm.7; HOFIUS, Wiedergeburt S.37; WENGST, Bedrängte Gemeinde S.139.

Nikodemus die Frage: Was genau hat Jesus mit Gott zu tun?[376] Es ist für Nikodemus nicht möglich, Jesus für einen Besessenen etc. zu halten, weil er solche Zeichen tut. D.h. Nikodemus gelangt zu seinem Bekenntnis auf einem negativen Weg. Sein Unverständnis läßt ihn diesen Satz so formulieren. Er kann sich das Phänomen Jesus nicht anders erklären, er kann es nicht mit seinen Kategorien in Einklang bringen.[377]

(1) Das ἔρχεθται ἀπὸ θεοῦ ist deutlich nicht als Legitimationsaussage im Sinne des Evangelisten zu verstehen. Nikodemus meint nicht die himmlische Herkunft Jesu.[378] Und es geht auch nicht um ein Erkennen des Gesandtseins Jesu. Die vergleichbaren Äußerungen in den Jesusreden mit den Verben ἔρχεσθαι und ἐξέρχεσθαι sind deutlich anders formuliert.
– Jesus ist in die Welt gekommen (ἔρχεσθαι): 3,19 (Licht); 9,39 (zum Gericht); 12,46 (als Licht); 16,28; 18,37 (als Zeuge für die Wahrheit). In diesen Texten geht es meist auch um das Ziel des Kommens.[379]
– Jesus ist im Namen des Vaters gekommen bzw. gesandt (ἔρχεσθαι): 5,43; 7,28; 8,42.
– Jesus ist von Gott / Vater ausgegangen (ἐξέρχεσθαι): 8,42; 13,3; 16,27f.; 17,8). Hier geht es um Jesu Herkunft aus der himmlischen Sphäre.[380]

Die Gekommensein-Worte der Jesusreden gehören in den Kontext der Sendungsaussagen.[381] Sie dienen der Selbstvorstellung des Boten[382] und betonen die Herkunft des Gesandten: Jesus ist nicht von sich aus in die Welt gekommen, sondern wurde von Gott gesandt. Der Aspekt der Sendung (im Sinne der Einzigartigkeit der Sendung Jesu) fehlt im Bekenntnis des Nikodemus ebenso wie der Verweis auf die Herkunft aus der himmlischen Welt. Auch begegnet innerhalb der Jesusreden keine Formulierung mit ἔρχεσται und ἀπὸ θεοῦ. Der Evangelist formuliert ἀπὸ θεοῦ

---

[376] So auch NEYREY, John III S.119.
[377] Vgl. BULTMANN, Johannes S.95. HOFIUS, Wiedergeburt S.38f. und Anm.21, nimmt an, ἀπὸ θεοῦ ἐλήλυθας weise darauf, daß Nikodemus Jesus für einen Propheten gehalten habe, und führt als sachlich entsprechende Parallele das von Johannes dem Täufer ausgesagte ἀπεσταλμένος παρὰ θεοῦ in 1,6 an.
[378] Vgl. BÜHNER, Der Gesandte S.152.
[379] Vgl. dazu SCHRAMM, ἔρχομαι; STIMPFLE, Blinde S.162.
[380] Vgl. zur besonderen Verwendung von ἐξέρχεσθαι als Epiphanieterminus bezogen auf die Herkunft aus dem göttlichen Bereich: MIRANDA, Vater S.42f.; J. SCHNEIDER, ἐξέρχομαι S.676f.; STIMPFLE, Blinde S.162.
[381] Vgl. dazu BERGER, Formgeschichte S.264.
[382] Vgl. BÜHNER, Der Gesandte S.138-152.

sonst nur mit ἐξέρχεσται, womit Jesu Herkunft aus der göttlichen Sphäre ausgedrückt wird (13,3; 16,30).[383] Das Bekenntnis des Nikodemus wird vom Evangelisten durch diese Formulierung deutlich als defizitär gekennzeichnet.

(2) Davon zu unterscheiden ist die Aussage, Gott sei mit Jesus (ἐὰν μὴ ᾖ ὁ θεὸς μετ' αὐτοῦ). Das Mit-Sein Gottes bezieht sich hier nur auf die σημεῖα Jesu, nicht auf die generelle Zusammengehörigkeit von Jesus und Gott im Sinne des Evangelisten (so u.a. die Immanenzaussagen in 10,30.38; 14,10).[384] Der Evangelist läßt hier Nikodemus ein verbreitetes alttestamentlich-jüdisches Motiv auf Jesus anwenden: das Mit-Sein Gottes.[385]

Die Vorstellung vom Mit-Sein Gottes ist im Alten Testament breit belegt (über 100 Stellen) und nicht an einen bestimmten Kontext gebunden. Es geht dabei allgemein um den Beistand Gottes: als Zuwendung zu einzelnen - meist im Kontext von Segen[386] und individueller Schutzzusage - (so v.a. in den Vätergeschichten: Gen 26,3.24; 28,15; 31,3); als Beistand für den Heerführer im Kriegsfall (Dtn 20,1), als Mit-Sein Jhwhs mit Israel (1Kön 8,57; Jes 43,2), als Beistand Gottes für den von ihm beauftragten Propheten (Ex 3,12; Jer 1,8). Ein Zusammenhang von Beistand und σημεῖα begegnet in 1Sam 10,7 und Ps 85,17 (LXX).

Im Neuen Testament ist von Mit-Sein Gottes in Jesus und dies beglaubigenden σημεῖα die Rede in Act 2,22; 10,38.[387] Diese Stellen sind die nächsten Parallelen zu 3,2:

Joh 3,2	Act 2,22	Act 10,38
οἴδαμεν ἀπὸ θεοῦ ἐλήλυθας διδάσκαλος	οἴδατε ἄνδρα ἀποδεδειγμένον ἀπὸ τοῦ θεοῦ	
οὐδεὶς γὰρ δύναται ταῦτα τὰ σημεῖα ποιεῖν ...	εἰς ὑμᾶς δυνάμεσι καὶ τέρασι καὶ σημείοις ...	ὃς διῆλθεν εὐεργετῶν καὶ ἰώμενος πάντας τοὺς καταδυναστευομένους ὑπὸ τοῦ διαβόλου,

---

[383] Vgl. HOFIUS, Wiedergeburt S.38 und Anm.24.
[384] Gegen OBERMANN, Schrift S.45f.
[385] Vgl. BARRETT, Johannes S.227; SCHNACKENBURG, Johannesevangelium 1 S.380, Anm. 4. Zum Alten Testament vgl. PREUß „...ich will mit dir sein!"; PREUß, את S.486; VETTER, עם.
[386] Vgl. dazu PREUß, Theologie 1 S.206; VETTER, Jahwes Mit-Sein.
[387] Vgl. HOFIUS, Wiedergeburt S.38, Anm. 22. Zum Mit-Sein Jesu im Matthäusevangelium vgl. den Ansatz von FRANKEMÖLLE, Jahwebund; zur Kritik daran BERGER, Auferstehung S.500f., Anm.230.

ἐὰν μὴ ᾖ ὁ θεὸς μετ' αὐτοῦ | ὅτι ὁ θεὸς μετ' αὐτοῦ

Im Johannesevangelium wird das Mit-Sein Gottes mit Jesus (8,29; 16,32) übertragen auf das Mit-Sein Jesu mit den Jüngern (13,33; 14,9; 16,4; 17,12) bzw. des Parakleten mit den Jüngern (14,16) im Kontext der Sendungschristologie.[388] Die Traditionsbasis dieses Motivs ist jedoch zu breit, um der Einschätzung des Nikodemus eine bestimmte Kategorie zuordnen zu können. Am ehesten ließe sich an die prophetische Kategorie (im Anschluß an Ex 3,12; Jer 1,8) denken.[389]

Interessant ist, daß Nikodemus Jesus aufgrund der sonst nicht erklärbaren σημεῖα nicht nur allgemein und unspezifisch mit Gott in Verbindung bringt, sondern hier an dessen Lehrer-Sein denkt. Die Bezeichnung διδάσκαλος ist in dieser Hinsicht sicher mehr als nur die Respektbezeugung ῥαββί in der vorangegangenen Anrede. Dies zeigt seine absolute Verwendung.[390] Διδάσκαλος ist bei Nikodemus die inhaltliche Umschreibung der Beziehung von Jesus und Gott.[391] Hier liegt wohl ein Verständnis zugrunde, wonach ein Lehrer durch die Gabe, σημεῖα bewirken zu können, als von Gott besonders legitimiert gedacht wird.[392]

---

[388] Vgl. dazu zuletzt SCHNELLE, Geisttheologe S.19-22.
[389] So auch HOFIUS, Wiedergeburt S.38. Zum defizitären Charakter dieser Kategorie im Vergleich zu den Sendungsaussagen vgl. BEASLEY-MURRAY, Logos-Son S.1865: „Here it is necessary to distinguish between the 'sending' of a prophet with a message from God to his people (such as John the Babtist, Jn 1,6-8) and the Johannine representation of the sending of the Messenger Son to reveal the Father and redeem humanity: the former is a man thrust forth with commission from God, the latter is (to adapt the Pauline expression) 'the Man from heaven'." Nach BURKETT, Son of the Man S.88, steht hier Prov 30,1-4 im Hintergrund (wie er auch die gesamte Rede vom 'Son of the Man' im Johannesevangelium auf diese alttestamentliche Stelle zurückführt): „The idea that God is 'with' Jesus, the Son of the Man, recalls the name of the son of the Man in Prov. 30,1, 'Ithiel' or 'God is with me', which is further expanded as 'God is with me so that I am able'. (...) Nikodemus thus unwittingly confesses that Jesus is 'Ithiel', the son of the man in Prov. 30,1-4." (ebd.) Zur Kritik an BURKETT vgl. MOLONEY, Rezension Burkett; SCHENK, Menschensohn S.30.
[390] Vgl. dazu HAHN, Hoheitstitel S.80f.
[391] Vgl. BITTNER, Zeichen S.112. Anders als BITTNER würde ich jedoch nicht von einer Sendung Jesu reden. Sendungstermini (im Sinne der einzigartigen Sendung Jesu) vermeidet der Evangelist im Bekenntnis des Nikodemus.
[392] Vgl. dazu BITTNER, Zeichen S.109; BROWN, John 1 S.137; SCHNACKENBURG, Johannesevangelium 1 S.380 mit Verweis auf FIEBIG, Wundergeschichten S.19ff.; STADELMANN, Ben Sira; THEIßEN / MERZ, Jesus S.278f.; VERMES, Jesus S.45-68. Dabei ist wichtig, daß es sich hier nicht um irgendwelche σημεῖα gehandelt hat, sondern um ganz bestimmte (ταῦτα, vgl. auch 9,16b), wobei sie jedoch vom Evangelisten inhaltlich nicht näher bestimmt werden. Diese müssen bei Nikodemus einen solch nachhaltigen Eindruck hinterlassen haben, daß er sie auf Gott zurückführt. Denn die Existenz von Wundern an sich muß für das Judentum nicht automatisch auf Gott weisen (vgl. BITTNER, Zeichen S.111, Anm. 16 mit Verweis auf Dtn 13,1-5.6-11). Daß selbst sol-

Die Begriffe διδάσκαλος, ῥαββί, διδάσκειν und διδαχή - angewandt auf Jesus - bezeichnen im Johannesevangelium die Art und Weise des Auftretens Jesu als Verkündiger der göttlichen Botschaft. Daher begegnen διδάσκαλος und ῥαββί meist im Kontext der Beziehung von Lehrer und Schülern oder Anhängern. Daß es im Sinne des Evangelisten sachgemäß ist, Jesus als διδάσκαλος bzw. ῥαββί zu bezeichnen, zeigt ein Blick auf 13,13.[393]

Für den Evangelisten ist Jesus der vollmächtige Verkündiger des göttlichen Wil-lens und der einzige von Gott autorisierte Ausleger der Schrift.[394] Dies resultiert aus der Einzigartigkeit seiner Beziehung zu Gott.[395] Aber der Evangelist verwendet διδάσκαλος nicht als christologische Bezeichnung. Es sind die Herkunft von Gott und seine Sohnschaft, die Jesus zur vollmächtigen Verkündigung legitimieren - nicht etwa besondere σημεῖα. So ist Jesu verkündigende und mitteilende Funktion Teil der Sohn-Christologie[396] - und in diesem Sinne wird Jesus von seinen Jüngern als διδάσκαλος bezeichnet (vgl. 1,49). ὁ διδάσκαλος in 3,2 ist die irdische Bezeichnung des Auftretens Jesu, die sich an seinem äußeren Erscheinungsbild orientiert.[397] Diese irdische Sicht der Dinge wird dann von Jesus in 3,12 kritisiert. Dies ist die Perspektive eines Außenstehenden, der die tiefere Sicht, die der Evangelist vermitteln will, nicht hat. In welcher besonderen Hinsicht Jesus ein διδάσκαλος ist, und was ihn dazu qualifiziert, versteht Nikodemus nicht. Die Bezeichnung Jesu als Lehrer im Nikodemusbekenntnis ist keine Würdebezeichnung im Blick auf die Messianität Jesu.[398]

---

che besonderen σημεῖα noch kein eindeutiger Hinweis auf eine Beziehung zu Gott sind, zeigt ein Blick auf 9,16 (vgl. auch 10,19-21), wo die Blindenheilung zu einer Kontroverse über die Einschätzung der Beziehung von Jesus zu Gott führt (οὐκ ἔστιν οὗτος παρὰ θεοῦ ὁ ἄνθρωπος). Vgl. dazu BITTNER, Zeichen S.115-117.
[393] Vgl. KARRER, Der lehrende Jesus S.8.
[394] Vgl. dazu u.a. BINDEMANN, Johannesprolog S.347f.; KURZ, Intertextual Permutations S.182; OBERMANN, Schrift S.45f.; PANCARO, Law S.77-87.
[395] Vgl. SCOTT, Sophia S.152f.
[396] Vgl. zum weisheitlichen Hintergrund der Sohn-Christologie BERGER, Hintergrund S.422; BERGER, Messianität 15-24; BERGER, Theologiegeschichte S.61-63
[397] Dies ist vergleichbar mit Jesu Herkunft aus Galiläa bzw. Nazareth, die vom Evangelisten nicht bestritten wird, obwohl doch die wahre Heimat Jesu die himmlische Welt ist.
[398] Vgl. dagegen BITTNER, Zeichen S.108. BITTNER verweist auf RIESNER, Jesus als Lehrer S.304-330 (im Anschluß an HENGEL, Lehrer), der für das frühe Judentum die Erwartung eines Messias mit messianischer Lehrfunktion im Anschluß an 2Sam 23,1f. (Geistbegabung Davids) und Jes 11,1ff. annimmt. Demnach hätte Nikodemus in 3,2 Jesus als den lehrenden Messias bekannt. Ähnlich auch SCHLATTER, Johannes S.85.

Fazit: Das besondere Merkmal des Nikodemusbekenntnisses ist seine Uneindeu-tigkeit. Es ist ebenso uneindeutig wie der Status des Sympathisanten Nikodemus, der sich nicht ganz auf die Seite Jesu schlägt. Die auf Jesus angewandten Prädikate sind zwar positiv und hochschätzend, aber im Sinne der Theologie des Evangelisten defizitär.[399]

- Das ἔρχεσθαι ἀπὸ θεοῦ wird nicht mit den Kategorien der johanneischen Sendungschristologie in Verbindung gebracht.
- Das Mit-Sein Gottes mit Jesus ist keine Immanenzaussage im Sinne des Evangelisten, sondern entspricht dem alttestamentlich-jüdischen Motiv des göttlichen Beistands.
- Die Bezeichnung als durch σημεῖα legitimierten Lehrer findet keine positive Bestätigung durch den Evangelisten.

Das Bekenntnis des Nikodemus enthält eine wichtige Leerstelle: die soteriologische Funktion Jesu, die in der Einzigartigkeit seiner Beziehung zu Gott gründet. Dies zeigt ein Blick auf die Antwort Jesu in 3,3 und den weiteren Verlauf des Gesprächs bis 3,21. Was auch immer Nikodemus Jesus an hohen Prädikaten zubilligt, er sieht in ihm nicht den heilsrelevanten Mittler zwischen Gott und den Menschen (3,15.16). Die Prädikate rücken Jesus in die Nähe Gottes, aber nicht in dem Sinne, daß sich am Verhalten ihm gegenüber ewiges Leben oder Tod entscheidet (3,18).[400]

9.1.3 Von oben geboren (3,3)

Mit der Antwort Jesu in 3,3 beginnt die Ausfüllung dieser Leerstelle. Es verwundert zunächst, daß Jesus die in 3,2 implizit enthaltene christologische Frage nicht christologisch beantwortet, sondern mit einem soteriologischen Exkurs beginnt. Erst ab 3,13 gibt Jesus die christologische Antwort.

Es ist m.E. nicht zulässig, die Frage des Nikodemus aus der von Jesus gegebenen Antwort herzuleiten: Nikodemus habe nach dem eschatologischen Heil gefragt.[401] Denn darin liegt ja gerade das Defizit des Nikodemusbekenntnisses, daß Nikodemus Jesus nicht mit dem Heil in Verbin-

---

[399] Vgl. NICHOLSON, Death as Departure S.65.
[400] Vgl. STIMPFLE, Blinde S.41.
[401] So u.a. BULTMANN, Johannes S.94; HOFIUS, Wiedergeburt S.39; SCHNACKENBURG, Johannesevangelium 1 S.380; BROWN, John 1 S.138 mit Verweis auf Lk 18,18. Nach HOFIUS, Wiedergeburt S.40, stellt Nikodemus die Frage nach dem Heil im Horizont des durch Mose gegebenen Gesetzes (1,17a): „Daß mit Nikodemus ein Gesprächspartner Jesu auftritt, der Lehrer und Anwalt des durch Mose gegebenen νόμος ist (vgl. 7,50f.), will jedenfalls für das Verständnis unseres Textes sehr wohl bedacht sein." (S.40).

dung bringt. Er fragt nicht nach dem eschatologischen Heil, er fragt nicht nach der βασιλεία τοῦ θεοῦ.

Sowenig wie Nikodemus in 3,2 eine direkte Frage stellt - nur eine implizite Frage innerhalb des Bekenntnisses, das wiederum nur den Grund seines Kommens erklären soll (s.o.) - , sowenig gibt Jesus in 3,3 eine direkte Antwort darauf. Mit Jesu Wort in 3,3 beginnt eigentlich erst das Gespräch. Jesus bestimmt das Thema in Anknüpfung an das Bekenntnis des Nikodemus. Dabei greift er nicht ein positives Element auf, sondern konzentriert sich auf das, was Nikodemus in seinem Bekenntnis nicht gesehen hat. Mit einem ἀμὴν- ἀμὴν- Wort, das die Vollmacht des von Gott Gesandten unterstreicht, erklärt Jesus, daß es einer Statusänderung bedarf, um die βασιλεία τοῦ θεοῦ sehen zu können. Der Begriff „Sehen" (ἰδεῖν) weist zurück auf das „Wissen" (οἴδαμεν) des Nikodemus bzw. der durch ihn repräsentierten Gruppe in 3,2. Dieses Wissen - als Resultat dessen, was man gesehen hat (σημεῖα) - ist unzureichend, weil der Heilscharakter des Wirkens Jesu (βασιλεία τοῦ θεοῦ) - und somit das Ziel der Sendung Jesu durch Gott (vgl. 3,16) - nicht erkannt worden ist: Nikodemus kann im Wirken Jesu die βασιλεία τοῦ θεοῦ nicht sehen.

Diese dazu notwendige Statusänderung beschreibt Jesus mit dem Bild der Geburt.[402] Die Wahl eben dieses Bildes weist sachlich voraus auf das Stichwort „Leben" als eschatologisches Heilsgut in 3,15.16. Die Verwendung dieses Bildes knüpft an an die grundlegende Unterscheidung von Menschlich-Geborenen und Von-Gott-Geborenen als Bezeichnung derer, die Jesus ablehnten oder im Glauben (τοῖς πιστεύουσιν εἰς τὸ ὄνομα αὐτοῦ) aufnahmen (mit der Konsequenz: τέκνα θεοῦ) in 1,11-13.[403]

9.1.3.1 ἄνωθεν

Unsicher ist, wie hier das ἄνωθεν zu übersetzen ist. In der Forschung werden drei Möglichkeiten diskutiert:[404]

- „von oben"[405]: Dafür spricht der durchgehend räumliche Gebrauch von ἄνωθεν im Johannesevangelium (3,31; 19,11.23; 8,23 [ἐκ τῶν ἄνω]).⁴⁰⁶ Meist wird angenommen, daß Nikodemus in 3,4 das ἄνωθεν als δεύτερον mißversteht. Daher kann ἄνωθεν nicht „von neuem" bedeuten.⁴⁰⁷ Es ist vielmehr im Sinne von ἐκ θεοῦ γεννηθῆναι (1,13) und γεννηθῆναι ἐκ τοῦ πνεύματος (3,5b.6b. 8b) zu verstehen.

– „von neuem"⁴⁰⁸: Demnach geht es hier um die Unmöglichkeit des Menschen, an der Sphäre Gottes teilzuhaben. Ihm selbst ist der Zugang zum Heil verwehrt. Nur wenn er ein Neuer wird (als Geschenk Gottes), gibt es die Möglichkeit der Teilhabe.⁴⁰⁹ In 3,3 geht es nur um

---

⁴⁰² Vgl. HARTMAN, Namen S.144: „Das Bild der Geburt steht hier, wie anderswo im Neuen Testament, dafür, daß Gott ein neues Leben gibt, eine neue Identität, die unter neuen Bedingungen existiert, die nicht auf 'fleischlichen', das heißt nur-menschlichen und nur-innerweltlichen Voraussetzungen beruht." Vgl. auch L. SCHENKE, Johannes S.30.
⁴⁰³ Zur grundsätzlichen Bedeutung dieser Unterscheidung für das Johannesevangelium vgl. MUßNER, Achse S.247-251.254.
⁴⁰⁴ Vgl. als Überblick HOFIUS, Wiedergeburt S.41-43; STIMPFLE, Blinde S.42-51
⁴⁰⁵So u.a. BEASLEY-MURRAY, Taufe S.298; BECKER, Johannes 1 S.159f.; BERGER / COLPE, Textbuch S.153; BEUTLER, ἄνωθεν Sp.269f.; BLANK, Krisis S.57f.; BROWN, John I S.130; BÜCHSEL, Johannes S.51; BÜCHSEL, ἄνω S.378ff.; HAENCHEN, Johannesevangelium S.217; DE JONGE, Nicodemus S.38f.; KLOS, Sakramente S.70; LANGBRANDTNER, Weltferner Gott S.18, Anm.2; LEE, Symbolic Narratives S.49-52; LEROY, Rätsel und Mißverständnis S.124f.; LINDARS, John and the Synoptic Gospels S.291; MEEKS, Funktion S.256; MERKLEIN, Gott und Welt S.290; MUßNER, ZΩH S.118f.; NEYREY, John III, S.123; PESCH, Auslegung S.208; PORSCH, Pneuma S.96f.; SCHNACKENBURG, Johannesevangelium 1 S.381; SÖDING, Wiedergeburt S.199.207ff.; THEOBALD, Fleischwerdung des Logos S.342. RICHTER, Tauftext S.338 und STIMPFLE, Blinde S.48ff. plädieren darüber hinaus für eine Übersetzung im Perfekt („wenn einer nicht von oben geboren ist") im Sinne eines von Gott vorgängig gesetzten Aktes: „... unabhängig von jedem menschlichen Tun und zeitlich vorausliegend (präexistent) vor jeder menschlichen Betätigung." (RICHTER, Tauftext S.338f.) Vgl. dazu die berechtigte Kritik von HOFIUS, Wiedergeburt S.43f., Anm.53.
⁴⁰⁶ Zu den Belegen für den außerneutestamentlichen Bereich siehe BAUER, Wörterbuch S.152f.; BAUER / ALAND, Wörterbuch S.153; BAUER, Johannesevangelium S.48f.; SCHNACKENBURG, Johannesevangelium 1 S.381; BERGER / COLPE, Textbuch S.153: „Für den Vergleich mit Joh 3 ist entscheidend, daß wir gr. *anōthen* in Joh 3,3 mit 'von oben her' übersetzt haben, wie es auch der bis dahin belegte griechische Sprachgebrauch allein zuläßt." Vgl. dagegen die kritischen Anmerkungen von HOFIUS, Wiedergeburt S.41, Anm.40; BERGMEIER, Gottesherrschaft S.67, Anm.111.
⁴⁰⁷ Vgl. exemplarisch BECKER, Johannes 1 S.159; HAENCHEN, Johannesevangelium S.217.
⁴⁰⁸ So u.a. G. BARTH, Taufe S.108; BULTMANN, Johannes S.95, Anm.2; HOFIUS, Wiedergeburt S.41f.; SCHULZ, Johannes S.54f.; STRATHMANN, Johannes S.68; WITHERINGTON, Waters of Birth S.159; ZAHN, Johannes S.186f.
⁴⁰⁹ Vgl. BULTMANN, Johannes S.95: „Und so ist das Wort zugleich eine Mahnung - freilich nicht eine moralistische, sondern die Mahnung, sich selbst in Frage zu stellen."; HOFIUS, Wiedergeburt S.43: „*Kein* Mensch kann so, wie er ist, die βασιλεία Gottes 'sehen', sondern er muß ein *neuer* Mensch werden, wenn er des eschatologischen Heils

die Unmöglichkeit, selbst zum Heil zu gelangen. Erst in 3,5 wird erklärt, wie man am Heil teilhaben kann.
- doppelsinniger Ausdruck (von oben und von neuem)[410]: Nikodemus versteht nur das „von neuem" und erkennt nicht das „von oben". Er mißversteht also γεννηθῆναι ἄνωθεν (in menschlicher Weise) im Sinne eine erneuten (zweiten) leiblichen Geburt.[411]

Die unterschiedlichen Erklärungen in der Forschung resultieren meist aus der Annahme, daß Nikodemus in 3,4 einen Aspekt aus 3,3 mißversteht. Das Ergebnis der Analyse, was Nikodemus mißversteht, bestimmt die Bedeutung des Jesuswortes in 3,3. Die Annahme eines direkten Mißverständnisses ist jedoch - wie unten zu erläutern ist - nicht zwingend notwendig.

Inhaltlich liegen hier m.E. keine wirklichen Gegensätze vor. Der Evangelist meint ganz eindeutig eine neue Geburt, die sich in ihrer Qualität von der ersten Geburt unterscheidet. Die andere Qualität erhält sie dadurch, daß sie ursächlich von Gott gewirkt ist - also von oben kommt. Jede Forderung einer Geburt von oben (auch als metaphorische Rede) hat immer auch die Konnotation einer Neu-geburt, da sich der Statuswechsel sowohl qualitativ bzw. räumlich („von oben") als auch temporal („von neuem") vollzieht. Was aber ist der primäre Bedeutungsinhalt dieses Bildes im Blick auf den Kontext des Nikodemusgesprächs? Es geht Jesus darum, Nikodemus zu zeigen, daß es bei dem Kontakt mit ihm um Heil oder Unheil geht. Dies hatte Nikodemus nicht erkannt. Daß es beim Wirken Jesu um die βασιλεία τοῦ θεοῦ geht, konnte Nikodemus nicht verstehen, und hier setzt Jesus ein: Nur jemand, der durch Gott („von oben") dazu in die Lage versetzt wurde, kann die βασιλεία τοῦ θεοῦ sehen. M.E. ist hier ἄνωθεν mit „von oben" zu übersetzen und meint die göttliche Sphäre[412] - und hat demnach die gleiche Bedeutung wie βασιλεία τοῦ θεοῦ: Die von oben Geborenen sind in der βασιλεία τοῦ θεοῦ. Die βασιλεία τοῦ θεοῦ vollzieht sich in der Gemeinschaft der Glaubenden und von oben Geborenen.[413] Vergleichbar sind die Äußerungen einer Geburt durch Gott bzw. den Geist in

---

teilhaftig werden soll, - *das* und *nur* das ist es, was Jesus in V.3b erklärt." (*kursiv* bei HOFIUS)

[410] So u.a. BARRETT, Johannes S.227; CULLMANN, Gebrauch S.180f.; DODD, Interpretation S.303, Anm.2; J. SCHNEIDER, Johannes S.92; SCHNELLE, Antidoketische Christologie S.201.
[411] Vgl. exemplarisch BARRETT, Johannes S.229.
[412] So SCHNACKENBURG, Johannesevangelium 1 S.382.
[413] Vgl. HENGEL, Reich Christi S.178f.

1,13; 3,5b.6b.8b (vgl. auch 1Joh 2,29; 3,9; 4,7; 5,1.4.18).[414] Entscheidend ist hier meiner Ansicht nach die Qualität der Geburt und nicht allein die pure Notwendigkeit eines Existenzwechsels zur Erlangung des Heils.[415] Dem entspricht sprachlich die räumliche Struktur der johanneischen Eschatologie.[416]

Fazit: Es geht hier inhaltlich um das „Wie?" (Antwort: „von oben") und das „Durch wen?" (Antwort: „von oben"). Die absolute Notwendigkeit des Statuswechsels („von neuem") wird zwar mitgedacht, ist aber nur Voraussetzung und bedarf einer qualitativen Füllung („von oben").

9.1.3.2 ἄνωθεν und ἐκ θεοῦ (1,11-13; 3,1-21)

Der Evangelist verwendet das Motiv der durch Gott gewirkten Neugeburt im Anschluß an 1,12f.[417]

„12 Aber allen, die ihn aufnahmen (ἔλαβον), gab er die Befähigung (ἐξουσία) Kinder Gottes (τέκνα θεοῦ) zu werden, die an seinen Namen glauben (τοῖς πιστεύουσιν εἰς τὸ ὄνομα αὐτοῦ),
13 die nicht aus Blut und nicht aus dem Willen des Fleisches und nicht aus dem Willen eines Mannes, sondern aus Gott geboren sind (ἐκ θεοῦ ἐγεννήθησαν)."

Gemeinsam mit 3,1-21 sind die folgenden Stichwörter:

	Joh 1,11-13	Joh 3,1-21
Annahme:	ὅσοι δὲ ἔλαβον (1,12)	οὐ λαμβάνετε (3,11)
Glauben:	τοῖς πιστεύουσιν εἰς τὸ ὄνομα αὐτοῦ (1,12)	οὐ πιστεύετε (3,12) πᾶς ὁ πιστεύων ἐν αὐτῷ (3,15) πᾶς ὁ πισεύων εἰς αὐτὸν (3,16) ὁ πισεύων εἰς αὐτὸν (3,18)

---

[414] Vgl. dazu SCHNACKENBURG, Gemeinde S.43f.
[415] Gegen BULTMANN, Johannes S.95; HOFIUS, Wiedergeburt S.43. Diese Deutung vernachlässigt m.E. die Dimension der Kindschaft, die für die johanneische Soteriologie konstitutiv ist (1,12; 12,36; 14,6; 17,25f.; 20,17). Vgl. dazu BERGER, Theologiegeschichte S.257f.; CULPEPPER, Pivot S.17-31; PANCARO, People S.126-129; THEOBALD, Fleischwerdung des Logos S.337-344; VELLANICKAL, Sonship.
[416] Vgl. SÖDING, Wiedergeburt S.199.
[417] Vgl. BECKER, Johannes 1 (2.Aufl. 1985) S.129: In Joh 3 werden „kommentierende Bemerkungen aus dem Prolog (besonders 1,12c.13) weiter behandelt." THEOBALD, Fleischwerdung des Logos S.345 rechnet hingegen - genau umgekehrt „mit einer motivischen Vorausnahme von Joh 3 im Prolog" - allerdings unter Aussparung von 1,13 (vgl. S.238ff.). Zur Heranziehung von 1,12f. für die Erklärung von 3,3 vgl. u.a. MUßNER, ZΩH S.118ff.; RÖHSER, Prädestination S.198; L. SCHENKE, Johannes S.66; SCHNACKENBURG, Johannesevangelium 1 S.381; WILCKENS, Johannes S.65. Dagegen votiert HOFIUS, Wiedergeburt S.42f.

		ὁ δὲ μὴ πισεύων (3,18) μὴ πεπίστευκεν εἰς τὸ ὄνομα τοῦ μο- νογενοῦς υἱοῦ τοῦ θεοῦ (3,18)
Geburt:	τέκνα θεοῦ (1,12) ἐκ θεοῦ ἐγεννήθησαν (1,13)	γεννηθῇ ἄνωθεν (3,3) γεννηθῆναι (3,4a) δεύτερον ... γεννηθῆναι (3,4b) γεννηθῇ ἐξ ὕδατος καὶ πνεύματος (3,5) τὸ γεγεννημένον (3,6) γεννηθῆναι ἄνωθεν (3,7) ὁ γεγεννημένος ἐκ τοῦ πνεύματος (3,8)
Fleisch:	ἐκ θελήματος σαρ- κὸς (1,13)	σάρξ ... πνεῦμα (3,6)

Nur ein von Gott Geborener (1,12f.) erkennt die wahre Heilsrelevanz des von Gott Gesandten. Denn dieser ist es, der in sein Eigentum kommt (1,11), den berechtigten Herrschaftsanspruch Gottes auf Erden repräsentiert (1,1-4) und denen, die an ihn glauben, das ewige Leben vermittelt (1,4.12 [Kinder Gottes]; 3,15.16). Es geht um den Beginn, um den Eintritt in die Sphäre des Heils (βασιλεία τοῦ θεοῦ in 3,3.5)[418], um die Initiation zur Gotteskindschaft (1,12). Der Evangelist knüpft hier an eine im Frühjudentum verbreitete Vorstellung an, wonach endzeitliche Erwählungsidentität mit dem Motiv der Kindschaft bzw. mit Abstammungsgenealogien (Söhne des Lichts; Söhne Zadoqs) ausgedrückt werden.[419] Das frühe Christentum überbietet diese Sicht, indem es die Zugehörigkeit zur βασιλεία τοῦ θεοῦ in der Metaphorik der Kindschaft beschreibt.[420] Außerhalb des Johannesevangeliums begegnet die Vorstellung einer von Gott gewirkten Geburt (im Sinne von 1,12f.) im Neuen Testament noch in 1Joh 3,9; 4,7; 5,1.4.18 - dort aber in dem Kontext von Ermöglichung nicht-sündigen Lebens.

9.1.3.3 Die Parallele: Philo, Questiones in Exodum II 46

Das Motiv der von Gott gewirkten Neugeburt für den Eintritt in die Heilssphäre läßt sich nicht zureichend aus dem Alten Testament und den Schriften des zwischentestamentlichen Judentums erklären.[421] Auch die in der Spätantike weit verbreitete Vorstellung von der Wiedergeburt

---

[418] Vgl. DODD, Interpretation S.308; LEE, Symbolic Narratives S.43.
[419] Vgl. dazu MICHEL / BETZ, Von Gott gezeugt; SCHNACKENBURG, Johannesbriefe S.178-180. Dagegen plädiert STRECKER, Theologie S.464f. für einen hellenistisch-synkretistischen Hintergrund
[420] Zum Begriff der Kindschaft als Bezeichnung für die Zugehörigkeit zur βασιλεία τοῦ θεοῦ vgl. BERGER, Theologiegeschichte S.41f.; KARRER, Jesus Christus S.203-206.226-228.
[421] Vgl. BAUER, Johannesevangelium S.48; SÖDING, Wiedergeburt S.187.

(παλλιγγενεσία) - etwa aus der Stoa, den Mysterien oder dem Gnostizismus - [422] läßt sich nicht für eine direkte Erklärung heranziehen.[423] Die beste (und wohl einzige) Parallele zu Joh 3,3.5 findet sich bei Philo.
Philo, Questiones in Exodum II 46:

„(...) Aber das Hinaufgerufenwerden des Propheten ist eine zweite Geburt, besser als die erste, denn die letztgenannte ist vermischt mit einem Körper und hatte vergängliche Eltern, während die erste eine ungemischte und einfache Seele ist..., die keine Mutter hat, sondern nur einen Vater, der der (Vater) Aller ist. Daher ereignete sich das Hinaufgerufenwerden, oder, wie wir gesagt haben, die göttliche Geburt, für ihn in Übereinstimmung mit der ewig-jungfräulichen Natur der Siebenheit."[424]

Vergleichbar sind die folgenden Aspekte:

(1) Es geht um den Kontakt mit der himmlischen Welt. Dies wird in vertikalen Kategorien ausgedrückt (mit dem Stichwort ἀνά)

(2) Dieser wird vermittelt durch eine von Gott vollzogene Neugeburt, die sich qualitativ von der ersten Geburt unterscheidet.

(3) Bei dieser Neugeburt handelt es sich um ein geistliches Phänomen, bei dem allein Gott am Werke ist und nicht das Vergänglich-Leibliche (vgl. Joh 3,5).

Es ist durchaus möglich, daß hier ein Stück zeitgenössischer Mose-Typologie vorliegt, das vom Evangelist aufgegriffen und in sein soteriologisches Konzept eingefügt wurde.

9.1.4 Die Provokation des Nikodemus (3,4)

Nikodemus nimmt das Bild der Geburt auf und versucht es auf die Spitze zu treiben.[425] Hier liegt entgegen einer verbreiteten Forschungsmeinung kein Mißverständnis im eigentlichen Sinne vor. Es ist nämlich kaum anzunehmen, daß der ἄρχων und διδάσκαλος τοῦ Ἰσραήλ

---

[422] Vgl. dazu den gelungenen Überblick bei SÖDING, Wiedergeburt S.186-192 und die dort angegebene weiterführende Literatur. Ferner: BÜCHSEL, παλλιγγενεσία; GURTH, παλλιγγενεσία; HULTKRANTZ, Wiedergeburt; SJÖBERG, Wiedergeburt. Der Terminus παλλιγγενεσία fehlt (wie auch ἀναγεννάω) in LXX. Er begegnet im Neuen Testament nur an zwei Stellen: Mt 19,18 und Tit 3,5. Zur letzteren vgl. DEY, ΠΑΛΛΙΓΓΕΝΕΣΙΑ.

[423] Vgl. dazu insgesamt SÖDING, Wiedergeburt, bes. S.214ff., der dafür plädiert, daß der Evangelist das in der Umwelt bekannte religiöse Ursymbol Wiedergeburt aufgegriffen hat, in sein Schema eingefügt und dadurch verändert hat.

[424] BERGER / COLPE, Textbuch S.153 (Nr.260). Vgl. dazu auch BERGMEIER, Taufe S.67.

[425] Vgl. SCHNACKENBURG, Johannesevangelium 1 S.382; STIMPFLE, Blinde S.43f., Anm.152.

Nikodemus dieses Bild in so grober Weise mißverstanden hätte.[426] Nikodemus versteht sehr wohl, daß Jesus hier von einer durch Gott gewirkten Neugeburt gesprochen hat. Was Nikodemus nicht versteht, ist, wie dies aus menschlicher Sicht geschehen kann (3,5) und daß Jesus der alleinige Mittler in diesem Geschehen ist (3,13-15). Das Bild der Geburt bezogen auf eine Statusänderung hat immer etwas Absurdes an sich. Absurd deshalb, weil die Geburt am Anfang des Lebens steht, hier aber von Jesus auf einen Statuswechsel während des irdischen Lebens angewandt wird. Auf diese Absurdität bezieht sich Nikodemus und wählt die höchstmögliche Steigerung (das Beispiel eines γέρων).[427] Diese polemische Disputationstechnik gehört zur Ausstattungsregie des Lehrers Nikodemus.

Nikodemus' Polemik resultiert aus dem Unverständnis des Bekenntnisses: Weil er Jesu Heilsrelevanz nicht erkennt, kann Nikodemus hier gegen die Verwendung der Geburtsmetapher polemisieren. Er sieht in Jesus nur den irdischen διδάσκαλος und versucht mit ihm einen schriftgelehrten Lehrstreit um die Verwendung der Geburtsmetapher zu führen.

9.1.5 Geboren aus Wasser und Geist (3,5)

Jesus entgegnet der Provokation des Nikodemus ein erneutes ἀμὴν-ἀμὴν-Wort und wird deutlicher: Die Neugeburt geschieht aus Wasser und Geist und ermöglicht das Kommen in das Reich Gottes. Das Kommen (εἰσελθεῖν) in die βασιλεία τοῦ θεοῦ geht gedanklich über das Sehen (ἰδεῖν) von 3,3 hinaus.[428] Die nächsten Parallelen dazu sind die Worte über die Einlaßbedingungen in das Gottesreich der synoptischen Evangelien[429] (z.B. Mk 10,15; Mt 18,3[430]; Lk 9,62; Lk 18,17) sowie die negativ formulierten Aussagen des Paulus über das Erben des Reiches (1Kor 6,9f.; 15,50; Gal 5,21; vgl. auch Eph 5,5; Apk 21,7).

---

[426] Kritisch auch HOFIUS, Wiedergeburt S. 45f. Für ein Mißverständnis in diesem Sinne plädieren u.a. HAENCHEN, Johannesevangelium S.217; WIKENHAUSER, Johannes S.87.
[427] Vgl. BÜCHSEL, Johannes S.51f.
[428] Vgl. SCHNELLE, Antidoketische Christologie S.203; SCHNELLE, Geisttheologe S.26. Dieses Mittel der argumentativen Steigerung begegnet auch sonst im Johannesevangelium: Vgl. z.B. die Steigerung der Speise/Brot-Metapher in 6,27-58; ferner: 8,56.58; 16,16.19.
[429] Vgl. dazu HORN, Einlaßsprüche; SCHMELLER, Reich Gottes
[430] Eine Verarbeitung des in Mt 18,3 enthaltenen Jesus-Logions in 3,3.5 nehmen an: HOFIUS, Wiedergeburt S.42; JEREMIAS, Kindertaufe S.63ff.; JEREMIAS, Theologie S.153f.; SCHLÜTER, Selbstauslegung S.225; vorsichtiger: WILCKENS, Johannes S.65. Vgl. dazu kritisch HAMMES, Ruf ins Leben S.83, Anm.56.

9.1.5.1 Pneumatische Neugeburt und christliche Taufe

Jesus bleibt nicht in dem in 3,3 gewählten Bild der Geburt von oben. Er versucht nicht, den Einwand des Nikodemus zu entkräften, sondern setzt neu ein. Hier wird nicht die Qualität der Neugeburt verdeutlicht, sondern in Anspielung auf den Taufritus die Art und Weise vorgestellt, in der eine gottgewirkte Neugeburt zeichenhaft-sakramental vermittelt wird. Die Qualität der Neugeburt ist bereits durch das „von oben" in 3,3 hinreichend geklärt. Hier geht es um die Dimension der Vermittlung. Und weil es um die Dimension der Vermittlung geht, wird hier auf die Taufe angespielt[431]- im Unterschied zu 3,3, wo es um die göttliche Qualität der Neugeburt ging.

Daß hier auf die christliche Taufe angespielt wird, darauf weist die Kombination der Worte Wasser[432] und Geist (...ὕδατος καὶ πνεύματος). Diese Kombination begegnet schon in 1,33 - verbunden mit dem Stichwort Taufe (...ὁ πέμψας με βαπτίζειν ἐν ὕδατι ἐκεῖνός μοι εἶπεν· ἐφ' ὃν ἂν ἴδῃς τὸ πνεῦμα καταβαῖνον καὶ μένον ἐπ' αὐτόν, οὗτός ἐστιν ὁ βαπτίζων ἐν πνεύματι ἁγίῳ). Dort wie hier ist der Geist das entscheidende Element.[433] Das Wasser tritt demgegenüber zurück.[434] Es geht um eine pneumatische Neugeburt, die zeichenhaft-sakramental in der Taufe dargestellt wird. Diese pneumatische Neugeburt ist die entscheidende Einlaßbedingung für die βασιλεία τοῦ θεοῦ.[435]

---

[431] Vgl. dazu in diesem Sinne G. BARTH, Taufe S.70; BECKER, Johannes 1 S.163f.; BLANK, Johannes 1a S.231ff.; DE BOER, Jesus S.97f.; BROWN, John I S.141ff.; GNILKA, Johannesevangelium S.27; HARTMAN, Taufe S.144f.; KLOS, Sakramente S.69-74; SCHNACKENBURG, Johannesevangelium 1 S.383f.; SCHNELLE, Antidoketische Christologie S.203ff.; WILCKENS, Johannes S.66f. Nach BERGMEIER, Taufe S.60-63 liegt hier ein Stück Tauftradition vor, das sich ebenfalls in 1Kor 6,9-11 findet.. Gegen einen Bezug auf die Wassertaufe plädiert ODEBERG, Fourth Gospel S.48ff.63. Ebenfalls gegen die Wassertaufe und für die Deutung des Wassers als Furchtwasser sprechen sich aus: FOWLER, Water S.159; PAMMENT, John 3:5 S.190; SPRIGGS, Meaning S.150 und WITHERINGTON, Waters of Birth S.160.

[432] ὕδατος καὶ wird als sekundäre Einfügung betrachtet von BULTMANN, Johannes S.98, Anm.2 (Kirchliche Redaktion); RICHTER, Tauftext S.335, Anm.39; LANGBRANDTNER, Weltferner Gott S.20f. im Anschluß an WENDT, Johannesevangelium S.112 und WELLHAUSEN, Evangelium Johannis S.17f.; zur Kritik vgl. BERGMEIER, Taufe S.59-68; BLANK, Johannes 1a S.232; SCHNELLE, Antidoketische Christologie S.203f.; SÖDING, Wiedergeburt S.210; WILCKENS, Johannes S.66f..

[433] Zur Verbindung von Taufe und Geist vgl. 1Kor 6,11; 10,1ff.; 12,13; 2Kor 1,21f.; Gal 5,24f.; Röm 5,5; Act 1,5; 2,38; 8,17; 11,16; 19,1-6.

[434] Vgl. HOFIUS, Wiedergeburt S.50: „Sollte in V.5b an die Taufe gedacht sein, so wird man πνεῦμα auf die Wirkursache und ὕδωρ auf die Instrumentalursache der Neugeburt zu beziehen haben."

[435] Taufe und Reich Gottes begegnen auch in PHerm IX 16,2 und Justin, Apol 61.

9.1.5.2 Pneumatische Neugeburt und eschatologische Neuschöpfung

Sachlich analog sind Vorstellungen von einer eschatologischen Neuschöpfung.[436]

Vgl. z.B. Ez 36f.; Jes 35,3-10; 40,1-10; 65,17-25; 66,22 [→ 2Petr 3,13; Apk 21,1]; Ez 11,19; Jub 1,16; 1,23f. (s.u.); 4,26f.; 5,12; PsSal 18,6; ÄthHen 10,16; 92,3ff.; 4Esr 7,75; SyrBar 32,6; 44,12; 57,2; ApkMos 13; ApkAbr 17,14; TestLev 18,11; TestJud 24,3; LibAnt 32,17; 16,3; JosAs 8,9; 15,2-6; 16,16; Sib III 273f.573ff.; 1QH V,12; 1QH XIX, 9-14; 1QS IV,25; 4Q212 IV,22ff.; 4Q402 Frg. 4,11; 4Q521; 11Q19 XXIX, 9f.

Im folgenden werden die Texte kurz vorgestellt, in denen die für das Johannesevangelium wichtigen Elemente vorkommen: Neuschöpfung (als Analogie zu Neugeburt), Kindschaft und Geist.

9.1.5.2.1 Neuschöpfung, Kindschaft und Geist im Jubiläenbuch (Jub 1,22-25)

In Jub 1,22-25 begegnet die Verbindung Neuschöpfung, Geist und Kindschaft. Hier liegt wohl der Ursprung der für das gesamte Neue Testament so wichtigen „Verknüpfung von Gottessohnschaft und Geist".[437]

Jub 1,22-25

„22 Und es sagte der Herr zu Mose: »Ich kenne ihren Widerspruch und ihre Gedanken und ihren harten Nacken. Und sie werden nicht hören, bis wenn sie erkennen ihre Sünde und die Sünden ihrer Väter. 23 Und nach diesem werden sie umkehren zu mir in aller Rechtschaffenheit und mit ganzem Herzen und mit ganzer Seele. Und ich werde beschneiden die Vorhaut ihres Herzens und die Vorhaut des Herzens ihres Samens. Und ich werde ihnen schaffen einen heiligen Geist. Und ich werde sie rein machen, damit sie sich nicht von mir wenden von diesem Tag an bis in Ewigkeit. 24 Und es werden anhängen ihre Seelen mir und allem meinem Gebot. Und sie werden [für sich] mein Gebot tun. Und ich werde ihnen Vater sein, und sie werden meine Kinder sein. 25 Und sie alle werden genannt werden Kinder des lebendigen Gottes. Und es werden sie kennen alle Engel und alle Geister. Und sie sollen sie kennen, daß sie

---

[436] Vgl. dazu SCHNACKENBURG, Johannesevangelium 1 S.383f. Ferner: PETZKE, κτίζω.; SCHWANTES, Schöpfung S.27f.. Zum zwischentestamentlichen Judentum vgl. MELL, Schöpfung S.69-112 (Qumran); S113-178 (Apokalyptik); S.205-252 (hellenistisches Judentum); SJÖBERG, Neuschöpfung; STUHLMACHER, Erwägungen S.10-13.
[437] BERGER, Theologiegeschichte S.28.

meine Kinder sind und ich ihr Vater in Rechtschaffenheit und Gerechtigkeit und daß ich sie liebe. (...)«"[438]

Die Vorstellung, daß Gott Vater aller Gläubigen ist, wird hier als Variation der alttestamentlichen Bundesformel entwickelt (2Sam 7,14; Hos 2,1 [Kinder statt Volk]).[439] Israel ist das Volk Jhwhs, der es aus der Hand der Ägypter befreit hat (1,21), aber jetzt ist es beherrscht durch den Geist Belchors (1,20). Das Ziel der eschatologischen Neuschöpfung ist die Ermöglichung des Gesetzesgehorsams Israels durch Abwenden vom Götzendienst (1,24; vgl. auch Ez 36,27; 37,24). Die Neuschöpfung bewirkt Reinheit (vgl. Ez 36,25; 37,23 [mit Bundesformel]) mit dem Ziel, daß sich die Kinder Gottes von nun an nie mehr von Gott abwenden können (1,23; vgl. Jer 3,19). Es besteht für die Neuerschaffenen eine eschatologische Gemeinschaft mit den Engeln (1,25; vgl. in Qumran: CD XV,17;1Q 28a II, 8f.).[440]

9.1.5.2.2 Neuschöpfung, Kindschaft und Geist in Joseph und Aseneth
Eine besondere Verwandtschaft mit dem Johannesevangelium weisen die Neuerschaffungsaussagen in JosAs auf:
JosAs 8,9
„Herr, der Gott meines Vaters Israel, der Höchste, der Starke des Jakob, der (da) lebendigmachte die (Dinge) alle und rief von der Finsternis in das Licht und von dem Irrtum in die Wahrheit und von dem Tode in das Leben, du, Herr, segne diese Jungfrau, und wiedererneuere sie mit deinem Geiste, und wiederforme sie mit deiner Hand der verborgenen, und wiederlebendigmach sie (mit) deinem Leben, und sie esse Brot deines Lebens und trinke Kelch deines Segens, und zähle dazu sie deiner Nation, die du auserwähltest, bevor wurden die Dinge alle, und sie gehe hinein in deine Ruhe, die du bereitest deinen Auserwählten, und sie lebe in deinem ewigen Leben in die Ewigkeit-Zeit."[441]
JosAs 15,5
„Siehe doch, von dem (Tage) heute (an) wirst du wiedererneuert und wiedergeformt und wiederlebendiggemacht werden und wirst essen gesegnetes Brot (des) Lebens und trinken gesegneten Kelch (der) Unsterblichkeit und dich salben (mit) gesegneter Salbe (der) Unverweslichkeit."[442]

---

[438] Übersetzung nach BERGER, Buch der Jubiläen S.318.
[439] Dies geschieht hier erstmalig im nachalttestamentlichen Schrifttum. Vgl. VOGEL, Heil des Bundes S.176 u. Anm. 58.
[440] Vgl. dazu BERGER, Volksversammlung S.193-195.
[441] Übersetzung BURCHARD, Joseph und Aseneth S.650f.
[442] Übersetzung BURCHARD, Joseph und Aseneth S.675.

Die Konversion der ehemals heidnischen Aseneth zum Judentum wird hier als Neuerschaffung gedeutet. Die Erneuerung geschieht mit Gottes Geist als Instrument der Neuschöpfung (vgl. auch 19,11: Geistempfang durch den Kuß des Gottessohnes Joseph) und bewirkt ewiges Leben. Im Hintergrund steht die Vorstellung, daß außerhalb des Judentums als eschatologischer Heilsgemeinschaft nur der Tod herrscht und alles zum Verderben führt. Dies wird in JosAs 8,5 verdeutlicht an der Gegenüberstellung von jüdischer Gottesverehrung (Gott segnen, gesegnetes Brot, gesegneter Kelch, gesegnete Salbe) und heidnischem Götzendienst (Götzenbilder segnen, Brot der Erwürgung, Kelch des Hinterhalts, Salbe des Verderbens). Das Judentum definiert sich hier als eine bestimmte Art und Weise der Mahlgemeinschaft, in der man sich vom Heidentum darin unterscheidet, daß man bestimmte Benediktionen (als Ausdruck der einzig wahren Gottesverehrung) über dem Mahl ausruft.[443]

Es gibt auch eine Verbindung zur Kindschaft: Die sich erniedrigende und Gott um Vergebung für ihren Götzendienst bittende Aseneth vergleicht Gott mit einem liebenden Vater:

JosAs 12,8

„Wie nämlich ein unmündiges Kindchen, sich fürchtend, flieht zu seinem Vater, und der Vater, ausstreckend seine Hände, reißt es (weg) von der Erde und umarmt es an seiner Brust, und das Kindchen schlingt seine Hände um den Nacken seines Vaters und atmet auf von seiner Furcht und ruht aus an der Brust des Vaters, der Vater aber lächelt über die Bestürzung seiner Unmündigkeit, so auch du (selbst), Herr, strecke aus deine Hände auf mich wie ein kinderlieber Vater und reiß mich (weg) von der Erde."[444]

Aseneth befindet sich noch in einer Übergangsphase. Von ihrem todgeweihten, götzendienerischen Leben hat sie sich zwar schon abgewandt (durch die Zerstörung der Götzenbilder und durch ihre Selbsterniedrigung), die Initiation in das neue (ewige) Leben steht jedoch noch aus. Gott mit einem erbarmenden Vater zu vergleichen (vgl. Ps 103,13) entspricht ihrer Situation: Ihre Eltern haben sich von ihr abgewandt (JosAs 12,12), und sie bezeichnet sich als Waise (JosAs 12,13; 13,1). Es ist jedoch nicht von einer geistvermittelten Gotteskindschaft die Rede. Aseneth wird zur Tochter des Höchsten (JosAs 21,3) durch die Heirat mit dem erstgeborenen Gottessohn Joseph. Der Akzent liegt vielmehr auf der durch die Abkehr von den heidnischen Göttern verursachten sozia-

---

[443] Vgl. dazu BURCHARD, Importance S.117; KLINGHARDT, Gemeinschaftsmahl S.436; OBERMANN, Gottes Segen S.42.
[444] Übersetzung BURCHARD, Joseph und Aseneth S.665f.

len Entwurzelung und Aseneths geradezu waisenähnlichen Hinwendung zu Gott, der dementsprechend wie ein sich erbarmender Vater angesprochen wird. Gott als Vater ist jedoch mehr als nur ein Ersatz für das Verlorene. Entscheidend ist die unterschiedliche Qualität zwischen irdisch und göttlich: Das Erbe ihres irdischen Vaters ist vergänglich, das Erbe, das sie von Gott erhält, ist auf Ewigkeit angelegt (JosAs 12,15).

Gemeinsam mit dem Johannesevangelium ist der missionarische Charakter des Buches.[445] Der Mensch ist auf die schöpferische Erhaltung durch Gott angewiesen.[446] Gott wird hier im Wesentlichen als Schöpfer verstanden, den man als solchen anerkennen muß, um diese Erhaltung zu erlangen (vgl. Joh 1). Dies ist nur im Rahmen des Judentums möglich. Der Prozeß der Bekehrung der Aseneth verdeutlicht die prinzipielle Möglichkeit, daß auch Heiden in dieses heilbringende, auf ewiges Leben angelegte Gottesverhältnis gelangen können. Diese Bekehrung wird als Neuschöpfung aufgefaßt, weil es eben um das Anerkennen der lebenermöglichenden Kraft des Schöpfergottes geht. Daher ist es nötig, neu erschaffen zu werden, um von dem verderblich-tödlichen Charakter der heidnischen Seinsweise befreit zu werden.

Vergleichbar sind hier die zugrundeliegenden Voraussetzungen: Auch im Johannesevangelium wird zwischen zwei Seinsweisen (bzw. Seinsbereichen, wenn man der räumlichen Metaphorik folgt) unterschieden (vgl. 3,6f., s.u.). Gott wird auch im Johannesprolog wesentlich als Schöpfer und Garant des Lebens verstanden. Daher wird der, der an Gottes allesverursachender Lebenskraft anteilhat, der Logos, in die Welt gesandt, um das Eigentumsrecht des Schöpfers und seines Schöpfungsmittlers zu vertreten. Das Ziel in JosAs und im Johannesevangelium ist ewiges Leben für die, die das Recht des Schöpfers auf Verehrung bzw. die Legitimität seines Mittlers anerkennen.

9.1.5.2.3 Neuschöpfung, Kindschaft und Geist bei Paulus
Diese Vorstellungen von einer eschatologischen Neuschöpfung werden im Neuen Testament nur von Paulus und in den nachpaulinischen Schriften (Eph, Kol) auf den Existenzwechsel der Christen - im Sinne

---

[445] Vgl. BURCHARD, Joseph und Aseneth S.600f.615f. Das heißt jedoch nicht, daß man JosAs als Missionsschrift bezeichnen kann (So SÄNGER, Antikes Judentum und die Mysterien S.209-215). BURCHARD, Joseph und Aseneth S.615f., betont zu Recht, daß JosAs einen Insiderstandpunkt voraussetzt. Es fordert nicht zum Übertritt auf, bietet aber eine ätiologische Begründung für die Möglichkeit des Übertritts.
[446] Vgl. BURCHARD, Joseph und Aseneth S.601-603.

einer individuellen Neuerschaffung - angewandt.[447] Bei Paulus ist explizit nur in 2Kor 5,17[448] und Gal 6,15 vom Christen als neuem Geschöpf die Rede - doch gehören auch die Ausführungen in Röm 7 und 1Kor 15 (Adam-Christus-Typologie) zu diesem Vorstellungskreis.[449] In 2Kor 4,6 bezeichnet Paulus seine eigene Bekehrung als Schöpfungswerk Gottes.[450] Eine besondere Verwandtschaft zur Neugeburt im Johannesevangelium besteht darin, daß auch bei Paulus die Kindschaft durch den Geist vermittelt wird (vgl. Röm 8,14[υἱοὶ θεοῦ].16[τέκνα θεοῦ] mit dem Zusammenhang von Geburt und Geist in 3,5).

9.1.5.2.4 Auswertung für Joh 3

Analog zur pneumatischen Neugeburt sind in der Tradition die folgenden Aspekte:

(1) Es geht bei der Neuschöpfung wie bei dem Bild der Geburt um die Schaffung/um den Neuanfang von Leben (ewiges Leben, vgl. JosAs 8,9; 12,16; 15,5).

(2) Neuschöpfung ist notwendig zum Eintritt in eine eschatologische Heilsgemeinschaft (vgl. z.B. 1QH XI, 21; Jub 1,23; JosAs 8,9; 15,5; 16,16 mit Joh 3,3.5).

(3) Das Erneuertwerden als Initiation wird durch den Geist vermittelt (in Qumran im Sinne von Reinigung: 1QH XI,21; XIX,10-12; vgl. auch Ez 36,25-27; bei Paulus als Geistempfang: Gal 4,6; 1Kor 12,13; Röm 8,9f.; vgl. auch JosAs 8,9).

(4) Der Neuerschaffene befindet sich noch in der Welt hat aber jetzt schon Anteil am Heil (Geist als Anteil bei Paulus: 2Kor 1,22; 5,5; Röm 8,23).

Im Unterschied zu Paulus und einem Großteil der zwischentestamentlichen Texte geht es in Joh 3 nicht um Reinigung (Qumran), Sündenvergebung oder Ermöglichung eines sündenfreien Lebens (so in 1Joh und in der pneumatologisch begründeten paulinischen Ethik [„Früchte des Geistes]). Auch spielt hier (wie auch in JosAs) das Gesetz keine Rolle.[451]

---

[447] Zur Anwendung der Vorstellung der Neuschöpfung bei Paulus vgl. BERGER, Theologiegeschichte S.510-516; HAHN, Neuschöpfung; KERTELGE, Neue Schöpfung; KLAIBER, Rechtfertigung S.96-99; MELL, Schöpfung S.259-388; SCHWANTES, Schöpfung.
[448] Zur Vergleichbarkeit johanneischer und paulinischer Vorstellungen in diesem vgl. auch HENGEL, Reich Christi S.178.
[449] Vgl. BERGER, Theologiegeschichte S.510.
[450] Vgl. WOLFF, 2. Korinther S.87.
[451] Zum Zusammenhang von Neuschöpfung und Gesetz bei Paulus vgl. BERGER, Theologiegeschichte S.514.517.

Fazit: Der Evangelist greift hier zurück auf vorgegebene Traditionen von eschatologischer Neuschöpfung, Gotteskindschaft verbunden mit dem Geist und Neugeburt als geistliches Geschehen (Philo [s.o.]), die jedoch nicht mit dem Phänomen Taufe verbunden waren. Neu ist hier in Joh 3, daß der Evangelist (wie auch in Tit 3,5) die christliche Wassertaufe als pneumatische Neugeburt interpretiert.[452] Nach dem Bekenntnis des Täufers in 1,33 ist das Taufen mit dem Heiligen Geist Attribut des Sohnes Gottes. Dadurch wird die Wassertaufe des Täufers überboten. Die von Gott gewirkte Neugeburt (3,3) wird hier als pneumatische Geburt gedeutet. Der Geist ist also das vermittelnde Element. Neugeburt geschieht durch Geistempfang. Und dieser Geistempfang - als Vermittlung zwischen irdischer Welt und göttlicher Sphäre - ist irdisch gebunden an den Taufritus (Wasser). Taufe ist notwendig zur Erlangung des Heils, weil nur durch sie als pneumatische Neugeburt der einst irdisch-vergängliche Mensch in die pneumatisch-göttliche Heilssphäre gelangen kann.[453]

9.1.6 Die irdische Unvermittelbarkeit von σάρξ und πνεῦμα (3,6f.)

Die Intention von 3,6 läßt sich von 3,7 her erklären: Jetzt geht Jesus auf die Provokation des Nikodemus von 3,4 ein. Der Grund, weshalb er in 3,3 von einer Geburt von oben als Bild für die Statusänderung gesprochen hat, liegt darin, daß der irdisch-vergängliche Seinsbereich (σάρξ) und der pneumatisch-göttliche Seinsbereich (πνεῦμα) im irdischen Sinne unvermittelbar sind (3,6).[454] Darin liegt die Pointe des Bildes der Neugeburt: Die Herkunft muß verändert werden, denn an der Herkunft entscheidet sich das zu erreichende Ziel (8,23.44.47; 15,19; 17,14.16).[455] Seine Herkunft kann man nach irdischen Maßstäben nicht mehr ändern.[456] Daher muß von Gott (dem Schöpfer und Herrn über das Leben) aus eine neue Herkunft geschaffen werden.[457] Hiermit zeigt Jesus, daß es

---

[452] Vgl. BERGER, Theologiegeschichte S.131f.
[453] Vgl. HOFIUS, Wiedergeburt S.50.
[454] Vgl. BULTMANN, Johannes S.100; HOFIUS, Wiedergeburt S.50f.; MERKLEIN, Gott und Welt S.292; SCHNACKENBURG, Johannesevangelium 1 S.385. Der Dualismus von zwei Seinsweisen liegt auch der Anthropologie von JosAs zugrunde. Vgl. dazu BURCHARD, Joseph und Aseneth S.603.
[455] Vgl. dazu BECKER, Johannes 1 S.164f.; BULTMANN, Johannes S.94; FRICKENSCHMIDT, Evangelium als Biographie S.417-435; HOFIUS, Wiedergeburt S.51.
[456] Vgl. BULTMANN, Johannes S.94; MERKLEIN, Gott und Welt S.290.
[457] Vgl. BECKER, Johannes 1 S.164f.: „Weil Jesu Herkunft vom himmlischen Vater (...) und seine Rückkehr zu diesem (...) zusammen (...) für den Menschen die Ermöglichung bilden, am ewigen Leben Anteil zu gewinnen (...), darum ist, dem Woher Jesu analog, sein Heilsstand beschreibbar als Gabe eines neuen Ursprungs von oben und als Partizipation an dem Wohin, das Jesus eigen ist."

- bezogen auf den zu beschreibenden Gegenstand (durch Gott gewirkte neue Existenz) - adäquat war, das scheinbar absurde Bild der Geburt zu verwenden.

Der Gegensatz von σάρξ und πνεῦμα wird im Johannesevangelium anders ver-standen als bei Paulus. Im Unterschied zu Paulus geht es hier nicht um den Hang der σάρξ zum Sündigen (vgl. Röm 7,5.18.25; 8,3)[458], sondern allein um den Aspekt des Leiblich-Vergänglichen im Gegensatz zum Pneumatisch-Ewigen (vergleichbar mit dem vorpaulinischen Abschnitt Röm 1,3f.).[459]

9.1.7 Exkurs: Die Entsprechung von Herkunft und Ziel als Grundmuster der johanneischen Christologie und Soteriologie

Die irdische Unvermittelbarkeit beider Bereiche wird noch an anderen Stellen des Evangeliums betont:

1,13: Blut, Fleisch ↔ von Gott
3,6: Fleisch ↔ Geist
3,12: irdisch ↔ himmlisch
6,32.48: Manna ↔ Brot vom Himmel
6,63: Fleisch ↔ Geist
8,23: von unten ↔ von oben
von dieser Welt ↔ nicht von dieser Welt
12,25: Leben in dieser Welt ↔ ewiges Leben
15,19; 17,14: von dieser Welt ↔ nicht von dieser Welt

9.1.7.1 Die Herkunft Jesu

Die Aufgabe des von Gott Gesandten besteht eben darin, diese Unvermittelbarkeit durch seine Person aufzuheben und den Glaubenden einen Zugang zur göttlichen Sphäre zu ermöglichen. Und dies geschieht durch den Empfang des Geistes (3,3.5; 6,63; 16,7).[460]

Damit Vermittlung durch die Person Jesu überhaupt möglich ist, bedarf es zweier entscheidender Grundvoraussetzungen:

---

[458] Vgl. BERGER, Theologiegeschichte S.510f.; BRANDENBURGER, Fleisch und Geist; BRANICK, Sinful Flesh; STRECKER, Theologie S.139-142; WILCKENS, Römer 2 S.124-128.
[459] Vgl. dazu BARRETT, Johannes S.231; BERGER, Theologiegeschichte S.510f.; SCHNACKENBURG, Johannesevangelium 1 S.385; STRECKER, Theologie S.132; WILCKENS, Johannes S.68. Zu Röm 1,3f. vgl. SCHWEIZER, Erniedrigung und Erhöhung S.91f.
[460] Vgl. IBUKI, Wahrheit S.297-301; THEOBALD, Fleischwerdung des Logos S.383.

1. Jesus muß seiner Herkunft nach aus dem pneumatisch-himmlischen Bereich stammen (1,1-3.14).
2. Er muß nach seiner Fleischwerdung (1,14) wieder dorthin zurückgekehrt sein.

Dies sind die beiden strittigen Hauptfragen, die das Johannesevangelium gegenüber den Einwänden der jüdischen Synagoge beantworten will. Es geht um die einzigartige Legitimität Jesu als von Gott Beauftragter und um die Sinnhaftigkeit seines Todes als Voraussetzung für das Heil der an ihn Glaubenden.

zu 1.) Die erste Grundvoraussetzung wird schon im Prolog behandelt: Dort begegnet die sprachliche Unterscheidung zwischen dem, was vor der Schöpfung war (ἦν) und was durch die Schöpfung geworden ist (ἐγένετο).[461] Diese sprachliche Unterscheidung zieht sich durch den ganzen Prolog. Sie macht die Einheit von Gott und Jesus deutlich, die sich hier in der Schöpfungsmittlerschaft des Wortes äußert.[462] Diese Unterscheidung bietet eine themenübergreifende Gliederung. Sie bildet gewissermaßen die Basisopposition, die Grundunterscheidung zwischen θεός (zu Gott gehörig)[463] und κόσμος (Welt), zwischen Schöpfungsmittlerschaft und Teil der Schöpfung.

---

[461] Vgl. dazu auch IgnEph 7,2: „„... aus Fleisch zugleich und aus Geist, gezeugt und ungezeugt, im Fleische erschienener Gott.

[462] Vgl. dazu BERGER, Hoheitstitel S.411ff.; FRICKENSCHMIDT, Evangelium als Biographie S.417f.; HURTADO, One God, One Lord S.93-128; STRECKER, Theologie S.500f.; TOBIN, Prologue S.257ff., mit Verweis auf Philo (Gebrauch von διά im Unterschied zu den Parallelen in Weisheitstexten) und weiteren Texten die nach Alexandria weisen; dazu auch BERGER, Johannes S.56; BERGER / COLPE, Textbuch S.147; COLPE, Logoslehre; ZELLER, Charis S.44.

[463] θεός begegnet hier (1c) ohne den sonst üblichen Artikel (ὁ θεός) - was nach THEOBALD, Im Anfang war das Wort S.44, gegen die Identität von Wort und Gott spricht - und hat daher wohl prädikative Bedeutung. Das Wort ist auf Gott bezogen, gehört zur göttlichen Sphäre, ist aber Gott untergeordnet. Vgl. dazu BECKER, Johannes 1 S.65; H.D. BETZ, θεός Sp.350; MASTIN, Neglected Feature; MATSUNAGA, CHRISTOLOGY; NEYREY, My Lord; REIM, Jesus as God; SCHNACKENBURG, Johannesevangelium 1 S.211; SUNDBERG, Isos-To-Theo Christology (zu Joh 5,17-30); THEOBALD, Fleischwerdung des Logos S.302; THEOBALD, Gott S.44f. und zur Verwendung von θεός auf Jesus insgesamt BOOBYER, Jesus as „Theos"; CULLMANN, Christologie S.314-323; HARRIS, Jesus as God; HARVEY, Jesus S.157.176ff.;. Zum alttestamentlichen Hintergrund vgl. NEYREY, You are Gods; REIM, Jesus as God. BECKER, Johannes 1 S. 65 übersetzt θεός mit „ein Gott", im Unterschied zu „dem Gott". Dies drücke die Unterordnung des Logos unter Gott aus (S.72). Was das Ergebnis angeht, ist BECKER hier zuzustimmen, jedoch ist die Übersetzung irreführend, da im Deutschen Gott nicht determiniert wird. Eine umschreibende Übersetzung ist hier m.E. angebrachter. Vgl. ferner SCHNELLE, Antidoketische Christologie S.234: „Weder ist der

ἦν	ἐγένετο
Wort	alles
θεός	Johannes
Leben	Welt
Licht	Fleisch
	Gnade und Wahrheit

Hierbei ist nun weniger entscheidend, was auf die Seite der Schöpfung gehört, denn das ist den Lesern sicherlich bewußt gewesen. Interessant ist, was vom Evangelisten auf die Seite Gottes gezogen wird und sich damit der Diskussion entzieht. Der entscheidende Punkt ist: Jesus gehört zu Gott (1,1f.)! Er hat Anteil an dessen lebenschaffender Wirksamkeit und ist nicht Glied einer irdischen Genealogie, sondern seiner Herkunft nach Teil der allen menschlichen Lebens vorausgehenden und zugrundeliegenden Lebenskraft Gottes (vgl. auch 5,24-27).[464] Von Jesus wird (trotz 1,18) keine Geburt berichtet - im Gegensatz zu denen, die an ihn glauben. Die Fleischwerdung wird nicht als Geburtsvorgang bezeichnet.[465] Deshalb kann Jesus überhaupt ewiges Leben vermitteln: Er gehört selbst zur Grundvoraussetzung allen Lebens. Jesus ist mehr als alle bisherigen Offenbarungsmittler - er ist Lebensmittler. Er ist nicht einfach nur Gesandter Gottes - das war der Täufer auch (1,6.33). Über die Legitimität von beauftragten Mittlergestalten läßt sich streiten. Über die Legitimität Jesu läßt sich nicht streiten, denn er ist das fleischgewordene Wort Gottes.

In den großen Jesusreden im Corpus des Evangeliums wird die Herkunft Jesu von Gott programmatisch thematisiert (z.B. 3,13ff; 5,17f.19-

---

Logos Gott, noch gibt es neben dem höchsten Gott einen zweiten Gott, sondern der Logos ist vom Wesen Gottes." Übernommen von THEOBALD, Im Anfang war das Wort S.42f. SCHNELLE verweist auf Philo, De somn I 229f., der den unterschiedlichen Gebrauch von θεός und ὁ θεός deutlich macht. Zur Vorsicht bei der Heranziehung dieser Philo-Stelle mahnt THEOBALD, Im Anfang war das Wort S.43, Anm.29, mit Verweis auf SCHNACKENBURG, Johannesevangelium 1 S.211f. ; dazu auch THEOBALD, Gott S.45f., Anm. 21. Ditheismus wittern hier (in 1,1) CONZELMANN, Theologie S.366; VON DER OSTEN-SACKEN, Theologie S.182f.

[464] Vgl. FRICKENSCHMIDT, Evangelium als Biographie S.418: „Das heißt dann aber: statt mit seinem Leben in einer Kette von Vorfahren zu stehen, von denen er Lebenskontexte und Werte übernimmt, vermittelt der Logos seinerseits Leben, ist er seinerseits wahrer Wert, wahres Licht für jeden in die Welt kommenden Menschen. Der Logos repräsentiert also selbst - zusammen mit Gott - den wirklich grundlegenden Kontext, die 'Herkunft', die allem menschlichen Leben zugrundeliegt und die Menschen zu erleuchteten Wesen macht (V.3-5 u.9). Die Menschen dagegen haben nur mittelbar (kraft Erleuchtung durch den Logos) Anteil an der Lebenskraft Gottes."

[465] Vgl. dazu BULTMANN, Johannes S.40, Anm.2. Zur - unjohanneischen - Identifizierung von Inkarnation und Geburt Jesu in der altkirchlichen Christologie vgl. PANNENBERG, Systematische Theologie 2 S.336-344.

47; 6,22-59.62; 7,14-24; 8,12-59; 10,14f.; 10,22-39; 12,28-36.44-50) und in immer neuen Anläufen in Auseinandersetzung mit den jüdischen Gegnern zur Sprache gebracht (so v.a. in 8,12-20.21-29.30-47.48-59; 12,28-36). Dabei wird vom Evangelisten die irdische Herkunft Jesu aus Nazareth in Galiläa (7,52: Kein Prophet kommt aus Galiläa; vgl. auch 7,41) sowie die Elternschaft von Maria und Josef weder verschwiegen noch bestritten.[466]

Unklar ist, was in 4,43ff. mit Jesu πατρίς (Heimat, nicht Vaterstadt wie bei den Synoptikern[467]) gemeint ist.[468] Nach dem einhelligen Zeugnis des Johannesevangelium ist Jesu Heimat Galiläa und seine Heimatstadt Nazareth (vgl. 1,45f.; 6,42; 7,41.52; 18,5.7; 19,19). Hier jedoch heißt es, Jesus hatte nämlich (γαρ) bestätigt, daß der Prophet in seiner Heimat nichts gelte (4,44), in Galiläa habe man ihn jedoch aufgenommen wegen der Taten in Jerusalem (4,45; Rückverweis auf 2,23ff.). Bezieht man nun πατρίς auf Galiläa, ergibt 4,45 keinen Sinn, da dort das Gegenteilige berichtet wird. Auch fehlt ein Bericht darüber, was Jesus in 4,44 bestätigt haben soll, daß nämlich der Prophet in seiner Heimat nichts gilt.[469] Wäre es also möglich, daß der Evangelist - wie MEEKS und DODD annehmen - Judäa bzw. Jerusalem für Jesu πατρίς hält?[470] Dies scheitert jedoch am Textbefund. Es begegnet nirgendwo die Vorstellung, daß Jesu Heimat Judäa sei - womöglich als wahre Heimat des Messias im Gegensatz zu seiner irdischen Heimat Galiläa. Zwar ist Jerusalem der Ort, an dem Jesus die meiste Feindseligkeit entgegengebracht wird, andererseits ist aber Galiläa auch nicht die Gegend, in der Jesus uneingeschränkt Aufnahme gefunden hat (vgl. 6,22-59). Die wahre Heimat Jesu ist vielmehr die himmlische Sphäre (1,1; 3,13.31; 6,41.62; 8,23.42; 13,3), was die ungläubigen Juden nicht erkennen, die johanneische Gemeinde aber durch die Belehrung Jesu und den Glauben an ihn erkannt hat (16,30; 17,25). Die strittige Herkunftsfrage wird auf den Punkt gebracht in 6,41f.:

„41 Die Juden murrten über ihn, weil er sagte: Ich bin das Brot, das vom Himmel gekommen ist, 42 und sprachen: Ist dieser nicht Jesus, der Sohn

---

[466] Vgl. dazu BERGER, Theologiegeschichte S.717, der das Nebeneinander von irdischer und himmlischer Wirklichkeit mit der Kategorie „Überstieg" erklärt. Vgl. auch BERGER, Johannes S.73; BULL, Gemeinde S.112f..

[467] Vgl. BAUER, Johannesevangelium S.73; SCHNACKENBURG, Johannesevangelium 1 S.494

[468] Vgl. dazu PRYOR, Patris.

[469] Aus diesen Gründen hält BECKER, Johannes 1 S.185, 4,44 für eine Randnotiz, „die ein Leser aus der joh Gemeinde frühzeitig an den Textrand schrieb, und die bei der Vervielfältigung des Joh dann in den Text eingebaut wurde." Wodurch aber soll diese Randnotiz motiviert gewesen sein?

[470] So MEEKS, Galilee S.164, im Anschluß an DODD, Interpretation S.352.

Josefs, von dem wir Vater und Mutter kennen? Wie kann er sagen: Ich bin vom Himmel herabgestiegen?"

Das Wissen um Jesu irdische Herkunft ist ein Argument der Gegner, da es ein Merkmal des Messias ist, daß man nicht weiß, woher er kommt (7,26ff.). Jesus beantwortet diesen Einwand damit, daß es nicht auf seine irdische Herkunft ankomme, sondern darauf, Gott als den Auftraggeber zu kennen, als den, der ihn gesandt hat (7,28; vgl. auch 8,55f.; 10,14). Und seine himmlische Herkunft zeigt sich darin, daß er Gott kennt (7,29; 6,46). Der Gegensatz von offensichtlich irdischer Herkunft und pneumatisch-himm-lischer Herkunft wird als Wortgefecht ausgetragen in dem Streit um die wahre Kindschaft in Joh 8. Das entscheidende Kriterium für wahre Kindschaft ist, daß man die Taten dessen tut, dessen Nachkomme man ist (8,39): Die Juden wollen Jesus töten (8,40), und deshalb haben sie den Teufel zum Vater (8,44).[471]

Ebenso wie die Herkunft Jesu aus Nazareth ist in 12,34 auch der Tod Jesu ein Argument der Gegner.[472] Nach dem Gesetz hätte der Messias (χριστός) ewig bleiben sollen. Dabei wurde vielleicht an Dan 7,14 (Menschensohn) gedacht oder an Ez 37,25, Ps 89,37, PsSal 17,4 (davidischer Messias).[473] Jesus aber spricht hier über die Art und die Wirkung seines Todes (12,32f.). Der Evangelist läßt dieses gegnerische Argument an dieser Stelle unbeantwortet.

zu 2.) Der Zugang in die Sphäre des Heils wird ermöglicht durch die Gabe des Geistes. Der Geist kann aber erst nach der Wiedererlangung der δόξα Jesu verliehen werden (7,39). Jesu Tod und die anschließende Verherrlichung/Erhöhung sind die entscheidende Grundvoraussetzung für den Geistempfang. Daher ist den hier aufgeführten Vermittlungsaussagen meist eine Deutung des Todes Jesu sachlich vorgeschaltet:

3,14: Erst durch den Tod Jesu als heilsermöglichende Erhöhung des Menschensohnes kann der daran Glaubende das ewige Leben (via pneumatische Neugeburt 3,5) erlangen.

6,63: Jesu Worte (über das vom Himmel herabgestiegene Brot des Lebens und Fleisch und Blut des Menschensohnes) sind Geist und Leben angesichts der Erhöhung des Menschensohnes (6,62; vgl. 3,14).

7,39: Der Geist wird allen Glaubenden gegeben, nachdem Jesus verherrlicht ist.

---

[471] Vgl. dazu REIM, Gotteskinder / Teufelskinder S.623.
[472] Vgl. dazu BULL, Gemeinde S.113.
[473] Vgl. BULL, Gemeinde S.113, Anm. 15; L. SCHENKE, Johannes S.244.

12,32: Nach seiner Erhöhung wird Jesus (als Menschensohn) alle zu sich ziehen.

16,7: Nach seinem Weggang sendet Jesus den Parakleten.

Der Tod Jesu ist gut für die Glaubenden (vgl. 14.2f.: himmlische Wohnungen) [474], weil sie nur dadurch in den Genuß des Geistes kommen (16,7), der (als Heilsmittel) eine pneumatische Neugeburt bewirkt.

9.1.7.2 Die neue Herkunft der Geistgeborenen

Für den Evangelisten ist Jesus der Prototyp des Geistgeborenen. Vergleichbar ist hier die Vorstellung von Aseneth als Prototyp der Proselyten (vgl. 16,16). Wie bei Aseneth geht es um die Herstellung eines vermittelnden Kontaktes mit der Sphäre des Heils. Der signifikante Unterschied besteht jedoch darin, daß der johanneische Christus nicht pneumatisch neugeboren/neuerschaffen werden muß, da er seiner wahren Herkunft nach schon aus dem pneumatisch-himmli-schen Bereich stammt. Allerdings hat er in seiner Rückkehr zum Vater eine prototypische Funktion für die Glaubenden, da er ihnen den Weg bereitet:

13,36: Petrus wird Jesus erst später folgen.

14,2-4: Jesus bereitet den Jüngern einen Platz im Hause des Vaters.

17,20-26: Jesus bittet Gott darum, daß alle, die er ihm gegeben hat, bei ihm sind (17,24).

Jesus ist also Prototyp bezogen auf die himmlische Existenz, aber er ist viel mehr als das: Er ist der alleinige Vermittler.

In den Abschiedsreden spielt die Frage nach der Herkunft Jesu eine entscheidende Rolle für den Heilsstatus der Jünger. Weil sie an Jesu Herkunft von Gott glauben, empfangen sie den Geist und sind nicht mehr von der Welt, wie auch Jesus nicht von der Welt ist (15,19; 17,14.16).

Nach 15,18-27 haßt die Welt die Jünger, weil sie schon zuvor Jesus gehaßt hat.[475] In diesem Textstück begegnen nun einige aus dem Prolog bekannte Stichwörter bzw. Themen (z.B. Eigentum, Nicht-von-der-Welt-Stammen, von der Welt nicht geliebt, von Anfang an bei ihm), werden aber nicht auf Jesus, sondern auf die Jünger bezogen. Der Haß der Welt, die Verfolgung und Bedrängnis sind dadurch bedingt, daß die

---

[474] Zum Nutzen des Weggangs Jesu für die Gemeinde vgl. auch BERGER / COLPE, Textbuch S.179; HAMMES, Ruf ins Leben S.57ff.; SCHNACKENBURG, Johannesevangelium 3 S.67-69; STIMPFLE, Blinde S.159-172; WILCKENS, Johannes S.222.

[475] Vgl. dazu HENGEL, Johanneische Frage S.297; WENGST, Bedrängte Gemeinde S.198.

Jünger wie Jesus - aber nur durch Jesus als alleinigem Zugang - auf der Seite Gottes stehen, die Welt aber Gott und seine Repräsentanten nicht annimmt, bzw. liebt.

Joh 1	Joh 15
ἐν ἀρχῇ πρὸς τὸν θεόν (2)	ἀπ'ἀρχῆς μετ'ἐμοῦ (27)
Logos gehört nicht zur Welt (1-3.10)	Jünger stammen nicht von der Welt (19)
Welt als Eigentum des Logos → keine Aufnahme, kein Erkennen (11)	Jünger sind nicht Eigentum der Welt, weil von Jesus erwählt (sonst würde die Welt sie lieben) → Haß der Welt (19)

Jesus und die Jünger werden aus dem gleichen Grunde von der Welt abgelehnt, nämlich weil sie auf die Seite Gottes gehören und nicht zur Welt.[476] Zwischen den Jüngern und Jesus wiederholt sich in angemessener Abstufung das Verhältnis von Gott und Jesus. Die vorausgesagte Analogie im Verhältnis zur Welt ist Ausdruck ihrer neuen Herkunft. Die durch den Geistempfang bewirkte Veränderung der Herkunft äußert sich für die Jünger aber nicht nur nach außen hin (in ihrer Beziehung zur Welt), sondern v.a. in der Form (Lebensform) ihrer Nachfolgegemeinschaft mit Jesus.[477] Lebten sie zuvor in der irdischen Nachfolgegemeinschaft als Schüler des irdischen Jesus, verlieren sie jetzt diese Gemeinschaftsform wegen des Fortgangs Jesu. Als Ersatz dafür sendet Jesus nach seinem Fortgang den Geist, der entsprechend der neuen Herkunft eine neue Gemeinschaftsform konstituiert: die Immanenz.[478] Der Geist, der zuvor allein an die Person Jesu gebunden war (vgl. 1,29-34) und die Verbindung Jesu mit Gott offenbarte, wird jetzt von der Person Jesu entbunden und auf die Jünger übertragen. Die Existenzform Immanenz, die bisher allein der Gemeinschaft von Gott und Jesus zukam - wie auch die Vaterschaft Gottes (vgl. 20,17) - , wird jetzt auf den Jüngerkreis ausgeweitet.[479]

---

[476] Vgl. MIRANDA, Vater S.144f.
[477] Vgl. zum folgenden HOEGEN-ROHLS, Johannes S.180f. Ferner: DIETZFELBINGER, Werke S.33f.
[478] Vgl. dazu BERGER, Theologiegeschichte S.249f. BORIG, Weinstock S.206f.; MEIER, Mystik bei Paulus S.241f.; SCHNACKENBURG, Johannesbriefe S.106-109; STRECKER, Theologie S.462f.
[479] Vgl. dazu SCHNACKENBURG, Johannesevangelium 3 S.218-221; G. SCHNEIDER, Vater S.1771-1773.1776-1781.

Jesus	Jünger
Ich im Vater, Vater in mir (14,10.11)	Ich im Vater, ihr in mir, ich in euch (14,20)
	Ihr in mir, ich in euch (15,3.5)
Eins-Sein: Ich in ihnen, du (Gott) in mir (17,22f.)	Eins-Sein der Jünger als Abbild der Einheit von Gott und Jesus
	Mein Vater, euer Vater (20,17)

Die neugeborenen Glaubenden sind nun nicht mehr von dieser Welt (17,14.16), aber sie bleiben in dieser Welt (17,15).[480] Der Weg zum Vater, den Jesus bereits gegangen ist, steht für die Glaubenden noch aus. Ihre neue pneumatische Existenz hat aber schon auf Erden begonnen und äußert sich darin, daß sie Gott bzw. Jesus in spezifischer Weise repräsentieren:

- Liebe (13,34f.; 15,9-17)[481]
- Vollbringen von größeren Werken (14,12)[482]
- Fruchtbringen (15,1-8)[483]
- Eins-Sein (17,22f.)

Das Bindeglied zur himmlischen Sphäre ist dabei der von Gott in Jesu Namen gesandte Heilige Geist, der die Jünger zu Pneumaträgern macht. Das bedeutet: Sie befinden sich durch den Geistempfang nicht nur in der Sphäre des Heils, sie werden darüber hinaus noch mit Vollmacht versehen (Sündenvergebung [20, 23]) und dadurch in Jesu bzw. Gottes Offenbarungswirken einbezogen (vgl. die Sendung der Jünger in 20,21).[484]

---

[480] Vgl. MERKLEIN, Gott und Welt S.2986: „D.h., die johanneische Eschatologie impliziert das soteriologische Paradox, daß der aus der Welt stammende und in der Welt lebende Mensch, der aus dem Fleisch geboren ist und auch weiterhin Fleisch bleibt, zugleich - sofern er glaubt - ein von oben, vom Geist Geborener ist (vgl. 3,3.5.7). Das Sehen des Reiches Gottes und das Eingehen in das Reich Gottes (3,3.5) geschehen daher - wie der Empfang des ewigen Lebens (3,15) - nicht erst postmortal jenseits der Welt und des Fleisches, sondern bereits jetzt, d.h. in der Welt und im Fleisch."
[481] Vgl. dazu HASLER, Glauben S.289, Anm.26: „Das neue Gebot 13,34-35 ist nicht als Beschränkung auf die Bruderliebe zu verstehen, sondern theologisch als Integration der Jünger in die offenbarte Liebe der Vater/Sohn-Korrelation."
[482] Vgl. dazu DIETZFELBINGER, Werke.
[483] Vgl. BORIG, Weinstock.
[484] Vgl. HOEGEN-ROHLS, Johannes S.181: „Die Heilswirksamkeit des Abschieds Jesu liegt für die Jünger darin begründet, daß sich ihnen dadurch ein neues Leben unter der Leitung des Geistes eröffnet, das sie selbst in den Dienst der Offenbarung Gottes und dadurch in ein ausgezeichnetes Verhältnis zu Vater und Sohn stellt. Ihre neue nachösterliche Existenz ist bestimmt durch ihre Würde als Geistträger und mithin durch ihre Würde als Offenbarungsträger."

9.1.7.3 Ergebnis

Der Christologie und Soteriologie des Johannesevangeliums liegt ein bestimmtes Schema zugrunde, das in den großen theologischen Abschnitten ausgeführt ist (in den Kapiteln 1; 3; 6; 12 und in den Abschiedsreden; negativ ausgeführt in Kapitel 8):[485] Die Unvermittelbarkeit von irdischer und himmlischer Existenz wird durch die Sendung Jesu als fleischgewordener Logos (1,14) aufgebrochen. Jesus, der seiner himmlischen Herkunft nach Teil des lebenermöglichenden Schöpfungswirken Gottes ist, nimmt die irdische Existenzform an, d.h.: für seine Person ist diese Unvermittelbarkeit aufgehoben.[486] Das Ziel der Sendung Jesu durch Gott ist die Rettung der Welt (3,16) und die Scheidung von denen, die Gottes Schöpfersein und damit dessen Eigentumsanspruch, den er durch seinen Beauftragten vertreten läßt, anerkennen (1,1-14), und denen, die dies ablehnen. Anerkennung bzw. Ablehnung entscheidet sich am Verhalten zur Person Jesu. Die Taten und Worte Jesu sowie das Studium der Schrift und glaubhafte Zeugen ermöglichen die Erkenntnis der Legitimität Jesu.

Damit ist es jedoch noch nicht getan, denn der Glaube allein ist, wie das Evangelium zeigt, ein zerbrechliches und unsicheres Gut (vgl. 6,60-71; 8,31-59; 10,31-39; 11,8).[487] Auch bewahrt der Glaube die Jünger nicht vor eklatanten Mißverständnissen (z.B. 11,12.16 → 11,15) oder völligem Unverständnis (z.B. 13,36; 14,5; 14,8 → 14,11;).[488] Die Vermittlung der himmlischen Existenz, welche vom Evangelisten anhand verschiedener Bilder dargestellt wird (mit deutlicher Dominanz der Bezeichnung Leben/ewiges Leben) geschieht durch die Gabe des Heiligen Geistes an die Jünger. Dies ist erst nach Vollendung des irdischen Auftrags Jesu möglich. Nach dem Ende der irdischen Existenz Jesu - beschrieben als Aufstieg, Verherrlichung, Erhöhung und Rückkehr zum Vater - wird der Heilige Geist, der bisher Bindeglied zwischen dem irdischen Jesus und der himmlisch-pneumatischen Sphäre war, zum Heilsmittel für die Glaubenden, die dadurch das ewige Leben erlangen.

Die hier dargestellte Grobstruktur der johanneischen Christologie und Soteriologie läßt sich wie folgt in der Gliederung des Evangeliums wiederfinden:
1: Jesu Herkunft von Gott wird programmatisch im Prolog dargelegt und durch erste Zeugen bestätigt.

---
[485] Vgl. die beigefügte Übersicht.
[486] Vgl. MERKLEIN, Gott und Welt S.296.
[487] Vgl. HASLER, Glauben S.288f.; SCHNACKENBURG, Johannesevangelium 1 S.519ff.
[488] Vgl. HASLER, Glauben S.289; LONA, Glaube S.172.

2-13: Öffentliche Wirksamkeit: Jesu Herkunft von Gott wird von den jüdischen Gegnern angezweifelt (8,12-59; 12,28-36), aber er offenbart sie in Taten und Worten.

14-17: Abschiedsreden: Jesu Herkunft von Gott ist Bedingung für das Heil der Jünger.

18-19: Passionsgeschichte: Jesu Herkunft von Gott spielt eine wichtige Rolle in der Auseinandersetzung mit Pilatus und den gegnerischen Juden (18,36f.; 19,7.11).

20: Spendung des Geistes im Zusammenhang der Beauftragung der Jünger (20,22f.).

Im Ausblick auf die Exegese von 3,13f. läßt sich zusammenfassend formulieren: Ein Hauptmerkmal des oben nachgezeichneten Schemas ist die zunehmende Verähnlichung von Jesus und den Glaubenden.[489] Für beide gilt die Entsprechung von Herkunft und Ziel: Wie bei Jesus als dem Menschensohn sich Woher und Wohin entsprechen (3,13), so auch bei den Geistgeborenen, die durch den Glauben Anteil am Geschick (nämlich Rückkehr in die himmlische Sphäre) des Menschensohnes haben.[490]

9.1.7.4 Ertrag für Joh 3

Was in den Abschiedsreden erst vorausgesagt wird (Empfang des Geistes, vgl. 20,22f.), ist in Joh 3 bereits Teil des missionarischen Konzepts. Hierin zeigt sich die deutlich nachösterliche Perspektive des Textabschnitts. Auch in Joh 3 liegt der Grundsatz der Entsprechung von Herkunft und Ziel zugrunde - sowohl bei Jesus (3,13ff.) als auch bei den Geistgeborenen (3,3.5ff.).

Die Gemeinde als Nachfolgerin der Jünger, die durch den Weggang Jesu zu Pneumaträgern geworden sind, ist nun selber im Besitz des Geistes und kann ihn weitergeben. Dies geschieht durch die christliche Taufe.

---

[489] Vgl. dazu BERGER, Kirche S.207.
[490] Vgl. THEOBALD, Fleischwerdung des Logos S.383.

9.1.7.5 Übersicht: Die Entsprechung von Herkunft und Ziel als Grundmuster der johanneischen Christologie und Soteriologie

	Gott sendet Jesus in die Welt			
	| Ziel: Rettung (3,16f.); Scheidung (1,10-13)			
	| Rechtgrundlage: Eigentum (1,1-4.11)			
	↓ Fleischwerdung (1,14)			
Unvermittelbarkeit von irdisch und himmlisch	Jesu Herkunft von Gott	Annehmen Jesu / Glauben	Vermittlung	Ziel (neue Herkunft)
1,13: Blut, Fleisch ↔ von Gott	1,1: bei Gott 1,14: Einziggeborener	1,12: Aufnahme, Glauben an seinen Namen	1,12: Befähigung	1,12: Gottes Kinder
	1,33f.: ...der mit dem Heiligen Geist tauft; Gottes Sohn			
3,6: Fleisch ↔ Geist 3,12: irdisch ↔ himmlisch	3,13: von Gott zu Gott (Menschensohn)	3,15.16.18.: Glauben an Jesus (Menschensohn u. Sohn)	3,3.5: von oben/aus Wasser und Geist geboren 3,14: Erhöhung des Menschensohns dafür notwendig	3,3.5: Reich Gottes 3,15f.: ewiges Leben 3,18: kein Gericht
	3,31: von oben; Erde ↔ Himmel			
6,32.48: Manna ↔ Brot vom Himmel 6,63: Fleisch ↔ Geist	6,33.38: vom Himmel 6,46: von Gott 6,62: von Gott zu Gott	6,40: Glauben an den Sohn 6,47: Glauben an Jesus	6, 48-51.58: Essen vom Brot des Lebens 6,53-56: Fleisch und Blut des Menschensohnes 6,63: Geist	6,33: Leben 6.40.47-51.58: ewiges Leben 6,40: Auferweckung 6,63: Geist und Leben
		7,39: Glauben	7,39: Geistempfang nach Verherrlichung Jesu	
8,23: von unten ↔ von oben von dieser Welt ↔ nicht von dieser Welt	8,15-16: Urteil nach dem Fleisch ↔ gerechtes Urteil, weil von Gott gesandt 8,37-45: Gott zum Vater ↔	8,24: kein Glauben an Jesus		8,24: Sterben in Sünden

	Teufel zum Vater			
12,25: Leben in dieser Welt ↔ ewiges Leben	12,28: Stimme vom Himmel	12,36: Glaube an das Licht	12,32: Erhöhung → alle zu mir ziehen	12,25: ewiges Leben 12,36: Kinder des Lichts
15,19; 17,14: von dieser Welt ↔ nicht von dieser Welt	16,28: von Gott zu Gott: vom Vater in die Welt; verlassen der Welt zum Vater 17,14: nicht von dieser Welt	16,27: Glaube daran, daß Jesus von Gott ausgegangen ist	16,7: Weggang Jesu → Beistand (als Verkündiger der Wahrheit)	

9.1.8 Das Bildwort vom Wind (3,8)

Im Bildwort vom Wind[491] angewandt auf die pneumatische Neugeburt geht es um einen weiteren Aspekt der Herkunftsfrage: den Geheimnischarakter der Herkunft. Mit dem Geistgeborenen ist es wie mit dem Wind. Man nimmt sein Wirken wahr, seine Herkunft aber ist geheimnisvoll (vgl. auch IgnPhil 7,1).[492] Fragt man danach, welche Wirkungen sich am Geistgeborenen erkennen lassen, so ist hier wohl zuerst an die Art und Weise zu denken, in der die Gemeinde Gott und Jesus mithilfe des Beistandes repräsentiert: eine Gemeinschaft von Freunden (15,12-17), die Einheit demonstriert (17,22f.) und die Werke ihres Vaters vollbringt (14,12; 15,1-17). Auch hier gilt - wie in 8,38f. - : Man tut seine Taten entsprechend der Herkunft (wie Jesus).

Dies zu verdeutlichen ist aber nicht der Zweck des Bildwortes. Es geht um die strukturelle Unmöglichkeit, den Ursprung der neuen Herkunft zu erkennen. Dies resultiert aus der oben besprochenen Unvermittelbarkeit der beiden Seinsbereiche. So schreibt BARRETT denn auch folgerichtig:

„Der Geist ist, wie der Wind, völlig jenseits der Kontrolle und der Wahrnehmung des Menschen. Er haucht in diese Welt aus einer anderen."[493]

---

[491] Zur Mehrdeutigkeit von πνεῦμα / רוּחַ vgl. BARRETT, Johannes S.231f.; HOFIUS, Wiedergeburt S.52.
[492] So auch u.a. BARRETT, Johannes 231f.; HOFIUS, Wiedergeburt S.52; RÖHSER, Prädestination S.198f.; SCHNACKENBURG, Johannesevangelium 1 S.387; SCHWEIZER, πνεῦμα S.439. Vgl. dazu BERGER, Formgeschichte S.48:„Die Pointe des Gleichnisses vom Wind Joh 3,8 ist, daß für normales menschliches Verständnis das Woher und das Wohin des Windes rätselhaft sind. Diese beiden Züge gelten aber auch von jedem Geistgeborenen. Das Gleichnis hat hier, ähnlich wie verwandte Hinweise auf meteorologische und physikalische Phänomene in der jüdischen Literatur (4 Esr 4,10; TestHiob 37; b Sanh 39a) die Funktion, im Schluß a minore ad maius erst recht einen Offenbarer nötig zu machen (vgl. den Schluß in Joh 3,12)."
[493] BARRETT, Johannes S.232.

Es geht aber hier nicht um die Frage nach der Verfügbarkeit oder Unverfügbarkeit des Heils.[494] Das Problem der Mitwirkung des Menschen bei der Erlangung des Heils ist hier nicht im Blick. Es geht um die Nicht-Erkennbarkeit und um das faktische Nicht-Erkennen. Die Gegner Jesu bzw. der Gemeinde können die neue Herkunft der Geistgeborenen nicht erkennen. Ihnen bleibt die pneumatische Existenz verborgen, nur die irdische Existenz können sie sehen - wie auch Nikodemus in Jesus nur den irdischen Lehrer erkennen kann und nicht den Heilsmittler und Pneuma-Träger. Hier wird - via negationis - ausgedrückt: Gleiches wird nur durch Gleiche erkannt. Herkunft und Ziel des Geistgeborenen sind für Außenstehende nicht zu erkennen. Und weil das so ist (entsprechend der Unvermittelbarkeit von σάρξ und πνεῦμα), ist ein Offenbarer/Vermittler nötig (im Blick auf 3,12).[495]

Die Frage, wie es denn zu einem Existenzwechsel kommen kann und wie das Ziel zu beschreiben ist, wurde im Gespräch bisher noch nicht thematisiert. Daher stellt Nikodemus in 3,9 auch die entsprechende Frage. Das Bildwort, das den Geheimnischarakter der Neugeburt thematisiert, und die dadurch provozierte Frage des Nikodemus leiten über zum christologischen Teil des Nikodemusgesprächs ab 3,13.

9.1.9 Nikodemus' letzte Frage (3,9)

Diese Frage des Nikodemus ist seine letzte Äußerung in diesem Dialog. Sie bezieht sich daher wohl nicht nur auf die letzte Äußerung Jesu, sondern auf den gesamten Inhalt des bisherigen Gesprächs. Die Frage des Nikodemus wäre folgendermaßen zu paraphrasieren: Wie ist es möglich[496], daß jemand durch eine Geistgeburt eine neue pneumatische Existenz erlangt und dadurch Zugang zum Heil bekommt, wenn doch die Bereiche von σάρξ und πνεῦμα im irdischen Sinne nicht vermittelbar sind? Wodurch (oder durch wen) wird der Zugang zur pneumatischen Sphäre ermöglicht?

---

[494] Nach SCHNELLE, Antidoketische Christologie S.205f., hebt 3,8a „die Unverfügbarkeit der Neugeburt hervor; sie ist nicht menschliche, sondern ausschließlich göttliche Möglichkeit. Wie der Wind nicht vom Menschen beeinflußt werden kann, so ist auch Gott in seinem Handeln souverän. Johannes wahrt damit das extra nos des Heilsgeschehens ..."; vgl. SCHNELLE, Geisttheologe S.27. Ähnlich auch BERGMEIER, Glaube als Gabe S.219; HOFIUS, Wiedergeburt S.52. Zur Kritik vgl. RÖHSER, Prädestination S.198f.
[495] Vgl. BERGER, Formgeschichte S.48.
[496] Vgl. dazu SCHNACKENBURG, Johannesevangelium 1 S.388 und Anm.1, mit Verweis auf BAUER, Πῶς S.84.

9.1.10 Kritik am Unverständnis (3,10)

Angesichts der in 3,8 konstatierten Unbegreifbarkeit oder Unerkennbarkeit der pneumatischen Wiedergeburt erscheint der Vorwurf Jesu hier einigermaßen unverständlich bzw. ungerechtfertigt. So hat die Deutung einer Reihe von Exegeten Einiges für sich, wonach es sich hier nicht wirklich um einen Vorwurf handelt, sondern um die Feststellung der Unmöglichkeit, dies zu verstehen.[497]Damit ginge 3,10 inhaltlich nicht über das Bildwort von 3,8 hinaus. Andererseits begegnet der Vorwurf des Unverständnisses und des Nicht-Erkennens Jesu noch an anderen Stellen des Evangeliums:
Dies betrifft die Vorankündigung Jesu in der Schrift.

– 5,39: Die Juden erforschen die Schrift mit dem Ziel, das ewige Leben zu erlangen, erkennen jedoch nicht, daß die Schrift Jesu Legitimität und Heilsbedeutung (5,40: ewiges Leben) bezeugt.
– 5,46f.: Mose legt in der Schrift Zeugnis über Jesus ab. Die Juden berufen sich unberechtigterweise auf Mose

Der Vorwurf der mutwillig verkennenden Schriftauslegung erweist sich jedoch als Anachronismus, da eine christologische Deutung der Schrift auch für die Glaubenden (auf der Erzählebene nur für die Jünger) erst nachösterlich möglich ist: nach dem Geistempfang (20,22) und durch die Belehrung durch den Parakleten (16,13; vgl. dazu die Rückverweise 2,17.22; 12,16 sowie 7,39). In diesem Dialog spiegelt sich wohl die Situation der ausgestoßenen johanneischen Gemeinde, die den altgläubigen Juden vorwirft, sich mutwillig der Offenbarung verschlossen zu haben - wie schon die jüdischen Gegner Jesu.[498]

Auch in den Taten Jesu hätte man das Wirken Gottes erkennen können (vgl. 5,36f.; 12,37-41; 15,15,24f.), denn Gott bezeugt darin seinen Beauftragten. Das Nicht-Erkennen Jesu anhand seiner Worte und Taten wird in 15,22-25 als Sünde bezeichnet. Auf der anderen Seite wird das unverständige Verhalten der Gegner Jesu mittels einer Verstockungstheorie als Erfüllung der Schrift gedeutet (12,39-41;15,22-25).[499]

Wenn man nun den Vorwurf Jesu ernst nimmt, so liegt er sachlich auf der gleichen Linie wie die oben angeführten Texte. Fraglich bleibt,

---

[497] Vgl. HOFIUS, Wiedergeburt S.56: „Die Frage von V.10b besagt somit nicht im Sinne eines Vorwurfs, daß Nikodemus eigentlich verstehen *müßte*, was Jesus in V.5b-8 gesagt hat; sondern sie soll im Sinne einer Feststellung zum Ausdruck bringen, daß selbst Nikodemus - eben weil er 'Fleisch' ist - das Geheimnis und Wunder der Neugeburt nicht verstehen *kann*." (*kursiv* bei HOFIUS) Zur Begründung vgl. S.55f. Ferner: BULTMANN, Johannes S.102f.; SCHULZ, Johannes S.57. Nach STIMPFLE, Blinde S.57, „...ist die Anfrage Jesu nicht nur als Ironie zu bewerten, sondern als reiner Zynismus."
[498] Vgl. dazu WELCK, Zeichen S.96-98.
[499] Vgl. dazu BITTNER, Zeichen S.280f.; RÖHSER, Prädestination S.238-243.

gegen was sich der Vorwurf genau richtet. Hier ist zu fragen: Was versteht Nikodemus nicht, was er hätte verstehen können? Wie oben bereits gezeigt wurde, ist das Bekenntnis des Nikodemus deutlich defizitär im Sinne des Evangelisten - dieser schreibt jedoch aus der nachösterlichen Perspektive und ist zudem durch den Geist belehrt. Während des Dialogs hat Nikodemus auch keine Fortschritte gemacht. Er stellt lediglich zwei πῶς-Fragen (3,4a.9) und treibt die Geburtsmetapher argumentativ auf die Spitze (3,4b). Letztlich ist er bei dem im Bekenntnis geäußerten Unverständnis geblieben. Was Nikodemus nicht versteht, ist, daß mit Jesus die Unvermittelbarkeit von σάρξ und πνεῦμα in seiner Person bereits aufgehoben ist, daß er in Jesus den einzigartigen Pneuma-Träger vor sich hat, der als Verherrlichter/Erhöhter den Heiligen Geist zur Erlangung des ewigen Lebens spenden kann. Was er nicht versteht ist die Einheit von Soteriologie und Christologie in der Person Jesu.

Der Vorwurf aber kann nicht darin bestehen, daß Nikodemus das Heils-Schema der johanneischen Gemeinde nicht begreift. Dies kann er gar nicht, weil er die durch den Geist vermittelte Innenperspektive nicht hat. In diesem Punkt hat der Vorwurf den Charakter einer Feststellung: Die tiefere Erkenntnis der Dinge, nach der Nikodemus verlangt, weswegen er zu Jesus gekommen ist, ist auf die irdische Weise nicht zu erlangen. Nikodemus muß sein Ziel verfehlen, solange er in der Außenperspektive verharrt.

Hier liegt ein missionarisches Konzept zugrunde, wonach irdisches Wissen nur bis zu einem bestimmten Punkt gelangt. Wer auch die himmlischen Dinge (3,12) erfahren will, ist auf einen Offenbarer angewiesen. Angewandt auf Nikodemus, heißt dies: Sein irdisches Wissen (3,2) ist nicht ausreichend, um die wahre Dimension der Sendung Jesu zu begreifen. Dazu bedarf es der pneumatischen Neugeburt. Nur durch die pneumatische Neugeburt kann Nikodemus zu dem richtigen Verständnis kommen. Die Forderung, die der Evangelist hier implizit stellt, lautet also: Man muß sich auf die Botschaft Jesu bzw. die Botschaft der Gemeinde einlassen. D.h. im johanneischen Sprachgebrauch, man muß zum Glauben kommen. [500] Dies ist denn auch der wirkliche Vorwurf, der Nikodemus zu machen ist (vgl. 3,12). Er ist aufgrund der σημεῖα Jesu, die er gesehen hat und aufgrund derer er zu Jesus gekommen ist, und

---

[500] Vgl. RÖHSER, Prädestination S.197: „Der *Vorwurf* des Unglaubens in 3,11b.12 macht gegenüber einem nichtgetauften Gesprächspartner wie Nikodemus m.E. nur dann einen Sinn, wenn *der Glaube als der Neugeburt sachlich vorgängig gedacht* wird und nicht umgekehrt. Andernfalls hätte Jesus in V.10-12 wohl erst einmal eine Aufforderung zur Taufe ausgesprochen, statt einen jetzt doch dann noch gar nicht möglichen Glauben zu verlangen." (*Kursiv* bei RÖHSER)

aufgrund der Schrift, deren Lehrer er ist, nicht zum Glauben an Jesus gekommen. Die σημεῖα zeugen von der Legitimität des von Gott Beauftragten, die Schrift bezeugt die Notwendigkeit eines eschatologischen Statuswechsels. Dieser Glaube hätte ihn zu Jesus bzw. zur Gemeinde führen müssen. Die dort sakramental in der Taufe vermittelte Neugeburt hätte ihn dann zur Erkenntnis geführt.

Jesus erwartet von Nikodemus nicht, daß er all das begreift. Er erwartet, daß er wegen der Taten und Worte Jesu zum Glauben kommt. Denn mehr kann er erst verstehen, wenn er als Glaubender durch die Taufe neu geboren worden ist. Die Nicht-Erkennbarkeit fungiert hier als Mittel zur Motivation. Da irdisch-menschliches Wissen und Erkennen nur bis zu einem gewissen Punkt kommt, geht es jetzt darum, Nikodemus mit der Aussicht auf Erkenntnisfortschritt zur Glaubensentscheidung zu motivieren. Daher spricht Jesus hier Nikodemus auch in seiner Funktion als Lehrer an: Gerade Nikodemus als ὁ διδάσκαλος τοῦ Ἰσραήλ müßte doch ein Interesse daran haben, über diesen Punkt hinauszukommen. Daß Nikodemus als ὁ διδάσκαλος τοῦ Ἰσραήλ trotz seiner Kompetenz hier nicht weitergekommen ist, ist gleichfalls Motivation und Bestätigung für die intendierten Leser.

9.1.11 Zeugnis und Glaube (3,11f.)

In den folgenden beiden Versen ändert sich die Terminologie.[501] Ging es bisher um das Nicht-Verstehen, so wählt der Evangelist in 3,11 die bereits aus dem Prolog geläufige Kategorie der Ablehnung (hier: des Zeugnisses), um schließlich in 3,12 zum Vorwurf des Nicht-Glaubens zu kommen, der das Thema Glaube ab 3,15 vorbereitet.[502] Die Änderung der Terminologie zeigt eine Verschärfung der Dringlichkeit, die inhaltlich dem Wechsel vom Sehen der βασιλεία τοῦ θεοῦ (3,3) zum Erlangen der βασιλεία τοῦ θεοῦ (3,5) entspricht.

9.1.11.1 Ablehnung und Annahme (3,11)

In 3,11 spricht nun Jesus als Vertreter einer Gruppe: Nikodemus war als der Lehrer Israels nicht in der Lage, die Bedeutung Jesu richtig zu verstehen; wir aber haben sie verstanden und geben sie als Zeugen weiter, auch wenn ihr unser Zeugnis nicht annehmt. Hier spricht eindeutig die johanneische Gemeinde von ihrem rückblickenden Standpunkt aus.[503]

---

[501] Vgl. BERGMEIER, Taufe S.70.
[502] Vgl. SCHNACKENBURG, Johannesevangelium 1 S.513f.
[503] Vgl. BARRETT, Johannes S.232; BECKER, Johannes 1 S.139; BLANK, Johannes 1a S.238; GAETA, Dialogo S.82; HAENCHEN, Johannesevangelium S.220f.; HOEGEN-ROHLS, Johannes S.275-281; ONUKI, Gemeinde und Welt S.83; RINKE, Kerygma S.50-

Der Evangelist macht dies durch den den Gesprächskontext unterbrechenden Gebrauch des 'wir' deutlich. 3,11 fungiert textpragmatisch als retardierendes Moment: Es geht nicht nur um die strukturell bedingte Unfähigkeit zu verstehen (wie in 3,9), sondern auch um die Verweigerung der Annahme (οὐ λαμβάνετε) einer besseren Belehrung. Beide Aspekte sind wichtig. Mit der Kategorie der Nicht-Annahme greift der Evangelist die bereits im Prolog thematisierte Grundopposition Annehmen / Nicht-Annehmen auf (1,10-13): Die Sendung Jesu bewirkt die Scheidung (Krisis) in Annehmende und Nicht-Annehmende, und die Annehmenden erhalten die Befähigung, durch Neugeburt Kinder Gottes zu werden.

Die Gemeinde sieht sich in Kontinuität mit der Sendung Jesu. Sie begreift im Gegensatz zu Nikodemus die Bedeutung Jesu, weil sie von oben geboren ist, und deshalb kann sie auch Zeugnis über Jesus ablegen.[504] Wie schon Nikodemus als Vertreter der Sympathisanten nicht in der Lage war, Jesu Legitimation zu begreifen, begreifen auch die jetzigen Juden nicht, daß die johanneische Gemeinde, die in Kontinuität zu Gottes Gesandtem steht und wirkt - ja letztlich hier ihr eigenes Wirken mit dem Wirken des irdischen Jesus gleichsetzt [505]- , durch Jesu Wirken und die dadurch vermittelte Geburt von oben auf der Seite Gottes steht, während sich die altgläubigen Juden durch ihre Verweigerung von Gott wegbewegen.

Angesichts der Negativerfahrung der Gemeinde, die schließlich im Synagogenausschluß gipfelte, entwickelt der Evangelist ein offensives Selbstbewußtsein. Die durch den Ausschluß bedingte Orientierungslosigkeit bewältigt er mit dem Nachweis, daß die, die für den Ausschluß verantwortlich sind, in der Frage nach Jesu Bedeutung unwissend sind, obwohl sie es eigentlich hätten wissen können. Unwissenheit und mutwilliges Nicht-Annehmen der besseren Belehrung ist der Vorwurf, den

---

59; SCHULZ, Johannes S.58. Gegen eine Deutung des „wir" als Äußerung der Gemeinde sprechen sich u.a. aus: BULTMANN, Johannes S.104 (durch Offenbarungsredenquelle bedingt: Jesus als Geheimnis); VON HARNACK, Wir S.106f. (pluralis maiestatis auf Jesus bezogen); HOFIUS, Wiedergeburt S.57; SCHNACKENBURG, Johannesevangelium 1 S.389f. (Jesus und die Jünger). LANGBRANDTNER, Weltferner Gott S.19, plädiert für eine redaktionelle Einfügung von 3,11.

[504] Vgl. ONUKI, Gemeinde und Welt S.83f.

[505] Vgl. ONUKI, Gemeinde und Welt S.84: „Die johanneische Gemeinde setzt ihre Sendung (πέμπειν) und ihr Werk ohne weiteres mit dem Werk und der Sendung des irdischen Jesus gleich. Das heißt - auf das Selbstverständnis der johanneischen Gemeinde bezogen -, daß ihr Werk, das sie in der Auseinandersetzung mit dem Judentum leistet, zwar von ihr, den Menschen, geleistet wird, aber letztlich doch als Werk Jesu Christi, des Offenbarers, und schließlich als Werk Gottes selbst (vgl. 9,3: τὰ ἔργα τοῦ θεοῦ) anzusehen ist."

der Evangelist den altgläubigen Juden macht. Dies ist umso erstaunlicher, als die Gemeinde in ihrer Situation sich eigentlich hätte zurückhaltend und defensiv verhalten müssen. Stattdessen geht der Evangelist in die Offensive und sagt im Blick auf die Gegner: Wir, die ihr rausgeworfen habt, haben Zugang zum ewigen Heil, wir wissen über die himmlischen Dinge Bescheid (3,12), weil wir von oben geboren sind. Ihr, die Mehrheit und die Stärkeren in unserem Konflikt, könnt die Dinge nicht verstehen, die wir verstehen können. Darüber hinaus habt ihr euch dem legitimen Anspruch Jesu als Sohn Gottes verweigert. Ihr habt euch ihm und seinem Wirken verschlossen und uns als seine Nachfolger ausgeschlossen. Wir müssen nicht reumütig zu euch zurückkehren - denn wir sind von oben geboren und haben in der Gemeinschaft mit Jesus die Worte des ewigen Lebens. Vielmehr müßt ihr euch uns anschließen, um euch nicht selbst vom Heil auszuschließen.

9.1.11.2 Irdische Dinge / himmlische Dinge (3,12)

3,12 setzt die Intention von 3,8 und 3,11 fort, hat aber eine stärker überleitende Funktion. Die ab 3,13 folgende Belehrung ist hier bereits im Blick. Die Adressaten bleiben dieselben (2. Person Plural), nur wechselt der Sprecher zurück in die 1. Person Singular. 3,12 nimmt die Verweigerung der Annahme von 3,11b auf und mündet in eine rhetorische Frage:

„Wenn ich zu euch von den irdischen Dingen (τὰ ἐπίγεια) geredet habe
und ihr nicht glaubt,
wie werdet ihr glauben, wenn ich zu euch von den himmlischen Dingen
(τὰ ἐπουράνια) rede?"

Zum ersten Mal taucht hier der Begriff Glaube auf. Dadurch wird das λαμβάνειν von 3,11 näher erklärt: Nicht-Annehmen heißt Nicht-Glauben.[506] Die Gegenüberstellung irdisch/himmlisch als Schluß a minore ad maius ist ein geläufiger Topos im zwischentestamentlichen Judentum.[507] Die Funktion dieses Topos ist aber nicht, irdisch und himmlisch als unvermittelbaren Gegensatz aufzuzeigen (wie 3,6) oder die Nicht-Erkennbarkeit zu betonen (wie 3,8). Vielmehr geht es um die Ge-

---

[506] Vgl. SCHNACKENBURG, Johannesevangelium 1 S.513f.
[507] Zu den Parallelen vgl. BERGER, Formgeschichte S.252: „(...) vgl. 4 Esr 4,2: Dein Herz entsetzt sich so über diese Welt, und du begehrst, den Weg des Höchsten zu begreifen? 4,10: Du kannst schon das nicht erkennen, was dein und mit dir verwachsen ist, wie kann deine Fassungskraft den Weg des Höchsten erfassen?" Als weitere Vergleichstexte sind heranzuziehen: 4Esr 4,2-11; Koh 11,5; SapSal 9,16; San 39a (BILLERBECK, Kommentar II S.425); TestHiob 38,3-5. Vgl. ferner: BERGER, Auferstehung S.567, Anm.414; BERGMEIER, Taufe S.70; SCHNELLE, Antidoketische Christologie S.206f.

genüberstellung von Nicht-Wissenden und Wissenden[508] als Steigerung.[509] Die Nicht-Wissenden werden gescholten, schon versagt zu haben, bevor die eigentliche Belehrung begonnen hat. Die rhetorische Frage von 3,12 ist ein Scheltwort, das eine ähnliche Funktion hat wie das retardierende Moment in 3,11: Es geht um die Bestätigung der noch unsicheren und nicht-gefestigten Identität der Leser, die im Gegensatz zu den jüdischen Gegnern und auch den Sympathisanten die himmlischen Dinge verstehen bzw. ab dem folgenden Vers darüber belehrt werden.

Andererseits fungiert die Gegenüberstellung irdisch/himmlisch als übergreifende Gliederung des gesamten Dialogs. BECKER spricht m.E. zutreffend von einer „Scharnierfunktion des Verses".[510] Daher ist es sinnvoll, nach der speziellen Zuordnung zu den ἐπίγεια und ἐπουράνια zu fragen:

Die ἐπίγεια beziehen sich auf die bereits gesagten Dinge von 3,3b und 3,5b-8, und die ἐπουράνια weisen voraus auf die folgende Belehrung ab 3,13.[511] Hier zeigt sich deutlich der Exkurscharakter der Ausführungen in 3,3-12, die die Antwort auf die in 3,2 enthaltene christologische Frage vorbereiten:

ἐπίγεια	ἐπουράνια
Geburt von oben (3,3)	Reich Gottes (3,3.5)
Geburt aus Wasser und Geist	Herkunft des Geistgeborenen (3,8)
[= Taufe] (3,5)	Menschensohn (3,13f.)
	Erhöhung des Menschensohnes (3,14)
	Gottes Heilsplan (3,16)

Auf die Seite der ἐπίγεια gehören alle Dinge, die Jesus bereits im soteriologischen Exkurs erwähnt hat - natürlich mit Ausnahme des zu erreichenden Ziels der negativen Bedingungssätze (Sehen des Reiches Gottes; Gelangen in das Reich Gottes). Denn alle diese Dinge kann man in seiner irdischen Existenz wahrnehmen. Dazu gehört auch die pneu-

---

508 Vgl. MEEKS, Funktion S.257f.
509 Vgl. SCHNACKENBURG, Johannesevangelium 1 S.391f. (dort auch zur Problematik der Vergleichstexte bezüglich der Steigerung); SCHNELLE, Antidoketische Christologie S.207.
510 BECKER, Johannes 1 S.166; vgl. auch HOEGEN-ROHLS, Johannes S.278.
511 Vgl. BARRETT, Johannes S.232; BULTMANN, Johannes S.105f.u. Anm.1; BROWN, John I S.132; HOFIUS, Wiedergeburt S.58; SCHNACKENBURG, Johannesevangelium 1 S.390. Nach BURKETT, Son of the Man S.79f., geht es hier um die irdischen und himmlischen Aspekte des ewigen Lebens: „Jesus has just spoken in vv. 4-8 about 'the earthly aspects' of eternal life, the begetting to life of the believer on earth, and Nicodemus, like his fellow Jews, has expressed incredulity. It is therefore pointless for Jesus to speak of 'the heavenly aspects', the ascent of the believer to heaven and his fellowship there with God." (S.80)

matische Neugeburt.[512] Sie läßt sich an ihren Wirkungen erkennen. Auch die christliche Taufe ist ein irdisches Phänomen. Die Gemeinde überbietet die Wassertaufe des Täufers mit ihrer Geisttaufe, behält aber das Wasser als Element des Initiationsritus bei. Auch daß die Gemeinde behauptet, ihr Initiationsritus bewirke eine pneumatische Neugeburt ist ein irdisches Phänomen. Denn die Neugeburt vollzieht sich auf Erden und nicht im Himmel. Daß Gottes Wirken dahintersteht, heißt noch nicht, daß es sich dabei um himmlische Dinge handelt. Alle diese Dinge kann man im Glauben annehmen. Daß dies nicht geschehen ist, dagegen richtet sich der Vorwurf Jesu.

Auf die Seite der ἐπουράνια gehören alle Dinge, die Jesu Sein bei Gott, seine Beauftragung und seine Funktion innerhalb des göttlichen Heilsplanes betreffen. In welcher spezifischen Weise Jesus Gott repräsentiert und welche Folgen dies für die Gemeinde hat, das gehört zu den himmlischen Dingen. Nach dem missionarischen Konzept des Evangelisten werden diese Dinge nur den Geistgeborenen mitgeteilt. Es wird also unterschieden zwischen einem Wissen, daß für die Bekehrung nötig ist und einem Wissen für die Geistgeborenen. Nikodemus und seine Fraktion haben noch nicht einmal ein Einstiegswissen, geschweige denn Einsicht in die himmlischen Dinge.

3,12 schlägt also den Bogen zurück zu 3,2 und faßt das Unverständnis des Nikodemus zusammen:
1. Daß Gott in Jesus heilschaffend am Werke ist, hätte Nikodemus anhand Jesu Worten und Taten erkennen müssen. Das hat Nikodemus jedoch nicht, auch wenn er in seinem Bekenntnis Jesus hohe Prädikate zukommen läßt.
2. Weil er das nicht erkannt hat, kann er auch die folgenden Belehrungen, die die Antwort auf seine Frage von 3,2 sind, nicht verstehen.

9.1.11.3 Statt einer Zusammenfassung: Paraphrase von 3,2-12

Wenn man die implizite Frage von 3,2 wieder aufnimmt, könnte man die Struktur des Gesprächs rückblickend aus der Perspektive Jesu folgendermaßen paraphrasieren:

Du, Nikodemus, möchtest wissen, was genau ich mit Gott zu tun habe, in welche Kategorie du mich einordnen kannst. Du hast richtig erkannt, daß ich vollmächtig rede und Taten vollbringe, die nur Gott mir ermöglichen kann. Du hast nicht erkannt, zu welchem Zweck ich dies tue. Weil

---

[512] Vgl. BECKER, Johannes 1 S.166; BROWN, John I S.132; BURKETT, Son of the Man S.78-80; SCHNACKENBURG, Johannesevangelium 1 S.390.

du das nicht erkannt hast, erläutere ich dir den Zweck meiner Mission. Dabei rede ich zunächst nur von der irdischen Perspektive, d.h. ich lasse meine Person dabei außen vor. Es geht um die Teilhabe am Heil. Man kann nur am Heil anteilhaben, wenn man von Gott eine neue Herkunft bekommen hat. Dies habe ich versucht, dir am Bild der neuen Geburt verständlich zu machen. Da du nicht begriffen hast, daß ich derjenige bin, auf den es dabei ankommt, hast du einen intellektuellen Wettstreit mit mir angefangen, indem du über die Verwendung der Geburtsmetapher diskutieren wolltest. Daran sieht man, daß du den Ernst der Lage nicht erkannt hast. An mir entscheidet sich Heil oder Unheil. Die richtige Reaktion wäre gewesen, an mich und meinen Auftrag zu glauben, so wie es der geheilte Blindgeborene getan hat, der sich vor mir niederwarf und seinen Glauben bekannte. Um dir zu helfen, habe ich dann meine Belehrung präzisiert: Diese neue Geburt geschieht durch Geist-Empfang, und diesen Geist erhält man in der Taufe. Mit dem Empfang des Geistes ist die Unvermittelbarkeit der Seins-Bereiche Geist und Fleisch überwunden. Dies aber ist geheimnisvoll und für Außenstehende nicht zu verstehen. Deshalb ist ja die neue Herkunft nötig. Der Außenstehende wird zum Insider und kann dann verstehen, wie das mit der pneumatischen Neugeburt vor sich geht - und zwar aus der himmlischen Perspektive.

Das Ziel meiner Ausführungen war, daß du erkennst, daß ich die Antwort auf deine Fragen bin. Du jedoch hast das, wovon ich gesprochen habe - das Heil - nicht mit mir Verbindung gebracht. Daran, daß ich über die Bedingungen des Heils Bescheid weiß, hättest du erkennen müssen, daß ich aus der Perspektive rede, für die ich werbe - nämlich aus der himmlischen.

Du hast in unserem Gespräch nichts dazugelernt, obwohl dies doch der Zweck unseres Gespräches war. Wenn du noch nicht einmal erkannt hast, daß mein Wirken heilsrelevant ist, dann kannst du erst recht nicht verstehen, in welcher spezifischen Art und Weise ich Gott auf Erden repräsentiere.

9.1.12 Resumee: Nikodemus und seine textpragmatische Funktion für die intendierten Leser

Bevor Nikodemus als Gesprächspartner (ab 3,12) verschwindet, ist noch zusammenfassend auf seine textpragmatische Funktion innerhalb des Gesprächs einzugehen.[513]

---

[513] Vgl. dazu HAMMES, Ruf ins Leben S.167-170. Zur textpragmatischen Funktion des Nikodemus im Blick auf seine Verwendung in mehreren Phasen der im Evangelium berichteten Handlung vgl. L. SCHENKE, Johannesevangelium S.218.

Nikodemus hätte als Lehrer Israels Jesus als Gottes vollmächtigen Gesandten erkennen müssen - mit allen Konsequenzen. Er hätte sich Jesus anschließen müssen (wie Nathanael in 1,45-51) und nicht nur heimlich mit ihm sympathisieren. Erst das wirkliche Bekennen zu Jesus (wie Nathanael in 1,49) ermöglicht durch die Taufe die Geburt von oben, die wiederum die Bekennenden zu Zeugen Jesu macht (3,11). Nach diesem Verständnis ist Nikodemus kein Repräsentant der Sympathisanten mehr, sondern ein Vertreter des unwissenden altgläubigen Judentums, das in der Begegnung mit Jesus und mit der johanneischen Gemeinde versagt hat und sich somit selbst vom Heil ausschließt. Sympathisanten kann es nach der Ansicht des Evangelisten nicht geben. Es gibt nur die von oben Geborenen und die Unverständigen. Dazwischen gibt es nichts.

Fungiert hier Nikodemus ausschließlich als unverständiger Sympathisant, dessen Standpunkt insgesamt verfehlt ist und ins Verderben führt? Hier ist meiner Ansicht nach zwischen zwei verschiedenen Funktionen zu unterscheiden:
1. Nikodemus mißversteht Jesus, weil er nur ein Sympathisant ist. Darin liegt seine pädagogisch-textpragmatische Funktion für die intendierten Leser.
2. In seinem Bekenntnis ist er aber auch ein Zeuge für Jesus und somit auch Teil des umfassenden Zeugenkonzepts des Evangelisten.

zu 1.) In der Diskussion mit Jesus über die Geburt von oben hat Nikodemus deutlich eine textpragmatische Funktion: Er scheitert vor den Augen der Leser. Die Leser aber verstehen, was Nikodemus nicht verstehen kann.[514] Ihnen wird durch diese Figur verdeutlicht, wie man scheitern kann[515], und wie man diesem Scheitern vorbeugt. Nikodemus' Scheitern aber bestätigt auch die Position der Leser.

Andererseits werden mit Nikodemus Einzelheiten verbunden, die für diese textpragmatische Funktion nicht nötig wären, z.B. daß er ein pharisäischer Sym-pathisant ist, der sich nicht traut, sich öffentlich zu Jesus zu bekennen. Hier sieht man, wie lebendig der Evangelist seine Figuren zeichnet. Denn beide Aspekte dieser Gestalt werden zu einem Gesamtverständnis kombiniert: Nikodemus ist ein Versager, weil er - wo er doch ein Lehrer Israels ist - Jesus nicht als den erkennt, der er ist. Dies spielt auf der Text-Ebene. Nikodemus ist ein pharisäischer Sympathisant, der Jesu Rede nicht versteht. Und weil er nur ein Sympathisant ist und nicht den vollständigen Schritt zum Übertritt in die johanneische Gemeinde

---

[514] Vgl. MEEKS, Funktion S.257.
[515] Vgl. BERGER, Exegese S.230.

wagt, versagt er in der Erkenntnis Jesu. Hier hat er eine paradigmatische Funktion für die johanneische Gemeinde. Diese paradigmatische Funktion wird erst erkennbar, wenn man alle Aussagen über ihn und von ihm aufeinander bezieht.

zu 2.) Eine Zeugenfunktion hat Nikodemus v.a. deshalb, weil er Mitglied der jüdischen Oberschicht ist. Nicht alle führenden Pharisäer haben also Jesus abgelehnt und verfolgt. Auf die Situation der johanneischen Gemeinde angewandt besagt dies, daß die Fronten zwischen der führenden Fraktion der Synagoge und der johanneischen Gemeinde nicht einheitlich waren. Nikodemus ist Glied einer langen Zeugenreihe, die der Evangelist zusammengestellt hat. Diese Zeugen sind wichtig, weil die Gemeinde in ihrer schwachen Situation nach dem Ausschluß jeden Zeugen - und sei er noch so unvollkommen - nötig hat.

Nikodemus ist aber - hier treffen sich Zeugenfunktion und textpragmatische Funktion - ein Zeuge zweiter Klasse: Er zieht aus seiner Haltung nicht die vom Evangelisten geforderten Konsequenzen. Er bezeugt in seinem Bekenntnis die hohe Würde Jesu. Daß er aufgrund seines Bekenntnisses nicht zum Glauben gekommen ist, liegt an seinem Sozialstatus. Seine - gewiß defizitäre - Einschätzung der Person Jesu ist nicht der Grund für sein Versagen, sondern seine mangelnde Risikobereitschaft, sein Festhalten an seinem hohen Sozialstatus. Ein Zeuge erster Klasse riskiert seine irdische Existenz für Jesus. Ein solcher Zeuge ist Johannes der Täufer (vgl. 3,24), der unmittelbar nach dem Nikodemusgespräch auftritt (3,22-36) und in der Frage der Zeugenschaft diesem gegenübergestellt wird (vgl. 3,33).[516] Ein weiterer Zeuge erster Klasse ist der geheilte Blindgeborene, der aus der Synagoge ausgeschlossen wurde und dem sich Jesus danach zugewandt hat (9,35). Vor allem an der Reaktion Jesu lassen sich die entscheidenden Unterschiede zu Nikodemus erkennen.

	Joh 9	Joh 3
Erstkontakt mit Jesus	Heilung	Zeichen
eigene Situation	Synagogenausschluß (irdischer Statuswechsel)	Angst vor dem Synagogenausschluß (kein Statuswechsel)
Bekenntnis	öffentlich: Prophet (9,17) Wäre Jesus nicht von Gott, hätte er ihn nicht heilen können (9,33) Glaube	heimlich: Von Gott gekommener Lehrer (3,2) Zeichen, die niemand tun kann, wenn nicht Gott mit ihm ist. (3,2)
Reaktion Jesu	positiv: Zuwendung zum	negativ: Kritik an Unver-

---

[516] Vgl. THEIßEN, Autoritätskonflikte S.257.

	Hinausgeworfenen	ständnis und Unglaube (3,11)
korrigierte Bestätigung des Bekenntnisses	Menschensohn (9,35)	Menschensohn (3,13ff.)

Der geheilte Blindgeborene tritt öffentlich gegenüber den jüdischen Gegnern für Jesus ein. Nikodemus hingegen kommt nachts zu Jesus, weil er Angst vor eben dieser Gruppe hat, der er offiziell angehört. Die Bekenntnisse sind äußerst ähnlich: Jesu wird als Prophet bzw. Lehrer bezeichnet. Legitimiert ist er durch die vorausgegangene Heilung bzw. durch die beobachteten Zeichen. Dies wird jeweils via negationis begründet (wenn nicht...). Beide Bekenntnisse sind im Sinne des Evangelisten defizitär, und doch reagiert Jesus auf sie in ganz unterschiedlicher Weise:

– Der Blindgeborene hat für seine Haltung schon den Preis des Ausschlusses bezahlen müssen. Er hat trotz vehementer Bedrängnisse gegen ihn und seine Familie zu Jesus gehalten. Hierin hat der Blindgeborene in seiner Eindeutigkeit dem schwankenden und uneindeutigen Nikodemus etwas voraus. Jesus wendet sich ihm daher in seiner trostlosen Situation (geheilt und dafür ausgestoßen) zu, nimmt sein Bekenntnis positiv auf und korrigiert es im Sinne der johanneischen Theologie: Der Menschensohn ist die messianische Kategorie, anhand der Jesus zu verstehen ist (9,35). Die vorausgehende Unwissenheit des Blindgeborenen wird von Jesus nicht kritisiert. Entscheidend ist, daß der Blindgeborene an Jesus als den Menschensohn glaubt. Dies äußert sich in seinem Niederwerfen vor ihm.

– Anders bei Nikodemus: Er bekommt die messianische Kategorie Menschensohn erst nach einem langen soteriologischen Exkurs vermittelt, in dem sein Unvermögen trotz Schriftkompetenz vorgeführt wird. Dabei wird vorausgesetzt, daß er diese christologische Belehrung gar nicht im Vollsinn verstehen kann, da er nicht glaubt und nicht von oben geboren ist. Die Belehrung geht an ihm gewissermaßen vorbei. Kritisiert werden sein Unglaube und sein Unverständnis.

Ein Vergleich dieser beiden Figuren macht deutlich, worauf es für den Evangelisten ankommt. Nicht der Inhalt des mitgebrachten Bekenntnisses ist entscheidend. Beide Bekenntnisse sind inhaltlich fast identisch Es geht darum, ganz zur Gemeinde zu gehören, auch wenn man bezüglich der alten Sozialkontakte heimatlos wird bzw. Sozialprestige einbüßt.[517]

---

[517] Hier trifft sich der Evangelist in seiner Radikalität mit den Nachfolge-Logien der synoptischen Tradition, in denen es um Heimatlosigkeit und Aufheben der familiären Bindungen geht. Anders als in den synoptischen Evangelien sind hier jedoch keine

Irdische und himmlische Maßstäbe werden vertauscht: Alles hängt daran, zu den Rausgeschmissenen, den sozial- und theologisch Orientierungslosen zu gehören. Es geht also um die innere Einstellung, um die persönliche Radikalität und Konsequenz. Der Evangelist bietet mit seinem Evangelium und dessen Soteriologie Ersatz für das Verlorengegangene.

Um all das, was Nikodemus mitbringt, geht es letztlich nicht. Hoher Sozialstatus, schriftgelehrte Kompetenz sind in seinem Fall nichts wert, weil sie für ihn Hinderungsgründe für den Übertritt in die johanneische Gemeinde sind. Der Blindgeborene hingegen hat bereits alles verloren. Er glaubt an Jesus als den Menschensohn. Mehr wird von ihm nicht verlangt. An Nikodemus werden andere Maßstäbe angelegt (s.o.).[518]

Die werbende Botschaft des Evangelisten an Nikodemus und seine Gleichgesinnten lautet also: Bekennt euch zu Jesus, auch wenn ihr eure hohe Position damit riskiert. Jeder Weg, der an der johanneischen Gemeinde und ihrer autorisierten pneumatischen Neugeburt in der Taufe vorbeigeht, führt letztlich nicht zum ewigen Leben, sondern zum Gericht.

9.2 Ab- und Aufstieg des Menschensohnes (3,13)

„13 Und niemand ist in den Himmel (εἰς τὸν οὐρανὸν) hinaufgestiegen (ἀναβέβηκεν),
wenn nicht der vom Himmel Herabgestiegene (ὁ ἐκ τοῦ οὐρανοῦ καταβάς): der Menschensohn (ὁ υἱὸς τοῦ ἀνθρώπου)."

9.2.1 Der Menschensohn als Antwort auf die Frage des Nikodemus

Mit 3,13 beginnt Jesu Rede über die himmlischen Dinge (s.o.).[519] 3,13 ist durch den Stichwort-Anschluß ἐπουράνια - οὐρανός mit 3,12 verbunden. Die nun folgende Belehrung ist für Nikodemus und seine Fraktion nicht mehr zu verstehen. Sie gehört zu den ἐπουράνια, die nur von denen verstanden werden können, die an den legitimen Anspruch Jesu glauben und die deshalb durch die Geisttaufe Anteil an seinem Heilsstatus erlangt haben. Es handelt sich um eine nach innen gerichtete

---

Wandermissionare als Trägergruppe im Blick. Das Johannesevangelium richtet sich an eine seßhafte Gemeinde bzw. Gemeinden. Vgl. dazu BERGER, Johannes S.55.293.
[518] Ein weiterer Aspekt wird von THEIßEN, Autoritätskonflikte S.255, angeführt: „Während an Nikodemus Erwartungen an einen Intellektuellen gerichtet werden - Nikodemus ist ja 'Lehrer Israels' - werden an den Blindgeborenen nur die Erwartungen an ein schlichtes Gemeindeglied gestellt."
[519] Vgl. BULTMANN, Johannes S.107; HOFIUS, Wiedergeburt S.59;

Lehre für Geistgeborene. Inhalt dieser Lehre ist die Person Jesu und ihre Funktion im göttlichen Heilsplan.

Eine andere inhaltliche Zuordnung von ἐπουράνια und der Rede vom Ab- und Aufstieg des Menschensohnes wird von MOLONEY u.a. vertreten: Nach MOLONEY ist der Menschensohn der einzige Offenbarer, der um die himmlischen Dinge weiß, eben weil er vom Himmel herabgestiegen ist.[520] Er begründet diese These mit dem direkten Anschluß an 3,12. Nach MOLONEY besagt 3,13 im unmittelbaren Anschluß an 3,11f., daß Jesus der einzige ist, der um die himmlischen Dinge weiß, weil er vom Himmel hinabgestiegen ist.[521] Für die Menschen gebe es keine Möglichkeit, Wissen über die himmlischen Dinge zu erlangen.[522] Der Text sei außerdem eine Polemik gegen eine „Moses-centred piety", eine Frömmigkeit, die Moses als prophetischen Offenbarer in den Mittelpunkt stellt, und dies mit seinem Aufstieg zum Himmel begründet.[523]

Dagegen ist folgendes einzuwenden:
(1) Die Tatsache der himmlischen Kenntnis Jesu ist zwar im gesamten Evangelium mehrfach deutlich ausgesprochen (z.B. 5,19.20; 8,28.40), bezieht sich aber in keiner Stelle direkt auf den Menschensohn und seinen Abstieg vom Himmel.[524] Die Kenntnis der himmlischen Dinge begegnet vielmehr in der Vater/ Sohn-Beziehung und darin meist im Zusammenhang mit der Sendung des Sohnes. 3,12 ist ein retardierendes Moment, daß die Leser auf die nun folgende Belehrung über die himmlischen Vorgänge des Ab- und Aufstiegs und deren Konsequenz für die Menschen aufmerksam machen soll.[525] Es ist eine Auskunft über den himmlischen Charakter der in 3,13 gegebenen Information. 3,12 ist gewissermaßen ein Ansporn für die Leser, Jesu himmlische Worte entgegen der schlechten Erfahrung mit den irdischen Worten nun wider Erwarten doch anzunehmen. Die Kenntnis der himmlischen Dinge und die damit verbundene Einzigartigkeit des Offenbarers sind Attribute des johanneischen Jesus. Aber diese Kenntnis wird nicht mit dessen Menschensohn-Sein begründet, sondern gehört in den Bereich der Sendungs-

---

[520] MOLONEY, Johannine Son of Man S.53, so auch MEEKS, Funktion S.257.
[521] MOLONEY, Johannine Son of Man S.53.
[522] Vgl. MOLONEY, Johannine Son of Man S.54.
[523] Vgl. MOLONEY, Johannine Son of Man S.57 im Anschluß an MEEKS, Prophet-King S.298-301; so auch BORGEN, Traditions; MIRANDA, Vater S.80; NICHOLSON, Death as Departure S.91-98.101ff.; SÄNGER, Von mir hat er geschrieben S.126.
[524] Vgl. kritisch auch BULTMANN, Johannes S.107f.; BURKETT, Son of the Man S.81; HOFIUS, Wiedergeburt S.60.
[525] Vgl. hierzu BERGER, Exegese S.230f.

aussagen. Die Einzigartigkeit des Menschensohnes machen seine Herkunft und seine Rückkehr aus.

(2) MOLONEYS These, es handele sich bei 3,13 um eine Abwehr traditioneller Positionen, ist durchaus erwägenswert.[526] Sie gibt dem Text eine zusätzliche Intention. Dies ist für die Deutung jedoch nur insoweit von Belang, daß für die in 3,13 intendierte Legitimationsaussage eine Zielgruppe ausgemacht werden kann. Andererseits findet sich innerhalb des Nikodemusgesprächs keinerlei Hinweis auf eine Haltung, gegen die sich diese Polemik richten sollte. Weder Nikodemus noch die durch ihn repräsentierte Fraktion erheben den Anspruch durch Himmelsreisen erlangter Kenntnisse, noch berufen sie sich auf eine konkurrierende Offenbarergestalt.[527] Auch auf der Textebene der Auseinandersetzung der Gemeinde mit der Synagoge ist ein solcher Konflikt nicht zu verifizieren. In den Streitgesprächen mit den jüdischen Gegnern (v.a. in den Kapiteln 7 und 9) geht es zwar darum, ihnen ihr Berufen auf die Autorität des Mose zu entziehen, es wird auf der gegnerischen Seite jedoch kein Anspruch sichtbar, wonach Mose Offenbarungswissen durch Himmelsreisen erlangt hätte. Überhaupt fungiert Mose - auch aus Sicht der Gegner - eher als Traditionsgarant denn als Verkünder himmlischer Geheimnisse.

Die Rede vom Menschensohn und dessen Auf- und Abstieg gehört zu den ἐπουράνια. Es geht nicht darum zu erweisen, daß der Menschensohn Kenntnis von den himmlischen Dingen hat und wie er zu dieser Kenntnis gelangt ist.

Es geht in 3,13 um die Funktion Jesu bezüglich der bisher (in 3,3-12) aufgeführten soteriologischen und pneumatologischen Aspekte; es geht um Jesus als „Grund und Ermöglichung der Wiedergeburt aus dem Pneuma"[528]. In 3,3-12 hat Jesus Nikodemus die Notwendigkeit und die Qualität eines Statuswechsels erläutert, welcher Voraussetzung ist, um zum eschatologischen Heil zu gelangen. Dies geschah unter Aussparung seiner Person. Die pneumatische Neugeburt in der christlichen Taufe wurde Nikodemus als der einzige Weg vorgestellt, auf dem es möglich ist, in das Reich Gottes zu gelangen. Der folgende Vers soll nun die zwei

---

[526] Neben MOLONEY, Johannine Son of Man S.54.57, vgl. auch BROWN, John I S.145; LINDARS, John S.156; MIRANDA, Vater S.80; MEEKS, Prophet-King, S.298; MEEKS, Funktion S.256; ODEBERG, Fourth Gospel S.94-98; SCHULZ, Untersuchungen S.106.
[527] Vgl. kritisch auch BURKETT, Son of the Man S.81: „Nothing in the Discourse suggests that Nicodemus and his fellow Jews are claiming visionary knowledge of heavenly secrets or that they are in danger of accepting someone other as Jesus as the revealer of such."
[528] STIMPFLE, Blinde S.58

Fragen des Nikodemus beantworten, die durch die bisherigen Ausführungen noch nicht geklärt sind.
1. Was genau hat Jesus mit Gott zu tun (3,2)?
2. Wie ist es möglich, daß der christliche Initiationsritus Taufe eine pneumatische Neugeburt bewirken kann (3, 9)?

9.2.2 Herkunft und Ziel des Menschensohnes

Zunächst betont der Evangelist die Einzigartigkeit Jesu als Beauftragter Gottes, indem er ihn als Menschensohn bezeichnet und die Anfangs- und Endpunkte seines Wirkens in den Kategorien von Abstieg und Aufstieg vom Himmel zum Himmel beschreibt: Jesus stammt aus der göttlichen Sphäre und ist nach dem Ende seines Wirkens dorthin wieder zurückgekehrt.[529] Hier begegnet wieder das Grundmuster der Entsprechung von Herkunft und Ziel (s.o.).

Daß hier vom Aufstieg Jesu zum Himmel als Endpunkt seines irdischen Wirkens die Rede ist, weist erneut auf den nachösterlichen Charakter des Nikodemusgesprächs.[530] Daraus resultiert auch die Wahl des Tempus für ἀναβέβηκεν. Der Aufstieg Jesu zum Himmel ist als bereits geschehen zu betrachten. Bemerkenswert daran ist, daß diese Deutung durch den Evangelisten in keiner Weise vorbereitet ist. Zwar begegnet das Abstieg-Aufstieg-Schema schon in 1,51, aber nicht mit Jesus als Subjekt. Auch vom Himmel als Herkunfts- und Zielort Jesu war bislang noch nicht die Rede (vgl. 1,32.51). Erst im Zeugnis des Täufers (3,31-36), das wohl als Kommentar zu 3,13-21 formuliert ist, wird Jesu Herkunft vom Himmel erstmals explizit erwähnt (3,31; vgl. auch 3,27). Dies findet seine Bestätigung im weiteren Verlauf des Evangeliums in der Brotrede (6,33.38.41.50.51.58). Analog dazu sind die Äußerungen Jesu bezüglich seiner Herkunft vom Vater.

BÜHNER zeichnet ein anderes Bild bezüglich der Reihenfolge von Ab- und Aufstieg. Jesus sei

---

[529] Nach MOLONEY, Johannine Son of Man S.53-59 spricht Jesus hier nicht über seinen Aufstieg, sondern nur über seinen Abstieg. Er sage nicht, daß er aufgestiegen ist, sondern daß keiner aufgestiegen ist (S.54). Es gebe auch keine Beschreibung des Aufstiegs im gesamten Evangelium. Vgl. auch RUCKSTUHL, Abstieg und Erhöhung S.325; SIDEBOTTOM, Ascent S.122; SIDEBOTTOM, Christ S.120.
[530] Vgl. BAUER, Johannesevangelium S.56; BROWN, John I S.132.145; HIGGINS, Menschensohn-Studien S.39; HIGGINS, Jesus and the Son of Man S.172; SCHULZ, Untersuchungen S.105; SCHULZ, Johannes S.59.

„in einer Art Berufungsvision anabatisch in den Himmel gelangt, dort zum Menschensohn gewandelt und als solcher in seine irdische Existenz hinabgestiegen."[531]
Dies Geschehen sei seinem Auftreten vorgelagert.[532] Jesu Weg als Menschensohn führe demnach

„über die Katabase zur Erhöhung im Kreuz, die eine Erhöhung auch über die Himmlischen ist und deshalb vermutlich im anschaulichen Hintergrund als Entrückung zu verstehen ist."[533]

BÜHNERS Theorie von einer anabatischen Berufungsvision, die dem Auftreten Jesu vorgelagert ist[534], ist für mich mit Schwierigkeiten verbunden.[535]
(1) BÜHNER erklärt die johanneische Sendungschristologie aufgrund des orientalischen Botenverständnisses und der jüdischen Vertretungslehre. Seine religionsgeschichtlichen Parallelen, insbesondere aus der Mose-Tradition[536], sind beeindruckend, können aber nicht darüber hinwegtäuschen, daß der Evangelist keine Auskunft darüber gibt, wie Jesus in den Status des Menschensohnes gelangt ist.[537] Für den Evangelisten ist der Menschensohn ganz einfach der Herabgestiegene. Eine nähere Bestimmung hält er nicht für nötig. Der Menschensohn ist präexistent. Er kehrt zurück, wo er zuvor war (6,62).[538] Es besteht allerdings die Möglichkeit, daß der Evangelist das von BÜHNER skizzierte Schema in der Tradition vorgefunden und in seinen christologischen Entwurf vom Menschensohn eingefügt hat. Dabei hätte er dann aber die anabatische Berufungsvision verschweigen müssen, um seine Präexistenzaussage nicht zu gefährden. Dies ist aber eine Hypothese, für die es innerhalb des Evangeliums keine Anhaltspunkte gibt.
(2) Die legitimierende Aussage des Evangelisten besteht darin, Jesus mit dem Menschensohn zu identifizieren und nicht, den Menschensohn durch eine Berufungsvision als messianische Gestalt zu legitimieren. Bei

---

[531] BÜHNER, Der Gesandte S.398. So auch BORGEN, Traditions S.245; 248-252.
[532] BÜHNER, Der Gesandte S.398.
[533] BÜHNER, Der Gesandte S.398.
[534] BÜHNER, Der Gesandte; im Anschluß an BERGER, Auferstehung S.566f, Anm. II 414.
[535] Vgl. dazu auch die kritischen Bemerkungen von BURKETT, Son of the Man S.35-37.
[536] BÜHNER, Der Gesandte S.306-315.
[537] Vgl. dazu auch kritisch BURKETT, Son of the Man S.36f.; FREY, Schlange S.181, Anm.139; SCHACKENBURG, Vater S.281f. MEEKS, Funktion S.253 bemerkt zutreffend: „Jesu Geschichte spielt sich im Evangelium gänzlich auf der Erde ab, trotz der häufigen Hinweise, daß er eigentlich anderswohin gehört. (...) *Bei ihm gehört das Motiv* (sc. vom Ab- und Aufstieg, M.S.) *zur Rede, nicht zur Erzählung.*" (*kursiv* bei MEEKS)
[538] Vgl. COLPE, ὁ υἱὸς τοῦ ἀνθρώπου S.472, Anm. 455: „Es handelt sich hier um eine Präexistenz in Bezug auf das Leben Jesu, nicht in Bezug auf die Erschaffung der Welt!"

der Rede vom gottgesandten Sohn hingegen interessiert sich der Evangelist für die Art und Weise des Offenbarungsempfanges. Der Sohn tut, was er beim Vater gesehen hat (5,19f.; 8,38.40). Daß dabei die von BÜHNER angeführten Traditionen im Hintergrund stehen könnten, halte ich für durchaus möglich. Die hypothetische Annahme einer Berufungsvision für die Sohnchristologie halte ich für legitim, da - wie BÜHNER zu Recht betont - die Beauftragung ein konstitutives Element der Sendungskonzeption ist. Dennoch berichtet der Evangelist nichts darüber.

(3) Die Selbstverständlichkeit, mit der hier die Bezeichnung Menschensohn ohne nähere inhaltliche Bestimmung gebraucht wird, läßt den Schluß zu, daß der Evangelist den Menschensohnbegriff bei der Gemeinde, für die er schreibt, als bekannt voraussetzt.[539] In der jüdischen Tradition, der der Evangelist die Menschensohnbezeichnung übernimmt, findet sich weder eine Berufung des Menschensohnes noch eine Einsetzung zum Menschensohn (s.u.).

BÜHNER versucht die Sendungschristologie des Johannesevangeliums zu erklären und kommt daher über den orientalischen Botenbegriff zu einem Ergebnis, in das er den Menschensohnbegriff einordnet. Ich hingegen versuche, ein Gesamtbild des johanneischen Menschensohnes aufgrund seiner Verwendung im Evangelium zu erstellen. Und hierbei fällt auf, daß der Menschensohnbegriff nicht mit der Sendungsterminologie in Verbindung gebracht wird.[540] Sein Geschick wird aktivisch dargestellt. Die passivische Formulierung der Erhöhung, die der aktivischen Formulierung des Aufstiegs entspricht, läßt sich durch ihre wortspielartige Deutung als Kreuzigung erklären (s.u.).

Die Aussage, daß niemand (außer Jesus) in den Himmel hinaufgestiegen ist, findet ihre Entsprechung in den weiteren Jesus-Reden:
- In 7,33-36 spricht Jesus über die zeitliche Begrenztheit seines Wirkens und seinen baldigen Weggang. Den Juden sagt er, daß sie ihm dorthin nicht folgen können (so auch in 8,21.24).
- Auch die Jünger Jesu sind nicht in der Lage, ihm nach seinem Fortgang zu folgen (13,33-14,3).

---

[539] Vgl. ONUKI, Gemeinde und Welt S.19 (mit Verweis auf VIELHAUER, Literatur S.445), der das Einführen von spezifisch johanneischen Begriffen oder Begriffepaaren als Eigenart der johanneischen „Grenzsprache" versteht. Gegen das Verständnis als Grenzsprache vgl. BERGER, Exegese S.230. Festzuhalten ist ONUKIS Beobachtung, der Evangelist setze „damit die *Kommunikationsfähigkeit* dieser Begriffe voraus." (ebd., *kursiv* bei ONUKI)

[540] So auch BÜHNER, Der Gesandte S.407; ferner: MOLONEY, Johannine Son of Man S.86; RUCKSTUHL, Abstieg und Erhöhung; THEOBALD, Fleischwerdung des Logos S.378f.

Jesus ist in seinem Aufstieg am Ende seines irdischen Wirkens die einzige Ausnahme. Nur Jesus, weil er von dort stammt, kann dorthin zurückkehren. Dies ist sonst keinem Menschen möglich. In diesem Sinne hat 3,13 den Charakter einer allgemeingültigen Feststellung[541] und entspricht aus menschlicher Sicht der Unvermittelbarkeit von σάρξ und πνεῦμα aus 3,6. Kein Mensch kann von sich Zugang zu Gott erlangen, nur der von Gott gekommene Menschensohn Jesus.[542]

9.2.3 Menschensohn und Geistgeborene

Die Funktion des Menschensohnes besteht nun darin, den Glaubenden Zugang zu Gott zu verschaffen. Da er der einzige ist, der von Gott her kommt, der einzige, der Gott je gesehen hat (1,18; vgl. 6,46), kann er die Unvermittelbarkeit von irdischem und himmlischem Seins-Bereich durchbrechen.

Hier ist jetzt auf den vorausgegangen Teil des Nikodemusgesprächs (3,1-12) zurückzublicken. In den folgenden Ausführungen soll dargelegt werden, wie Menschensohn und Geistgeborene einander zugeordnet werden können. Es geht um das Verhältnis von johanneischer Soteriologie und Christologie angewandt auf die christologische Bezeichnung Menschensohn.

In 3,1-21 geht es in vielerlei Hinsicht um den Kontakt zur himmlischen Sphäre.

- Nikodemus bescheinigt Jesus aufgrund dessen Wundertaten, daß er von Gott gekommen ist, und daß Gott mit ihm ist (2).
- Nur, wer von oben geboren ist, kann in das Reich Gottes gelangen, wobei auf die Taufe angespielt wird (3-8).
- Ihr habt schon die Rede von den irdischen Dingen nicht akzeptiert, wie dann erst die Rede von den himmlischen (12)?
- Niemand ist in den Himmel hinaufgestiegen, wenn er nicht zuvor herabgestiegen ist (13).
- Die Erhöhung des Menschensohnes ist nötig, damit alle Glaubenden das ewige Leben erlangen (14 u. 15).
- Das Motiv Gottes für die Sendung und Erhöhung seines Sohnes ist seine Liebe zur Welt (16f.).
- Aufforderung zum Glauben an den Gesandten (18-21).

---

[541] Vgl. BULTMANN, Johannes S.108, Anm.3.
[542] Vgl. HOFIUS, Wiedergeburt S.60f.

Auffällig ist hier die strukturelle Ähnlichkeit der Tauf-Thematik (3,3.5ff.) mit der Menschensohn-Thematik (3,13-15).[543] Bei beiden geht es um das „von oben". Der Getaufte wird von oben geboren, und der Menschensohn steigt vom Himmel herab. Es sind hier zwei Ebenen zu unterscheiden: In der einen geht es neben der Legitimation Jesu vor allem um die Möglichkeit der Partizipation der Menschen am Schicksal des Menschensohnes. Durch die richtige Deutung des Geschicks Jesu wird ewiges Leben für den Glaubenden möglich (13-15). In der anderen Ebene geht es um die Konkretion der menschlichen Haltung in Bezug auf Jesus durch das Annehmen der Taufe als ein von oben ausgehender Heilsakt (3-8).

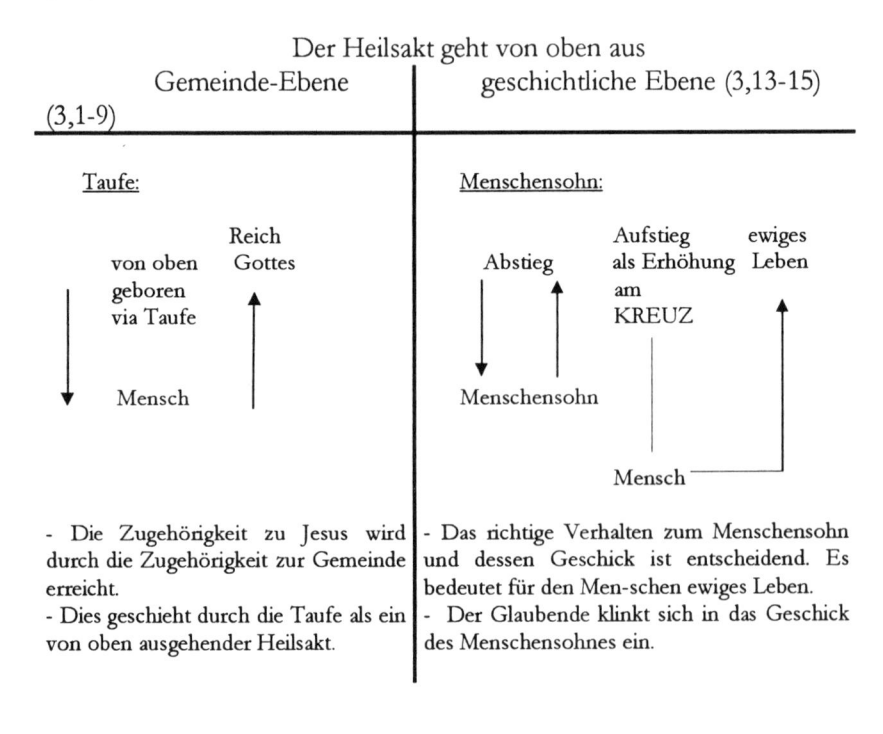

	Der Heilsakt geht von oben aus	
(3,1-9)	Gemeinde-Ebene	geschichtliche Ebene (3,13-15)
	Taufe:	Menschensohn:
	von oben geboren via Taufe → Mensch ↑ Reich Gottes	Abstieg → Menschensohn ↑ Aufstieg als Erhöhung am KREUZ → Mensch ↑ ewiges Leben
	- Die Zugehörigkeit zu Jesus wird durch die Zugehörigkeit zur Gemeinde erreicht. - Dies geschieht durch die Taufe als ein von oben ausgehender Heilsakt.	- Das richtige Verhalten zum Menschensohn und dessen Geschick ist entscheidend. Es bedeutet für den Men-schen ewiges Leben. - Der Glaubende klinkt sich in das Geschick des Menschensohnes ein.

---

[543] THEIßEN, Soziologie der Jesusbewegung S.28 spricht bezüglich der Parallelität von Menschensohnaussagen und Aussagen über das geforderte Verhalten der Gemeinde (jedoch nicht bezogen auf Joh 3) von einer „Strukturhomologie", die sich in den synoptischen Evangelien zeigt. Als Beispiele gibt er an: Mk 2,1ff.18ff.23ff.; 9,31; 10,28. 45; Mt 8,20; 11,18ff.; 16,19; 18,18. THEIßEN sieht diese Strukturhomologie allerdings zwischen Menschensohn und Wandercharismatikern: „In der Gestalt des Menschensohnes konnten (vor allem) urchristliche Wandercharismatiker ihre eigene soziale Situation interpretieren und bewältigen." (29) Zur Verbindung von Menschensohn und den zu ihm Gehörenden vgl. auch BERGER, Kirche S.207.

Die Ebene, in der es um die Geschichte des Menschensohnes geht, möchte ich die geschichtliche Ebene nennen. Sie beschreibt die Eckpunkte des Erdenwirkens des Menschensohnes. Er steigt vom Himmel herab und kehrt durch die Erhöhung als Kreuzigung wieder zum Himmel zurück. Hierbei betont 3,13 die Einzigartigkeit des Menschensohnes. Die Gleichsetzung des Aufstiegs mit der Erhöhung als Kreuzigung in 3,14 (s.u.) legitimiert Jesus als eben diesen Menschensohn. Erst diese Gleichsetzung macht das Gesamtphänomen plausibel. Weil die Erhöhung ein singulärer Vorgang ist, nämlich die Kreuzigung, wird deutlich, daß der Menschensohn hier als der einzige Repräsentant Gottes dargestellt wird, da sein Heraufsteigen ja der Erhöhung entspricht. Nun geht es aber in der geschichtlichen Ebene neben der Frage nach der Legitimation Jesu um die Funktion des Menschensohnes für die Menschen. Ein positives Verhalten zum Menschensohn ermöglicht Anteilhabe an ihm, nämlich ewiges Leben „in ihm" (15).[544] Der Glaubende klinkt sich gewissermaßen in das Geschick des Menschensohnes ein.

Die zweite Ebene ist die Gemeinde-Ebene. Auf dieser Ebene geht es um die Konsequenz, die die Menschen, die Jesus anerkennen, für sich zu ziehen haben. Diese Konsequenz ist die Taufe als ein von oben Geborenwerden. Sympathisantensein genügt nicht. Die Zugehörigkeit zum von Gott Gekommenen (3,2) muß durch die Zugehörigkeit zur Gemeinde ausgedrückt werden.

In beiden Ebenen geht es letztlich um das Gleiche, nämlich um das Erlangen des Heils für die Menschen durch das richtige Verhalten zu Jesus. Nur die Argumentationsweisen sind jeweils verschieden. In der geschichtlichen Ebene ist die Heilsfrage in das Geschick des Menschensohnes und somit in die Legitimationsfrage eingebettet. In der Gemeinde-Ebene geht es um die zeichenhafte Konsequenz des Anerkennens eben dieser Legitimität.

In beiden Ebenen geht der ermöglichende Heilsakt von oben aus. Und hier findet sich die argumentative Verknüpfung der beiden Ebenen. Nur wer von oben kommt, kann in die himmlische Sphäre gelangen. Das gilt einmal für den Menschensohn, der als der einzige Herabgestiegene am Ende seines Erdenwirkens zurückkehrte. Und das gilt auch für den an ihn und an sein Geschick Glaubenden, der durch die Taufe von oben geboren werden muß, um in das Reich Gottes zu gelangen. Die in den Versen 3-8 aufgestellte Regel (von oben, nach oben) wird in den Versen 13-15 christologisch begründet.[545] Es besteht für die Glaubenden durch

---

[544] Vgl. THEOBALD, Fleischwerdung des Logos S.383.
[545] Vgl. BECKER, Johannes 1 S.141; THEOBALD, Fleischwerdung des Logos S.382f.

die Zugehörigkeit zur Gemeinde, die durch die Taufe bewirkt wird, die Möglichkeit, in den gleichen Status zu kommen, in dem der vom Himmel herabgestiegene Menschensohn war.[546]

Das bedeutet jedoch nicht, daß der Menschensohn als kollektives Symbol verwendet wurde.[547] Die Funktionen und Eigenschaften des Menschensohnes sind einzigartig und exklusiv mit der Person Jesu verbunden. Der Menschensohn hat eine kollektive Funktion dahingehend, daß man an ihm und an seiner himmlischen Herkunft Anteil haben kann.

9.2.4 Gründe für die Verwendung des Menschensohnes in 3,13

Die bisherigen Ausführungen haben gezeigt, welche Funktion die Bezeichnung Menschensohn innerhalb des Nikodemusgesprächs aber auch im Blick auf die gesamte johanneische Christologie und Soteriologie hat. Es ging v.a. um seine Funktion für die intendierten Leser im Rahmen des Nikodemusgesprächs. Zu fragen wäre jetzt, warum der Evangelist hierfür die Bezeichnung Menschensohn verwendet. Welche Anknüpfungspunkte aus biblischer und frühjüdischer Tradition bieten sich hierfür an?

M.E. ergeben sich für die Verwendung des Menschensohnbegriffs in 3,13 zwei Anknüpfungspunkte in der Tradition:
1. Der Evangelist wählt hier die christologische Bezeichnung Menschensohn, da dieser die Möglichkeit der Anteilhabe an ihm impliziert.[548]
2. Der Menschensohn wird deshalb hier verwandt, weil er aus der jüdischen Tradition als präexistente Individualgestalt bekannt ist, die zur göttlichen Sphäre gehört. Er eignet sich daher als Bezeichnung einer Person, deren wahre Heimat die himmlische Sphäre ist.

Ausgangspunkt für die jüdische Menschensohnüberlieferung ist Dan 7.[549] Die Menschensohnpassagen in den Bilderreden des äthiopischen Henochbuches und in der sechsten Vision des vierten Esrabuches sind traditionsgeschichtliche Weiterentwicklungen der Menschensohnüberlie-

---

[546] Der Zusammenhang von Abstieg aus dem Himmel, Fleischwerdung des λόγος und Aufstieg der Glaubenden in den Himmel begegnet in EpAp 28; 39.
[547] In diesem Sinn (meist als Ergebnis der Exegese von Joh 5,27) etwa PAMMENT, Son of Man S.57f.; HORBURY, Son of Man S.35f. Zur Kritik vgl. SCHENK, Menschensohn S.155.
[548] Vgl. BERGER, Theologiegeschichte S.150f.169-173.671.674.
[549] Vgl. BECKER, Jesus S.254; HAMPEL, Menschensohn und historischer Jesus S.36f.; KOVACS, Ruler S.240; SCHENK, Menschensohn S.52ff.; SLATER, Son of Man S.197; THEIßEN / MERZ, Jesus S.472; TÖDT, Menschensohn S.19.

ferung von Dan 7. Neben diesen beiden Texten, die literarisch nicht voneinander abhängig sind,[550] findet sich keine weitere Erwähnung dieser Gestalt in nichtchristlichen frühjüdischen Texten.[551] Von einem fest fixierten vorchristlich-jüdischen Menschensohn-Konzept kann allerdings keine Rede sein. So formuliert HAMPEL zutreffend:
„Eine explizite Menschensohndogmatik ist der jüdischen Theologie im tiefsten fremd. Man kann im Grunde lediglich von einer auf Dan 7,13f aufbauenden Menschensohnexegese sprechen."[552]

Die Verbindung mit der neutestamentlichen Menschensohnchristologie wird durch die Identifizierung mit dem Messias hergestellt.[553]

9.2.4.1 Dan 7

Bereits in Dan 7 hat der Menschensohn eine kollektive Funktion.[554] Dan 7 ist unterteilt in eine Sachhälfte und eine Bildhälfte. Die Bildhälfte um-

---

[550] Vgl. SLATER, Son of Man; YARBRO COLLINS, Apocalyptic Son of Man Sayings S.224.
[551] Zum Fehlen des Menschensohnes in der mit 4Esr verwandten syrischen Baruchapokalypse (SyrBar) vgl. KOCH, Messias und Menschensohn S.91-97. Zum Fehlen in den Qumranschriften vgl. COLLINS, Jesus and the Messias S.293f.; COLLINS, Daniel S.72-79. COLLINS nimmt jedoch an, daß in dem sog. Sohn-Gottes-Text aus Qumran (4Q246 = 4QApocalypse ar = 4QpsDan A^a) eine Rezeption von Dan 7 vorliegt. Zur Diskussion vgl. BERGER, Qumran und Jesus S.96-99; COLLINS, 'Son of God' Text; FITZMYER, 'Son of God' Document; PUECH, Fragment, PUECH, Fragment d'une Apocalypse; THEIßEN / MERZ, Jesus S.491.527f.. In ApkAbr 10,4 liegt eine Rezeption von Dan 7 vor - in der Beschreibung des Engels Jaoel: „Der mir von Gott gesandte Engel - in der Ähnlichkeit eines Mannes - kam zu mir, ergriff meine Hand und stellte mich auf meine Füße." (in Übersetzung zitiert in SCHENK, Menschensohn S.52). Vgl. dazu neben SCHENK auch SLATER, Son of Man S.196f. Zur rabbinischen Literatur vgl. BIETENHARD, Menschensohn S.332-337; CARAGOUNIS, Son of Man S.131-136. Zur Rezeption von Dan 7 in späteren frühchristlichen und jüdischen Texten vgl. BERGER, Auferstehung S.222;629f. (Anm. II 575f.)
[552] HAMPEL, Menschensohn und historischer Jesus S.48. Vgl. ferner: HORBURY, Son of Man S.53; LEIVESTAD, Jesus S.49-105; LEIVESTAD, Exit S.243-267; LINDARS, Jesus, Son of Man; MÜLLER, Ausdruck S.66f.; SCHENK, Menschensohn S.52; YARBRO COLLINS, Origin; YARBRO COLLINS, Revelation.
[553] Vgl. dazu HAMPEL, Menschensohn und historischer Jesus S.48.98-100: „Denn zur Individualisierung der Menschensohngestalt kommt es überall aufgrund ihrer Identifikation mit dem Messias. Mit anderen Worten: Ein Interesse am Menschensohn als solchem ist nirgendwo nachweisbar. Vielmehr ist es der Messias, der jetzt unter anderem mit Hilfe der Menschensohnterminologie aus Dan 7 beschrieben wird, ohne daß die dortige Menschensohnkonzeption darüber hinaus auch sachlich aufgegriffen oder gar expliziert wäre."(S.48) Vgl. dazu auch HORBURY, Son of Man S.53; SCHENK, Menschensohn S.52.
[554] Vgl. ALBERTZ, Religionsgeschichte 2 S.662f.; BECKER, Jesus S.254f.; BERGER, Theologiegeschichte S.61.671; BERGER, Ende S.149; COLLINS, Apocalyptic Imagination S.81-

faßt 7,2-15 (Vision), die Sachhälfte 7,17-28 (Deutung). In Daniels Vision[555] hat Gott die vier widergöttlichen Weltmächte, die mit vier Tiergestalten verglichen werden,[556] vernichtet und überträgt die Weltherrschaft einer Gestalt, die wie ein Menschensohn aussieht (7,13). Ihm sollen alle Völker der Welt dienen, und seine Macht und sein Reich werden ewig und unvergänglich sein (7,14). In der Deutung der Vision (7,17ff.) wird der, der wie ein Menschensohn aussieht, mit den Heiligen des Höchsten identifiziert, die Anteil am Gottesreich haben (7,18). Die Heiligen des Höchsten werden in der Forschung entweder als Symbol für das Volk Israel (gegenüber den vier Weltmächten) oder als Engelwesen[557] gedeutet. In 7,24 werden dann die Heiligen des Höchsten als Reflex auf die zeitgeschichtliche Situation der Makkabäerzeit als „der fromm gebliebene Teil des Gottesvolkes Israel"[558] verstanden.

Ähnlich wird auch der Menschensohn, der diese repräsentiert, als kollektives Symbol für Israel gesehen.[559] Dennoch ist mit dem Menschensohn hier ein Einzelwesen gemeint.[560] Er unterscheidet sich von den menschlichen Weltmächten, die wie Tiere erscheinen (hinter denen aber reale Menschen stehen), darin daß er kein menschliches Wesen ist, sondern wie ein Mensch erscheint.[561]

Der Menschensohn ist nicht einfach Repräsentant des Volkes Israel, sondern „ein Symbol der endzeitlichen, von Gott verliehenen Herrschaft."[562] Somit dürfte der Menschensohn als engelähnliche Gestalt[563]

85; KOCH, Reich der Heiligen S.170; LOHSE, Apokalyptik und Christologie S.130; THEIßEN / MERZ, Jesus S.472.

[555] Im folgenden wird die literarische Einheitlichkeit von Dan 7 vorausgesetzt. Vgl. DEISSLER, Menschensohn S.82f.; HAMPEL, Menschensohn S.23; KOCH, Reich der Heiligen S.143, Anm.6. Anders urteilen u.a. BAUER, Daniel S.35-47; NOTH, Komposition S.144ff.; K. MÜLLER, Menschensohn im Danielzyklus; U.B. MÜLLER, Messias und Menschensohn S.23; THEISOHN, Richter S.1-30; WEIMAR, Daniel 7 S.15f.

[556] Zur Identifizierung der Tiere/Weltreiche mit den politischen Machtverhältnissen vgl. COLPE, ὁ υἱὸς τοῦ ἀνθρώπου S.423, Anm.164; KOCH, Bedeutung S.202-207; PLÖGER, Daniel S.108f.

[557] So COLPE, ὁ υἱὸς τοῦ ἀνθρώπου S.424; HAHN, Christologische Hoheitstitel S.17; KOCH, Reich der Heiligen; NOTH, Die Heiligen des Höchsten S.274ff. Zur Bedeutung der Engel im Danielbuch vgl. HAAG, Daniel S.16f.

[558] COLPE, ὁ υἱὸς τοῦ ἀνθρώπου S.424.

[559] So der Großteil der älteren Forschung. Vgl. zur Forschungslage KOCH, Reich der Heiligen S.147f.

[560] Vgl. HAHN, Christologische Hoheitstitel S.18; KOCH, Reich der Heiligen S.160; SLATER, Son of Man S.188.

[561] Vgl. COLLINS, Apocalyptic Imagination S.82; KOCH, Reich der Heiligen S.160; SCHENK, Menschensohn S.31; THEIßEN / MERZ, Jesus S.472. Anders HOOKER, Son of Man S.11.

[562] COLPE, ὁ υἱὸς τοῦ ἀνθρώπου S.424. Vgl. auch GESE, Krise S.381. Zum Menschensohn als Repräsentant der βασιλεία τοῦ θεοῦ in den synoptischen Evangelien vgl.

das endzeitliche Israel repräsentieren (nach 7,13 [LXX] repräsentiert er auch Gott), dessen Herrschaft im Himmel (durch die Machtübergabe an den Menschensohn) schon begonnen hat, auf Erden aber noch zu erwarten ist.[564] Darüber hinaus symbolisiert der Menschensohn eine neue Herrschaftsform, die im Unterschied zum animalischen Charakter der Herrschaft der Weltmächte eine menschliche sein wird.[565]

In Dan 7 ist von einer Präexistenz des Menschensohnes jedoch nicht die Rede. Der Menschensohn wird allerdings als himmlisches Wesen dargestellt (s.o.). Vor allem in der LXX-Fassung fungiert der Menschensohn als Wesir des Höchsten - als Repräsentant und ausführender Vertreter der göttlichen Herrschaft. Eine Gerichtsfunktion des Menschensohnes begegnet in Dan 7 nicht.[566]

9.2.4.2 ÄthHen 37-71

In den Bilderreden des äthiopischen Henochbuches (ÄthHen 37-71) werden Traditionen aus Dan 7 aufgenommen und weiterentwickelt.[567]

BRANDENBURGER, Markus 13 S.63ff.; KMIECIK, Menschensohn S.108f.; MERK-LEIN, Botschaft S.158ff.

[563] KOCH, Reich der Heiligen S.163, denkt hier an den Erzengel Michael (Völkerengel Israels in 10,21) wegen seiner vergleichbaren „Schwellenfunktion" im Visionsbericht Dan 10-12. Vgl. auch KOCH, Messias und Menschensohn S.81; BERGER, Theologiegeschichte S.172; K. MÜLLER, Menschensohn im Danielzyklus S.48f.60. Vgl. dazu kritisch ALBERTZ, Religionsgeschichte 2 S.663; HAMPEL, Menschensohn S.27-30. Zur Diskussion vgl. KVANVIG, Roots S.571 593.

[564] Vgl. ALBERTZ, Religionsgeschichte 2 S.663; HOOKER, Son of Man S.23-29; PREUß, Theologie 2 S.303; SLATER, Son of Man S.188. THEIßEN / MERZ, Jesus S.472, sprechen von einem „sozialmythischen Parallelismus" zwischen Himmel und Erde: „Parallel zur Machtübertragung im Himmel erfolgt (bald) eine Machtübernahme auf Erden: Israel wird die Weltherrschaft antreten. Der 'Menschenähnliche' im Himmel einer auf Erden verfolgten Gruppe, der er zu ihrem Recht verhelfen wird."

[565] Vgl. KOCH, Reich der Heiligen S.161: „Das Lexem אנש betont also nicht eine Menschennatur, sondern eine menschenwürdige Art des Verhaltens, ein auf Kommunikation und Akzeptanz ausgerichtetes Wesen im Unterschied zur brutalen Art von Raubtieren." Ähnlich auch ALBERTZ, Religionsgeschichte 2 S.663; SCHENK, Menschensohn S.31.

[566] Vgl. HAMPEL, Menschensohn und historischer Jesus S.30; LOHSE, Weltenrichter S.70f.; U.B. MÜLLER, Messias und Menschensohn S.42-44; THEISOHN, Richter S.11-13. Anders MOWINKEL, He That Cometh S.348-351; K. MÜLLER, Menschensohn und Messias.THEISOHN, Richter S.149-182 nimmt eine Abhängigkeit von Mt 25,31; 19,28 von den Bilderreden an. Zum Einfuß auf Apk 14,14 vgl. YARBRO COLLINS, Revelation S.563f.

[567] Vgl. dazu CASEY, Son of Man S.99-112; COLLINS, Son of Man S.452-459; COLPE, ὁ υἱὸς τοῦ ἀνθρώπου S.425-428; GESE, Messias S.142f.; HAMPEL, Menschensohn und historischer Jesus S41ff.; HOOKER, Son of Man S.46f.; KEE, Messiah S.343f.; U.B. MÜLLER, Messias und Menschensohn S.40-43; SCHENK, Menschensohn S.36-47; SLATER, Son of Man S.193-195; THEISOHN, Richter, bes. S.23-30.44-47; VÖGTLE,

Wie in Dan 7 ist auch in ÄthHen der Menschensohn kein messianischer Titel, sondern eine Beschreibung des Aussehens einer himmlischen Gestalt. Auffällig ist auch hier die kollektive Funktion.[568] Hinter dem Verfasser der Schrift steht eine Gemeinde, die sich auf Henoch als Offenbarer himmlischer Dinge beruft.[569]

Die Mehrheit der Forschung nimmt an, daß in den Bilderreden die Bezeichnung Menschensohn und Messias parallel verwendet werden (vgl. 48,10 52,4).[570]

48,3 spricht von der Präexistenz des Menschensohnes.[571]

ÄthHen 48,2f.

„2 Und in dieser Stunde wurde jener Menschensohn in Gegenwart des Herrn der Geister genannt, und sein Name vor dem Haupt der Tage.

3 Und bevor die Sonne und die beiden (Tierkreis-)Zeichen geschaffen wurden, bevor die Sterne des Himmels geschaffen wurden, ist sein Name vor dem Herrn der Geister genannt."[572]

Mit seiner Präexistenz ist eine bestimmte Funktion verbunden:

Gretchenfrage S.122-128. Eine andere Forschungsrichtung vertritt die These, daß die Bilderreden bereits christlich beeinflußt seien: z.B. CAMPBELL, Origin; HINDLEY, Date; LEIVESTAD, Jesus S.234; MEARNS, Parables of Enoch; MEARNS, Dating the Similitudes of Enoch (judenchristlich); MILIK, Problemes (Spätdatierung um 270 n.Chr.); SIM, Dependence; SPARKS, 1Enoch S.174-180. Für eine Entstehung in vorchristlicher Zeit bzw. für jüdische Herkunft ohne christliche Einflüsse spricht sich die Mehrzahl der Forscher aus. Vgl. u.a. BERGER, Henoch S.478; CASEY, Use; COPPENS, Le fils de l'homme vétéro- et intertestamentaire S.148-155; GREENFIELD / STONE, Date; HAMPEL, Menschensohn und historischer Jesus S.41, Anm.2; HENGEL, Lehrer S.177; K. MÜLLER, Menschensohn und Messias; U.B. MÜLLER, Messias und Menschensohn; SJÖBERG, Menschensohn S.35-39; THEISOHN, Richter; UHLIG, Henochbuch S.574f.; VANDERKAM, Righteous One. BLACK, Enoch, und VANDERKAM, Righteous One, plädieren darüber hinaus für die ursprüngliche Zugehörigkeit der Bilderreden zu Äth-Hen. Dies wird von der Mehrzahl der Forscher bestritten - wegen des Fehlens dieser Teile des Henochbuchs in den in Qumran (Höhle 4) gefundenen elf Abschriften (vgl. dazu VANDERKAM, Qumranforschung S.57-59).

[568] Vgl. HOOKER, Son of Man S.46.
[569] Vgl. COLPE, ὁ υἱὸς τοῦ ἀνθρώπου S.429.
[570] Zur Parallelität der verschiedenen Bezeichnungen (Menschensohn, Messias, Erwählter, Gerechter etc.) angewandt auf dieselbe Offenbarerfigur vgl. BECKER, Jesus S.255f. (aber: selbständige Konzeption gegenüber dem davidischen Messias); BLACK, Enoch S.189; COLLINS, Apocalyptic Imagination S.148; COLLINS, Jesus and the Messiahs S.292; HAHN, Christologische Hoheitstitel S.158; KOVACS, Ruler S.243; SJÖBERG, Menschensohn S.140ff.; VANDERKAM, Righteous One; YARBRO COLLINS, Apocalyptic Son of Man-Sayings S.224. KOCH, Messias und Menschensohn S.97-100, vertritt hingegen eine zweistufige Messianologie. Zur Problematik vgl. auch SCHENK, Menschensohn S.38-46; THEIßEN / MERZ, Jesus S.462.
[571] Vgl. dazu SJÖBERG, Menschensohn S.90-93; TÖDT, Menschensohn S.258f.
[572] Übersetzung UHLIG, Henochbuch S.590.

ÄthHen 48,4.6
„4 Und er wird für die Gerechten ein Stab sein, damit sie sich auf ihn stützen und nicht fallen, und er wird das Licht der Völker und die Hoffnung derer sein, die in ihrem Herzen Kummer haben. (...)
6 Und darum ist er erwählt worden und verborgen vor ihm, ehe der Äon geschaffen wurde, und bis in Ewigkeit (wird er sein)."[573]

In ÄthHen 71 geht es um ein enges Verhältnis Henochs zu seinen Anhängern. Diese werden Anteil am Heil Henochs haben.[574]
ÄthHen 71,16f.
„16 Und alle werden auf deinem Wege wandeln, da dich die Gerechtigkeit in Ewigkeit nicht verläßt, bei dir werden ihre Wohnungen sein und bei dir ihr Anteil, und sie werden sich nicht von dir trennen bis in Ewigkeit und von Ewigkeit zu Ewigkeit.
17 Und so wird die Länge der Tage bei jenem Menschensohn sein, und es wird Heil für die Gerechten sein und ein ebener Weg für die Gerechten - im Namen des Herrn der Geister für immer und ewig."[575]
Unklar ist jedoch, ob Henoch hier in 71,14 mit dem Menschensohn identifiziert - genauer als Menschensohn und endzeitlicher Richter eingesetzt - , oder ob er als Mensch(geborener) - wie in 60,10 - angesprochen wird.[576] Letzteres scheint mir hier wahrscheinlicher zu sein.[577]

Auch in 62,13-16 geht es um die endzeitliche Gemeinschaft des Menschensohnes mit den Erwählten und Gerechten (vgl. auch 48,4).
ÄthHen 62,13-16
„13 Und die Gerechten und Auserwählten werden an jenem Tage gerettet werden, und sie werden das Angesicht der Sünder und Ungerechten nicht mehr sehen von nun an.
14 Und der Herr der Geister wird über ihnen wohnen, und sie werden mit jenem Menschensohn speisen und sich (zur Ruhe) niederlegen und sich erheben von Ewigkeit zu Ewigkeit.
15 Und die Gerechten und Auserwählten werden sich von der Erde erhoben haben und werden aufgehört haben, das Angesicht zu senken und sind bekleidet mit dem Gewand der Herrlichkeit.

---

[573] Übersetzung UHLIG, Henochbuch S.591.
[574] Vgl. dazu BERGER, Henoch S.526f.
[575] Übersetzung UHLIG, Henochbuch S.634.
[576] Vgl. dazu BERGER, Henoch S.511f.; COLLINS, Heavenly Representive S.119-124.
[577] So auch BERGER, Henoch S.511f.524f.; BERGER, Formgeschichte S.236; CARAGOUNIS, Son of Man S.110f.; COLLINS, Son of Man S.453ff.; SAHLIN, Menschensohn S.159f.; SCHENK, Menschensohn S.46f. Für eine Einsetzung Henochs zum Menschensohn plädieren u.a. BALZ, Probleme S.96-107; COLPE, ὁ υἱὸς τοῦ ἀνθρώπου S.428f.; HOOKER, Son of Man S.44; LICHTENBERGER, Messianische Erwartungen S.15; PERRIN, Son of Man S.23; VIELHAUER, Gottesreich und Menschensohn S.90; VÖGTLE, Gretchenfrage S.130.133.

16 Und das wird euer Gewand sein: das Gewand des Lebens vom Herrn der Geister; und eure Gewänder werden nicht alt werden, und eure Herrlichkeit wird nicht vergehen vor dem Herrn der Geister."[578]

Das äthiopische Henochbuch geht darin über Dan 7 hinaus, daß es den Menschensohn mit der Funktion des Gerichtes verbindet (s.u.).[579] Diese Funktion wird auch auf die Anhänger übertragen.

9.2.4.3 4Esr 13

Eine weitere Rezeption von Dan 7 findet sich in der sechsten Vision des (nach 70 n.Chr. entstandenen)[580] Vierten Esrabuches: 4Esr 13,2-13.[581] Wie schon in ÄthHen geht es auch hier um eine himmlisches Wesen, dessen Aussehen als „wie die Gestalt eines Menschen" (13,3) beschrieben wird.

4Esra 13,3
„Ich sah, und siehe, der Sturm führte aus dem Herzen des Meeres etwas wie die Gestalt eines Menschen herauf. Ich sah, und siehe, dieser Mensch flog auf den Wolken des Himmels. Wohin er sein Gesicht wendete und hinblickte, da zitterte alles, was er ansah."[582]

Im weiteren Verlauf der Vision wird diese Bezeichnung nicht mehr wiederholt, sondern mit *ille* oder *ipse homo* darauf zurückverwiesen (vgl. 13,3.5.12). In der Deutung der Vision in 4Esr 13,21-56 wird nur noch *vir* als Bezeichnung verwendet (vgl. 13,25.32.51). In 13,32.37.52 wird dieser Menschengestaltige als „mein Sohn" bezeichnet.[583] Eine Identifizierung mit dem Messias liegt nahe, wenn man 7,28.29 darauf bezieht, wo eine Gleichsetzung von „mein Sohn" und Messias begegnet.[584] Ein Verständ-

---

[578] Übersetzung UHLIG, Henochbuch S.615.
[579] Vgl. dazu BECKER, Jesus S.255f.; SJÖBERG, Menschensohn S.61-82.
[580] Zur Datierung vgl. ERLEMANN, Naherwartung S.92; HARNISCH, Verhängnis S.11; LICHTENBERGER, Messianische Erwartungen S.15f.; SCHREINER, Esra S.301f.
[581] Vgl. u.a. BECKER, Jesus S.256; COLLINS, Heavenly Represenitve; COLLINS, Son of Man S.459-462; COLLINS, Jesus and the Messiahs S.292f.; KOCH, Messias und Menschensohn S.88-91; U.B. MÜLLER, Messias und Menschensohn S.101-134; NIKKELSBURG, Son of Man S.141; SCHENK, Menschensohn S.49. Die Unabhängigkeit von Dan 7 wird vertreten von KEARNS, Vorfragen II S.52-93; KVANVIG, Roots S.522-24. Zu Unterschieden und Gemeinsamkeiten mit Dan 7 und ÄthHen vgl. zuletzt SCHENK, Menschensohn S.50 und die Übersicht in THEIßEN / MERZ, Jesus S.473.
[582] Übersetzung SCHREINER, Esra S.393f.
[583] Zur Übersetzung mit „Knecht" vgl. TÖDT, Menschensohn S.21, Anm. 5; SJÖBERG, Der verborgene Menschensohn S.47.
[584] Vgl. dazu GERO, Son; U.B. MÜLLER, Messias und Menschensohn S.89f.; YARBRO COLLINS, Apocalyptic Son of Man-Sayings S.224.

nis von „mein Sohn" als Sohn Gottes[585] ist jedoch nicht unproblematisch.[586]

Der Mensch ist wie der Menschensohn in ÄthHen 48,3 präexistent (13,26). Das Meer ist der Ort seiner Verborgenheit.[587]

4Esr 13,26
„Das ist jener, den der Höchste lange Zeit aufbewahrt, durch den er seine Schöpfung erlösen will; er wird die Übriggebliebenen ordnen."[588]

Wie in ÄthHen wird mit dem Menschen eine Gerichtsfunktion verbunden - im Unterschied zu Dan 7. Diese Gerichtsfunktion läßt sich deutlicher als Urteilsvollzug (vgl. 4Esr 12ff.) verstehen.[589] Auch tritt er als Zeuge und Ankläger im Gericht auf (vgl. 4Esr 7,37). Alleiniger Weltenrichter aber ist Gott.[590] Anders als in ÄthHen wird ein Erdenwirken dargestellt. Darin übernimmt der aus dem Meer heraufgestiegene Mensch typische Funktionen des davidischen Messias.[591]

Der Mensch in 4Esr hat jedoch keine kollektive Funktion im Sinne einer Heilsgemeinschaft. Er bleibt von der Gemeinde deutlich getrennt.[592] Es geht nicht um eine eschatologische Anteilhabe an seinem Geschick. Seine Funktion ist die Sammlung der Seinen, allerdings erst im Anschluß an die Vernichtung der Gegner.

9.2.4.4 Ertrag

Es ergeben sich die folgenden möglichen Anknüpfungspunkte für die Verwendung der Menschensohnbezeichnung in 3,13.
(1) Beim Menschensohn in Dan 7 handelt es sich um eine Einzelgestalt, die aus der himmlischen Sphäre stammt. Er unterscheidet sich eben seiner Herkunft nach von den mit Tieren verglichenen menschlichen Weltreichen, denen er gegenübergestellt wird.[593] Wie in Dan 7 ist auch

---

[585] Vgl. dazu CARAGOUNIS, Son of Man S.130; COLLINS, Son of Man S.462f.; COLPE, ὁ υἱὸς τοῦ ἀνθρώπου S.430; STONE, Features S.71-75.
[586] SCHENK, Menschensohn S.50, mahnt hier zur Vorsicht: „Doch es redet ja immer der Deuteengel Uriel, der auch über Gott 13,26.28.44.47 in der 3. Person redet (...). Es geht also um dessen ›Sohn‹, zumal die Schlußstelle 13,52 gegen einen Anhalt an der Vision auch noch durch Kompagnons erweitert ergänzt: »und jene, die mit ihm zusammen sind«."
[587] Vgl. CARAGOUNIS, Son of Man S.201; U.B. MÜLLER, Messias und Menschensohn S.107-134; SCHENK, Menschensohn S.50; TÖDT, Menschensohn S.258f.
[588] Übersetzung SCHREINER, Esra S.396.
[589] Vgl. dazu NICKELSBURG, Son of Man S.141: „...the man appears not to rule, but rather to execute judgement and deliver the righteous."
[590] Vgl. LOHSE, Weltenrichter S.71.
[591] Vgl. COLLINS, Jesus and the Messiahs S.292f.
[592] Vgl. COLPE, ὁ υἱὸς τοῦ ἀνθρώπου S.430.
[593] Vgl. COLPE, ὁ υἱὸς τοῦ ἀνθρώπου S.424.

der Menschensohn der Bilderreden in ÄthHen ein himmlisches Wesen. Der Menschensohn im Henochbuch wie auch der Mensch in 4Esr sind darüber hinaus präexistent[594] (vgl. auch 4Esr 13,26): sein Name wurde schon vor der Schöpfung genannt (ÄthHen 48,3). Auch der johanneische Menschensohn stammt vom Himmel (3,13; 6,62) und ist darin einzigartig.

(2) Eine kollektive Dimension hat der Menschensohn in Dan 7 durch seine Beziehung zu den Heiligen des Höchsten. Im Henochbuch wird eine eschatologische Gemeinschaft mit dem Menschensohn angekündigt. Dem entspricht im Johannesevangelium die Möglichkeit der Anteilhabe am Geschick des vom Himmel herabgestiegenen Menschensohnes (3,13ff.) durch die zunehmende Verähnlichung von Menschensohn und Glaubenden (s.o.) sowie die vorbereitende Funktion des Menschensohnes für die künftige himmlische Existenz der Gemeinde (12,23; vgl. 14,2f.). Die Immanenz Vater/Sohn wird auf die Gemeinde ausgeweitet.

(3) Der Menschensohn in Dan 7 repräsentiert eine andere Form der Herrschaft gegenüber den weltlichen Mächten. Er ist Repräsentant der im Himmel schon realisierten für die Welt aber noch kommenden Gottesherrschaft. Auch der johanneische Christus ist Repräsentant des Herrschaftsanspruchs Gottes. So kommt der Schöpfungsmittler, der λόγος, in die von ihm erschaffene Welt, um sein Eigentumsrecht zu vertreten (1,10f.). Auch die johanneischen Immanenzaussagen zeigen die Willenseinheit mit Gott, dessen ungeteilten Herrschaftsanspruch der johanneische Christus auf Erden vertritt. Mit der Bezeichnung Menschensohn werden hier in 3,13 die rahmenden Ereignisse Ankunft und Rückkehr erklärt, wobei die Betonung (wie auch bei den anderen christologischen Bezeichnungen) auf der Einzigartigkeit liegt.

Fazit: Der Menschensohn der jüdischen Apokalyptik hat eine individuelle wie kollektive Struktur: Er ist eine Einzelgestalt und er hat eine kollektive Funktion, da er mit den Heiligen des Höchsten identifiziert wird bzw. mit der endzeitlichen Gemeinde Gemeinschaft hat. Er ist Repräsentant der Herrschaft Gottes über die Welt.[595]

---

[594] Zur Präexistenz des Menschensohnes Voraussetzung für die Sprüche vom verborgenen Menschensohn vgl. SJÖBERG, Der verborgene Menschensohn S.96ff.; HAMPEL, Menschensohn und historischer Jesus S.70-79. Zur Präexistenz des Messias vgl. u.a. GOPPELT, Theologie S.399-405; HAACKER, Stiftung des Heils S.116-128; HENGEL, Sohn Gottes S.104-120; MERKLEIN, Entstehung; SCHNACKENBURG, Johannesevangelium 1 S.290-302; SJÖBERG, Der verborgene Menschensohn S.56-58.

[595] Zum Verhältnis von Menschensohn und Reich Gottes in den Evangelien vgl. u.a. HAMPEL, Menschensohn und historischer Jesus S.168-174. Nach VIELHAUER, Gottes-

Diesen Tatbestand formuliert BERGER zusammenfassend:
„Dank seiner komplexen individuellen wie kollektiven Struktur kann er vorzüglich *Heilsteilhabe und eine ganz enge Gemeinschaft und den zu ihm Gehörigen bezeichnen*. Denn seit Dan 7 ist Menschensohn eine Chiffre für Weltherrschaft, damit für Freiheit und Heil."[596]

Auch außerhalb des Johannesevangeliums ist die enge Verbindung von Menschensohn und Glaubenden spürbar. Sie äußert sich in Verfolgungsgemeinschaft (Außenseiterrolle des Menschensohnes) wie Heilsgemeinschaft:[597]

- Mk 2,23-28parr: Menschensohn (wie seine Jünger) als Herr des Sabbats.
- Mk 10,43ff.; Mt 20,28ff.: Menschensohn als Diener und Lösegeld für viele.
- Mt 8,20-22; Lk 9,58: Aufforderung zu bedingungsloser Nachfolge trotz Heimatlosigkeit des Menschensohnes - Geschicksgemeinschaft von Menschensohn und Nachfolgenden.
- Mt 19,28: Nachfolgen dem Menschensohn auf Erden führt - nach der Wiedergeburt (vgl. 3.3.5) - zum Nachfolgen auch in die himmlische Funktion des Richtens (vgl. 12,32).
- Lk 6,22: Verfolgung um des Menschensohnes willen (vgl. 9,35f.).
- Lk 12,8f.: Bekenntnis zum Menschensohn jetzt führt zum Bekenntnis vom himmlischen Menschensohn.

---

reich und Menschensohn, ist zwischen Reich Gottes und Menschensohn keine Verbindung zu sehen. Beide Themen begegnen unabhängig voneinander und beruhen auf unterschiedlichen religionsgeschichtlichen Voraussetzungen. Nach VIELHAUER habe Jesus daher nur die kommende Gottesherrschaft ohne Mittlergestalt verkündet, die Menschensohnaussagen seien nachösterliche Bildungen der Gemeinde. Zur Auseinandersetzung um VIELHAUERS These vgl. neben HAMPEL u.a. BERGER, Theologiegeschichte S.673; CARAGOUNIS, Son of Man S.232-242; COLPE, ὁ υἱὸς τοῦ ἀνθρώπου S.442f.; HAHN, Christologische Hoheitstitel S.27-31.458; THEIßEN / MERZ, Jesus S.477; TÖDT, Menschensohn S.298-316. Zum Menschensohn als Repräsentant der Gottesherrschaft vgl. u.a. BERGER, Theologiegeschichte S.673f.; O. BETZ, Probleme S.635; BÜHNER, Der Gesandte S.172.195f.; HAMPEL, Menschensohn und historischer Jesus S.170f.; HURTADO, One God, One Lord S.93-128; MERKLEIN, Jesus S.150-156.
[596] BERGER, Theologiegeschichte S.674 (*kursiv* bei BERGER).
[597] Vgl. BERGER, Kirche S.207; THEIßEN / MERZ, Jesus S.476 („sozialmythische[r] Parallelismus").

9.2.5 Der Menschensohn als der Ab- und Aufgestiegene - zur Bedeutung und Herkunft der Verben ἀναβαίνειν und καταβαίνειν und ihrer Verknüpfung mit dem Menschensohn

Die Verben ἀναβαίνειν und καταβαίνειν begegnen überwiegend in ihrer lokalen/geographischen Grundbedeutung - sowohl im Neuen Testament als auch in der Septuaginta.[598] Hier geht es nun um den besonderen Gebrauch und die Bedeutung dieser Verben in religiöser Sprache.

Die folgende Darstellung ist als kurze Übersicht zu betrachten. Darüber hinaus ist auf die gründlichen Arbeiten zur Sendungschristologie des Johannesevangeliums von BÜHNER[599] und MIRANDA[600] zu verweisen.

9.2.5.1 Altes Testament und Frühjudentum

In der Septuaginta sind ἀναβαίνειν und καταβαίνειν meist die griechische Wiedergabe von עלה und ירד.[601] In religiöser Rede begegnet ἀναβαίνειν als feststehende Formel im kultischen Kontext für den Aufstieg zum Gottesberg (z.B. Ex 19,12f.; 34,1-4), den Aufstieg zum Heiligtum (z.b. 1Sam1,3 [Silo])[602] und den Aufstieg zum Tempel nach Jerusalem (z.B. 1Kön 19,14; vgl. Joh 2,13; 5,1; 11,55; Josephus, Antiquitates 14,270; 20,164; Bellum 2,40).[603]

Καταβαίνειν bezeichnet das Herabkommen Gottes vom Himmel auf den Sinai (Ex 19,10f.18.20; 34,5; Num 11,25; Neh 9,13). Voraussetzung für die Verwendung von ἀναβαίνειν und καταβαίνειν in Theophanieschilderungen ist, daß der Himmel als Wohnort Gottes verstanden wird (Dtn 33,26; Hi 16,19; 22,12; Jes 66,1; Dan 2,28), von dem aus Gott durch sein καταβαίνειν (meist als Machterweis oder Strafhandeln) in die Geschichte eingreift (Gen 11,7; Ex 3,8; Jes 31,4; 63,19; 64,2; Mi 1,12; Ps 143,5 [LXX]).[604] So wird mit καταβαίνειν der Anfangspunkt der Theophanie bezeichnet.[605] Auch ἀναβαίνειν begegnet in Theophanie-

---

[598] Vgl. dazu insgesamt J. SCHNEIDER, βαίνω; WEHMEIER, עלה; BEUTLER, ἀναβαίνω; FENDRICH, καταβαίνω; SIEDE, ἀναβαίνω.
[599] BÜHNER, Der Gesandte.
[600] MIRANDA, Vater.
[601] Vgl. SIEDE, ἀναβαίνω S.684.
[602] Dafür gibt es auch außerbiblische Belege. Vgl. dazu J. SCHNEIDER, βαίνω S.517f.
[603] Vgl. J. SCHNEIDER, βαίνω S.517.
[604] Vgl. WEHMEIER, עלה Sp. 282 (mit Verweis auf EICHRODT, Theologie II S.125-131); MIRANDA, Vater S.64.
[605] Vgl. BERGER, Johannes S.255; MIRANDA, Vater S.64.

schilderungen und bezeichnet dort den Endpunkt der Theophanie (Gen 17,22; Ps 47,6; 68,19)⁶⁰⁶ Vom ἀναβαίνειν bzw. καταβαίνειν der Doxa Gottes in Theophanieschilderungen ist die Rede in Ex 24,16 bzw. Ez 9,3; 11,23. Als Korrelatbegriffe mit epiphanem Charakter begegnen καταβαίνειν / ἀναβαίνειν in Jes 14,14f.; Prov 30,4. Eine Verbindung von ἀναβαίνειν und Sendung (ἀποστέλλειν) als Rückkehr des Engels (Rafael) zum Sendenden findet sich in Tob 12,20.⁶⁰⁷ Καταβαίνειν begegnet auch, wo von Gottes himmlischen Gaben die Rede ist, die er seinem Volk zugute kommen läßt. So heißt es in Num 11,9, daß das Manna bei Nacht - wie der Tau, der auf das Lager herabfiel - herabstieg (ירד; LXX: καταβαίνειν).⁶⁰⁸

Auch die Weisheitsspekulation kennt eine Herabkunft der Weisheit auf die Erde, allerdings fehlt hier der Begriff καταβαίνειν.⁶⁰⁹ Eine Verbindung von Aufstieg zum Himmel und Weisheit findet sich in Bar 3,29 (vgl. Dtn 30,12 [Gebot]). Dort geht es jedoch um das Auffahren zum Himmel und das Herabholen der Weisheit nicht aber um das Herabkommen der Weisheit selbst.

9.2.5.2 Frühchristliche Texte (außer Johannesevangelium)

Im frühchristlichen Schrifttum ist das Verb καταβαίνειν ein geläufiger Epiphanieterminus. Wo es „mit religiösen Begriffen verbunden ist, da handelt es sich um die Epiphanie göttlicher Wesen (...) um die körperliche Gegenwart himmlischer Wesen".⁶¹⁰

Καταβαίνειν findet sich in den synoptischen Evangelien beispielsweise im Bericht über die Taufe Jesu beim Herabkommen des Geistes (Mk 1,10; Mt 3,16; Lk 3,22). In Mk 1,10par begegnet eine Abfolge von ἀναβαίνειν und καταβαίνειν im Bericht über Jesu Taufe: Jesu steigt aus dem Wasser (ἀναβαίνων), und der Geist kommt wie eine Taube auf ihn herab (καταβαῖνον).

In Act 2,34 wird die Messianität dadurch bewiesen, daß sich die Weissagung von Ps 110 (Sitzen zur Rechten Gottes) an David nicht erfüllt habe, denn David ist nicht zum Himmel hinaufgestiegen (οὐ γὰρ Δαυὶδ ἀνέβη εἰς τοὺς οὐρανούς...). Erfüllt habe sich diese erst in der

---

⁶⁰⁶ Vgl. MIRANDA, Vater S.64.
⁶⁰⁷ Vgl. dazu TALBERT, Myth S.423; KUHN, Angelology.
⁶⁰⁸ In den Targumim wurde in Ex 16,4 die Vorstellung vom herabregnenden Manna im Sinne von Num 11,9 korrigiert. Vgl. dazu MALINA, Palestinian Manna Tradition S.44.53f.; ROSE, Manna S.100.
⁶⁰⁹ Vgl. MIRANDA, Vater S.65.
⁶¹⁰ LOHMEYER, Markus S.21. Vgl. BERGER, Johannes S.255; HAHN, Christologische Hoheitstitel S.342, Anm. 2; MIRANDA, Vater S.52; J.M. ROBINSON, Geschichtsverständnis S.22.

Auferstehung Christi. David hat im Psalm also nicht von sich gesprochen, sondern von Christus. Act 2,34 deutet also die Erhöhung Jesu von 2,33 als Aufstieg zum Himmel.

Paulus verwendet καταβαίνειν zur Beschreibung der Parusie als Abstieg vom Himmel (1Thess 4,16).[611] In Röm 10,6f. formuliert er mit ἀναβαίνειν und καταβαίνειν eine Exegese von Dtn 30,12 und Ps 107,26 [612]: Es ist dem Menschen unmöglich, in den Himmel hinaufzusteigen und Christus herunterzuholen bzw. in das Totenreich hinabzusteigen, um Jesus heraufzuholen.[613]

In Apk 3,12; 21,2.10 steigt das himmlische Jerusalem vom Himmel auf die Erde herab.[614]

Eine ähnliche Formulierung wie in Joh 3,13 findet sich in Eph 4,9f., wo „die Identität des Aufsteigenden mit dem Herabgestiegenen ausgedrückt wird"[615]: Christus ist zum höchsten Himmel hinaufgestiegen, und deshalb war er auch zur Erde hinabgestiegen.

In Barn 15,9 ist vom Aufstieg Jesu in den Himmel (ἀνέβη εἰς οὐρανούς) nach seiner Auferstehung und nach den Erscheinungen die Rede.

9.2.5.3 Gnostizismus

Auch im Gnostizismus ist die Ab- und Aufstiegsvorstellung geläufig.[616] Jedoch ist der johanneische Menschensohn nicht mit dem gnostischen Mythos vom herabgestiegenen Urmenschen zu erklären.[617] Der Menschensohn als Bezeichnung Jesu wird im Johannesevangelium exklusiv gebraucht, während der gnostische Erlöser, „der die Seelen 'in sich' einschließt, (...) eine physische Einheit mit seinen Gläubigen" bildet, „so

---

[611] Vgl. MIRANDA, Vater S.58.
[612] Vgl. MIRANDA, Vater S.59f.; WILCKENS, Römer 2 S.224-226.
[613] WILCKENS, Römer 2 S.225f. faßt die Intention von Röm 10,6f. zusammen: „Wo die Synagoge ihre Hörer ermutigte, sie brauchten sich weder in die Höhe des Himmels noch in die Ferne jenseits des Meeres zu bemühen, um die Tora erst von dort zu holen, sondern sie könnten sie hier und jetzt im Gottesdienst hören, hält Paulus hier entgegen: Es gehe um Christus, den niemand vom Himmel herabzuholen brauche, (da er von dort herabgekommen ist? vgl. Phil 2,6-8 und Joh 3,13; 6,33.38.41ff.50f.58, oder da er als der himmlische Richter erst zum Endgericht herabkommen wird, vgl. 1Thess 4,16?), und den vor allem niemand aus dem Totenreich herausführen muß, da er doch von den Toten auferstanden ist (V9). Vielmehr ist er im Wort des Kerygmas 'nahe', in dem die Glaubensgerechtigkeit verkündigt wird - statt der Gesetzesgerechtigkeit.",,
[614] Zum herabsteigenden Jerusalem in Apk 21 vgl. die Ausführungen von SÖLLNER, Jerusalem S.197-277.
[615] MIRANDA, Vater S.58. Vgl. dazu zuletzt HARRIS, Descent.
[616] Vgl. dazu SEGAL, Heavenly Ascent S.1377-1388; TALBERT, Myth.
[617] So BULTMANN, Bedeutung.

daß der Erlöser ein erlöster bzw. erlösender Erlöser wird."[618] Er wird also inklusiv verstanden, was der johanneischen Erlösungslehre deutlich widerspricht.[619]

Zusammenfassend schreibt MIRANDA:
„Auf Grund der radikalen Vergeschichtlichung des Herab- und Aufstiegs Jesu ist der Gehalt des gnostischen Kata-Anabasis-Schema bei Joh nicht gegeben. Schon die Tatsache, daß bei Joh keine Himmelsreise geschildert wird, zeigt, daß der Evangelist sich für den Erlösermythos nicht interessiert."[620]

Eine Verbindung des gnostischen Erlöser-Mythos mit der johanneischen Menschensohnvorstellung ist auch deshalb abzulehnen, da der Menschensohn erst durch das Christentum im Gnostizismus aufgenommen wird. Alle gnostischen Texte, in denen der Menschensohn begegnet, stammen erst aus christlicher Zeit.[621]

9.2.5.4 Johannesevangelium

Die christologische Verwendung von καταβαίνειν und ἀναβαίνειν dominiert gegenüber der geographischen Verwendung.[622]

καταβαίνειν als Beschreibung eines Abstiegs vom Himmel

1,32: Herabsteigen des Geistes auf Jesus
1,33: Herabsteigen des Geistes auf Jesus
1,51: Die Engel steigen auf- und nieder über dem Menschensohn
3,13: Nur der Menschensohn ist in den Himmel hinaufgestiegen, da er von dort herabgestiegen ist.
6,33: Das von Gott gegebene Brot kommt vom Himmel herab und gibt der Welt das Leben.
6,41: Das vom Himmel herabgestiegene Brot
6,42: Jesus ist vom Himmel herabgestiegen.
6,50: Wer das vom Himmel herabgestiegene Brot ißt, wird nicht sterben.
6,51: Jesus als das lebendige, vom Himmel herabgestiegene Brot, dessen Genuß ewiges Leben bringt.
6,58: Wer das vom Himmel herabgestiegene Brot ißt, wird in Ewigkeit leben.

geographische Verwendung: 2,12; 4,47.49.51; 5,7; 6,16.

ἀναβαίνειν als Bezeichnung eines Aufstiegs zum Himmel bzw. Rückkehr

---

[618] MIRANDA, Vater S.58. Vgl. auch MEEKS, Funktion S.246
[619] Vgl. SCHNACKENBURG, Johannesevangelium 1 S.320.
[620] MIRANDA, Vater S.55; vgl. dagegen BÜHNER, Der Gesandte S.398, der eine himmlische Berufungsvision annimmt.
[621] Vgl. BECKER, Johannes 1 S.169 und SCHNACKENBURG, Johannesevangelium 1 S.135.
[622] Vgl. zum folgenden die Übersichten bei NICHOLSON, Death as Departure S.52 und S.58.

> 1,51: Die Engel steigen auf- und nieder über dem Menschensohn
> 3,13: Nur der Menschensohn ist in den Himmel hinaufgestiegen, da er von dort herabgestiegen ist.
> 6,62: Der Menschensohn steigt auf, wo er vorher war
> 20,17: Jesu Rückkehr zum Vater als Aufstieg
>
> geographische Verwendung: 2,13; 5,1; 7,8.10.14; 11,55; 12,20; 21,11.

Beide Verben begegnen in ihrer christologischen Verwendung fast ausschließlich im Kontext von Menschensohnworten.[623] Die Ausnahmen sind für καταβαίνειν die Aussagen über den auf Jesus herabsteigenden Geist (1,32f.) - dies gehört zur Tradition des Berichts über die Taufe Jesu (vgl. Mk 1,10; Mt 3,16; Lk 3,22) - und für ἀναβαίνειν Jesu Rede über die Rückkehr zum Vater (20,17). Ansonsten wird keine andere christologische Bezeichnung mit diesen Verben verbunden.

Von entscheidender Bedeutung ist, daß vom Evangelisten für den Menschensohn keine anderen aktivischen Verben der Bewegung bezogen auf die himmlische Herkunft und Rückkehr (wie ἔρχεσθαι[624], ἐξέρχεσθαι[625] im Sinne von καταβαίνειν bzw. ἔρχεσθαι[626], μεταβαίνειν[627], ὑπάγειν[628], πορεύεσθαι[629], ἀπέρχεσθαι [630] im Sinne von ἀναβαίνειν) verwandt werden.

9.2.5.5 Die Verknüpfung von Menschensohn mit ἀναβαίνειν und καταβαίνειν im Johannesevangelium

(1) Die Vorstellung des Ab- und Aufstiegs des Menschensohnes ist außerhalb des Johannesevangeliums nicht belegt.

(2) Die christologische Verwendung der Verben καταβαίνειν und ἀναβαίνειν knüpft an die alttestamentlichen Theophanieterminologien an.[631]

---

[623] Vgl. dazu NICHOLSON, Death as Departure S.60f.
[624] Vgl. 1,9.11.15; 3,2.8.19.31; 5,43; 7,28; 8,14.42; 9,39; 10,10; 12,27.46.47; 14,3.18.28; 15,22; 16,28; 18,37.
[625] Vgl. 8,42; 13,3; 16,27. 28.30; 17,8.
[626] Vgl. 7,34.36; 13,33; 17,11.13.
[627] Vgl. 13,1.
[628] Vgl. 7,33; 8,14.21; 11,8; 13,3.33.36; 14,4.5.28; 16,5.10.17.
[629] Vgl. 14,2.3.12. 28; 16,7.28.
[630] Vgl. 16,7.
[631] Vgl. dagegen HAACKER, Stiftung S.143-164, der bestreitet, daß sich das johanneische Aufstieg / Abstieg-Schema, v.a. die Abstiegsvorstellung, aus der alttestamentlichen Theophanievorstellung herleiten läßt.

(3) Die Verben καταβαίνειν und ἀναβαίνειν werden regelmäßig zur Beschreibung der Überbrückung der Grenze zwischen Himmel und Erde verwandt: Heiliger Geist (Taufe Jesu); Menschensohn; Engel.
(4) Die wichtigste Voraussetzung für die Verknüpfung des Menschensohnes mit der Ab- und Aufstiegsvorstellung ist die Herkunft des Menschensohnes aus dem Himmel.[632] Diese ist seit Dan 7 bekannt.
(5) Da der Menschensohn aus der himmlischen Sphäre stammt und Gott in seinem irdischen Wirken präsent ist, wird das Durchbrechen der Grenze zwischen Himmel und Erde durch den Menschensohn mit den gleichen Begriffen beschrieben, mit denen Gottes Offenbarwerden beschrieben wird.
(6) Auftritt und Abgang des Menschensohnes sind im Verständnis des Johannesevangeliums identisch mit Anfang und Ende der Theophanie Gottes, weil Gott in Jesu Wirken gegenwärtig ist. Ähnlich wie in den johanneischen Wundergeschichten werden Eigenschaften und Attribute Gottes auf Jesus übertragen.
(7) Darüber hinaus ist der Menschensohn nach Dan 7 auch mit von Gott verliehener Weltherrschaft verbunden. Der Menschensohn ist der Generalbevollmächtigte Gottes (s.u.).
(8) Allerdings sind Abstieg und Aufstieg aus der Götterwelt auch ein hellenistisches Herrscherprädikat.[633] Hier könnte es zu Mißverständnissen gekommen sein. Dies zeigt die Auseinandersetzung um das Königtum Jesu (s.u.). Demgegenüber ist der Menschensohn der jüdischen Apokalyptik ein Herrscher, dessen Reich nicht von dieser Welt ist. Die Kombination von Menschensohn und Ab- und Aufstieg macht deutlich, daß es hier nicht um irdische Herrschaft geht, daß Jesus nicht in Konkurrenz zum römischen Kaiser steht.

M.E. ist hier nicht angebracht, von einem regelrechten Ab- und Aufstiegs-Schema zu sprechen, das für sich bestanden hat und dann sekundär mit dem Menschensohnbegriff der jüdischen Apokalyptik verbunden worden ist.[634] Den Beginn und das Ende des Wirkens des Menschensohnes mit den Verben καταβαίνειν und ἀναβαίνειν, liegt auf der Hand, wenn man bedenkt, daß es hier um den Übergang aus der himmlischen in die irdische Sphäre geht (s.o.). Das καταβαίνειν ist dabei nur eine Variante des ἔρχεσθαι des Lichtes in 1,7. Es stellt sich die Frage, mit welchem aktivischen Begriff die Gegenwart Gottes in seinem zum

---

[632] Vgl. DUNN, Let John be John S.322; THEOBALD, Fleischwerdung des Logos S.382.
[633] Vgl. BERGER / COLPE, Textbuch S.91.134.154.
[634] Vgl. dazu SCHNACKENBURG, Johannesevangelium 1 S.411ff.; SCHULZ, Menschensohn-Christologie S.58ff.

Gericht bevollmächtigten Sohn (5,27: weil Menschensohn!) und Lebensspender (6,27: Menschensohn) und eschatologische Heilsgabe (6,53: Fleisch und Blut des Menschensohnes überbietet das Manna des Mose) besser beschrieben werden kann als mit dem Begriff, mit dem Gottes Sich-Offenbaren und rettendem Zuwenden (z.B. Manna [s.u.]) ausgedrückt wird.

Der Menschensohn hat im Kontext der Auseinandersetzung mit dem altgläubigen Judentum eine wichtige Funktion. Der Grund der Trennung war der Streit um die himmlische Herkunft Jesu. Daß die johanneische Gemeinde Jesus als der himmlischen Sphäre zugehörig betrachtete, mußte auf Seiten des altgläubigen Judentums den Vorwurf des Ditheismus hervorrufen. Für die johanneischen Christen war Jesus seiner Herkunft nach präexistent. Aus der Sicht des altgläubigen Judentums waren die johanneischen Judenchristen damit aus dem Bereich des Judentums herausgetreten. So kam es letztlich deshalb zur Trennung. Die Verwendung der Bezeichnung Menschensohn hat eine besondere Funktion darin, den jüdischen Gegnern zu beweisen, daß man sich mit der Behauptung der Präexistenz Jesu noch im Rahmen des jüdisch Möglichen befindet.[635] Es ist gewiß kein Zufall, daß zur Beschreibung von Jesu Präexistenz die einzige präexistente Individualgestalt verwandt wird, die das Judentum kennt - in Anknüpfung an Dan 7 und seine Rezeption in jüdischen Texten.[636] λόγος und σοφία sind keine Individualgestalten.

Es geht eben nicht um die Wiederkehr einer von Gott entrückten Gestalt (wie Henoch oder Elia) sondern um die Anwesenheit Gottes in Jesus.

---

[635] Die johanneische Präexistenz ist von der altkirchlichen zu unterscheiden. Vgl. dazu MADDOX, Function S.189; SCHENK, Menschensohn S.153.
[636] Vgl. dazu BERGER, Johannes S.142-145.

10 Die Erhöhung des Menschensohnes (3,14; 8,28; 12,32-34) als Kreuzigung und Verherrlichung (12,23; 13,31f.)

Die Aussagen über Jesu Erhöhung und Verherrlichung haben die Funktion, eine deutliche Zäsur zwischen Jesu irdischem Wirken und seinem Wirken in seiner zurückerlangten himmlischen Existenz zu ziehen. Mit der Erhöhung endet Jesu irdisches Wirken. Seine Rückkehr in die himmlische Welt hat heilvolle Konsequenzen für die Glaubenden.[637]

10.1 Erhöhung und Kreuzigung (12,32-34; 8,28; 3,14)

Erhöhungsaussagen begegnen im Johannesevangelium nur im Zusammenhang mit dem Menschensohnbegriff.[638] Die Erhöhung des Menschensohnes (3,14; 8, 28; 12,34) ist die Kreuzigung.[639] Darauf weisen alle Erhöhungsworte hin.

10.1.1 Die Identität von Erhöhung und Kreuzigung

Daß es sich bei der Erhöhung um die Kreuzigung handelt, wird ausdrücklich in 12,32f. erwähnt: Jesus sagt, daß er als der erhöhte (Menschensohn) alle zu sich ziehen wird (12,32).[640] Und der Evangelist interpretiert diesen Spruch als Andeutung im Blick auf die bevorstehende Todesart:

„Dies aber sagte er, um anzudeuten, auf welche Todesart er sterben würde (12,33)."

In 18,32 bezieht sich der Evangelist auf diesen Spruch zurück:

---

[637] Vgl. NICHOLSON, Death as Departure S.75ff.
[638] Vgl. dazu BURKETT, Son of the Man S.120-122; THEOBALD, Fleischwerdung des Logos S.381.
[639] So u.a. BERGER, Theologiegeschichte S.228.256; BERGER, Johannes S.243f.; BITTNER, Zeichen S.248; BULL, Gemeinde S.136; BULTMANN, Johannes S.110, Anm.2; HOFIUS, Wiedergeburt S.62; MEEKS, Funktion S.270f.; PAINTER, Son of Man S.1874; RIEDL, Menschensohn S.360; SCHNACKENBURG, Johannesevangelium 1 S.407; THÜSING, Erhöhung und Verherrlichung S.3; VISSCHERS, De mensenzon. Zur Forschungslage vgl. die kurze Auflistung bei NICHOLSON, Death as Departure S.141. Speziell zur älteren Forschung vgl. die Literaturangaben bei SCHULZ, Menschensohn-Christologie S.108, Anm.7.
[640] Vgl. BERGER, Johannes S.240; BURKETT, Son of the Man S.121.

„...damit das Wort Jesu erfüllt werde, das er sagte, um anzudeuten, auf welche Todesart er sterben würde." (18,32).

Auch 8,28 weist in diese Richtung: In einem Streitgespräch mit den Juden über die Herkunft Jesu sagt Jesus, sie würden seine Identität und Herkunft von Gott erkennen,
„...wenn ihr den Menschensohn erhöht habt..."(8,28).

Die Juden - die Gesprächspartner Jesu in 8,21-29 - sind es, die nach der Auffassung des Evangelisten den Menschensohn erhöhen (8,28). Hier kann nach dem erzählerischen Rahmen des Johannesevangeliums nur die Kreuzigung gemeint sein.[641] Denn nach der Ansicht des Evangelisten sind es die Juden, die Jesus verfolgen (5,16; 7,32.44f.), seinen Tod beschließen (11,46-54), ihn umzubringen versuchen (5,18; 7,1.19; 8,40.59; 10,31-39), ihn schließlich verhaften und verhören lassen (18,1-11.12-14.19-24), vor der römischen Obrigkeit seine Hinrichtung fordern (19,6f. 12.15) und somit für Jesu Tod am Kreuz verantwortlich sind.

Auch in 3,14 geht es um die Kreuzigung, die sowohl mit der Erhöhung (3,14) als auch mit dem Aufstieg (3,13) - im Rahmen der Menschensohnchristologie - identisch ist (s.u.).[642]

Die Erhöhung wird vom Evangelisten nicht als eine von oben ausgehende Entrückung verstanden. Sie ist wie der Aufstieg - mit dem sie im Rahmen der Menschensohnchristologie identisch ist (s.u.) - ein Vorgang, der sich von unten nach oben ereignet. Die Juden sind dabei die ausführenden Statisten im Drama[643] vom Geschick des Menschensohnes. Dies gilt auch für Judas, der das Schicksal des Menschensohnes durch seinen Verrat besiegelt (13,31). Die Abfolge dieses Dramas ist durch die göttli-

---

[641] Vgl. BECKER, Johannes 1 S.296.
[642] Dagegen sieht SCHULZ, Menschensohn-Christologie S.108 in 3,14 ein Stück vorjohanneischer Tradition vorliegen, in dem ὑψωθῆναι als Erhöhung in den Himmel zu verstehen ist und nicht als Deutung des Kreuzigungsgeschehens. Erst die Heranziehung von 12,33 ließe die Deutung als Kreuzigung zu. So auch ODEBERG, The Fourth Gospel S.110f.; ZAHN, Johannes S.204. Nach BECKER, Johannes 1 S.144, besteht in 3,14 keine Identität von Kreuzigung und Erhöhung, vielmehr von Erhöhung und Aufstieg: „Der Tod ist demnach Durchgangsstadium und als solches Teilaspekt der Erhöhung." Vgl. dagegen BERGER, Johannes S.243f.; U.B. MÜLLER, Eigentümlichkeit S.25.40ff; SCHNELLE, Paulus und Johannes S.216; SCHNELLE, Tempelreinigung S.367.
[643] Mit dem Begriff Drama ist hier nicht eine methodische Nähe zu L. SCHENKE, Johannesevangelium, gemeint. Zur Kritik vgl. SCHNELLE, Einleitung S.549, Anm.140. Auch MARTYN, History and Theology, verwendet den Begriff Drama - allerdings bezogen auf die Trennungsprozesse zwischen der johanneischen Gemeinde und der Synagoge. Zur frühesten Verwendung des Begriffes Drama für das Johannesevangelium vgl. WENGST, Bedrängte Gemeinde S.14 u. Anm.10.

che Regie bereits vorherbestimmt. Der Menschensohn muß erhöht werden (3,14), und er weiß auch, wann seine Stunde gekommen ist, und was dies für die Menschen bedeutet (3,15; 8,28; 12,23; 13,31f.).[644]

THÜSING faßt den johanneischen ὑψωθῆναι-Begriff folgendermaßen zusammen:
„die joh Erhöhung ist die Erhebung Jesu auf den Thron des Kreuzes - bzw. seine Erhebung zum offenbarenden Heilszeichen."[645]

Der Gedanke an eine Inthronisation des erhöhten Menschensohnes ergibt sich aus der Identität von Erhöhung und Verherrlichung im Kreuzigungsvorgang (s.u.). Bemerkenswert ist, daß die Erhöhung hier nicht als ein auf die Kreuzigung folgendes und sie dadurch bewältigendes Ereignis verstanden wird. Auch geschieht sie nicht „als eine den Tod ignorierende Entrückung"[646]. Die Erhöhung ereignet sich in der Hinrichtung am Kreuz. Die Kreuzigung als solche wird dabei als Erhöhung gedeutet.[647] Sie ist nicht lediglich der Beginn des Erhöhungsvorgangs oder Durchgangsstadium.[648] Die Symbolhaftigkeit des Kreuzes ist hier jedoch nicht überzustrapazieren.[649] Die Hinrichtungsart Kreuzigung bietet sich für den Verfasser geradezu an, um diese wortspielhaft als Erhöhung darzustellen.[650]

Kreuzigung und Erhöhung sind zwei Seiten derselben Medaille: Wenn man die oben dargestellte Zuordnung von ἐπίγεια und ἐπουράνια (vgl. 3,12) darauf anwendet, gehört die Kreuzigung Jesu als für alle sichtbares Phänomen zu den irdischen Dingen, während die Erhöhung Teil der - den Außenstehenden grundsätzlich unverständlichen - himmlischen Belehrungen.[651]

---

[644] Zur Stunde vgl. BORSCH, Son of Man S.306-309; HAMMES, Ruf ins Leben S.265ff.; MEES, Erhöhung S.40-42; MOLONEY, Johannine Son of Man S.176-181.
[645] THÜSING, Erhöhung und Verherrlichung S.33. Vgl. auch FORESTELL, Word of the Cross S.101; MOLONEY, Son of Man S.65.219f.
[646] Ablehnend BÜHNER, Der Gesandte S.397.
[647] Vgl. BERGER, Theologiegeschichte S.256f.
[648] Gegen BECKER, Johannes 1 S.144; BLANK, Krisis S.84; RIEDL, Menschensohn S.363f.
[649] Gegen CONZELMANN, Theologie S.390, der das Kreuz als „das bleibende Strukturprinzip der Offenbarung" versteht. Ähnlich auch HAMMES, Ruf ins Leben S.268; MOLONEY, Johannine Son of Man..
[650] Parallelen zum Wortspiel Kreuzigung / Erhöhung bietet MEEKS, Funktion S.269f., Anm.63.
[651] Vgl. dazu U.B. MÜLLER, Eigentümlichkeit S.41; THEOBALD, Fleischwerdung des Logos S.384f.

In den synoptischen Evangelien gibt es keine Aussagen vom Erhöhtwerden des Menschensohnes. Lediglich vom leidenden und auferstehenden Menschensohn ist dort die Rede. Im Johannesevangelium gibt es weder die synoptische Abfolge von Erniedrigung und Erhöhung, noch begegnet das Verb πάσχειν überhaupt im Evangelium.[652]

10.1.2 Die Erhöhung als kosmisches Geschehen: Der Tod Jesu als Sieg über den Herrscher der Welt

Darüber hinaus hat die Erhöhung des Menschensohnes auch eine kosmische Bedeutung:[653] Der Herrscher der Welt wird besiegt und entmachtet (12,31[654]; vgl. auch 14,30; 16,11.33 und 1Joh 5,4).

Der Herrscher dieser Welt (ἄρχων τοῦ κόσμου τούτου) begegnet im Neuen Testament nur im Johannesevangelium: 12,31; 14,30; 16,11.[655] Dieser Begriff bezeichnet den Gegenspieler Gottes und Christi[656] und wird hier nur im kosmischen Kontext verwandt. An anderen Stellen heißt der Widersacher Teufel (6,70; 8,44; 13,2) oder Satan (13,27). Ein Bedeutungsunterschied besteht nicht.[657]

Durch den Tod Jesu - als gehorsamer Vollzug seiner Sendung - wird die Gegenseite besiegt. Diese Tradition verbindet das Johannesevangelium mit der neutestamentlichen Briefliteratur.[658]

	Jesus	Mächte	Sieg
Lk 10,18ff.	Berufung/Exorzismen	Satan	vom Himmel fallen
Joh 12,31	Tod/Erhöhung	Herrscher dieser Welt	hinausgeworfen
1Kor 15,25ff.	Als König regieren	Feinde, Tod	unterwerfen, vernichten
Eph 1,20ff.	Erhöhung zur Rechten Gottes	Gewalten	unterworfen
Kol 2,14f.	Tod/Erhöhung	Mächte, Gewalten	im Triumphzug besiegt

---

[652] Vgl. KARRER, Jesus Christus S.85; SCHNACKENBURG, Johannesevangelium 2 S.498.

[653] Vgl. zu folgenden BERGER, Theologiegeschichte S.256f.; BERGER, Johannes S.237-240; BLANK, Krisis S.282ff.; HAMMES, Ruf ins Leben S.279-285; KOVACS, Ruler; LOADER, Christology S.105f.; U.B. MÜLLER, Eigentümlichkeit S.41.43-45; PAMMENT, doxa.

[654] Zu den textkritischen Problemen vgl. neben den Kommentaren z.St. u.a. HAMMES, Ruf ins Leben S.251f.; MEES, Erhöhung S.41.

[655] Vgl. dazu BÖCHER, Dualismus S.28f.; MERK, ἄρχων Sp.404; SCHNACKENBURG, Johannesevangelium 2 S490f.

[656] Vgl. dazu BERGER, Theologiegeschichte S.78ff.

[657] Vgl. dazu insgesamt BÖCHER, διάβολος Sp.715.

[658] Vgl. dazu BERGER, Theologiegeschichte S.242f.410-414; BERGER, Johannes S.261f.; BUSCH, Drache S.132f.

1Petr 3,22	zur Rechten Gottes / in den Himmel gegangen	Engel, Gewalten, Mächte	unterworfen
Apk 12,9f.	[Michael/Satan]	Satan/Teufel	auf Erde geworfen

Die Erhöhung bedeutet Hinauswurf der Mächtigen. Es gibt keinen Kampf der politischen Reiche. Vielmehr wird das Weltgeschehen dämonologisch konzipiert.[659] Damit wird der Machtwechsel nach Dan 7,14.26f. realisiert.[660] Bei diesem Machtwechsel geht es um Leben und Tod.[661] Die Welt wird gekennzeichnet als Welt, in der Mord herrscht und nicht Leben (8,24; 15,18f.; 16,8-11). Der johanneische Dualismus ist kein theoretischer, sondern ein Dualismus auf Leben und Tod.

Der Sieg über den Widersacher ist ein Sieg über dessen Tod produzierendes und Leben verneinendes Wesen.[662] Der Teufel ist ein Mörder und bewirkt Morde, indem er Menschen zu Mördern macht.[663] Deshalb nennt Jesus die Juden, die ihn nach dem Leben trachten, Teufelskinder. Wie der Sohn Gottes das Leben in sich hat, weil der Vater der Begründer

---

[659] Zu ἐκβάλλειν als terminus technicus synoptischer Exorzismen vgl. BIETENHARD, ἐκβάλλω; HAMMES, Ruf ins Leben S.280, Anm.116. Auch das Ausstoßen des geheilten Blindgeborenen aus der Synagoge (9,34f.) wird mit diesem Verb formuliert.

[660] Dies ist durchaus vergleichbar mit der in der (von Dan 7 beeinflußten) Märtyrertradition erwähnten Auferweckung der beiden endzeitlichen Propheten Henoch und Elia als Sieg über den Widersacher. Vgl. dazu BERGER, Auferstehung S.105f.: „Ist der Widersacher der, welcher die Menschen in Irrtum verstricken und zum Abfall verführen will oder sie überhaupt in Gottlosigkeit gefangen hält, ist der Krieg, den er führt auf Martyrien gerichtet, dann ist es in der Tat verständlich, daß der Sieg der Gerechten, der Triumph über ihn und der Beginn des Verlustes seiner Herrschaft durch einen Vorgang geschieht, der den Glauben derer, die auf der Seite Gottes stehen, unwiderleglich bestätigt, der ein göttliches Legitimationskriterium liefert. (...) Mit der Demonstration von Auferweckung, Himmelfahrt oder Erdbeben ist in dem 'Glaubenskampf' das entscheidende Zeichen geliefert, auf das hin die Menschen sich aus der Herrschaft des Irrtums, d.h. des Gegenspielers, lösen und bekehren können. Die Auferstehung der Propheten ist daher das Zeichen geworden, auf das hin man sich zu Gott bekehrt. Denn es bedeutet die Legitimation ihrer Lehre als durch sie geschehener Erweis der (Schöpfer-) Macht Gottes". Vgl. dazu auch U.B. MÜLLER, Offenbarung S.218-221. Anders als dort geht es jedoch im Johannesevangelium nicht um einen Beweis der Lehre durch die Auferstehung (so eher in den synoptischen Evangelien). Die Präexistenzherrlichkeit des göttlichen Gesandten bzw. himmlischen Menschensohnes wird vorausgesetzt. Parallel ist, daß das göttliche Handeln an seinem Beauftragten (Auferweckung, Erhöhung) als Durchsetzung der Gottesherrschaft bzw. Sieg über den Herrscher der Welt verstanden wird.

[661] Vgl. U.B. MÜLLER, Eigentümlichkeit S.44: „Das Gericht über diese Welt meint zunächst den grundlegenden Herrschaftswechsel, daß nämlich der Teufel als Lebensverneiner (8,44) entmachtet und die Todesverfallenheit der Menschen gebrochen ist."

[662] Vgl HAMMES, Ruf ins Leben S.280.

[663] Vgl. dazu BÖCHER, διάβολος Sp.715.

allen Lebens ist (5,21.26), haben die Söhne des Teufels den Tod in sich (8,34.40f.44), weil ihr Vater von Anfang an ein Mörder war (8,44). D.h.: Vaterschaft ist an den Werken der Kinder erkennbar. Derjenige ist der Vater, nach dessen Vorbild man handelt.

Auch hinter dem Tod Jesu steht letztlich der Teufel: Der Verräter Judas ist vom Teufel inspiriert (6,70; 13,2.27). Es ist ein Kampf zwischen Jesus und dem Herrscher der Welt. Beim Sieg über den Herrschers der Welt geht es um die Wiederherstellung der rechtmäßigen Eigentümerschaft, denn der Herr der Welt ist der λόγος (s.o.).

Die Erhöhung betrifft nicht Jesus allein, sondern ist ein Sieg vor der Welt (vgl. Act 1). Es geht um die Realisierung des messianischen Reiches. Anstelle der Rede vom Heiligen Geist steht im Johannesevangelium der erhöhte Jesus, der alles an sich zieht. Das Reich des Christus ist nicht mit dem Problem des Parusietermins belastet.[664] Es gibt kein kommendes Reich. Die Vorstellungen vom Reich Gottes sind in der Mission aufgehoben. Die Eroberung des Reich Gottes vollzieht sich bereits jetzt. Auf die Parusie kann verzichtet werden, wenn man die Erhöhung als Inthronisation Jesu zur Weltherrschaft versteht. Der Vollzug der Herrschaft findet in der Mission statt. Jetzt ist das Reich und das Gericht.

Bei den Synoptikern sind Exorzismen als Übernahme messianischer Macht verstanden (vgl. Mt 12,28; Lk 11,20).[665] Dem entspricht im Johannesevangelium die Erhöhung Jesu und die Entmachtung des Herrschers der Welt. Jesus wird durch die Erhöhung in eine Machtposition eingesetzt.

10.1.3 Die soteriologischen Konsequenzen der Erhöhung

Was die Erhöhung letztendlich ist, zeigt ihre Wirkung für die Menschen in 12,32. Der erhöhte Menschensohn wird alle zu sich ziehen.[666] Er bietet für die Menschen die Möglichkeit der Anteilhabe an seinem Erhöhtsein. Diese Formulierung entspricht sachlich der Konzeption von 3,14 und 15 (s.u.). Das richtige Verhalten zum Menschensohn bedeutet ewiges Leben (vgl. 6,53). Vergleichbar ist hier auch die - ebenfalls in lokaler Metaphorik formulierte - Vorstellung von den himmlischen Wohnungen in 14,2f.[667] Das Motiv der eschatologischen Heilsgemeinschaft mit dem

---

[664] Vgl. dazu ERLEMANN, Naherwartung S.177-188.
[665] Vgl. dazu BERGER, Jesus S.69.
[666] Vgl. BERGER, Johannes S.240; MOLONEY, Johannine Son of Man S.180f.
[667] Vgl. zur Vorstellung der himmlischen Wohnung bzw. eschatologische Heilsgemeinschaft im Himmel: ÄthHen 39,4f.; 41,2; 45,3; 70; 71,14.16; SlavHen 61,2f.; 4Esr 7,80.85.95; 14,9; SyrBar 13,3-5;25,1; ApkAbr 11,8; JosAs 22,9; Philo, ConfLing 78; Barn 16,6-10. Dazu BERGER / COLPE, Textbuch S.179; G. FISCHER, Wohnungen;

Menschensohn ist in der Tradition bereits vorbereitet durch die kollektive Funktion des Menschensohnes in Dan 7 und die Weiterentwicklung dieser Vorstellung in ÄthHen und 4Esr (s.o.).

10.2 Ab- und Aufstieg und Erhöhung (3,13 und 14)

In 3,13 und 14 wird die Erhöhung des Menschensohnes mit der Ab- und Aufstiegsvorstellung in Verbindung gebracht.[668]

10.2.1 Die Erhöhung der ehernen Schlange (Num 21,8f.) und die Erhöhung des Menschensohnes (3,14f.)

In 3,14f. wird die Erhöhung des Menschensohnes mit der Erhöhung der ehernen Schlange verglichen, die Mose an einem Stab befestigte, und deren Anblick für die Israeliten Leben bedeutete (Num 21,8f.). Wie die Schlange am Stab befestigt und aufgerichtet wurde, so wird Jesus ans Kreuz geschlagen und erhöht. Und diese Kreuzigung bedeutet ewiges Leben für die Glaubenden (3,15).

10.2.1.1 Num 21,4-9

Der alttestamentliche Text gliedert sich grob in zwei Teile:[669] Nach einer knappen Situationsangabe in 21,4a (Umgehung des Landes der Edomiter) geht es im ersten Teil um das Murren des Volkes gegen Jhwh und Mose (21,4b-5), die von Jhwh verhängte Strafe in Gestalt von tödlichgiftigen Schlangen, die ihren Strafauftrag auch erfolgreich ausführten (21,6), die Reue des Volkes mit der Bitte an Mose um Fürsprache bei Jhwh und deren Ausführung (21,7). Die entscheidenden Motive sind Murren, Tod als Strafe und Reue. Im zweiten Teil geht es um die von Gott angeordnete Ermöglichung der Rettung der Israeliten durch das Sehen der im Auftrag Gottes von Mose an einer Stange (נֵס bzw. σημεῖον in LXX) befestigten ehernen Schlange. Gott nimmt also die einmal angeordnete Strafe nicht etwa zurück oder setzt sie aus, sondern gibt den Bestraften die Möglichkeit, der tödlichen Konsequenz der Strafe

---

SCHNACKENBURG, Johannesevangelium 3 S.67-69; WILCKENS, Johannes S.222. Ebenfalls vergleichbar ist das Motiv des eschatologischen Ruheortes (nach Gen 2,3 und Ps 94,11 [LXX]) in JosAs 8„9.11; 22,9; Hebr 3,11.18; 4,1-11; Barn 15,5.8. Dazu HOFIUS, Katapausis (weitere religionsgeschichtliche Parallelen a.a.O. S.59-101); HOFIUS, κατάπαυσις; MICHEL, Hebräer S.185f.; WEIB, Hebräer S.268-273.

[668] Vgl. dazu NICHOLSON, Death as Departure S.75ff.; THEOBALD, Fleischwerdung des Logos S.384f.

[669] Vgl. zur Gliederung des Textes: FREY, Schlange S.155; MANESCHG, Schlange S.61-64.

zu entgehen. Die Strafe jedoch bleibt, und die Strafaktion geht weiter. Das Schauen der ehernen Schlange fungiert als das verabreichte Gegengift nach dem Biß, der sonst zum Tode führen würde. Es geht also um eine von Gott angeordnete Rettung aus akuter Todesgefahr, die jedoch die zuvor durchgeführte Strafe in ihrer Bedeutung und Berechtigung nicht relativiert.

Als Mittel der Rettung fungiert das bronzene Abbild einer Schlange, das von Mose angefertigt und an einer Stange befestigt wurde. Das Mittel der Rettung ist ein bronzenes Modell des lebendigen Mittels der Strafe. Das Blicken auf dieses Abbild bewirkt Rettung für die Todgeweihten.

Intention des Textes ist wahrscheinlich eine Kultätiologie für die in 2Kön 18,4 erwähnte eherne Schlange, die im Rahmen der Reform Hiskias als Kultgegenstand, der von den Israeliten mit Räucheropfern verehrt worden war, beseitigt wurde.[670] Der Text Num 21,4-9 hat im Frühjudentum und in der frühchristlichen Literatur eine verbreitete Rezeptionsgeschichte.[671]

10.2.1.2 Zur Rezeption von Num 21,8f. in Joh 3,14f.

Bei der Rezeption von Num 21,4-9 in Joh 3,14 handelt es sich um einen typologischen Schriftvergleich (καθώς - οὕτως).[672] Der entscheidende Vergleichs-punkt ist die von Gott befohlene Erhöhung.[673] Verglichen wird der Aufrichtungsvorgang, der nur in 3,14 (nicht in Num 21,8f.) jeweils als Erhöhung bezeichnet wird[674], und die daraus resultierende Heilsbedeutung für die Menschen.[675] Die Erhöhung Jesu ist ein Heilsvorgang, und sie ist die Voraussetzung dafür, den Glaubenden das ewige Leben zu schenken.[676]

10.2.1.2.1 Der Begriff Erhöhung als Interpretation
Mit dem Stichwort ὁ υἱὸς τοῦ ἀνθρώπου in 3,14b knüpft der Evangelist an den vorausgegangenen Vers an. Genauer: es geht um eine Erklärung des Aufstiegs des Menschensohns durch den Begriff Erhöhung.

---

[670] Vgl. dazu ALBERTZ, Religionsgeschichte 1 S.281, Anm.151; DONNER, Geschichte 2 S.332; FREY, Schlange S.155-158.; SCHROER, Bilder S.108.
[671] Vgl. dazu insgesamt DERRETT, Serpent; FREY, Schlange; MANESCHG, Schlange.
[672] Vgl. FREY, Schlange S.184; NICHOLSON, Death as Departure S.98-103; REIM, Studien S.266f. Zum Begriff Typologie vgl. BERGER, Formgeschichte S.112; ELLIS, Old Testament S.105-109; GOPPELT, Typos S.18f..
[673] Vgl. HOFIUS, Wiedergeburt S.61.
[674] Vgl. NICHOLSON, Death as Departure S.100.
[675] Vgl. BECKER, Johannes 1 S.144
[676] Vgl. BULL, Gemeinde S.137.

Die direkte Anknüpfung geschieht also durch das passive (nach oben gerichtete) Bewegungsverb ὑψωθῆναι als Deutung des aktivischen (nach oben gerichteten) Bewegungsverbs ἀναβαίνειν.

Diese Deutung wird nicht durch den typologischen Schriftvergleich hergestellt, sondern wird als pointierte Zusammenfassung des Numeritextes bereits vorausgesetzt. Der Erhöhungsaspekt wird nicht etwa nur vom Evangelisten in den alttestamentlichen Text eingetragen, die Erhöhung bildet vielmehr die zusammenfassende Interpretation von Num 21,8a.[677] Die übrigen Aspekte der alttestamentlichen Erzählung - wie Murren, Strafe, Tod und Bedrohung durch Tod - werden nicht aufgegriffen. Auch der ikonographische Zusammenhang von Rettungsbild und realer Gefahr wird nicht thematisiert.

Nach BURKETT hingegen symbolisiert die am Stab befestigte Schlange die Entmachtung des Todes:
„Within the context of the story, then, it is not irrelevant that what was set on the pole was a serpent. The serpent does have significance - not as a saviour figure, however, but as a power bringing death."[678]
BURKETT zieht für seine Deutung von 3,14 und der Rezeption des Motivs der erhöhten Schlange 12,31ff. hinzu, wo vor der Erhöhungsaussage und ihrer soteriologischen Konsequenz der Sieg über den Herrscher der Welt erwähnt wird: „The ruler of this world, the power of death symbolized as a serpent, is judged on the cross, resulting in life for those who believe."[679] Als Parallele führt BURKETT die Entmachtung der Sünde im Kreuzestod Jesu bei Paulus an: Röm 7,7-25; 8,3; 1Kor 2,6-8 sowie Kol 2,14-15.[680]

Dagegen ist folgendes einzuwenden: Gegen diese Deutung spricht, daß der Evangelist den Aspekt von Bedrohung durch Schlangen und Rettung durch Schlangenabbild nicht in seinen typologischen Vergleich aufgenommen hat. Eine vom Evangelisten implizit intendierte Gleichsetzung von Schlange und Herrscher der Welt wäre trotz vorausgesetzter Kenntnis der alttestamentlichen Geschichte kaum verstanden worden, da es im alttestamentlichen Text auch nicht um satanische Mächte als solche geht, sondern um das berechtigte Strafhandeln Jhwhs. Es geht dem Evangelisten um die erhöhte Schlange als Heilszeichen und nicht um die ent-

---

[677] Vgl. FREY, Schlange S.182; THÜSING, Erhöhung und Verherrlichung S.5.
[678] BURKETT, Son of the Man S.121.
[679] BURKETT, Son of the Man S.121f.
[680] BURKETT, Son of the Man S.122, Anm.1

machtete Schlange als Vergleichspunkt für die Erhöhung des Menschensohnes am Kreuz.

Auch hat Jhwh die Schlangen nicht entmachtet, sondern den Israeliten eine Möglichkeit gegeben, der tödlichen Konsequenz der Strafe zu entgehen. Ein so stark gegen den Strich gebürsteter Schriftbezug, der nur über einen derart weit entfernten Vers im intendierten Sinn verständlich wird, scheint mir unwahrscheinlich.

Die Interpretation der alttestamentlichen Geschichte als Erhöhung verhindert die allegorische Ausdeutung einzelner Elemente, wie sie etwa in der Rezeption bei Philo vorliegt[681]: Bei Philo findet sich eine Gegenüberstellung von Schlange des Mose und Paradiesesschlange.[682] Die Paradiesesschlange steht für die Lust (ἡδονῆς σύμβολον)[683], während die Moseschlange für die Tugend der Besonnenheit (σωφροσύνη) steht.[684] Philo bezieht dies auf Sündenbekenntnis und μετάνοια.[685]

Verhindert wird dadurch auch, daß die Objekte des Erhöhungsvorgangs (Schlange und Jesus) verglichen werden. Eine weniger pointierte Deutung der Geschichte oder ein Schriftzitat hätten kaum zum vorangehenden Vers gepaßt, wo es um die Einzigartigkeit des Menschensohnes ging.

Verglichen wird in 3,14 also die Befestigung der ehernen Schlange an einen Stab und ihre Aufrichtung durch Mose als Erhöhung der Schlange mit der Erhöhung des Menschensohnes. In beiden Fällen ist der Begriff Erhöhung jeweils die Interpretation eines Ereignisses. Verglichen werden die beiden Akte des Erhöhens.[686] Es geht nicht um einen Vergleich der Erhöhungsobjekte (s.o.).[687]

Auch die Person des Mose spielt in dem Vergleich keine Rolle. Es handelt sich nicht um eine Mosetypologie, in der etwa die Offenbarungsmittler Mose und Jesus verglichen werden (so in Barn 12,5). REIM bemerkt zutreffend, daß Mose hier ein Rettungszeichen aufrichtet, während Jesus selbst das Rettungszeichen ist.[688]

---

[681] Vgl. dazu BERGER, Johannes S.245f.; FREY, Schlange S.164f.; MANESCHG, Schlange S.276f. Zur nicht erfolgten allegorischen Auslegung vgl. auch die Ausführungen bei NICHOLSON, Death as Departure S.100f.
[682] Vgl. Leg Alleg II 71-105.
[683] Vgl. Leg Alleg II 72.
[684] Vgl. Leg Alleg II 79.
[685] Vgl. Leg Alleg II 78.
[686] So FREY, Schlange S.183; MEEKS, Prophet-King S.292.
[687] Vgl. FREY, Schlange S.183; NICHOLSON, Death as Departure S.100..
[688] Vgl. REIM, Studien S.135. Ferner: DERRETT, Serpent S.328; GAWLICK, Mose S.33; GLASSON, Moses S.45ff.; HOFIUS, Wiedergeburt S.62, Anm.129.

Im Falle des Menschensohnes ist Erhöhung die Interpretation der Hinrichtung Jesu. Dies ist zunächst zwar aus 3,14f. nicht direkt zu erschließen, die übrigen Belege für die Erhöhung des Menschensohnes (8,28; 12,32ff.) lassen jedoch keinen Zweifel daran, daß hier die Kreuzigung gemeint ist (s.o.). Entsprechend der Befestigung und Aufrichtung der Schlange geht es hier um das Aufrichten des Kreuzes mit dem daran befestigten Jesus. Genausowenig wie man das Aufrichten eines Schlangenmodells im alttestamentlichen Sinne als Erhöhung verstehen kann, kann man Jesu Hinrichtung im irdischen Sinne als Erhöhung verstehen. Der Sinn des Vergleiches ist demnach die Umdeutung der Hinrichtung Jesu im himmlischen Sinne als Erhöhung. Um dies typologisch an der Schrift zu erweisen, interpretiert der Evangelist die Geschichte von der Moseschlange als Erhöhung.

Darüber hinaus gibt es in 3,14 noch eine weitere Entsprechung: Die Erhöhung ist jeweils von Gott angeordnet. Der Begriff Erhöhung an sich impliziert schon göttliche Aktivität. Nur Gott kann Subjekt eines Erhöhungsvorgangs sein.[689] Dies wird noch verstärkt durch die Aussage, daß der Menschensohn erhöht werden muß. Das δεῖ in 3,14b (vgl. auch 12,34; 20,8) steht parallel zur Anordnung Gottes, daß Mose das Schlangenbildnis anfertigen und aufrichten soll. D.h. hinter dem Ereignis, das durch den Begriff Erhöhung interpretiert wird, steht Gottes planvolles Handeln, von dem in den darauffolgenden Versen 3,16f. (in Sendungsaussagen formuliert) die Rede ist (vgl. Mk 8,31parr. [Leiden]).[690] Dem widerspricht nicht, daß es nach 8,28 die jüdischen Gegner sind, die Jesus gewissermaßen unabsichtlich erhöhen (vgl. Act 2,23). Sie sind nur die unwissenden Statisten im Heilsplan Gottes. Sie erkennen und vollziehen nur den irdischen Aspekt des Ereignisses: die Hinrichtung Jesu am Kreuz, und nicht den himmlischen Aspekt: die von Gott gewirkte Erhöhung.[691] Die Hinrichtung Jesu ist notwendiger Teil seines Auftrages. In ihr zeigt sich Jesu Gehorsam gegenüber seinem Auftrag von Gott und Gottes Handeln an Jesus.

---

[689] Vgl. LÜDEMANN, ὑψόω S.981; D. MÜLLER, ὑψόω S.707.
[690] Vgl. G. BARTH, Tod Jesu S.25-28; KARRER, Jesus Christus S.86-89.95f.
[691] Zu diesen zwei Sichtweisen der Kreuzigung Jesu als Hinrichtung und Erhöhung (bzw. Rückkehr, Verherrlichung) vgl. BLANK, Krisis S.84f.; DODD, Interpretation S.306; KÄSEMANN, Wille S.46f.; LOADER, Christology S.116f.; U.B. MÜLLER, Eigentümlichkeit S.41; THEOBALD, Fleischwerdung des Logos S.384f.

10.2.1.2.2 Die typologische Entsprechung in der Heilsbedeutung
Ein engerer Schriftbezug liegt dann in 3,15 vor, wo die Heilsbedeutung der jeweiligen Erhöhung verglichen wird. Hier hat der Evangelist deutlich parallel zum Aufbau von Num 21,8 LXX formuliert.[692] In diesem Vers finden sich die eigentlichen typologischen Entsprechungen.

Joh 3,14f.	Num 21,8 LXX
14: Καὶ καθὼς Μωυσῆς ὕψωσεν τὸν ὄφιν ἐν τῇ ἐρήμῳ, οὕτως ὑψωθῆναι δεῖ τὸν υἱὸν τοῦ ἀνθρώπου, 15: ἵνα πᾶς ὁ πιστεύων ἐν αὐτῷ ἔχῃ ζωὴν αἰώνιον.	Καὶ εἶπεν κύριος πρὸς Μωυσῆν Ποίησον σεαυτῷ ὄφιν καὶ θὲς αὐτὸν ἐπὶ σημείου, καὶ ἔσται ἐὰν δάκῃ ὄφις ἄνθρωπον, πᾶς ὁ δεδηγμένος ἰδὼν αὐτὸν ζήσεται.

Die wichtigsten Entsprechungen sind das Sehen des Heilszeichens bzw. Glauben an das Heilszeichen (ἰδὼν αὐτὸν bzw. ὁ πιστεύων) und die Gabe des Lebens als soteriologische Konsequenz (ζήσεται bzw. ἔχῃ ζωὴν αἰώνιον).[693]

Ging es in 3,14 um eine einengende, auf den Punkt gebrachte Interpretation der verglichenen Ereignisse als von Gott angeordnete Erhöhung, so geht es hier um die soteriologische Konsequenz. Vorausgesetzt wird dabei die Funktion Jesu bzw. der Schlange als sichtbares Heilszeichen. In eben dieser Funktion lassen sich die Erhöhungsobjekte vergleichen: Wie das Blicken auf das Schlangenabbild die Israeliten vor dem sicheren Tod bewahrte, so bedeutet der Glauben an den Menschensohn ewiges Leben. Und die vorausgegangene Erhöhung ist notwendig (δεῖ) für die Rettung. Es geht also nicht um einen Vergleich der einen Erhöhung mit der anderen, sondern um die Notwendigkeit eines von Gott gewirkten Erhöhungsvorganges für das Heil der Glaubenden.[694]

10.2.1.2.3 Die Funktion des Schriftverweises
(1) Letztlich geht es dem Evangelisten nur darum, hier den Begriff Erhöhung im Anschluß an das Ab- und Aufstieg-Schema von 3,13 einzuführen. Zentrales Anliegen ist es, Jesu Rückweg mit Kreuzigung und Erhöhung in Verbindung zu bringen.

---

[692] Vgl. dazu FREY, Schlange S.183; MANESCHG, Schlange S.404; MARRS, Serpent S.147.
[693] Vgl. FREY, Schlange S.184; PANCARO, Law S.335f.
[694] Vgl. FREY, Schlange S.201.

(2) Daneben zeigt sich gegenüber der alttestamentlichen Geschichte eine Abstufung der Funktion des Mose. Die Opposition heißt: Leben - ewiges Leben (so auch in Joh 6: Manna des Mose - Speise des Menschensohnes). Daß wir es bei Jesus mit ewigem Leben und nicht nur mit zeitlich begrenztem Überleben zu tun haben, ist schon durch den Kontext deutlich. Dies weist voraus auf die Äußerungen in der Brotrede, in denen es um lebensspendende Funktion des Menschensohnes geht - in Überbietung des Mannawunders des Mose (s.u.).

(3) Die Kreuzigung hat dadurch jedoch noch keine Heilsbedeutung.[695] Es geht vielmehr um den Glauben, daß die schändliche Hinrichtungsart Kreuzigung[696] im Heilsplan Gottes die Erhöhung Jesu bedeutet.

10.2.2 Das Verhältnis von 3,13 und 3,14

Die Verse 13 und 14 interpretieren sich gegenseitig. Vers 13 sagt, daß nur der Menschensohn zum Himmel aufsteigen kann, da nur er von dort kam. Er ist der einzige Repräsentant Gottes - sonst niemand. Und Jesu Erhöhung als Kreuzigung zeigt, daß er der Menschensohn ist und daß er vom Himmel herabgestiegen ist. Erst die Erhöhung ermöglicht Heil durch den Glauben an den vom Himmel Herabgestiegenen.[697] Durch sie wird Jesus als Menschensohn legitimiert. Sie entspricht dem allein dem Menschensohn vorbehaltenen Aufstieg zum Himmel und ist somit Bestandteil und gleichzeitig Endpunkt seines Erdenwirkens. So wird also einmal in Vers 13 die Legitimität Jesu erklärt. Andererseits wird in Vers 14 die Kreuzigung als Rückweg zum Himmel in ihrer Notwendigkeit verständlich gemacht. Das Ärgernis des Kreuzes wird somit bewältigt. Jesu messianischer Anspruch und die Wirklichkeit des Kreuzes werden durch die Kombination der Verse 13 und 14 in Übereinstimmung gebracht.[698]

Jedoch ist mit der Erhöhung der Aufstieg zum Himmel noch nicht vollständig vollzogen, auch wenn dies in 3,13f. nahegelegt zu sein scheint. Der Rückweg zum Himmel wird gewissermaßen noch einmal unterbrochen, als der Erhöhte (= Gekreuzigte) Maria Magdalena erscheint (20,11-18). Man kann daher nicht von einer vollständigen Iden-

---

[695] Vgl. dazu APPOLD, Oneness Motif S.32f.; U.B. MÜLLER, Bedeutung S.56ff.
[696] Zur Kreuzigung als Hinrichtungsart für Aufständische und Sklaven vgl. HENGEL, Mors; HENGEL, Crucifixion S.51-63; KUHN, Kreuzesstrafe; KUHN, Kreuz; K. MÜLLER, Möglichkeit; THEIßEN / MERZ, Jesus S.400.
[697] Vgl. RIEDL, Menschensohn S.364.
[698] Vgl. BERGER, Theologiegeschichte S.241; BERGER, Johannes S.257.

tität von Erhöhung und Aufstieg reden.[699] Allerdings bezieht sich 20,17 nicht auf den Aufstieg des Menschensohnes, sondern meint die Rückkehr Jesu zum Vater. Das ist eine andere Metaphorik. Über den Menschensohn, von dem seit 13,31f. nicht mehr die Rede ist, wird ein Zwischenstadium nicht ausgesagt. Es ist jedoch typisch für den Evangelisten, daß noch nicht vollständig vollzogene Sachverhalte als in der Jesusgeschichte schon vollzogen bezeichnet werden - so etwa bei der Verherrlichung (vgl. 13,31).

Fazit: Trennt man die christologischen Konzeptionen in der Analyse, besteht eine Identität von Erhöhung und Aufstieg. Was das Phänomen Jesus im Johannesevangelium angeht, ist eine solche Identität nicht erweisbar. Dies ist durch den erzählerischen Rahmen bedingt und wahrscheinlich schon traditionell vorgegeben.

10.3 Verherrlichung und Erhöhung (12,23.28.32.34; 13,31f.)

Erhöhung und Verherrlichung beschreiben in 12,23.28.32.34 denselben Vorgang.[700] Jesus spricht in seiner letzten öffentlichen Rede über Sinn und Art seines Todes. Der Sinn ist die Verherrlichung des Vaters sowie die Wiedererlangung der eigenen göttlichen Herrlichkeit (17,5.22) und das Gericht über den Herrscher der Welt (12,31).

Herrlichkeit und Verherrlichung im Johannesevangelium[701]	
δόξα	δοξάζειν
1,14: seine δόξα gesehen	7,39: Verherrlichung als Bedingung für Geistverleihung
2,11: offenbart seine δόξα	
5,41: nicht von Menschen empfangen	11,4: σημεῖον zur Verherrlichung des Sohnes
5,44: δόξα von Gott	12,16: Verherrlichung bewirkt Erkenntnis bei den Jüngern
7,18: δόξα des Sendenden	12,23: Verherrlichung des <u>Menschensohnes</u>
8,50: δόξα und Gericht	12,28: Vater, verherrliche deinen Namen!

---

[699] Vgl. BERGER, Theologiegeschichte S.228.
[700] Vgl. BURKETT, Son of the Man S.122f.; KOHLER, Kreuz S.252. Anders HAMMES, Ruf ins Leben S.277-279. Nach KNÖPPLER, theologia crucis S.272f., geht die Verherrlichung über die Kreuzigung hinaus und nimmt auch die Auferstehung in den Blick.. Vgl. dazu die zutreffende Kritik von HAMMES, Ruf ins Leben S.277, Anm.107.
[701] Vgl. dazu BLANK, Krisis S.264-296; DE BOER, Death S.176-218; DAUER, Passionsgeschichte S.231-294; G. FISCHER, Wohnungen S.299-348; FORESTELL, Word of the Cross S.65-74; HEGERMANN, δόξα Sp.840; IBUKI, Wahrheit S.188-201; KÄSEMANN, Wille S.16-64; NICHOLSON, Death as Departure S.147-152.

Die Erhöhung des Menschensohnes (3,14; 8,28; 12,32-34) als Kreuzigung und Verherrlichung (12,23; 13,31f.)

11,4: σημεῖον zur Verherrlichung Gottes 11,40: Sehen der δόξα Gottes 12,41: Jesu δόξα gesehen 12,43: Ansehen bei Menschen / Ansehen bei Gott 17,5: δόξα bei Gott, bevor die Welt war. 17,22: Von Gott gegebene δόξα weitergegeben 17,24: Sehen der δόξα	13,31f.: Verherrlichung des <u>Menschensohnes</u> und Gott in ihm und er in Gott 14,13: Vater im Sohn verherrlicht 15,8: Verherrlichung des Vaters durch Jüngerschaft 16,14: Paraklet wird Jesus verherrlichen 17,1: Verherrlichung des Sohnes, damit der Sohn den Vater verherrlicht 17,4: Gott auf der Erde verherrlicht 17,5: Verherrlichen mit der δόξα bei Gott, bevor die Welt war. 17,10: In den Jüngern verherrlicht 21,19: Verherrlichen durch den Tod (Petrus)

Der Begriff Verherrlichung weist zurück auf 1,14b. Der aus der himmlischen Welt gekommene λόγος ist auch auf Erden mit δόξα ausgestattet. Es geht um die Präsenz des λόγος in einem Menschen, wodurch man im λόγος in Jesus einem Stück Gott begegnet.[702] Von einem Verzicht auf die δόξα[703] kann hier keine Rede sein. Der persongewordene Heilswille Gottes[704] hat Anteil dieser Wirkungskraft Gottes.[705] Im Wirken des irdischen Jesus wird die δόξα offenbart. Dies geschieht in den σημεῖα (vgl. Num 14,22).[706] Das Offenbaren der δόξα hat das Ziel, Glauben zu wecken (2,11; 11,40). Das Sehen der Herrlichkeit ist jedoch nur dem Glaubenden (11,10) nach der Geistverleihung möglich (17,24).[707] Der Ungläubige ist nur in der Lage, den irdischen Charakter der Zeichen zu erkennen.[708]

Der Tod Jesu wird im Zusammenhang mit seiner Sendung und Erhöhung als Verherrlichung gedeutet. Zugrunde liegt die Tradition der

---

[702] Vgl. HEGERMANN, δόξα Sp.840; WILCKENS, Johannes S.191.
[703] Vgl. BULTMANN, Johannes S.38ff.; BULTMANN, Theologie S.392ff. Zur Diskussion vgl. BECKER, Johannes 1 S.78; CONZELMANN, Theologie S.383ff.; DODD, Interpretation S.284; IBUKI, Wahrheit S. 189-198; U.B. MÜLLER, Christologie S.24; SCHNACKENBURG, Johannesevangelium 1 S.242; SCHNELLE, Antidoketische Christologie S.240-247; STRECKER, Theologie S.502-508; THEOBALD, Fleischwerdung des Logos S.249.
[704] Vgl. BERGER, Zu „Das Wort ward Fleisch" S.165f.
[705] Zur Herrlichkeit als Wirksamkeit und Präsenz Jhwhs vgl. PREUß, Theologie 1 S.191f.; SPIECKERMANN, Heilsgegenwart S.220-225, bes. 223; WESTERMANN, כבד.
[706] Vgl. dazu HEGERMANN, δόξα Sp.840; SCHNACKENBURG, Johannesevangelium 2 S.502; WELCK, Zeichen S.88f.
[707] Vgl. BULTMANN, Johannes S.45f.; SCHNACKENBURG, Johannesevangelium 2 S.502; SCHNELLE, Antidoketische Christologie S.243; WELCK, Zeichen S.89.
[708] Vgl. WELCK, Zeichen S.88.

Verherrlichung des Mose.⁷⁰⁹ Die Mosetypologie wird hier überboten. Jesus wird durch Gott verherrlicht schon vor dem Beginn des Leidens (17,1.5). Das Ziel des Leidens ist die Herrlichkeit. Das Entfalten der Gegenseite als Finsternis ist der andere Aspekt (13,31). Auch die Tat des Judas verherrlicht Jesus. Das Entfalten der Macht des Teufels verherrlicht durch den Kontrast zu Jesus indirekt. In seinem Tod verherrlicht Jesus Gott durch seinen Gehorsam (14,13; 17,1) - nicht nur in Wundertaten und in seiner Erhöhung.

Die Vorstellungen von Erhöhung und Verherrlichung sind trotz ihrer Übereinstimmung in der Deutung des Todes Jesu nicht deckungsgleich: Das Verb ὑψωθῆναι spielt auf die Art der Hinrichtung Jesu an (vgl. 12,33). Die Worte von der Erhöhung beziehen sich nur auf Jesus als Menschensohn, während Verherrlichen meist als Wechselbeziehung von Jesus und Gott erscheint (13,31f.; 17,1)⁷¹⁰ - und auch schon die Jünger miteinbezieht. Aber auch andere Personen können verherrlichen (z.B. Petrus durch seinen Tod nach 21,19). Der Begriff Erhöhung ist auf den einen Vorgang der Erhöhung Jesu als Kreuzigung bezogen, während Verherrlichung mehrere Sachverhalte beschreiben kann.⁷¹¹

Durch die Identität von Verherrlichung und Erhöhung im Kreuzigungsvorgang läßt sich die Erhöhung des Menschensohnes als Inthronisation verstehen.⁷¹² Die Erhöhung ist Wiedererlangung der göttlichen Herrlichkeit, die der Menschensohn als ein vom Himmel Gekommener vor seinem Abstieg gehabt hat. Damit ist nicht eine Abfolge von Erniedrigung und Erhöhung gemeint. Vielmehr geht es um die Rückkehr des vom Himmel herabgestiegenen Menschensohnes zu seinem 'angestammten Platz'.

10.4 Der erhöhte Menschensohn

Der Evangelist beschreibt den Menschensohn als ein erhöhtes Wesen, an dem man Anteil haben kann. Das Erhöhtsein ist gewissermaßen sein Markenzeichen. Dies macht ihn für den Evangelisten so attraktiv. Durch die Vorstellung vom erhöhten Menschensohn kann der Evangelist die Kreuzigung Jesu als Inthronisation und Heilsgeschehen plausibel ma-

---

⁷⁰⁹ Vgl. Pseudo-Philo, LibAnt 19,16 als Analogie zu 17,1.
⁷¹⁰ Vgl. dazu THÜSING, Bitten S.271-277.
⁷¹¹ Vgl. SCHNACKENBURG, Johannesevangelium 2 S.502f.
⁷¹² Zur alttestamentlich-frühjüdischen Erwartung einer Inthronisation des Messias vgl. HAMPEL, Menschensohn und historischer Jesus S.128-140.

chen. „Der Begriff Menschensohn impliziert eo ipso Hoheit, und zwar die des künftigen Gerichtsherrn."[713] Es findet sich aber in der jüdischen Apokalyptik keine Erhöhung des Menschensohnes.[714]

Eine Lösungsmöglichkeit bietet hier der Ansatz von BERGER, der zu erklären versucht, wie es vom himmlischen Wesen Menschensohn von Dan 7 zum leidenden und auferstehenden Menschensohn kommen konnte.[715]

Nach BERGER hat sich in Folge von Dan 7 eine Tradition entwickelt, die den Menschensohn als ein erhöhtes Wesen begreift. Es handelt sich dabei um eine Kombination von Dan 7 mit der Märtyrertheologie. Die erste Stufe dieser Entwicklung ist die Identifikation der Heiligen des Höchsten aus Dan 7 mit den Märtyrern.[716] In der Elia- und Henoch-Tradition werden die Heiligen auf Elia und Henoch eingeschränkt.[717] In dieser Tradition folgt nach einigen Texten „auf das Martyrium von Henoch und Elias noch (nach 3½ Zeiten) die Parusie des Menschensohnes"[718]. Nach anderen Texten folgt „auf die Erniedrigung der Heiligen"[719] eine „'Erhöhung' für Henoch und Elias", die „als Auferweckung gedeutet wurde."[720]

Letzteres geht aber nicht auf Dan 7 zurück, sondern „auf den Einfluß einer in der Märtyrertheologie jedenfalls vorbereiteten Konzeption (...), nach der die Rettung des Märtyrers aus dem Tod als Auferstehung beschrieben werden konnte. Denn die Abfolge von Erniedrigung und Erhöhung konnte potentiell als Martyrium und 'Erhöhung', 'Verherrlichung' oder 'Auferweckung' aufgefaßt werden. Diese Interpretation von Dan 7 liegt sowohl für Henoch und Elias als auch (...) in den Worten vom leidenden Menschensohn für Jesus vor."[721]

„Wenn nun von einem erst leidenden, dann 'verherrlichten' Menschensohn die Rede ist, geschieht nicht mehr, als daß der Menschensohn von Dan 7 als Person aufgefaßt wird und mit den 'Heiligen', die im Verlauf

---

[713] BERGER, Auferstehung S.417, Anm I 605. Vgl. auch BECKER, Jesus S.257; BAUER, Johannesevangelium S.42; SCHENK, Menschensohn S.152.
[714] COLPE, ὁ υἱὸς τοῦ ἀνθρώπου S.471, Anm. 451 sieht eine Erhöhung Henochs zum Menschensohn. Vgl. dagegen BERGER, Henoch S.511f.524-526.
[715] Vgl. BERGER, Auferstehung S.132-140.
[716] BERGER, Auferstehung S.132.
[717] BERGER, Auferstehung S.132.
[718] BERGER, Auferstehung S.132.
[719] BERGER, Auferstehung S.132.
[720] BERGER, Auferstehung S.104.133.
[721] BERGER, Auferstehung S.133.

des Kapitels etwa seine Stelle einnehmen konnten, gleichgesetzt wird"[722].
„Von einer 'Erhöhung' des Menschensohnes steht zwar nichts im ursprünglichen Text, aber mit Hilfe dieser Identifizierung konnte die Abfolge von Niedrigkeit (...) und Erhöhung (...) auf den Menschensohn übertragen werden."[723]

Diese Konzeption der Abfolge von Erniedrigung und Erhöhung entspricht dem Menschensohnbild der synoptischen Evangelien. Der Verfasser des Johannesevangeliums geht aber einen anderen Weg. Er nimmt diese Tradition auf und gestaltet sie nach seinem christologischen Interesse. Sein Menschensohn ist kein leidender Menschensohn, und dessen Erhöhung geschieht nicht postmortal als Auferweckung, sondern bereits im Kreuzigungsvorgang. Auch erwartet er nicht die Parusie des Menschensohnes. Der Evangelist verändert die vorgefundene Abfolge von Erniedrigung und Erhöhung durch die Rede vom herabgestiegenen und heraufsteigenden Menschensohn, wodurch der Leidensaspekt sozusagen rausfällt.

Dies entspricht dem deduktiven Beweisschema des Evangeliums. Die eschatologische Identität Jesu als Menschensohn wird vorausgesetzt und im Laufe des Evangeliums durch Zeugnisse belegt. Die Synoptiker hingegen verwenden den induktiven Beweis der Auferstehung am Schluß des Evangeliums.

---

[722] BERGER, Auferstehung S.133.
[723] BERGER, Auferstehung S.133.

11 Die Gerichtsvollmacht des Menschensohnes (5,27)

Diese Textstelle zeigt auf den ersten Blick keine Verbindung zu den übrigen Menschensohnworten. Sie legitimiert die Gerichtsvollmacht des Sohnes und ist eine argumentative Weiterentwicklung von 5,22, wo von der Übertragung des Gerichts vom Vater auf den Sohn die Rede ist.

11.1 5,27 und Dan 7,13.14 ((LXX)

5,27 ist wohl direkt von Dan 7,13.14 (LXX) abhängig. Es handelt sich um „eine Motivkomposition aus Dan 7,13 und 14"[724].

Joh 5,27	Dan 7,13.14 (LXX)
27b: ὅτι υἱὸς ἀνθρώπου ἐστίν	13: ὡς υἱὸς ἀνθρώπου ἤρχετο
27a: καὶ ἐξουσίαν ἔδωκεν αὐτῷ	14: καὶ ἐδόθη αὐτῷ ἐξουσία

Die wortwörtlichen Übereinstimmungen bei beiden Texten sind überdeutlich. Besonders auffällig ist auch das artikellose υἱὸς ἀνθρώπου in 27b und Dan 7,13. Dieses begegnet sonst weder im Johannesevangelium noch bei den Syn-optikern. Ohne Artikel kommt es sonst nur in den neutestamentlichen Belegen außerhalb der Evangelien vor: Act 7,56; Apk 1,13;14,14. Auch in diesen Stellen geht es um die von Dan 7 abgeleitete hoheitlich-richterliche Funktion des Menschensohnes.[725]

---

[724] SCHULZ, Menschensohn-Christologie S.111; Vgl. auch ASHTON, Understanding S.357; BARRETT, Johannes S.262; BERGER, Johannes S.162f.; DE BOER, Death S.152f.; COLPE, υἱὸς τοῦ ἀνθρώπου S.468; HUIE-JOLLY, Enthronement S.214; MARTYN, History and Theology S.139; MOLONEY, Johannine Son of Man S.81; PAMMENT, Son of Man S.60f.; SMALLEY, Johannine Son of Man S.292. Eine weitere Übereinstimmung findet sich bei 5,28b-29 und Dan 12,2 (LXX); vgl. dazu MOLONEY, Johannine Son of Man S.81; PAINTER, Quest S.323; SCHULZ, Menschensohn-Christologie S.111.
[725] Vgl. zu Act 7,56: MUßNER, Wohnung Gottes; SCHENK, Menschensohn S.215f. Zu Apk 1,13; 14,14: LOHSE, Menschensohn; SCHENK, Menschensohn S.221-225.

11.2 Die Gerichtsfunktion des Menschensohnes in ÄthHen, TestAbr und in den synoptischen Evangelien

Allerdings wird in Dan 7 (LXX) nicht dem Menschensohn das Gericht übertragen, sondern den Heiligen des Höchsten (7,22).[726] Erst das äthiopische Henochbuch spricht in den Bilderreden von der Gerichtsübertragung auf den Menschensohn (49,4; 61,9; 62,2f.; 63,11; 69,27).[727]

ÄthHen 69,27

„27 Und er setzte sich auf den Thron seiner Herrlichkeit, und die Summe des Gerichts wurde ihm, dem Menschensohn, übergeben; und er läßt die Sünder und die, die die Welt verführt haben, verschwinden und vertilgen von der Oberfläche der Erde."[728]

Ebenso begegnet dies für Abel, dem Sohn Adams, im sog. „Testament des Abraham" (Jüdisch-hellenistische Schrift aus Ägypten; 1.-3. Jahrhundert n.Chr.) in Rezension A 13:

„Es sagte der Archistratege: 'Siehst du, sehr heiliger Abraham den furchterregenden Mann, der auf dem Thron sitzt? Dieser ist der Sohn Adams, des Erstgeschaffenen, der Abel genannt wird, den der böse Kain getötet hat. Und er sitzt hier, zu richten die ganze Schöpfung und zu überführen Gerechte und Sünder. Deswegen sagte Gott: 'Ich richte euch nicht, sondern jeder Mensch soll von einem Menschen gerichtet werden. Deswegen hat er ihm das Gericht gegeben, zu richten die Welt bis zu seiner großen und herrlichen Parusie.' Und dann, gerechter Abraham, geschieht das vollendete Gericht und die Vergeltung, ewig und unabänderlich, gegen die niemand Berufung einlegen kann. Denn jeder Mensch ist aus dem Erstgeschaffenen geboren, und deswegen werden sie hier zuerst von seinem Sohn gerichtet. Und in der zweiten Parusie werden sie gerichtet werden von den zwölf Stämmen Israels, und auch jedes Lebewesen und alle Schöpfung. Zum dritten aber werden sie von Gott, dem Herrn aller Dinge, gerichtet werden..."[729]

---

[726] Vgl. MOLONEY, Johannine Son of Man S.81; SCHNACKENBURG, Johannesevangelium 2 S.135; TÖDT, Menschensohn S.19..
[727] Vgl. dazu BERGER, Henoch Sp.519f.; GERLEMAN, Menschensohn S.67ff.; LOHSE, Weltenrichter S.70ff.; MOLONEY, Johannine Son of Man S.81; NICKELSBURG, Son of Man S.138-140; SCHNACKENBURG, Johannesevangelium 2 S.135; SJÖBERG, Menschensohn S.61-82.
[728] Übersetzung UHLIG, Henochbuch S.630.
[729] Übersetzung BERGER / COLPE, Textbuch S.162. Vgl. dazu HAMPEL, Menschensohn und historischer Jesus S.48, Anm.38: „Für diese Rolle ist er (sc. Abel, M.S.) in der Tat

Worte von der Gerichtsfunktion des Menschensohnes finden sich auch häufig in den synoptischen Evangelien. Hier sind es vor allem die Worte vom kommenden Menschensohn.[730]

- Mk 8,38 = Mt 16,27 = Lk 9,26: Der Menschensohn kommt in Hoheit und mit Engeln; in Mt 16,27 fehlt das Motiv des sich Schämens des Menschensohnes.
- Mk 13,26; 14,62 = Mt 24,30; 26,64 = Lk 21,27: Er kommt auf den Wolken; Dan 7,13 (vgl. Apk 1,7); bei Mk 14,62 und Mt 26,64: Sitzen zur Rech-ten der Macht.
- Mt 24,27 = Lk 17,24: Ankunft des Menschensohnes wie ein Blitz.
- Mt 24,44 = Lk 12,40: Unerwartetes Kommen des Menschensohnes.
- Mt 10,23: Kommen des Menschensohns.
- Mt 13,41-43: Er sendet Engel aus zur Sammlung der Verführer, damit die Gerechten leuchten wie die Sonne im Reich ihres Vaters.
- Mt 16,28: Einige werden nicht sterben, bis sie den Menschensohn in seiner königlichen Macht kommen sehen.
- Mt 19,28: Die Jünger werden auf den Thronen der Herrlichkeit sitzen bei der Wiederkunft des Menschensohns.
- Mt 25,31: Weltrichter.
- Lk 12,8: Wer sich vor den Menschen zu mir bekennt, zu dem wird sich auch der Menschensohn vor den Engeln Gottes bekennen.
- Lk 18,8: Wird der Menschensohn, wenn er kommt, auf der Erde noch Glauben vorfinden?

---

prädestiniert. Er ist ausdrücklich von Gott selbst als gerecht erwiesen, denn dieser sah sein Opfer gnädig an (Gen 4,4), außerdem ist er Märtyrer, d.h. er partizipiert auch insofern am ganzen Menschsein, als er - anders als z.B. Henoch - den Tod durchlitten hat. Da das Judentum eine solche eschatologische Gestalt im Rahmen des Urzeit-Endzeit-Schemas mit Vorliebe in der Urzeit sucht, bietet sich Abel wie kaum ein anderer an. Er erfüllt alle Bedingungen eines gerechten Richters, zudem ist er im wahrsten Sinne des Wortes בֶּן־אָדָם." Vgl. ferner RHEA, Johannine Son of Man S.69ff.; ROTH, Jesus as the Son of Man; SIDEBOTTOM, Christ S.94.

[730] Vgl. dazu BECKER, Jesus S.249-267; BERGER, Theologiegeschichte S.670-672; BORNKAMM, Jesus S.200f.; BULTMANN, Theologie S.35ff.; COLPE, υἱὸς τοῦ ἀνθρώπου S.435-441 u.ö.; CONZELMANN, Theologie S.109-111; HAHN, Christologische Hoheitstitel S.32-42; HAHN, Parusie; HAMPEL, Menschensohn und historischer Jesus S.51-187; KMIECIK, Menschensohn S.29-83; KÜMMEL, Verhalten; LOHSE, Weltenrichter S.76f.; NICKELSBURG, Son of Man S.143f.145 SCHENK, Menschensohn S.61ff.74f.81f.118-124. 136f.140.144-149; Schnackenburg, Johannesevangelium 1 S.417; STRECKER, Theologie S.273ff.; STUHLMACHER, Theologie I S.122-125; THEIßEN / MERZ, Jesus S.475f.; TÖDT, Menschensohn S.29-104; WEISER, Theologie S.33-37.100-104.

– Lk 19,10: Gekommen, um zu suchen und zu retten, was verloren ist; bei einigen Textzeugen auch Mt 18,11.

11.3 Die Gerichtsfunktion des Menschensohnes als Legitimation des Sohnes

Die Gerichtsfunktion des Menschensohnes ist der Gemeinde, für die der Evangelist schreibt, anscheinend bekannt. Sie bedarf keiner näheren Erläuterung durch den Evangelisten und wird für die intendierten Leser als so geläufig vorausgesetzt, daß im weiteren Verlauf des Evangeliums davon explizit nicht mehr die Rede ist.

Hier wird dem Sohn die Gerichtsvollmacht zugesprochen, weil er der Menschensohn ist. Im ganzen Redestück 5,19-47 geht es um die Vater / Sohn-Be-ziehung. Die Menschensohnbezeichnung wird hier nur geradezu beiläufig gebraucht, um eine Funktion des Sohnes zu begründen. Die hier vorherrschende Argumentationsweise („wie der Vater..., so der Sohn....") scheint dem Evangelisten nicht auszureichen. Offensichtlich verbindet er mit dem Sohn-Titel keine Gerichtsfunktion (vgl. 3,16; 12,47f.).[731] Dafür muß nun der Menschensohn herhalten, dessen Gerichtsfunktion unbestritten ist.[732] Der Menschensohn fungiert hier jedoch nicht als christologisches Korrektiv. Der Sohn ist ja keine zu korrigierende christologische Bezeichnung. Vielmehr werden hier verschiedene christologische Aspekte miteinander verbunden.

Im Text war zunächst nur von der absoluten Abhängigkeit des Sohnes vom Vater die Rede. Dies geschieht in einem ersten Abschnitt, der durch ein ἀμὴν- ἀμὴν-Wort eingeleitet wird unter dem Aspekt der Vollmacht, Leben zu spenden (5,19-21), und dann unter dem Aspekt des Gerichts. Der Vater hat dem Sohn die Vollmacht übertragen, Tote lebendig zu machen und Gericht zu halten. Nach einem weiteren ἀμὴν- ἀμὴν-Wort wird dann näheres zum Vollzug des Lebensspendens berichtet. Bedingung für das ewige Leben ist das Hören des Wortes Jesu (5,24), der mit dem Vater willenseins ist und daher wie Gott Verehrung beansprucht (5,19ff.).

---

[731] Vgl. MOLONEY, Johannine Son of Man S.83f.
[732] Vgl. BECKER, Johannes 1 S.242: „Der gesandte Sohn ist der zur Parusie gekommene Menschensohn. Damit ist die gesamte Gerichtsrede auf einen Nenner gebracht."

11.4 Der Menschensohn als präsentischer und futurischer Richter

Der Menschensohn ist sowohl präsentischer (5,24) als auch futurischer Richter (5,28f.).[733] Er bringt Leben auf verschiedene Weisen.[734] Das Gericht vollzieht sich aber im Verhalten der Menschen zu Jesus. Richtiges Verhalten zu ihm bedeutet Heil. Dieses Muster zieht sich durch das ganze Evangelium (z.B. 1,12; 3,14.36; 5,24; 6,27.35.50.51.53.54; 8,12; 10,9;

---

[733] Vgl. dazu BERGER, Theologiegeschichte S.719f. (analog zu Röm 6). Ferner: MOLONEY, Johannine Son of Man S.82: „The Son of Man who is both a present and future judge is close to the Synoptic presentation of the same figure, as in several places in the Synoptic tradition it is made clear that one's future judgment is determined by how one reacts to the Son of Man here and now (see esp. Mk. 8,38; Lk. 12,8-9)."

[734] Nach BULTMANN hingegen besteht ein logischer Bruch zwischen 5,24 und 28f. BULTMANN, Johannes S.196 (vgl. auch schon BULTMANN, Eschatologie S.135), löst das Problem literarkritisch, indem er die Verse 28f. einem Redaktor zuschreibt: „Auf alle Fälle aber sind V.V.28f. der Zusatz eines Red., der den Ausgleich der gefährlichen Aussagen V.24f. mit der traditionellen Eschatologie herstellen will. Die Quelle wie der Evglist sehen ja das eschatologischen Geschehen im gegenwärtigen Erklingen des Wortes Jesu. Die damit radikal beseitigte poluläre Eschatologie aber wird gerade in V.28f. wieder aufgerichtet. Die Korrektur des Red. besteht in dem einfachen Zusatz, so daß schwer zu sagen ist, wie er sich den Ausgleich mit V. 24f. gedacht hat; etwa so, daß die in Jesu gegenwärtigem Wirken sich vollziehende κρίσις eine Antizipation des Endgerichtes ist, so daß also die Totenauferstehung am Ende 'sein Wort vor allen Menschen bewahrheiten wird'." Für eine redaktionelle Einfügung von 5,28f. bzw. für die literarische Uneinheitlichkeit dieses Abschnittes plädieren mit durchaus unterschiedlichen Ergebnissen u.a. BAUER, Johannesevangelium S.85; BECKER, Johannes 1 S.243f.; HAENCHEN, Johannesevangelium S.280f. (5,27-29 redaktionell); HAMMES, Ruf ins Leben S.242; HIRSCH, Studien S.55ff.; KLEIN, Eschatologie S.290; NIEDERWIMMER, Eschatologie S.115; RICHTER, Eschatologie S.375f. (antidoketischer Redaktor); SCHMITHALS, Johannesevangelium und Johannesbriefe S.315f.; SCHNACKENBURG, Johannesevangelium 2 S.144-149 (jedoch vorsichtiger); J. SCHNEIDER, Johannes S.130f. (jedoch gegen literarkritische Lösung); SCHULZ, Johannes S.90f. (5,27-29 redaktionell); SELLIN, Auferstehung S.233 („Reapokalyptisierung"); WANKE, Erwägungen S.134; WELLHAUSEN, Evangelium Johannis S.26 (vgl. auch S.62-64). Für die inhaltliche Vereinbarkeit von 5,24 und 28f. plädieren u.a. BARRETT, Johannes S.278 (vgl. auch S.83ff.); BERGER, Theologiegeschichte S.719f.; BERGER, Johannes S.163; BLANK, Krisis S.176; BROWN, John 1 S.219f.; COLPE, υἱὸς τοῦ ἀνθρώπου S.468; ERLEMANN, Naherwartung S.179.180; LATTKE, Einheit im Wort S.98, Anm.2; ONUKI, Gemeinde und Welt S.115; SCHENK, Menschensohn S.169; L. SCHENKE, Johannes S.108ff.; SCHLATTER, Johannes S.152; STRECKER, Theologie S.521ff.; WILCKENS, Johannes S.119ff. Zur Diskussion um die johanneische Eschatologie vgl. auch BLANK, Krisis S.15-39.158-164; BULL, Gemeinde S.57-61; DAHL, Do not Wonder; ERLEMANN, Naherwartung S.177f.; FREY, Eschatologie I; IBER, Menschensohn S.128-147; DE JONGE, Radical Eschatology; NIEDERWIMMER, Eschatologie; RICCA, Eschatologie; RICHTER, Eschatologie S.346-354; SCHNACKENBURG, Johannesevangelium 2 S.530-544 (Exkurs 14: Das eschatologische Denken im JohEv); SCHNELLE, Anthropologie S.154-158; STÄHLIN, Eschatologie; STIMPFLE, Blinde.

11,25.26; 12,47f.; 14,23f.; 20,31).[735] Jesus ist der absolute Gerichtsfaktor. An dem Verhalten zu ihm entscheidet sich alles. Dies ist die Art und Weise, in der der Menschensohn Gericht hält.

Ähnliche Äußerungen finden sich auch in den Menschensohnworten der synoptischen Tradition. Der, gegenüber dem man sich jetzt richtig zu verhalten hat, ist der zukünftige Richter (vgl. Lk 12,8f.; Mk 8,38 = Mt 16,27 = Lk 9,26).[736] Dies entspricht dem traditionellen Konzept vom zum Gericht wiederkehrenden Propheten.[737] Bei den Synoptikern wird dies jedoch im futurischen Sinne im Blick auf Parusie und Endgericht verstanden. Die Vorstellungskreise sind dort getrennt: Es geht entweder um Leiden und Auferstehung oder um das Erdenwirken des Menschensohnes oder um die Wiederkunft des Menschensohnes. Die einzige Ausnahme bietet Lk 17,24f., wo Leiden und Wiederkunft miteinander verbunden sind.[738] In Joh 5,21-29 hingegen gibt es eine „Verbindung zwischen der Verkündigung Jesu und seiner Rolle im Gericht, und zwar wird beides unter der Überschrift »Menschensohn« gesehen."[739]

Das Gericht vollzieht sich nach Joh 5 aber nur an den Ungläubigen. Der Menschensohn hat dahingehend eine Sammlungsfunktion, daß er die Seinen vor dem Gericht bewahrt. Jesus ist wie ein geschickter Anwalt, der sich mit dem Richter einig ist. Wer sich mit diesem Anwalt gut stellt, der braucht nicht zu befürchten, daß es überhaupt zu einer Gerichtsverhandlung kommt.

Entscheidend ist die Einheit von Vater und Sohn.[740] Der Sohn ist in seinem Handeln nicht selbständig. Seine Vollmacht äußert sich in unmittelbarem Gehorsam. Darum gebührt dem Sohn Verehrung, und darum ist das konkrete Verhalten zum Sohn gerichtsrelevant.

---

[735] Vgl. dazu BERGER, Johannes S.163f.; MOLONEY, Johannine Son of Man S.82f.
[736] Vgl. CONZELMANN, Theologie S.109; KÜMMEL, Verhalten (im Blick auf Mk 8,38par; Lk 12,3f.par und Mt 10,32f.)
[737] Vgl. dazu BERGER, Johannes S.163: „Es (sc. das Konzept vom zum Gericht wiederkehrenden Propheten, M.S.) besagt: Wer den Willen Gottes zuvor verkündigt hat, wird beim letzten Gericht dessen Einhaltung überprüfen. Er ist der geeignete Zeuge. - In der Tradition vom wiederkehrenden Propheten geht es darum, daß der Prophet jetzt und dann (bei der irdischen Verkündigung und im Gericht) Gottes Herrschaft nach dem Maßstab seines Willens durchsetzt." Vgl. auch MIRANDA, Vater S.308-388.
[738] Vgl. BERGER, Johannes S.163.
[739] BERGER, Johannes S.163.
[740] Vgl. MOLONEY, Johannine Son of Man S.84.

Die Gerichtsvorstellung von 5,28f. entspricht der jüdischen Apokalyptik und der Sicht der synoptischen Evangelien. Die Vorstellung vom präsentischen Erlangen des Heils unter Umgehung des Gerichts ist johanneisch. Der Evangelist hat also die traditionelle Vorstellung des richtenden Menschensohnes aufgenommen und in seine überwiegend präsentische Heilslehre eingepaßt.

12 Der Menschensohn und das Brot vom Himmel (6,25-59)

In der Brotrede geht es erneut - wie im Nikodemusgespräch - um die soteriologische Funktion Jesu. Wieder werden defizitäre Erwartungen bzw. Unverständnis an Jesus herangetragen, und wieder wird dies durch die Menschensohnchristologie korrigiert. Der Sinn des ganzen Kapitels ist es, etwas über die umfassende Heilsbedeutung Jesu auszusagen. Dazu bedient sich der Evangelist der Metapher des Brotes. Jesus wie das Brot bewirken Leben. Leben wird hier nicht im biologischen Sinne des bloßen Daseins verstanden, sondern im Sinne qualitativen Lebens. Damit wird ein zentrales Thema auch der alttestamentlichen Offenbarung aufgenommen: Gott ist Leben, und in Verbindung mit Gott gilt es, gegen jede Angst vor dem Tod Leben zu erlangen.[741] Joh 6 orientiert sich jedoch weniger an der Legitimationsfrage. Diese ist bereits zureichend durch die Kapitel 1 (λόγος, Schöpfungsmittlerschaft) und 3 (Menschensohn aus der himmlischen Welt) geklärt. Darauf aufbauend kann der Evangelist hier die lebenspendende Funktion Jesu zur Sprache bringen: Nur der präexistente λόγος (1,1ff.) bzw. der aus der himmlischen Welt stammende Menschensohn kann das ewige Leben bringen.[742] Dabei gilt es - wie schon in Joh 1 und 3 - an Jesus herangetragene Vorstellungen, hinter denen Positionen der Gegner oder der Adressaten stehen, zu korrigieren.

Inhaltlich läßt sich die Brotrede mit den vorangegangenen Zeichen strukturieren als Kombination von Legitimation und soteriologischer Funktion (wie schon in Joh 3). Speisung und Seewandel offenbaren, daß Gott durch Jesus am Werke ist. Dies ist für die Menschen erkennbar in der Zuwendung Gottes zu den Menschen, wie sie in der Speisung geschieht, und in der Partizipation Jesu an einer göttlichen Eigenschaft, wie der Seewandel zeigt. Die damit durch den Evangelisten vorgelegte Kombination von Legitimation und soteriologischer Funktion ist jedoch noch nicht vollgültig, wie das Unverständnis der Volksmenge zeigt. Sie bedarf einer ausführlichen Klarstellung anhand von ausgewählten christologischen Bezeichnungen. Dies ist der Zweck der Brotrede.

---

[741] Vgl. dazu PREUß, Theologie 1 S.279-283.
[742] Vgl. SCHENK, Menschensohn S.172.

	Legitimation	Soteriologische Funktion
Joh 3,13.14f.	14f.: Bewältigung des Kreuzes soteriologische Motivation Funktion innerhalb des göttlichen Heilsplans	13: Einzigartigkeit von Abstieg und Aufstieg → himmlische Herkunft Jesu
Joh 6	1-15: Speisung Zuwendung des Gesandten Gottes zu den Menschen *Prophet* *König*	16-21: Seewandel Legitimation durch Partizipation an einer typisch göttlichen Eigenschaft → himmlische Herkunft Jesu kein König im irdischen Sinne
	⇓	⇓
	22-59: Brotrede Bündelung beider Aspekte durch die Bindung an die Person des Menschensohnes 27: Der von Gott beglaubigte Menschensohn ist der Vermittler der Speise zum ewigen Leben. Getrennte Behandlung der beiden Aspekte 32-46: Die soteriologische Funktion ist gebunden an die himmlische Herkunft des Offenbarers / Heilsbringers. 47-58: Speisung als Spenden ewigen Lebens: Essen des himmlischen Brotes (Menschensohn) bewirkt ewiges Leben.	

Im folgenden wird die Argumentationsstruktur von Joh 6 nachgezeichnet und nach den argumentativen Funktionen der einzelnen Abschnitte gefragt. Das 6. Kapitel des Johannesevangeliums wird dabei als literarische und kompositorische Einheit aufgefaßt.[743]

---

[743] Zur Einheitlichkeit von Joh 6 vgl. ANDERSON, Christology 48-166; BORGEN, Bread from Heaven; GIBLIN, Crossing; SCHNACKENBURG, Johannesevangelium 4 S.12-14; WELCK, Zeichen S.160. Zur Auseinandersetzung mit der v.a. durch BULTMANN geprägten gegenteiligen Ansicht vgl. ANDERSON, Christology S.72-90 u.ö.; SMITH, Composition. BULTMANN, Johannes S.154-177, unterteilt Joh 6,1-59 in zwei Quellen, den Evangelisten und die Kirchliche Redaktion (vgl. die Auflistung bei ANDERSON, Christology S.73f.): Semeia-Quelle: 1-2a.3.5..7-13.16-17.19-22.25. Offenbarungsreden-Quelle: 27a.35b.37b.44a-b.45c.47b.48. Evangelist: 2b.4.6.14-15.23.24.26.27c-32.34-35a.36-37a.38-39b.40a-b.41-43.45a-b.46-47a.49-51b.59-71. Kirchliche Redaktion: 1 (See Tiberias).18.23.27b.39c.40c.44c.51c-58. Die noch fehlenden Verse 60-71 (versprengtes Stück) setzt BULTMANN zusammen mit 8,30-40 in das 12. Kapitel; Reihen-

12.1 Die göttliche Beauftragung des Wundertäters - Speisung (6,1-15) und Seewandel (6,16-21)

Die Brotrede 6,25-59 schließt direkt an die zuvor berichteten Wunder (Seewandel und Speisung) an und bietet eine Deutung der Speisungsgeschichte. Verbindungsglied zwischen Speisungsgeschichte und Brotrede ist die Brot- und Speisemetaphorik.[744]
Ein direktes Bindeglied zur Seewandelgeschichte gibt es nicht.[745] Der Evangelist bezieht sich aber auf die argumentative Kombination beider Wundergeschichten, die schon traditionell vorgegeben ist. Auch dem Verfasser des Markusevangeliums hat die Kombination dieser beiden Wundergeschichten wohl schon vorgelegen.[746]

---

folge: 12,20-33; 8,30-40; 6,60-61; 12,37-43. Zur Zugehörigkeit von 6,51c-58 (sog. eucharistischer Abschnitt) vgl. ANDERSON, Christology S.166; BORGEN, Bread from Heaven; CROSSAN, It ist written; RUCKSTUHL, Einheit S.243ff.; L. SCHENKE, Struktur; L. SCHENKE, Vorgeschichte; SCHMITHALS, Johannesevangelium und Johannesbriefe S.355; SCHNACKENBURG, Johannesevangelium 4 S.12-14; SCHNELLE, Antidoketische Christologie S.214-228; SCHWEIZER, Zeugnis; WELCK, Zeichen S.160. Einen redaktionellen Einschub nehmen an u.a. BECKER, Johannes 1 S.263ff.; BECKER, Streit 17ff.; BORNKAMM, Die eucharistische Rede; BULTMANN, Johannes S.161f.; KÖSTER, Geschichte und Kultus; RICHTER, Formgeschichte S.105ff. Zur Forschungslage insgesamt vgl. ANDERSON, Christology S.48-166.
[744] Vgl. dazu WELCK, Zeichen S.160 u. Anm.92. BJERKELUND, Tauta Egeneto S.91, bestätigt diesen Zusammenhang, betont aber, daß das Brotwunder in der Brotrede überhaupt nicht erwähnt wird, die Brotrede daher auch nicht als Auslegung des Brotwunders betrachtet werden darf: „Nur durch einige einleitende Bemerkungen (6.25) wird die Verbindung zum Vorhergehenden hergestellt. Bekanntlich fordern die Juden in 6.30, Jesus solle sich durch ein Mannazeichen legitimieren, als ob sie das Brotwunder gar nicht kennten." (ebd.) M.E. ist die argumentative Verbindung von Speisungsgeschichte und Brotrede deutlich enger zu sehen. Die Speisungsgeschichte ist nicht nur der erzähltechnisch-situative Ausgangspunkt und metaphernspendender Stichwortlieferant für die von der Speisethematik dominierten Ausführungen der Brotrede. Sie wirft vielmehr eine Reihe von Fragen und Mißverständnissen auf (Königtum Jesu, leibliche bzw. geistliche Speise etc.), die in der darauffolgenden Brotrede aufgenommen und korrigiert werden (s.u.).
[745] Vgl. SCHNACKENBURG, Johannesevangelium 2 S.12f.; WEDER, Menschwerdung S.365.
[746] So ACHTEMEIER, Isolation S.282; ANDERSON, Christology S.170; BULTMANN, Johannes S.155; CROSSAN, Jesus S.412; GRUNDMANN, Markus S.183; KUHN, Sammlungen S.206; MADDEN, Walking S.114f.; MEIER, Marginal Jew 2 S.906; PESCH, Markusevangelium 2 S.77f.; RITT, Seewandel Jesu S.74f.; RUCKSTUHL, Speisung S.2005; SCHMITHALS, Markus 1 S.332; YARBO COLLINS, Rulers S.207ff. Dagegen behauptet SNOY, La rédaction marcienne S.221-234, daß die beiden Geschichten erst durch den Verfasser des Markusevangeliums kombiniert worden sind. Zur Frage der Unabhängigkeit von Joh 6 von Mk 6 und 8 vgl. ferner: ANDERSON, Christology S.97-100.170.183f.; BROWN, John 1 S.252-254; DODD, Historical Tradition S.196-222. bes.: 204-207; GARDNER-SMITH, Saint John S.27-33; JOHNSTON, Johannine Version;

	Mk	Mt	Lk	Joh
Speisung	6,30-44 8,1-9	14,13-21 15,32-39	9,10-17	6,1-15
Seewandel	6,45-52	14,22-33	fehlt	6,16-21

Beide Wundergeschichten weisen inhaltlich und von der argumentativen Intention her bedeutende Unterschiede auf. Von daher ist nach dem Sinn ihrer Verbindung zu fragen.

Die Speisungsgeschichte berichtet von einem Wunder, daß zugunsten von Menschen geschieht. Es ist jedoch von Heilungswundern, Totenaufweckungen, Exorzismen etc. darin zu unterscheiden, daß auf der Erzählebene eine vergleichbare Dringlichkeit nicht vorliegt.[747] Es geht eben nicht darum, Menschen zu speisen, die kurz vor dem Hungertod stehen. Der Text betont in seiner erzählsituativen Verortung, daß es sich lediglich um die Speisung von erschöpften Menschen handelt. Wären sie nicht gespeist worden, hätten sie hungrig ihren Heimweg antreten müssen. Das Speisungswunder ist kein Rettungswunder.

Die Seewandelgeschichte hat einen völlig anderen Charakter. Das Wunder des Seewandels geschieht nicht zugunsten von Menschen. Es handelt sich auf den ersten Blick um ein reines Schauwunder für die Jünger. Während die Speisung vor der Volksmenge stattfindet, ist der Seewandel nur an den Jüngerkreis gerichtet.

Das Wandeln auf dem Meer ist eine Fähigkeit hellenistischer Götter und Halbgötter.[748] Schon in der Septuaginta ist dies auf den Gott des Alten Testaments übertragen worden.[749] Besonders wichtig ist hier Hi 9,8 (LXX):

„... der du Himmel ausspannst und wandelst wie auf Fußboden auf dem Meer."[750]

RUCKSTUHL, Speisung; SMITH, Fragments; PAINTER, Quest S.217-220; WITKAMP, Features S.45f.; YARBO COLLINS, Rulers S.211-225.
[747] Vgl. BERGER, Wunder S.142f.; RUCKSTUHL, Speisung S.2006; WELCK, Zeichen S.161, Anm.93. Auch in Mk 6 wird nicht etwa Nahrungsmangel als akute Notsituation vorausgesetzt. Vielmehr geht es um die Orientierungslosigkeit der „Schafe ohne Hirten" (Mk 6,34). Vgl. dazu PESCH, Markusevangelium 1 S.355.
[748] Vgl. dazu BERGER, Johannes S.186f.; BERGER, Wunder S.151f.; GIBLIN, Crossing; LUZ, Matthäus 2 S.407f.; MADDEN, Walking; ZELLER, Christus unter den Göttern S.73f. Ausgewählte Belegtexte bei BERGER / COLPE, Textbuch S.53. (Nr.54-56).
[749] Vgl. dazu BERG, Rezeption S.79-81; BERGER / COLPE, Textbuch S.53; ZELLER, Christus unter den Göttern S.74..
[750] Übersetzung nach BERGER / COLPE, Textbuch S.53 (Nr.54).

Dieses Wandeln auf dem Wasser ist eine Fähigkeit, die nur Götter bzw. ihre Söhne haben. Auch in griechischen Texten wird diese göttliche Gabe verliehen. So berichtet Hesiod über Orion:

> „... er sei der Sohn der Minostochter Euryale und des Poseidon, es sei ihm aber die Gabe gegeben, daß er auf den Wogen gehen könne wie auf der Erde." (Hesiod, Frgm. 182)[751]

Angewandt auf Jesus bedeutet dies: Jesus partizipiert an der Fähigkeit Gottes, über das Wasser zu gehen. Dies beweist seine Legitimation durch Gott.[752]

Anders als im Markusevangelium fehlt hier die Sturmstillung - und somit auch jede erzählerisch-dramatische Notwendigkeit für dieses Wunder (vgl. hingegen Mk 6,51). Die Motivation für das Wunder ist ein Erkenntnisgewinn für den Jüngerkreis bzw. für die johanneische Gemeinde. Dieser Erkenntnisgewinn wird hier jedoch nicht innerhalb der Wundergeschichte thematisiert (so aber in Mt 14,33; negativ als Unverständnis in Mk 6,52), sondern erst in der Brotrede.

Es handelt sich um ein reines Legitimationswunder, das als argumentatives Bindeglied zwischen Speisung und Brotrede fungiert: Nur wenn die Legitimität des Gesandten Gottes geklärt ist, kann die Speisung der Menge mit irdischem Brot als Spenden von himmlischem Brot interpretiert werden.

Daß eine Klärung der Legitimationsfrage dringend notwendig war, zeigt ein Blick auf 6,14f.: Die von Jesus gespeiste Menge bekennt ihn als den erwarteten Propheten, der in die Welt kommen soll (vgl. Dtn 18,15.18[753]). Jesus entzieht sich daraufhin der Volksmenge, um zu vermeiden, daß sie ihn ergreifen und zum König machen (6,15).[754]

---

[751] Übersetzung nach BERGER / COLPE, Textbuch S.54 (Nr.55).
[752] Vgl. BERGER, Psychologie S.130ff.
[753] Inwieweit hier auf Dtn 18 angespielt wird, läßt sich nicht sicher ausmachen. Vgl. dazu schon BAUER, Johannesevangelium S.30f. (mit zahlreichen religionsgeschichtlichen - v.a. mandäischen - Parallelen); SCHNACKENBURG, Johannesevangelium 2 S.25f. und Johannesevangelium 1 S.277ff. (zu 1,21). Positiver urteilen: FRIEDRICH, προφήτης S.847; MIRANDA, Vater S.308-388.
[754] Vgl. STEGEMANN / STEGEMANN, König Israels S.47.: „Offenkundig weicht Jesus hier dem Versuch aus, ihn zu einem revolutionären Gegenkönig zu machen." Vgl. auch ANDERSON, Christology S.179; BULTMANN, Johannes S.158. Zu der Notwendigkeit für das frühe Christentum, sich von revolutionären Königsprätendenten abzugrenzen vgl. auch DE JONGE, Christologie im Kontext S.153-156. Zu den frühjüdischen Erwartungen eine davidisch-königlichen Messias vgl. u.a. BERGER, Messiastraditionen; BERGER, Messianität; COLLINS, Jesus and the Messiahs; GARCIA MARTINEZ, Messianische Erwartungen (zu Qumran); THEIßEN / MERZ, Jesus S.464ff.

Die Assoziation Prophet wird in der Reaktion Jesu zunächst nicht aufgenommen. Daher ist zu vermuten, daß der Evangelist die beiden Erwartungen Prophet und König nicht in eins setzt, sondern getrennt behandelt (Prophet erst ab 6,32) und auch unterschiedlich bewertet.[755] Die Beziehung von Prophet und Speisewunder ist durch 2Kön 4,42-44 (Elisa) und Ex 16 (Mose) belegt. Die Er-wartung eines wiederkommenden Prophet (Elia bzw. Prophet wie Mose) wird im Johannesevangelium im Kontext der Auseinandersetzung mit Johannes dem Täufer diskutiert (1,21f.).[756]

Die Speisung hat in 6,15 bei der Volksmenge eine Assoziation hervorgerufen, die der Evangelist vermeiden möchte. Diese haben die Speisung in einem irdisch-politischen Sinne gedeutet: In ihren Augen hatte sich Jesus hier in direkte Konkurrenz zum römischen Kaiser gesetzt, dessen Privileg es war, große Volksspeisungen zu initiieren (Brot und Spiele).[757] Eine Volksspeisung ist gewissermaßen ein hoheitlicher Akt:[758] „Die öffentliche Speisung war im antiken Mittelmeerraum eine Maßnahme, die von Aristokraten wie von Populisten eingesetzt wurde, um mittels fürsorglicher Großzügigkeit die Beliebtheit beim Volk zu vergrößern und den eigenen Führungsanspruch positiv zu untermauern."[759] Ihren Ursprung hatte die Volksspeisung wohl in der Gracchen-Reform: Dort wurde mit der *lex frumentaria* die sog. *frumentatio* eingeführt - eine verbilligte (ab 58 v.Chr. unentgeltliche) Abgabe Getreides an die Bevölkerung.[760]Daneben tritt eine nicht alltägliche Verteilung von Lebensmitteln (seit Augustus auch Geld), die jeweils zu bestimmten Anlässen wie Herrschaftsantritt, Triumph etc. stattfindet - das sog. *congiarium*.[761] „Wichtig ist, daß seit Caesar allein der Princeps ein solches Recht auf Spenden hat. Denn man

---

[755] Vgl. dazu SCHNACKENBURG, Johannesevangelium 2 S.24ff. Zum Verhältnis von 6,14 und 15 bemerkt SCHNACKENBURG m.E. zutreffend: „So darf man die beiden Verse überhaupt nicht eng verklammern und als geradlinige Gedankenentwicklung ansehen. V 14 soll das Urteil des Evangelisten über die große Speisung positiv theologisch formulieren, gleichsam die unmittelbare messianisch-christologische Folgerung daraus ziehen. V 15 soll negativ das Unverständnis der Menschen gegenüber diesem zeichenhaften Geschehen, ihre am Äußerlichen haftende Denkungsart, ihre verkehrten Konsequenzen aufdecken." (S.25) Für eine Verbindung beider Titel, wobei hier König dann positiv zu verstehen wäre, plädiert MEEKS, Prophet-King S.87ff.
[756] Vgl. FRICKENSCHMIDT, Evangelium als Biographie S.425.
[757] Vgl. BERGER, Manna S.121-124 (mit Vergleichstexten); BERGER, Theologiegeschichte S.648; KÜGLER, König; WILCKENS, Johannes S.97.
[758] Vgl. FRICKENSCHMIDT, Evangelium als Biographie S.379f.
[759] FRICKENSCHMIDT, Evangelium als Biographie S.379.
[760] Vgl. ROSTOWZEW, Frumentum; SCHROT, Frumentum Sp.622f.
[761] Vgl. GROß, Congiarium; ROSTOWZEW, Congiarium.

will anderen Persönlichkeiten die Möglichkeit nehmen, sich durch solche Spenden beim Volk beliebt zu machen.'"[762]

Auch in Palästina zur Zeit Jesu ist die Volksspeisung als hoheitlicher Akt ein beliebtes Mittel der Innenpolitik. So berichtet Josephus von einer umfangreichen Getreidespende des Herodes während einer Nahrungsmittelknappheit.[763] Herodes nutzte die Gunst der Stunde, sich als fürsorglichen Landesvater zu präsentieren, was - nach dem Urteil des Josephus - dazu beigetragen, das wegen Mißachtung der jüdischen Gesetze angekratzte Image des Herrschers erheblich zu verbessern.[764]

Auf diesem Hintergrund ließe sich die Speisungsgeschichte von den Gegnern Jesu bzw. von den Gegnern der johanneischen Gemeinde als Beleg für den Vorwurf verwenden, Jesus habe ein weltliches Königtum beansprucht. Die johanneische Gemeinde muß sich auch an anderen Stellen gegen den Vorwurf verteidigen, ihre Messiasverehrung tangiere ihre Loyalität zum römischen Kaiser. So begegnet die Bezeichnung βασιλεύς angewandt auf Jesus v.a. im Prozeß Jesu vor Pilatus.[765] Jesus habe sich selbst zum König gemacht, ist der vorgeschobene Vorwurf der jüdischen Gegner Jesu (19,12.21). Der Evangelist macht deutlich, daß der wahre Vorwurf der Gegner Jesu ein religionspolitischer (zum Machterhalt der religiösen Obrigkeit) und kein profanpolitischer (Revolution gegen die römische Obrigkeit) gewesen ist: Jesus habe sich selbst zum Sohn Gottes gemacht (19,7).[766] Sohn Gottes kann in 19,7 sowohl religiös (alttestamentlich-jüdisch) als auch profanpolitisch (im Sinne der Gottessohnschaft des römischen Kaisers[767]) verstanden werden. Man habe jedoch - so der Vorwurf des Evangelisten - bewußt einen Gegensatz zum römischen Kaiser konstruiert, um in den Bereich der römischen Kapitalgerichtsbarkeit zu gelangen, d.h. um Jesus hinrichten lassen

---

[762] BERGER, Manna S.123.
[763] Vgl. dazu Josephus, Antiquitates XV 305-312 (u.a. in KIPPENBERG / WEWERS, Textbuch S.42f.).
[764] Vgl. auch BERGER, Manna S.122.
[765] Vgl. dazu BAUM-BODENBENDER, Hoheit; BLANK, Verhandlung; HAHN, Prozeß; LAMPE, βασιλεύς Sp.497; RENSBERGER, Overcoming the World S.87ff.; SCHLIER, Jesus und Pilatus; STEGEMANN / STEGEMANN, König Israels S.42-44.
[766] Vgl. SCHLIER, Jesus und Pilatus S.70; SCHNACKENBURG, Johannesevangelium 3 S.279f.; STEGEMANN / STEGEMANN, König Israels S.43.
[767] Vgl. zur *Apotheose / Consecratio* der römischen Herrscher und dem Titel *Divi Filius* KLAUCK, Umwelt II S.47-62 und die S.47 angegebene Literatur. Zur Vermeidung des Gottessohn-Titels im Frühjudentum (außerhalb des alttestamentlichen Kontexts) wegen möglicher Mißverständnisse im nichtjüdischen Kontext vgl. LOHSE, υἱός S.362f.; U.B. MÜLLER, Sohn Gottes S.1.

zu können (18,29-31).[768]Der Evangelist enthüllt seinen Lesern, daß auch Pilatus die Anklage als vorgeschoben betrachtet hat und läßt diesen den Titel ὁ βασιλεὺς τῶν Ἰουδαίων stets ironisch bzw. zynisch verwenden (18,39; 19,14f.19.21).[769]

Es lassen sich aber in der im Johannesevangelium berichteten öffentlichen Wirksamkeit Jesu Anhaltspunkte dafür finden, daß Jesus von Anhängern als Königsprätendent verstanden worden ist. Dies ist der Fall im Bekenntnis des Nathanael in 1,49: Nathanael bezeichnet Jesus als ὁ υἱὸς τοῦ θεοῦ und βασιλεὺς τοῦ Ἰσραήλ. Auch wenn es prinzipiell möglich ist, diesen Satz im Sinne eines irdischen Königtums Jesu zu verstehen, weisen doch sowohl die Bezeichnung ὁ υἱὸς τοῦ θεοῦ (aus dem Munde des Nathanael) als auch die christologische Präzisierung ὁ υἱὸς τοῦ ἀνθρώπου (aus dem Munde Jesu) in 1,51 auf ein himmlisches Königtum Jesu.[770] Ein weiteres Mal begegnet die Bezeichnung βασιλεὺς τοῦ Ἰσραήλ in der Einzugsgeschichte (12,13.15). Im Gegensatz zu den synoptischen Berichten wird hier jedoch jede Beziehung Jesu zur davidisch-messianischen Königstradition (vgl. dagegen Mk 11,10; Mt 21,9), mit der sich die Erwartung einer irdischen βασιλεία verbinden könnte, bewußt vermieden.[771] Zudem weist die durchweg positiv verwandte Bezeichnung Ἰσραήλ - im Gegensatz zu Ἰουδαῖοι - auf das eschatologische Israel, auf die Adressaten und Träger der himmlischen Verheißung.[772]

Der Evangelist versucht also, den möglichen Vorwurf, durch bewußtes Formulieren zu entkräften. In der Verwendung der Bezeichnung βασιλεύς für Jesus wird wieder der Grundgegensatz von himmlisch und irdisch deutlich. Jesu βασιλεία ist nicht von dieser Welt (18,36).[773] Wieder ist die Herkunft entscheidend[774]: Jesus stammt aus der himmlischen Sphäre, und er ist von Gott damit beauftragt, „in dieser Welt (...) von jener Welt und ihrer Wirklichkeit Zeugnis abzulegen"[775] (18,37). Jesu βασιλεία hat vielmehr mit dem Begründer aller irdischer Macht - mit

---

[768] Vgl. SCHNACKENBURG, Johannesevangelium 3 S.279f.
[769] Vgl. STEGEMANN / STEGEMANN, König Israels S.43; WENGST, Bedrängte Gemeinde S.205f.
[770] Vgl. KARRER, Jesus Christus S.165.
[771] Vgl. STEGEMANN / STEGEMANN, König Israels S.45.
[772] Vgl. HAHN, Heil S.110f. Zur Verwendung von Ἰσραήλ im Johannesevangelium vgl. HARVEY, True Israel S.245-250; KUHLI, Ἰσραήλ Sp.498.
[773] Vgl. dazu DIEBOLD-SCHEUERMANN, Jesus vor Pilatus S.224f.258-260; HENGEL, Reich Christi S.170ff.; KÜGLER, Sohn S.85.
[774] Vgl. SCHNACKENBURG, Johannesevangelium 3 S.284.
[775] SCHNACKENBURG, Johannesevangelium 3 S.286. Vgl. auch BERGER, Theologiegeschichte S.204; WILCKENS, Johannes S.281.

Gott - zu tun.[776] Daher hat Pilatus nicht wirklich die Macht, über Jesu Schicksal zu bestimmen (19,11). Der nach irdischem Maßstab ohnmächtige[777], gefangene Jesus weiß sich einig mit dem, der die himmlische Macht hat und der Pilatus die Verfügungsgewalt über Jesus überläßt.[778] Die Schuld für Jesu Hinrichtung liegt daher weniger bei Pilatus als bei denen, die Jesus verraten und ausgeliefert haben.[779]

Der Evangelist vertritt also bezogen auf die Verwendung des Königstitels - aber auch insgesamt bezogen auf das gesamte im Evangelium dargestellte Schicksal Jesu - eine „Entpolitisierung der Christologie"[780]: Die Verehrung des himmlischen Messias Jesus tangiert nicht die irdische Loyalität zur römischen Obrigkeit. Dies ist bedingt durch die Situation der johanneischen Gemeinde, die sich gegen den Vorwurf verteidigen muß, sie verehre einen hingerichteten Aufrührer und befinde sich daher im Konflikt mit der römischen Obrigkeit. Dazu schreibt zutreffend WANDER:

„Anscheinend wurden christliche Gemeinden wegen des Königsanspruchs Jesu verdächtigt. Nach Acta 17,6 schreien Juden in Thessalonich vor dem Stadtpräfekten: 'Diese Leute, die die ganze Welt in Aufruhr gebracht haben, sind jetzt auch hier, und Jason hat sie aufgenommen. Sie alle verstoßen gegen die Gesetze des Kaisers; denn sie behaupten, ein anderer sei König, nämlich Jesus.' Dieser Vorwurf und die Tendenz zur Apologie bei Joh zeigen, daß in den Bereich der lex iulia maiestatis gehörige Verdächtigungen gegen Christen geäußert werden konnten. Die

---

[776] Zur Identität von Jesu βασιλεία und der βασιλεία τοῦ θεοῦ vgl. HENGEL, Reich Christi: „Die Einheit des Königtums Gottes und Christi erschließt sich in der Einheit der Glaubenden mit dem Sohn, der ihnen den Zugang zum Vater vermittelt..."

[777] Hier ist jedoch nicht die Rede von einer scheinbaren Ohnmächtigkeit, so SCHNACKENBURG, Johannesevangelium 3 S.296.301.302. Dagegen argumentiert WENGST, Bedrängte Gemeinde S.206: „Die Darstellung des Evangelisten enthält kein 'Scheinbar'. Jesus *ist* erniedrigt und ohnmächtig. Mit nichts deutet der Evangelist an, daß die Peitschenhiebe, die Schläge, der Hohn und der Spott ihn eigentlich gar nicht träfen. Hier ist nicht die Spur von Doketismus." (*kursiv* bei WENGST)

[778] Vgl. BLANK, Verhandlung S.79; VON CAMPENHAUSEN, Zum Verständnis von Joh 19,11; SCHNACKENBURG, Johannesevangelium 3 S.301f.

[779] Vgl. SCHNACKENBURG, Johannesevangelium 3 S.302;

[780] E.W. STEGEMANN, Tragödie S.118. Vgl. dazu auch HENGEL, Reich Christi S.182: „Eben darum widerspricht dieses Königtum radikal den gewalttätigen politischen Mächten, die ein Teil des 'Kosmos', Handlanger des 'Fürsten dieser Welt' und des Todes sind, und bricht zugleich mit den traditionellen 'theokratischen' Idealen des Judentums, ja der antiken Welt überhaupt, die alle auf der Einheit von politischer und religiöser Ordnung beruhen. Auf jede theologische Rechtfertigung oder Legitimierung politischer Gewalt kann darum grundsätzlich verzichtet werden. Das Johannesevangelium bedeutet das Ende aller *politischen* Theologie." (*kursiv* bei HENGEL).

Angst vor Aufständischen, die sich zu Königen aufwarfen, war besonders während des Prinzipats immer vorhanden."[781]

Fazit: Im Rahmen der prozeßhaften Konzeption des Johannesevangeliums geht es hier darum, Jesu Wirken und Auftrag insgesamt als von Gott initiiert darzustellen. Jesus hat in der Speisungsgeschichte nicht versucht, ein konkurrierendes irdisches Königtum zu errichten. Durch die anschließende Seewandelgeschichte wird diese falsche Assoziation „abgewiesen und zugleich das Charisma Jesu auf Gott allein zurückgeführt."[782]

Die Wunder interpretieren sich demnach gegenseitig. Die Betonung liegt aber auf der Speisung mit der auf sie bezogenen Brotrede. Der Seewandel mit seinen Parallelen in der hellenistischen Umwelt hat die Funktion, die Legitimität des Offenbarers und Lebensspenders (im Sinne von 6,22-59) herauszustellen. Es geht in Joh 6 also wie schon in 3,13-15 um die Kombination von Legitimation und soteriologischer Funktion.

12.2 Exegese von 6,25-59

12.2.1 Vergängliche Speise und Speise zum ewigen Leben, die der Menschensohn gibt (6,25-27)

Nach einer erzähltechnischen Überleitung (6,22-24)[783], die den Ortswechsel der Volksmenge beschreibt, die sich am folgenden Tage auf die Suche nach Jesus macht, läßt der Evangelist mit 6,25 einen Offenbarungsdialog beginnen, den er in der Synagoge von Kapernaum lokalisiert (6,59).[784]

Der Beginn der Brotrede (6,25-28) ist ähnlich strukturiert wie der Anfang des Nikodemusgesprächs (s.o.):

---

[781] WANDER, Trennungsprozesse S.87f.
[782] BERGER, Theologiegeschichte S.142.
[783] Diese Verse werden in der Forschung meist als umständlich konstruiert und schwer verständlich bezeichnet. Vgl. schon WELLHAUSEN, Evangelium Johannis S.29; ferner: STRATHMANN, Johannes S.161; WIKENHAUSER, Johannes S.123. Literarkritische Lösungen bieten daher u.a. BECKER, Johannes 1 S.201 BULTMANN, Johannes S.158f.; FORTNA, Gospel of Signs S.68; SCHNACKENBURG, Johannesevangelium 2 S.44. Diese Deutungen vernachlässigen jedoch die wichtige Funktion dieses Abschnitts als Überleitung zur Brotrede (s.u.).
[784] Vgl. dazu BJERKELUND, Tauta Egeneto S.89f.

Joh 3	Joh 6
2: Anrede mit ῥαββί	25: Anrede mit ῥαββί
Frage wegen Wunder	Frage wegen Wunder
3: ἀμὴν- ἀμὴν-Wort	26: ἀμὴν- ἀμὴν-Wort
Keine direkte Antwort Jesu	Keine direkte Antwort Jesu
→ soteriologischer Exkurs:	→ soteriologischer Exkurs:
Von oben geboren	27a: Schafft euch Speise
	Menschensohn, durch den Vater beglaubigt.
Sehen der βασιλεία Gottes	Ewiges Leben.
4: polemische Nachfrage	28: Nachfrage

12.2.1.1 Der Zeichencharakter der Speisung (6,25f.)

Ähnlich wie in Joh 3 beginnt der Dialog auch hier in 6,25 mit einer Frage an Jesus, der wie in 3,1 mit ῥαββί angeredet wird (s.o.). Die Vertreter der Volksmenge äußern ihre Verwunderung über Jesu Anwesenheit in Kapernaum. Das Ziel der Frage ist zunächst die Beglaubigung des Wunders des Seewandels durch unverdächtige Zeugen.[785] Erst die umständliche Suchaktion (6,22-24)[786] und die an Jesus gestellte Frage stellen für das Wunder des Seewandels eine Öffentlichkeit her, die über den Jüngerkreis hinausgeht. Da sie sich Jesu Ortswechsel nicht anders erklären können, nehmen die Vertreter der Volksmenge an, daß es sich um ein Wunder gehandelt hat. Eine Klärung erwarten sie durch ihre Frage.

Jesus geht jedoch auf diese Frage nicht ein, sondern deckt die Motivation der Vertreter der Volksmenge auf (6,26):[787] Er sagt ihnen, warum sie ihn überhaupt gesucht haben. Jesu Antwort wird (wie in 3,3) mit einem ἀμὴν- ἀμὴν-Wort eingeleitet (s.o.). Es war nicht der Zeichencharakter der Speisung[788], der die Menschen sich auf die Suche nach Jesus machen ließ, sondern die Sättigung durch die Brote. Diese Äußerung liegt auf der gleichen Linie wie das Mißtrauen Jesu zu den Anhängern in 6,15 (s.o.).[789]

---

[785] Vgl. SCHULZ, Johannes S.103; WELCK, Zeichen S.166.168.
[786] Möglicherweise liegt hier das Motiv des „Suchens und Nicht-Findens" eines entrückten Propheten vor - wie bei Elia nach 2Kön 2,17. Deutlichere Anklänge finden sich in 7,34; 8,21f.; 13,33.36. Vgl. dazu BÜHNER, Der Gesandte S.416f. u. Anm.1
[787] Vgl. ANDERSON, Christology S.199.
[788] Das Stichwort σημεῖα (im Plural) bezieht sich hier sowohl konkret auf die erst kurze Zeit zurückliegende Speisung als auch grundsätzlich auf andere Zeichen, wie sie etwa summarisch in 6,2 erwähnt werden (vgl. dazu SCHNACKENBURG, Johannesevangelim 2 S.47). Es soll jedoch damit nicht der Seewandel bzw. der unerklärliche Ortswechsel als σημεῖον bezeichnet werden, denn dies ist implizit schon durch die Frage der Vertreter der Volksmenge geschehen.
[789] Vgl. dazu WELCK, Zeichen S.167.

Was genau wird hier getadelt? Jesu Zeichenhandlung wird von der Volksmenge lediglich im irdischen Sinne verstanden - nämlich als Befriedigung irdischer Bedürfnisse.[790] Bei diesem Zeichenverständnis steht die Tat als solche im Vordergrund und nicht das, worauf das σημεῖον hinweist - auf den von Gott beauftragten Geber des Brotes.[791]

12.2.1.2 Die Speise zum ewigen Leben (6,27)

Jesu ἀμὴν- ἀμὴν-Wort in 6,26 dient also zur Vorbereitung und Hinführung auf die Aufforderung in 6,27:[792] Das Handeln (ἐργάζεσθαι) der Menschen soll nicht auf verderbliche (ἀπολλύναι) Speise gerichtet sein, sondern auf zu ewigem Leben bleibende Speise (ἡ βρῶσις ἡ μένουσα εἰς ζωὴν αἰώνιον). Diese Speise wird durch den Menschensohn gegeben werden, da er vom Vater beglaubigt ist. Hier werden verschiedene Motive aufgenommen die schon zuvor im Evangelium begegnet sind:

- Der Grundgegensatz von himmlisch und irdisch (s.o. - v.a. 1,13; 3,6.12; ferner: 6,32.48.63; 8,23; 12,25; 15,19; 17,14) taucht hier in modifizierter Form auf - nämlich im Blick auf die Wirkung der Speise: verderblich oder bleibend.

- Das Motiv von lebenschaffender Speise bzw. Wasser[793] begegnet schon in 4,10-15 - dort auch im Blick auf die Wirkung: durststillend oder bleibend durstlöschend (4,13f.).[794] In 4,32f. bezeichnet Jesus seine Sendung durch Gott, das Tun des Willens Gottes und die Vollendung des Werkes Gottes als Speise, von der er lebt und die die Jünger nicht kennen.

- Die Verbindung von Menschensohn und ewigem Leben ist schon aus 3,15ff. bekannt. Auch in 5,24-27 findet sich diese Verbindung: Die von Gott dem Sohn verliehene Gerichtsvollmacht, die durch sein Menschensohn-Sein begründet wird, bewirkt bei den Glaubenden unter Umgehung des Gerichts (5,24) die Weitergabe des ewigen (nach

---

[790] Vgl. dazu ROSE, Manna S.98.
[791] Vgl. WEDER, Menschwerdung S.373f.: „Die Suche gilt nicht dem, was das Geschehen *bedeutet*, sondern dem, was das Geschehen *darstellt*. In der Brotvermehrung ein σημεῖον sehen würde heissen, im Überfluss dieses Brotes den göttlichen Geber wahrnehmen. Statt dessen sieht das Volk bloss den materiellen Vorgang der Sättigung." (*kursiv* bei WEDER). Vgl. auch ANDERSON, Christology S.199; L. SCHENKE, Johannes S.130; WELCK, Zeichen S.269-278.
[792] Vgl. WEDER, Menschwerdung S.374.
[793] So auch in 7,37-39: Ströme lebendigen Wassers. Vgl. dazu BODI, Hintergrund; IBUKI, Wahrheit S.315-324; JONES, Symbol of Water. Zur Deutung auf die christliche Taufe vgl. CULLMANN, Urchristentum S.82f.; SCHNACKENBURG, Anbetung S.92.
[794] Vgl. dazu RITT, Frau S.289f. mit Anm.9. u. S.299ff.

5,24) Lebens, die dem Sohn möglich ist, da er - wie der Vater - das Leben in sich hat (s.u.).[795]

12.2.1.2.1 Μένειν und ewiges Leben

Neu ist hier die Kombination von μένειν und ewigem Leben und überhaupt die Anwendung des Verbs μένειν auf die Existenz der Glaubenden.[796]

Μένειν bedeutet zunächst bleiben, aber auch das Bleiben einer Person an einem bestimmten Ort.[797] Im Johannesevangelium bezeichnet μένειν im theologischen Sinne den durativen Aspekt des Glaubens (Treue, Standhaftigkeit) im Unterschied zum Zum-Glauben-Kommen, wofür das Verb πιστεύειν verwendet wird.[798] Die folgende Übersicht zeigt die profane und theologische Verwendung von μένειν im Johannesevangelium.

μένειν im Johannesevangelium
1,32: Geist vom Himmel herab, blieb auf Jesus. (Johannes)
1,33: Bleiben des Heiligen Geistes auf Jesus als Zeichen der Legitimität Jesu. (Johannes)
1,38: profane Bedeutung
1,39 (2x): profane Bedeutung
2,12: profane Bedeutung
3,36: Bei Ungehorsam gegen den Sohn folgt Bleiben des Zornes Gottes auf dem Ungehorsamen. (Johannes)
4,40 (2x): profane Bedeutung
5,38: Bei Unglaube gegen den Sohn bleibt das Wort des Vaters nicht in euch.
6,27: „Müht euch nicht ab für die Speise, die verdirbt, sondern für die Speise, die für das ewige Leben bleibt und die der Menschensohn euch geben wird."
6,56: Essen/Trinken von Fleisch/Blut ⇒ Bleiben in Jesus und Jesu Bleiben im Menschen.
7,9: profane Bedeutung
8,31: Bleiben in Jesu Wort als Bedingung für Jüngerschaft ⇒ Wahrheit und Befreiung (32).

---

[795] Vgl. SCHENK, Menschensohn S.172.
[796] Möglicherweise liegt schon in 1,38f. ein Wortspiel vor: Ob das Bleiben der gerade berufenen Jünger bei Jesus (μένειν παρ' αὐτῷ) im soteriologischen Sinne (μένειν ἐν) zu verstehen ist, ist jedoch eher unwahrscheinlich - v.a. wegen der begrenzenden Zeitangabe in 1,39.
[797] Vgl. dazu HAUCK, μένω; HEISE, Bleiben; HÜBNER, μένω.
[798] Vgl. BERGER, Theologiegeschichte S.721f.; BERGER, Johannes S.141.

> 8,35 (2x): Bildwort von Sklave und Sohn: Das immerwährende Bleiben im Haus ist entscheidend für die Fähigkeit der Befreiung (durch den Sohn).
> 9,41: Die Sünde bleibt, da die Pharisäer die Fähigkeit zu sehen besitzen, aber nicht an Jesus glauben.
> 10,40: profane Bedeutung
> 11,6: profane Bedeutung
> 11,54: profane Bedeutung
> 12,24: Bildwort vom Weizenkorn: allein bleiben.
> 12,34: Der Messias bleibt bis in Ewigkeit (Einwand der Gegner).
> 12,46: Ziel des Kommens Jesu: damit alle an ihn Glaubenden nicht in der Finsternis bleiben.
> 14,10: „Der Vater, der in mir bleibt, vollbringt seine Werke."
> 14,17: Der Geist der Wahrheit bleibt bei den Glaubenden.
> 14,25: profane Bedeutung: Jesu irdisches Wirken bei den Jüngern.
> 15,4 (3x): „Bleibt in mir, dann bleibe ich bei euch. Wie die Rebe aus sich keine Frucht bringen kann, sondern nur, wenn sie am Weinstock bleibt, so könnt auch ihr keine Frucht bringen, wenn ihr nicht in mir bleibt."
> 15,5: wie 15,4
> 15,6: wie 15,4
> 15,7 (2x): Bleiben der Worte Jesu in den Glaubenden ⇒ Erhalt dessen, was sie erbitten.
> 15,9: „Bleibt in meiner Liebe!"
> 15,10 (2x): wie 15,9.
> 15,16: Bleiben der Frucht (der Glaubenden) als Ziel der Erwählung.
> 19,31: profane Bedeutung
> 21,22: Bleiben des Lieblingsjüngers bis zum Kommen Jesu?
> 21,23: wie 21,22.

Der theologische Gehalt von μένειν begegnet vor allem in den sog. Immanenzformeln (vgl. 15,4-7 [bes. 15,5] und 6,56).[799] Μένειν heißt: Gemeinschaft mit Gott durch die Treue zu seinem Gesandten. Vorausgegangen war das Zum-Glauben-Kommen (πιστεύειν; vgl. 1,12; 3,15.16.18; 6,40.47; 12,36; 16,27). Gegenstand des Glaubens ist das heilwirkende, lebenspendende Geschick des Menschensohnes. Der Kontakt zur himmlischen Sphäre ist durch die Taufe als pneumatischer Neugeburt hergestellt (1,12.33f.; 3,3.5; 7,39). Μένειν bezeichnet die Existenzweise der pneumatisch neugeborenen Christen. Sie haben via πνεῦμα (vgl. 7,39) Anteil an der Präexistenzherrlichkeit des in die himmlische

---

[799] Vgl. dazu BERGER, Theologiegeschichte S.255.421.722; DETTWILER, Umstrittene Ethik S.181-184; HAUCK, μένω S.580; HÜBNER, μένω Sp.1003; STRECKER, Johannesbriefe S.99ff.; STRECKER, Theologie S.462ff.

Welt zurückgekehrten Jesus (vgl. 14,2f.; 17,22).[800] Diese Anteilhabe ist durch die Treue gegenüber Gott und seinem Gesandten zu gewährleisten. Die pneumatisch neugeborene Existenz der Christen wird deshalb als μένειν bezeichnet, weil es dem durativen Charakter der himmlischen Sphäre entspricht: „Sie wird »Bleiben« genannt und ist das genaue Spiegelbild zu »Präexistenz« und »ewigem Leben«."[801]

Diese Anteilhabe bedeutet jedoch noch nicht endgültiges Heil. Die christliche Existenz ist gefährdet. Dies zeigt ein Blick auf 6,60-71 und 8,31-59.

- In 6,60-71 kommt es zu einer Abfallbewegung unter den Anhängern Jesu wegen mißverstandenen Worten aus der Brotrede.
- In 8,31-59 macht Jesus das Bleiben in seinem Wort zum Kriterium für wirkliche Jüngerschaft. Seine Rede richtet sich an gläubig gewordene Juden, die sich mit ihm im weiteren Verlauf um die Abrahamskindschaft streiten. Ab 8,48 werden diese Gesprächspartner auf einmal 'die Juden' genannt, und in 8,59 versuchen sie, Jesus zu steinigen.

In beiden Textstellen sind Erfahrungen der johanneischen Gemeinde verarbeitet. Spaltung und Abfall von der johanneischen Gemeinde bedrohen deren Existenz. WENGST formuliert den Sachverhalt m.E. zutreffend:

„Die Schärfe der folgenden Auseinandersetzung [in Joh 8, M.S.] spricht allerdings dafür, daß hier nicht nur eine Gefahr im Blick ist, sondern daß der Abfall tatsächlich stattgefunden hat und der Evangelist die Absicht verfolgt, die noch Gebliebenen davon abzuhalten, ebenfalls einen solchen Schritt zu unternehmen."[802]

Μένειν beinhaltet daher auch die Aufforderung und Ermahnung, die bestehende Verbindung nicht abreißen zu lassen - ist also Indikativ und Imperativ zugleich. Die Glaubenden werden zum Bleiben aufgefordert.

12.2.1.2.2 Der Menschensohn als Lebensspender
Zunächst wurde μένειν im Verlauf des Evangeliums nur im negativen Sinne auf die Situation von Menschen angewandt (3,36: Ungehorsam; 5,38: Unglaube). Hier wird jetzt ein Nahrungsmittel mit μένειν als Le-

---

[800] Vgl. dazu SCHNACKENBURG, Johannesevangelium 3 S.218-221; THÜSING, Erhöhung und Verherrlichung S.182f.; WILCKENS, Johannes S.100.
[801] BERGER, Johannes S.141.
[802] WENGST, Bedrängte Gemeinde S.126.

bensmittel im ewigen Sinne qualifiziert⁸⁰³ - wie in 4,13f. (dort jedoch ohne μένειν): Jesus als der Menschensohn wird (Futur!) eine Speise bringen, die ewiges Leben bewirkt. Dies bedeutet zunächst, daß die vorangegangene Speisung der 5000 noch keine Speisung in diesem Sinne war. Die Speisung war keine Speisung zum ewigen Leben, sondern nur eine Sättigung der Volksmenge. Entscheidend an der Speisungsgeschichte war ihr Zeichencharakter.⁸⁰⁴ Auf diesen Zeichencharakter verweist noch einmal die Erwähnung der Beglaubigung durch Gott. Die Gabe der bleibenden Speise steht also noch aus (wie auch in 4,14).

Warum ist es nun der Menschensohn, der die Speise zum ewigen Leben bringen wird? Warum wird gerade diese christologische Bezeichnung in diesem Kontext verwendet? Bisher war die Bezeichnung Menschensohn in Kapitel 6 noch nicht aufgetaucht. Vom Menschensohn war zuletzt die Rede in 5,27 - als Begründung für die Gerichtsvollmacht des Sohnes. In diesem Kontext war auch von der lebenspendenden Funktion Jesu die Rede, die der Evangelist aus der Vater-Sohn-Relation herleitet:
„Denn wie der Vater das Leben in sich hat, so hat er auch dem Sohn gegeben, Leben in sich zu haben." (5,26)

Daher kann Jesus wie der Vater Tote lebendig machen.
„Denn wie der Vater die Toten auferweckt und lebendig macht, so macht auch der Sohn lebendig, wen er will." (5,21)

Das bedeutet für die Gerichtsfunktion Jesu, daß er die Vollmacht hat, als Menschensohn denen, die an ihn glauben, das ewige Leben zu vermitteln - unter Umgehung des Gerichts (5,24).
Auch in 3,15 begegnet der Menschensohn als Lebensspender, und sein Wirken wird in den folgenden Versen als Vollzug des Gerichts beschrieben (3,16-21; bes. 3,19f.), wobei auch hier der Glaube an den Menschensohn (3,15) bzw. an den Sohn (3,16.18) zur Umgehung des Gerichts führt (3,17f.). Diese soteriologische Funktion Jesu ist jedoch gebunden an seine Herkunft aus der himmlischen Sphäre. Dies wird in 3,13f. mit dem Begriff Menschensohn ausgedrückt. Nach 1,51 hat Jesus als Menschensohn durch die Engel einen ständigen Kontakt mit seiner himmlischen Heimat (s.o.).

Es liegen also aus dem bisherigen Verlauf des Evangeliums zwei Aspekte vor, die inhaltlich 6,27 vorbereiten.

---

[803] Allerdings ist hier noch nicht die Rede vom Bleiben in Jesus. Dies begegnet erstmalig in 6,56.
[804] Vgl. ROSE, Manna S.98.

	Joh 3 und Joh 5	Joh 6,27
(1) Ewiges Leben für die Gläubigen (unter Umgehung des Gerichts)	3,15: Glaube an den Menschensohn bewirkt ewiges Leben. 3,16: Glaube an den von Gott gegebenen Sohn bewirkt ewiges Leben 3,18: Bei Glaube kein Gericht 5,21: Sohn macht lebendig. 5,24: Ewiges Leben bei Glaube an Gott - kein Gericht 5,26: Sohn hat Leben in sich.	Speise zum ewigen Leben wird durch den Menschensohn gegeben.
(2) himmlische Herkunft / von Gott beauftragt	1,51: Menschensohn und Engel 3,13: himmlische Herkunft des Menschensohnes	von Gott beglaubigt

Diese beiden Aspekte werden in 6,27 argumentativ miteinander verknüpft: Der Menschensohn ist als Gestalt, die aus der himmlischen Sphäre stammt und dort-hin zurückgekehrt ist, der ideale Vermittler. Das Futur δώσει verweist auf die Wirksamkeit des Menschensohnes nach seiner Rückkehr in den Himmel.[805]

Die Vermittlung des ewigen Lebens ist auch für Jesus unter irdischen Bedingungen nicht möglich. Er kann dies nur als erhöhter Menschensohn (3,14) und nach seiner Verherrlichung. Erst dann kann das von ihm gespendete πνεῦμα die Glaubenden zum ewigen Leben führen. Der Menschensohn hat hier die Bedeutung: Der Zurückgekehrte. Dies verweist wiederum auf die Gruppe der Erhöhungs- und Verherrlichungsaussagen.

Die Speisungsgeschichte ist damit auch in die anderen Taten Jesu einzuordnen, die ebenfalls nur vorläufigen Charakter haben:
- 5,1-18: Die Heilung des Gelähmten ist nur eine vorläufige Gesundmachung. Er befindet sich noch immer in der Gefahr, daß ihm noch Schlimmeres widerfährt, wenn er nicht aufhört zu sündigen. In der darauffolgenden Rede über die Gerichtsfunktion Jesu wird das Stichwort Sündigen in anderer Form wiederaufgenommen: Gute Taten führen zur Auferstehung in das Leben, böse Taten zur Auferstehung ins Gericht (5,29). Hier geht es um Funktion Jesu: Der Menschensohn kann nicht nur Gelähmte wieder zum Gehen bringen, er kann in seiner Rolle als Richter über ewiges Leben und ewigen Tod entscheiden.

---

[805] Vgl. BARRETT, Johannes S.299; L. SCHENKE, Johannes S.130f.

- 9,1-12: Der Blindgeborene kann sehen. Dies ist für ihn wie eine neue Geburt. Es ist jedoch noch nicht die pneumatische Neugeburt. Es ist der Glaube an den Menschensohn (9,35), der den Zugang zum Heil ermöglicht. Der Gegensatz blind / sehend wird in 9,39 mit dem Stichwort Sündigen wiederaufgenommen: Der Menschensohn als Richter kehrt die Verhältnisse um: Wer jetzt sehen kann und sich sehenden Auges dem Anspruch Jesu verweigert, wird nach dem Gericht blind sein.
- 11,17-44: Bevor Jesus Lazarus auferweckt, spricht er zu Marta über seine Funktion als Lebensspender und über seine Vollmacht, diejenigen, die an ihn glauben, aufzuerwecken, ob sie gestorben sind oder noch leben. Es gibt jedoch einen vorläufigen Tod (11,26). Dieser ist jedoch für das Heil nicht relevant. Relevant ist allein der Glaube an Jesus (11,26f.). Auch die Auferweckung des Lazarus ist nur eine vorläufige, die endgültige steht noch aus und ist mit dieser nicht zu verwechseln.(11,24f.). Danach wendet Jesus sich einem größeren Publikum zu und spricht ein Gebet zum Vater (11,40-42). Dies offenbart den Sinn der Auferweckung: Das Wunder der Auferweckung des Lazarus soll die Volksmenge zum Glauben bewegen. Hier ist schon vor dem Wunder vom Glauben die Rede, um der johanneischen Gemeinde zu verdeutlichen, daß die endgültige Auferweckung die Folge des Glaubens ist.[806] Die vorläufige Auferweckung soll zum Glauben führen, in dem sie auf die Vollmacht des von Gott gesandten Sohnes weist. Dieser Glaube wiederum ist die Voraussetzung zur endgültigen Auferweckung.

Für Joh 6 wie für die angeführten Texte gilt: Jesus schafft Lebensqualität im vorläufigen wie im endgültigen Sinne. Jesu gegenwärtige Taten zugunsten von Menschen sind Hinweise auf die himmlische Vollmacht des Offenbarers und sein zukünftiges Wirken zugunsten der Gläubigen. Entscheidend ist der Glaube.

Der Evangelist will seinen Lesern damit sagen: Sucht nicht vorschnell nach irdischen Herrschaftsprädikaten! Bleibt nicht bei einem irdischen Verständnis stehen! Laßt euch ganz auf Jesus ein, damit ihr die volle Bedeutung seiner Repräsentanz Gottes versteht!

---

[806] Vgl. BERGER, Bibelkunde S.314: „Das entspricht der theologischen Situation der Gemeinde: Auferstehung ist nur denkbar als Folge des Glaubens an Jesus. Der Glaube an Jesu ist wesentlich Glaube daran, durch ihn das ewige Leben zu haben."

12.2.1.2.3 Die Beglaubigung durch Gott

Die Einführung des Menschensohnbegriffs an dieser Stelle bedeutet neben seiner Funktion als Lebensspender eine zusammenfassende Korrektur des an Jesus herangetragenen Königstitels (6,15). Der im johanneischen Sinne adäquate Herrschertitel ist nicht βασιλεύς, sondern Menschensohn. Auf Erden ist das von Jesus gespendete Brot nur ein verderbliches Brot. Nach diesem zu streben, bedeutet noch keinen Zugang zum Heil. Es ist ebenso nur von vorläufiger Wirkung wie das Brot, das der römische Kaiser oder seine Beauftragten und Vasallenkönige dem Volk austeilen läßt. Entscheidend für die Wirkung der Speise ist der Auftraggeber und das Ziel des Auftrages.

Der Menschensohn nimmt hier eine von Gott an ihn delegierte Funktion wahr.[807] Dies begegnete bereits im Täuferzeugnis in 3,35 und in der Rede von Jesu Gerichtsvollmacht in 5,27.

– 3,35: Dem Sohn wurde vom Vater alles in die Hand gegeben (πάντα δέδωκεν ἐν τῇ χειρὶ αὐτοῦ).

– 5,27: Der Vater hat dem Sohn die Gerichtsvollmacht gegeben (ἐξουσίαν ἔδωκεν), weil er der Menschensohn ist.

Das hier verwandte Verb σφραγίζειν ist m.E. in diesem hoheitlichen Sinne zu verstehen. Jesus ist der Generalbevollmächtigte Gottes.[808] Er hat „Verfügungs-gewalt über Gottes ureigenste Rechte."[809]

Das Thema Speisungsgeschichte ist damit abgeschlossen. Im folgenden wird nicht mehr darauf bezuggenommen. Im weiteren Verlauf der Brotrede geht es um Jesu zukünftiges Wirken.

12.2.2 Gottes Werke und Glaube (6,28f.)

Die Gesprächspartner Jesu knüpfen in ihrer Frage an das Wort ἐργάζεσθαι aus 6,27 an.[810] Wenn sich ihr Handeln auf die vom Menschensohn zu bringende Speise richten soll, dann stellt sich für sie die aus ihrer Perspektive berechtigte Frage:

„Was sollen wir tun (τί ποιῶμεν), damit wir die Werke Gottes wirken (ἐργαζώμεθα τὰ ἔργα τοῦ θεοῦ)?"

---

[807] Vgl. die Zusammenstellung der Stellen bei LOADER, Christology S.77.
[808] Vgl. dazu BÜHNER, Der Gesandte S.172.195f.; HURTADO, One God, One Lord S.93-128 („chief agent").
[809] BÜHNER, Der Gesandte S.194.
[810] Vgl. SCHNELLE, Antidoketische Christologie S.215f.

Die ἔργα τοῦ θεοῦ sind hier nicht die Werke, die Gott selbst wirkt[811], sondern die Werke, die Gott von den Menschen fordert (genitivus objectivus).[812] Das Unverständnis der Gesprächspartner äußert sich darin, daß sie nur auf den ersten Teil des Appells Jesu von 6,27 eingehen, nicht aber auf die Bindung der Heilsgabe an den Menschensohn. Das Brot ist jedoch nicht ohne seinen Geber zu haben.[813] Wie Nikodemus in 3,2 Jesus nicht mit dem Heil in Verbindung gebracht hat, so fragen hier die Gesprächspartner nach dem Heil, ohne daß sie es mit Jesus als dem Menschensohn in Verbindung bringen.

Jesus antwortet: Es geht nicht um bestimmte Werke, die es im Blick auf Gott zu gilt, um das Heil zu erlangen. Das Werk (Singular!), das sie zu tun haben, ist der Glaube als Antwort auf die Heilsinitiative Gottes.[814]

12.2.3 Jesus als das wahre Brot des Lebens (6,30f.32-58)

In der folgenden Rede entgegnet Jesus dem Unverständnis seiner Gesprächspartner, daß nach dem Heil nicht gefragt werden kann unter Aussparung seiner Person. Der Evangelist bindet das Heil nicht nur ganz eng an Jesus, er identifiziert es mit Jesus.

Ausgangspunkt ist das von den Vertretern der Volksmenge an Jesus herangetragende Schriftwort in 6,31:
„Unsere Väter haben das Manna in der Wüste gegessen, wie geschrieben steht: *Er gab ihnen Brot vom Himmel zu essen.*"

Dieses Schriftwort findet sich in diesem Wortlaut nicht im Alten Testament. Es dürfte sich wohl um eine Paraphrase von Ex 16,4.15 handeln.[815] Dem Wortlaut nach wäre auch eine Anspielung auf Ps 78,24

---

[811] In diesem Sinne: 9,3: ... an ihm sollen die Werke Gottes offenbar werden. Vgl. dazu SCHNACKENBURG, Johannesevangelium 2 S.51 u. Anm.1.
[812] Vgl. BAUER, Johannesevangelium S.91; BECKER, Johannes 1 S.204; BULTMANN, Johannes S.164, Anm.4; SCHNACKENBURG, Johannesevangelium 2 S.51; WEDER, Menschwerdung S.375. An die im Gesetz geforderten Werke denkt hier L. SCHENKE, Johannes S.131.
[813] Vgl. WEDER, Menschwerdung S.376.
[814] Vgl. ANDERSON, Christology S.201; RÖHSER, Prädestination S.216ff.
[815] Vgl. BORGEN, Bread from Heaven S.40ff.; ROSE, Manna S.95-102; SWANCUTT, Bread from Heaven S.224-230; WEIMAR, Formen frühjüdischer Literatur S.143. Zur Diskussion vgl. RICHTER, Zitate. Nach RICHTER, Zitate, bezieht sich hier der Evangelist nicht direkt auf das Alte Testament, sondern auf eine zeitgenössische jüdische Manna-Tradition. So auch schon MALINA, Palestinian Manna Tradition.

denkbar.⁸¹⁶ Der Kontext weist jedoch eher auf die Geschichte vom himmlischen Manna in Ex 16.⁸¹⁷

Der Einwand der Vertreter der Volksmenge ist folgendermaßen zu verstehen: Sie fordern ein Zeichen, das Jesus tun soll, damit sie ihm glauben können (6,31), daß er der von Gott Gesandte und Beglaubigte ist (6,27). Sie zweifeln an seinem Wort und fordern ein Legitimationszeichen. In 6,31 stellen sie der Speisung durch Jesus die Speisung der Israeliten mit Manna in der Wüste gegenüber. Jesu Speisung war nach eigener Angabe Speisung mit verderblichem Lebensmittel. Ihrer Ansicht nach war das Manna in der Wüste, mit dem die Israeliten gespeist worden sind, etwas viel Größeres: Das Wüstenmanna war Brot, das vom Himmel geregnet ist (16,4), während Jesu Brot nicht vom Himmel fiel. Es war das Nahrungsmittel für die Israeliten für vierzig Jahre in der Wüste (Ex 16,35). Während Jesu Brot - abgesehen vom Zeichencharakter - ein verderbliches Lebensmittel war, war das Wüstenmanna schon haltbarer: auf wunderbare Weise verdarb es am Sabbat nicht (Ex 16,22-31). Die Vertreter der Volksmenge verlangen also ein Zeichen Jesu, das es mit dem Manna in der Wüste aufnehmen kann. Erst die Auseinandersetzung mit den Vertretern der Volksmenge, die hier auf das Manna in der Wüste verweisen, nötigt Jesus, sich im folgenden als Brot vom Himmel zu bezeichnen.

Die auf 6,31 folgende Rede Jesu ist als Erwiderung mit soteriologischer Entfaltung dieses Schriftwortes im Rahmen dieses Offenbarungsdialoges zu verstehen.⁸¹⁸ Es geht dabei um eine Überbietung des Mose⁸¹⁹ sowohl bezüglich seiner Rolle als Geber der Speise (Jesus ist mehr als Mose!), als auch bezüglich der Wirkung der Speise (ewig statt verderblich). Die Rede Jesu gliedert sich in zwei parallel strukturierte Gesprächsgänge⁸²⁰:

---

⁸¹⁶ So FREED, Quotations S.11-16 (Kombination von Ex 16,4.15 und Ps 78,24); HENGEL, Schriftauslegung S.267 (Mischzitat); L. SCHENKE, Johannes S.134. Vgl. dagegen BORGEN, Bread from Heaven S.42.
⁸¹⁷ Vgl. etwa die Anspielung auf das alttestamentliche Murrmotiv (16,2) in 6,41.43. Dazu BORGEN, Bread from Heaven S.40ff.
⁸¹⁸ Nach BORGEN, Bread from Heaven (bes. 59-98) liegt hier in 6,32-58 ein homiletischer Midrasch zu 6,31 vor. Belege für diese Form der Textauslegung findet BORGEN bei Philo in Leg. Alleg. III 162-168 und Mut. 253-263. Vgl. die kurzgefaßten Darstellungen bei ANDERSON, Christology S.52-61; WEIMAR, Formen frühjüdischer Literatur S.143.
⁸¹⁹ Vgl. HENGEL, Schriftauslegung S.266f.
⁸²⁰ Vgl. BERGER, Johannes S.211; ähnlich auch bei BECKER, Johannes 1 S.202; BORGEN, Bread from Heaven; LÉON-DUFOUR, Abendmahl S.338f.; SCHNACKENBURG, Johannesevangelium 2 S.81 (Strukturverwandtschaft von 32-35 und 48-51); L. SCHENKE, Johannes S. 126f.; WEIMAR, Formen frühjüdischer Literatur S.143; WILCKENS, Johannes S.99.

6,32-46: Jesus wird mit dem vom Himmel gekommenen Brot identifiziert.

6,47-58: Das vom Himmel herabgestiegene Brot ist Fleisch und Blut des Menschensohnes. Das Essen dieses Brotes bewirkt ewiges Leben.

Beide Gesprächsgänge erklären somit den Textteil, gegen den 6,31 als Einwand gerichtet ist: 6,27.29. Der Einwand 6,31 hat mit Brot vom Himmel lediglich das weiterführende Stichwort geliefert.[821] Das Thema der Brotrede ist jedoch in 6,27.29 formuliert: Der Menschensohn, der aus dem Himmel stammt, bringt himmlische Speise. Dazu hat Gott ihn beauftragt. Im Menschensohn kommt die Heilsinitiative Gottes zu den Menschen. Daher ist der Glaube an den Menschensohn identisch mit der Heilsinitiative Gottes.

6,32-46	6,47-58
32: ἀμὴν- ἀμὴν	47: ἀμὴν- ἀμὴν
nicht Mose	Glauben
Brot vom Himmel vom Vater	
32bf.: wahres Brot	
33: Brot vom Himmel	
Leben	Leben
34: Reaktion der Dialogpartner: Gib uns das Brot!	
35: ἐγώ εἰμι	48: ἐγώ εἰμι
Brot des Lebens	Brot des Lebens
	49: Manna essen → Sterben
	50: Brot vom Himmel → nicht Sterben
	51: lebendiges Brot vom Himmel → Leben in Ewigkeit
36: Sehen aber nicht Glauben	
37: Kommen zu Jesus durch den Vater	
38: vom Himmel gekommen	50f.: vom Himmel gekommen
Wille Gottes	
39: Wille Gottes	
Auferweckung am Jüngsten Tag	
40: Wille Gottes	

---

[821] Dies spricht gegen die von BORGEN vorgeschlagene Gattung Midrasch. Der Einwand ist Teil des Offenbarungsdialogs wie auch die auf ihn bezogenen Gesprächsgänge. Die Gesprächsgänge sind Ausführungen des in 6,27 formulierten Themas. Vgl. auch KLINGHARDT, Gemeinschaftsmahl und Mahlgemeinschaft S.438, Anm. 29.

Glauben ewiges Leben Auferweckung am Jüngsten Tag	51: Leben in Ewigkeit
41f.: Protest der Juden 42: πῶς ...	52: Streit unter den Juden 52: πῶς ...
43: Murrt nicht!	
44: οὐδεὶς ... Kommen zu Jesus nur durch den Vater Auferweckung am Jüngsten Tag	53f.: ἀμὴν- ἀμὴν ἐὰν μή ... Fleisch und Blut des Menschensohnes Essen und Trinken → ewiges Leben 54: Auferweckung am Jüngsten Tag
45: Kommen zu Jesus nur durch den Vater	
46: Niemand hat Gott gesehen außer dem, der von ihm gekommen ist.	55: wahre Speise 56: Fleisch und Blut des Menschensohnes Essen und Trinken → Bleiben (Immanenz) 57: Sendung durch den Vater Wille des Vaters Essen → Leben um meinetwillen 58: Brot vom Himmel nicht Sterben wie die Väter, sondern Leben in Ewigkeit

Die Übersicht zeigt den parallelen Aufbau aber auch die unterschiedlichen inhaltlichen Schwerpunkte:

(1) Beide Redeteile beginnen mit jeweils einem ἀμὴν- ἀμὴν-Wort (32/47). Diese dienen wie schon in 3,3.5.11 und 6,26 zur Strukturierung des Textes (s.o.).
(2) Gemeinsam ist beiden Abschnitten die Rede vom Glauben (35/47) und vom Leben (33/47). Dem Nicht-Dürsten (35) entspricht wohl das Nicht-Sterben (50).
(3) Beide Teile der Rede sprechen vom Manna, das Mose den Vätern in der Wüste gegeben hat (32bf.[31]/49): In 6,32bf. geht es um den Gegensatz von alttestamentlichen Manna und wahrem Manna - bezogen auf den Geber des Brotes, während 6,49 von der unterschiedlichen Wirkung von alttestamentlichem Manna des Lebens spricht, was aber auch schon in 6,33 angeklungen ist.
(4) In beiden Redeteilen wird betont, daß das Brot des Lebens vom Himmel gekommen ist, wobei es in 6,32-46 mehr um die Zuordnung Jesu zur himmlischen Welt, in 6,47-58 mehr um die soteriologische Wirkung des Brotes geht.

(5) In 6,35.48.51 finden sich ἐγώ εἰμι-Worte. Gegen Ende kommen dann zwei Gegenreden (41ff./52ff.), die jeweils eine Frage mit πῶς beinhalten (42/52).

(6) Beide Gesprächsgänge werden gerahmt durch einen Satz der die Überbietung des Mose zum Thema hat (Nicht Mose ... , sondern der Vater [32]; Niemand hat Gott gesehen außer Jesus [46] / vom Manna gegessen und gestorben [48]; vom Manna gegessen und gestorben [58]). Der Inhalt der Rahmungssätze entspricht genau dem Inhalt der Gesprächsgänge: In 6,32-46 geht es um den Geber; in 6,47-58 um das Essen der Gabe.

12.2.3.1 Der erste Gesprächsgang: Jesus als das vom Himmel gekommene Brot (6,32-46)

In diesem ersten Gesprächsgang geht es um die Frage, wer Jesus ist. Er ist das wahre Brot des Lebens. Dieses Brot ist Lebensspendens. Hier ist noch keine Rede vom Essen des Brotes. Es geht hier um die zukünftige Gabe des Lebensbrotes. Die Speisungsgeschichte ist nicht mehr Thema dieses Abschnittes. Lediglich der metaphernspendende Bereich (Speise und Brot) verbindet Jesu Rede mit dem Speisungswunder.

12.2.3.1.1 Mose und Jesus: Prophet und Menschensohn (6,32-33)

Jetzt erst wird in der Auseinandersetzung mit dem Manna des Mose auf die in 6,14 an Jesus herangetragene Prophetenkategorie eingegangen. Mose war nur ein Vorläufer des Heilsbringer und nicht der Heilsbringer selbst. Daher hat die durch ihn vermittelte Heilsgabe auch nur eine vorläufige, besser gesagt begrenzte Wirkung. Das Manna in der Wüste hielt die Israeliten immerhin 40 Jahre am Leben. Auch dies war ein durch Gott veranlaßtes, durch Gottes Barmherzigkeit und Treue motiviertes wunderhaftes Geschehen. Es ist jedoch nicht mit dem wahren Brot vom Himmel zu vergleichen. Denn Jesu wahres Manna bewirkt sehr viel mehr: Es bewirkt Endgültiges.

Dadurch wird deutlich, warum die Bezeichnung Prophet keine vollgültige Bezeichnung der Funktion Jesu ist. Der Unterschied zwischen Jesus und Mose liegt in der Endgültigkeit. Gott beauftragt unterschiedliche Lebensbringer mit unterschiedlicher Lebensgabe und mit unterschiedlicher eschatologischer Relevanz. Auch die Wundertat des Mose weist auf die Verursachung durch Gott hin. Bis dahin sind sie vergleichbar. Mose in seiner Funktion als Vermittler des Manna in der Wüste hat jedoch keine unmittelbare Relevanz für das Endgericht.

In dieser Auseinandersetzung um die Funktion des Mose begegnet etwas Ähnliches wie in Joh 5. Dort wird das Verhalten der jüdischen

Gegner getadelt, sie würden in den von Mose stammenden Schriften das ewige Leben haben (5,39).[822] Auch hier ist Mose nur ein Vorläufer des Heilsbringers. Er legt in den Schriften Zeugnis für Jesus ab (5,39) - wie ähnlich Johannes der Täufer (5,33-35), der Israel mit ihm bekanntmachen wollte (1,31). Die Schriften enthalten daher nicht selbst das Heil, sondern verweisen auf den wahren Heilsbringer, den Sohn Gottes, der im Namen des Vaters gekommen ist (5,43). Der Evangelist dokumentiert an dieser Stelle sein christozentrisches Schriftverständnis.[823]

Der Evangelist setzt sich also zunächst mit dem Geber des Brotes auseinander. Diese Frage wird herangetragen durch den überleitenden Einwand der Gegner in 6,31. Jesus entgegnet dem Einwand:[824] Das Wüstenmanna wurde nicht von Mose gegeben, sondern von Gott. Während das Wüstenmanna von Gott gegeben wurde (δέδωκεν), gibt (δίδωσιν) Gott das Brot Jesu. Im Gegensatz zum Wüstenmanna ist Jesu Brot das wahre Brot.

Auch das Brot Jesu ist Brot vom Himmel. Es ist jedoch nicht im wörtlichen Sinne vom Himmel gefallen bzw. geregnet (vgl. Ex 16), sondern es ist deshalb vom Himmel, weil hinter der Speisung durch Jesus Gott als der eigentliche Geber des Brotes steht. Daß dieses Brot von Gott ist, sieht man daran, daß es aus der himmlischen Sphäre kommt und der Welt das Leben gibt (6,33). Wie in Joh 3 haben wir auch hier eine Entsprechung in der Herkunft von Heilsgut und Heilsbringer.

Auffällig ist, daß hier die sonst mit dem Menschensohn verbundene Vorstellung vom Abstieg aus dem Himmel (καταβαίνειν ἐκ τοῦ οὐρανοῦ) auf das Brot vom Himmel übertragen wird (6,33).[825] Damit wird die Identifizierung von Brot und Jesus in 6,35 vorbereitet bzw. schon vorweggenommen. Schon hier dürfte den implizierten Lesern klar gewesen sein, daß Jesus sich selbst - als Menschensohn - meint, wenn er vom Brot vom Himmel spricht. Nur wenn es ein vom Himmel herabgestiegenes Brot ist, ist es Gottes Brot. Die Formulierung ist hier wichtig: Der Evangelist sagt nicht etwa nur, daß das von Gott gegebene Brot aus dem Himmel stammt, er sagt vielmehr, daß es - wie der Menschensohn in 3,13 - vom Himmel herabgestiegen ist. War bisher noch vom Brot als Gabe (als Speise, die der Menschensohn bringen wird [6,27]) im Passiv die Rede, so wird es jetzt aktivisch dargestellt - als Himmelswesen, das in die Welt kommt und Leben bringt. Damit ist das Brot keine Gabe mehr,

---

[822] Vgl. SÄNGER, Von mir hat er geschrieben S.125.
[823] Vgl. SÄNGER, Von mir hat er geschrieben S.125; WELCK, Zeichen S.96-98.
[824] Vgl. zum folgenden SCHNACKENBURG, Johannesevangelium 2 S.55.
[825] Vgl. BJERKELUND, Tauta Egeneto S.92.

die der Menschensohn bringen wird (6,27), es ist der Menschensohn selbst, der - wie aus 3,13 bekannt - vom Himmel herabsteigt, und Leben bewirkt.
6,33 hat daher eine vergleichbare Funktion wie 3,13ff:[826]

Joh 3	Joh 6
Der einzige der zum Himmel hinaufgestiegen ist, ist der zuvor von dort herabgestiegene Menschensohn (13)	Nur vom Himmel herabgestiegenes Brot ist Gottes Brot (33a)
Notwendiger Tod Jesu als Erhöhung	fehlt
Alle, die an ihn glauben, werden das ewige Leben haben (15)	Es gibt der Welt das Leben. (33b) [Glaube (35)]

- Die Einzigartigkeit des Heilsbringers wird betont.
- Der Glaube an den Heilsbringer bewirkt ewiges Leben.

Daß in 6,33 noch nicht vom Glauben die Rede ist, erklärt sich durch den Kontext. Hier geht es zunächst nur um den Nährwert bzw. Mehrwert des himmlischen Brotes im Unterschied zum Manna des Mose. Dieser wird bestimmt durch das Heilsziel: ζωὴν διδοὺς τῷ κόσμῳ (33b; vgl. 3,16). Dies ist aus der Perspektive des Himmels gedacht (wie in 3,13): Gottes himmlisches Brot steigt vom Himmel herab und gibt der Welt Leben (vgl. 3,16). Daher ist hier vom Glauben noch nicht die Rede. Erst wenn es um das Verhältnis der Menschen bzw. der Welt zu Jesus geht, ist vom Glauben die Rede (6,35). Anders als in 3,13-15 wird hier - wie im gesamten Abschnitt - nicht vom Tod Jesu und dessen Funktion im göttlichen Heilsplan (wie in 3,14) geredet. Auch geht es hier nicht um die Rückkehr. Dies wäre auch widersinnig, wenn man im Bild des Brotes bleibt. Vom Brot wird daher auch kein ἀναβαίνειν ausgesagt. Erst in 6,62 ist von einem ἀναβαίνειν Jesu die Rede - dort aber wieder angewandt auf den Menschensohn und nicht mehr auf das Brot.[827]

12.2.3.1.2 Jesus identifiziert sich mit dem Brot des Lebens (6,35)
Die Gesprächspartner fordern nun Jesus auf, ihnen dieses Brot zu geben - und zwar immer (πάντοτε). Damit zeigen sie, daß sie die in 6,33 angedeutete Identifikation des Brotes mit dem Menschensohn nicht verstanden haben. In 6,28 haben sie nicht verstanden, daß es auf den Menschensohn ankommt, wenn man die Speise für das ewige Leben erlangen will, jetzt verstehen sie nicht, daß es nicht um etwas geht, das Jesus ihnen gibt (wie Mose das Manna in der Wüste), sondern daß er es selber ist, um den es in Gottes Heilsplan geht. Daher ist jetzt auch wieder vom Glau-

---
[826] Vgl. ROSE, Manna S.101.
[827] Vgl. dazu BJERKELUND, Tauta Egeneto S.92.

ben der Menschen die Rede. Es geht darum, an den Menschensohn zu glauben. Nur das bringt ewiges Leben. Die Gesprächspartner hingegen verstehen das Brot vom Himmel als eine Art Unsterblichkeitsdroge - ein Medikament, das man ständig (πάντοτε) einnehmen muß, das dann aber bewirkt, das man auf ewig nicht stirbt. Ihr Unverständnis knüpft sich wahrscheinlich an eine fehlerhafte Deutung des μένειν in 6,27.

In 6,35 begegnet in der Identifikation von Jesus mit dem Brot des Lebens das erste der sog. ἐγώ- εἰμι-Worte.[828] Damit wird abschließend Jesu Heilsrelevanz betont. Auffällig ist die Wortkombination ὁ ἄρτος

---

[828] Zu den sog. ἐγώ- εἰμι-Worten vgl. BALL, I Am; BECKER, Johannes 1 S.207-210; BERGER, Formgeschichte S.38-40; BERGER, Johannes S.55f.195-199; BROWN, John I S.533-538; BULTMANN, Johannes S.167f.; CONZELMANN, Theologie S.392ff.; DODD, Interpretation S.93-96.349f.; HINRICHS, Ich bin; DE JONGE, Christologie im Kontext S.135; KARRER, Jesus Christus S.240-242; KLEIN, Vorgeschichte; POKORNY, Jesus S.217.222f.; SCHNACKENBURG, Johannesevangelium 2 S.59-70; SCHOTTROFF, ἐγώ; SCHWEIZER, Ego eimi; STAUFFER, Jesus S.130-146; STRECKER, Literaturgeschichte S.221; STRECKER, Theologie S.511f.; THYEN, Licht; VIELHAUER, Literatur S.433f.; ZIMMERMANN, Ego eimi. Nach BULTMANN, Johannes S.167 haben diese vier Grundformen des Gebrauchs: 1. Prädikationsformel: Sie antwortet auf die Frage: Wer bist du?; 2. Qualifikationsformel: Was bist du?; 3. Identifikationsformel: Der Redende identifiziert sich mit einer anderen Person. Bei diesen Formeln ist Ich das Subjekt. 4. Rekognitionsformel: Wer ist der Erwartete, Erfragte, Besprochene? Ich ist hier Prädikatsnomen. Diese Formel dominiert im Johannesevangelium. Die mit Ich-bin verbundenen Bilder sind immer Symbole für das Heil. „Hier geht es um die Frage, was das eigentliche Heil, wer der eigentliche Offenbarer ist. Daher implizieren die johanneischen Rekognitionsformeln einen Exklusivitätsanspruch und zeigen eine polemische Spitze gegen die Ansprüche anderer Heilsbringer und Offenbarer." (VIELHAUER, Literatur S.434) BERGER, Formgeschichte S.38ff., bezeichnet diese Sätze als metaphorische Personalprädikationen: „Funktion dieser Sätze ist, dem Träger eine *einmalige* und unersetzliche hoheitsvolle *Rolle* zuzusprechen. (...) Wenn jemand von sich sagt: ' Ich bin...', so geht es um eine Art Selbstvorstellung und Selbstempfehlung. Die Prädikation ' Du bist...' ist eine Empfehlung für andere von Seiten des Sprechers, der diese Rolle zuweist (...). Für die Leser ist die Wirkung trotz verschiedener Form nicht unterscheidbar. Denn die jüdischen Belege zeigen, was auch sonst aus dem Kontext des JohEv ersichtlich wäre: Die Ich-bin-Prädikation kommt dem zu, der zwischen Gott und Menschen vermittelt. Die Metapher drückt dabei eine Funktion zugunsten der Menschen aus, etwas, das ihnen von Gott her durch diesen Mittler zugänglich wird." BERGER widerspricht m.E. zu Recht einer Herleitung der ἐγώ- εἰμι -Worte aus der alttestamentlichen Theophanie-Formel (so zuletzt THYEN, Licht): „Diese Sätze nach dem Schema »Ich bin der Weinstock« besitzen ihre einzigen zeitgenössischen Analogien im griechischsprachigen Ägypten, und zwar nach heidnischen wie nach jüdischen Quellen." (BERGER, Johannes S.55). Als Belege nennt BERGER TestAbr A 16; Sir 24,18 und ägyptische Isis-Texte. Zu den Isis-Texten als Parallelen zu den johanneischen ἐγώ- εἰμι-Worten vgl. schon DEISSMANN, Licht vom Osten S.109-113; STAUFFER, Jesus S.130-146.

τῆς ζωῆς, die bislang noch nicht begegnet ist. Das Stichwort Brot vom Himmel haben in 6,31 die Gesprächspartner in ihrem Einwand eingebracht und wurde in 6,32f. von Jesus im oben beschriebenen Sinne aufgenommen. Die Funktion des aus dem Himmel stammenden Brotes ist nach 6,33 die Gabe des Lebens für die Welt. Die Kombination von Herkunft (ἐκ τοῦ οὐρανοῦ) und Heilsfunktion (ζωή) ergibt das Bild vom Brot des Lebens (ὁ ἄρτος τῆς ζωῆς).

Mit dieser Identifikation endet zunächst die Speisemetaphorik. Jesus redet zwar von sich als Brot, gemeint ist jedoch nicht mehr das Erlangen der Speise, sondern das Kommen zu bzw. Glauben an Jesus, dessen Wirkung dann als Nicht-mehr-Hungern und Nicht-mehr-Dürsten beschrieben wird.[829] In den folgenden Versen geht es daher ohne die Verwendung der Speisemetaphorik um den Glauben an den von Gott beauftragten Jesus und um die soteriologischen Konsequenzen für die Glaubenden.

6,35 hat also deutlich eine Übergangsfunktion: Mit der Identifikation von Jesus und Brot wird die Funktion im Unterschied zu Mose pointiert zusammengefaßt. Das Stichwort Leben qualifiziert dieses Brot in unüberbietbarer Weise und bereitet zusammen mit den Stichworten Glauben und Kommen zu Jesus den folgenden Abschnitt vor.

12.2.3.1.3 Die Parallele: Das Brot des Lebens in Joseph und Aseneth (JosAs 8,5.9; 15,5; 16,16; 19,5; 21,13f.21)

Die Vorstellung einer himmlischen Speise, die unvergängliches bzw. ewiges Leben bewirkt (wie in 6,27 als Gabe durch den Menschensohn geschildert) ist in der griechischen Antike seit Homer verbreitet und darf auch als orientalisches Allgemeingut gelten.[830] Die einzigen direkten Parallelen zur Wortverbindung ὁ ἄρτος τῆς ζωῆς finden sich in Joseph und Aseneth.[831]

12.2.3.1.3.1 Die Brot des Lebens-Textstellen im Rahmen der Aseneth-Erzählung (JosAs 1-21)

In der ersten Textstelle geht es um die wahre Gottesverehrung. Dies wird beim ersten Auftreten des Joseph entfaltet. Es stehen sich gegen-

---

[829] Die Abfolge von Hungern und Dürsten in 6,35b beruht möglicherweise auf der Reihenfolge der Wunder in Ex 16f.: Mannawunder (16); Wasserwunder (17). Vgl. WILCKENS, Johannes S.102.
[830] Vgl. dazu den kurzen Überblick bei BAUER, Johannesevangelium S.96f. mit Verweisen auf ältere Literatur.
[831] Vgl. dazu BERGER, Manna S.133-135; BURCHARD, Untersuchungen S.121-133; BURCHARD, Importance; CHESNUTT, Bread of Life; KLINGHARDT, Gemeinschaftsmahl und Mahlgemeinschaft S.433-437; LINDARS, Eucharist; SÄNGER, Antikes Judentum und die Mysterien S.167-174; SCHNACKENBURG, Brot des Lebens.

über der gottverehrende (θεοσεβής) Joseph und die heidnische, götzenverehrende Aseneth.

Gleich bei seiner Ankunft bei Pentephres wird Joseph von Aseneth erblickt, die durch seine Erscheinung erschüttert wird (JosAs 5,1-6,8). Sie bereut die Worte, die sie ihrem Vater über Joseph gesagt hat, nachdem dieser ihr mitgeteilt hatte, er wolle sie mit Joseph verheiraten (vgl. JosAs 4,3-16). Joseph - verärgert durch ständige Belästigung seitens nichtjüdischer Frauen - verweigert eine erste Begegnung mit Aseneth, da er sich nicht vor Gott versündigen will. Pentephres beruhigt Joseph damit, daß er Aseneths Jungfräulichkeit betont und ihren Männerhaß. Joseph solle sie als Schwester (wegen Jungfräulichkeit) verstehen. Als Aseneth auf Geheiß des Vaters ihren „Bruder" mit einem Kuß begrüßen will, weist dieser sie von sich.

JosAs 8,5ff.
8,5: „(...)und es sprach Joseph: Nicht ist es geziemend einem gottverehrenden Manne [θεοσεβής] , der segnet (mit) seinem Munde Gott den Lebenden
und ißt gesegnetes Brot (des) Lebens
und trinkt gesegneten Kelch (der) Unsterblichkeit
und salbt sich (mit) gesegneter Salbe (der) Unverweslichkeit,
(zu) küssen eine fremde Frau,
welche segnet (mit) ihrem Munde (Götzen)bilder tot und stumm
und ißt von ihrem Tische Brot (der) Erwürgung
und trinkt aus ihrem Trankopfer Kelch (des) Hinterhalts
und salbt sich (mit) Salbe des Verderbens.
[8,6:] Sondern ein gottverehrender Mann wird küssen seine Mutter und die Schwester die aus seiner Mutter und die Schwester die aus seinem Stamme und Verwandtschaft und die Frau, die seine Beischläferin (ist),
welche segnen (mit) ihrem Munde Gott den Lebenden.
[8,7:] Desgleichen auch einer gottverehrenden Frau nicht ist es geziemend, (zu) küssen einen fremden Mann, denn ein Greuel ist dies vor Herr dem Gott."[832]

Auffällig ist hier in 8,5 die parallele Struktur.[833] Zunächst wird der θεοσεβής durch vier positive Relativsätze charakterisiert (*positive clauses*[834]). Dann wird erneut mit vier negativen Relativsätzen begründet, warum eine fremde Frau von einem solchen θεοσεβής nicht geküßt werden darf (*negative clauses*[835]).

---

[832] Übersetzung BURCHARD, Joseph und Aseneth S.649f.
[833] Vgl. zum Folgenden BURCHARD, Importance S.110.
[834] BURCHARD, Importance S.110.
[835] BURCHARD, Importance S.110.

	positive clauses	negative clauses
Objekt	(1) Segnen mit dem Munde Gott	(1) Segen mit dem Munde Götzenbilder
Herkunft/Ort	(2) gesegnetes	(2) von ihrem Tische
Element	Brot	Brot
Wirkung/Herkunft	Leben	Erwürgung
Herkunft	(3) gesegneter	(3) ihr Trankopfer
Element	Kelch	Kelch
Wirkung/Herkunft	Unsterblichkeit	Hinterhalt
Herkunft	(4) gesegnete	(4)
Element	Salbe	Salbe
Wirkung	Unverweslichkeit	Verderben

Wichtig ist hier das 'Segnen mit dem Munde'. Damit beginnt jeweils der erste Relativsatz. In den *positive clauses* folgen dann die Relativsätze mit den drei Elementen mit dem gemeinsamen Attribut 'gesegnet'. Das 'Segnen mit dem Munde' ist hier die wesentliche Charakterisierung des θεοσεβής. Die folgenden Relativsätze mit Brot, Kelch und Salbe sind lediglich Spezifikationen.[836] Entscheidend ist bei diesen Spezifikationen das Attribut 'gesegnet', das die Herkunft der Elemente bezeichnet und mit der Wirkung korrespondiert.[837]

In den *negative clauses* folgen ebenfalls die Relativsätze mit den drei Elementen jedoch ohne ein gemeinsames Attribut. Allerdings werden die Elemente näher erklärt: Bei Brot und Kelch wird der Ort der Verwendung genannt, bei der Salbe die Wirkung - darin mit den *positive clauses* vergleichbar. Der Ort der Verwendung weist auf sakramentale Mahlfeiern im Tempel.

Das 'Segnen mit dem Munde' in den *negative clauses* ist natürlich ironisch gemeint. Die parallele Formulierung bedeutet keine Gleichwertigkeit, wie durch die Charakterisierung des dritten Elements als Salbe des Verderbens deutlich wird.

Worauf sich die *positive clauses* beziehen, ist in der Forschung umstritten.[838] Meiner Ansicht nach ist hier BURCHARD zuzustimmen: Nach BURCHARD beziehen sich die *positive clauses* „auf die besondere jüdische Weise des Gebrauchs der drei Hauptelemente menschlichen Daseins, namentlich Essen, Trinken und Salben. Der besondere jüdische Weg ist, vor dem Gebrauch Segenssprüche darüber auszusprechen."[839] Die Wir-

---

[836] BURCHARD, Importance S.111.
[837] BURCHARD, Importance S.112.
[838] Vgl. dazu den Überblick bei SÄNGER, Antikes Judentum und die Mysterien S.167ff.
[839] BURCHARD, Importance S.117 (in Übersetzung); Vgl. BURCHARD, Untersuchungen S.121-133; JEREMIAS, Abendmahlsworte S.27; SÄNGER, Antikes Judentum und die Mysterien S.169.

kung der Segenssprüche ist die Garantie ewigen Lebens im Himmel. Entscheidend für die Wirkung der Segenssprüche aber ist der Glaube an Gott, der mit dem verderblichen Götzendienst unvereinbar ist. Daher ist es zunächst erforderlich, sich von den Götzenbildern abzukehren, um sich dann zu Gott zu bekehren und die Wirkung der Segenssprüche zu erfahren.

Die *positive clauses* beziehen sich auf das Judentum als solches - nicht etwa auf eine sektiererische Sondergruppe.[840] Die präsentische Formulierung weist darauf, daß es sich hier nicht um einmalige Initiationsriten handelt[841], sondern um wiederkehrende Handlungen.[842] Es geht auch nicht um das tägliche jüdische Mahl, denn das Salben läßt sich dort nicht verorten.[843] Gemeint ist hier die religiöse Seite des jüdischen Mahles, womit sich das Judentum grundsätzlich vom Heidentum trennt.[844]

Nachdem Aseneth dies vernommen hat, wird sie traurig. Joseph leidet mit ihr und fordert sie durch ein Gebet um Annahme durch Gott zum Übertritt auf.

JosAs 8,9:
„Herr, der Gott meines Vaters Israel,
der Höchste, der Starke des Jakob,
der (da) lebendigmachte die (Dinge) alle
und rief von der Finsternis in das Licht
und von dem Irrtum in die Wahrheit
und von dem Tode in das Leben,
du, Herr, segne diese Jungfrau,
und wiedererneuere sie mit deinem Geiste,
und wiederforme sie mit deiner Hand der verborgenen,
und wiederlebendigmach sie (mit) deinem Leben,
und sie esse Brot deines Lebens
und trinke Kelch deines Segens,
und zähle dazu sie deiner Nation,
die du auserwähltest, bevor wurden die Dinge alle,
und sie gehe hinein in deine Ruhe,
die du bereitest deinen Auserwählten,
und sie lebe in deinem ewigen Leben in die Ewigkeit-Zeit."[845]

---

[840] So KILPATRICK, Last Supper; KUHN, Lord's Supper S.74f. (Therapeuten); PHILONENKO, Joseph et Aséneth S.4; RIESSLER, Joseph und Asenath (Essener).
[841] So THYEN, Studien zur Sündenvergebung S.126ff.
[842] BURCHARD, Importance S.111.
[843] BURCHARD, Importance S.113.
[844] Vgl. BURCHARD, Untersuchungen 126f. So auch BERGER, Manna S.134.; KLINGHARDT, Gemeinschaftsmahl und Mahlgemeinschaft S.436.
[845] Übersetzung BURCHARD, Joseph und Asenath S.650.

Auffällig ist hier, daß nur Brot und Kelch begegnen. Im Unterschied zu 8,5 werden Brot und Kelch mit Possesivpronomina versehen und direkt auf Gott bezogen.

Daraufhin geht Aseneth in ihr Zimmer und kehrt sich von den Götzenbildern ab. Nachdem die sieben Jungfrauen vergeblich versucht haben, sie zu trösten, versucht Aseneth Gott anzurufen und bekennt unter Trauerritualen ihre Sünden.

Am Handeln Aseneths wird die Unvereinbarkeit von Götzendienst und Glaube an Gott exemplifiziert. Wichtig ist hier die Reihenfolge:
(1) Abkehr von den Götzenbildern
(2) Hinwendung zu Gott.

Nach dem Bekenntnis erscheint ihr der Engelsfürst und fordert sie auf, sich umzuziehen, um ihr Trauergewand abzulegen. Als Reaktion auf ihr Bekenntnis sagt er, daß sie von Gott angenommen ist.

Die Versicherung der Annahme durch Gott ist hier gewissermaßen als Belohnung für die eingehaltene Reihenfolge zu verstehen. Nur wer sich von den Götzenbildern abwendet, kann sich zu Gott wenden - und nur dann von Gott angenommen werden.

JosAs 15,5
„Siehe doch, von dem (Tage) heute (an) wirst du
wiedererneuert
und wiedergeformt
und wiederlebendiggemacht werden
und wirst essen gesegnetes Brot (des) Lebens
und trinken gesegneten Kelch (der) Unsterblichkeit
und dich salben (mit) gesegneter Salbe (der) Unverweslichkeit."[846]

Der Engelsfürst verkündet die Heirat von Aseneth und Joseph. Aseneth lädt den Engelsfürsten zum Essen ein. Dieser verlangt nach einer Bienenwabe, die Aseneth beim ersten Suchen in der Speisekammer aber nicht findet. Erst beim zweiten Suchen entdeckt sie die Wabe, die auf wunderbare Weise auf dem Tisch liegt. Nachdem Aseneth die himmlische Herkunft der Wabe erkennt, erklärt ihr der Engelsfürst, daß diese Wabe Speise der Engel und der Auserwählten ist: Geist des Lebens mit der Wirkung der Unsterblichkeit (16,14). Hier liegt wohl die Vorstellung vom Manna als himmlischer Speise der Engel zugrunde. Dies wird durch die Honigwabe symbolisiert.[847]

---

[846] Übersetzung BURCHARD, Joseph und Aseneth S.675.
[847] Vgl. dazu KLINGHARDT, Gemeinschaftsmahl und Mahlgemeinschaft S.434, Anm. 21. KLINGHARDT verweist auf Ex 16: Das Manna ist weiß wie Reif (Ex 16,14; vgl. JosAs 16,8) und schmeckt nach Honig (Ex 16,31; ferner SapSal 19,21). Für die Vorstellung als Engelsbrot verweist KLINGHARDT auf Ps 78,25; Ps-Philo, LAB 19,5; SapSal 16,20.

Der Engelsfürst bricht die Honigwabe, ißt den kleinen Teil und schiebt den Rest in den Mund von Aseneth und sagt zu ihr:
JosAs 16,16
„Siehe doch,
du aßest Brot (des) Lebens
und trankst Kelch (der) Unsterblichkeit
und hast dich gesalbt (mit) Salbe (der) Unverweslichkeit.
Siehe doch, von dem (Tage) heute (an)
wird dein Fleisch strotzen wie Blumen (des) Lebens von dem Lande des Höchsten,
und deine Gebeine werden gedeihen wie die Zedern des Paradieses der Wonne Gottes,
und unermüdbare Stärken werden umhalten dich,
und deine Jugend wird Alter nicht sehen,
und deine Schönheit wird in die Ewigkeit nicht am Ende sein,
und du wirst sein wie eine ummauerte Mutterstadt aller, die (da) Zuflucht nehmen zu dem Namen Herrs des Gottes, des Königs der Ewigkeiten."[848]

Aseneth hat also nun die drei Elemente zu sich genommen, so sagt der Engelfürst. Die Erzählung berichtet aber von einer Honigwabe als Speise der Engel (Manna). Die Ansichten in der Forschung gehen hier auseinander.[849]

Nach BURCHARD geht es bei dem Genuß des Mannas nur um die Person Aseneths.[850] Aseneth wandelt sich zu einer Art himmlischen Wesen. Sie wird zum Prototyp der himmlischen Neuschöpfung durch den Verzehr des himmlischen Mannas. Dies ist zu unterscheiden von dem 'normalen' Genuß von Brot, Kelch und Salbe, der lediglich als unter irdischen Bedingungen bestmöglichster Ersatz für das himmlische Manna zu verstehen ist - verbunden mit der Garantie, im Himmel das wirkliche Manna essen zu dürfen.[851] Durch den Genuß des Mannas wird Aseneth zum vorbildhaften 'Erstling' der Konversion zum Judentum.

Zur Bestätigung der himmlischen Herkunft und Wirkung der Wabe wirkt der Engelsfürst ein zeichenhaftes Wunder, indem er auf Aseneths Mund durch die Bienen des Paradieses die Wabe neu erstehen läßt. Die Bienen, die Aseneth stechen wollen, fallen tot um, werden aber vom Engelsfürst auferweckt. Dieses Legitimationswunder ist notwendig, da die äußerliche Verwandlung Aseneths noch aussteht.

---

[848] Übersetzung BURCHARD, Joseph und Aseneth S.681f.
[849] Vgl. BURCHARD, Importance S.114.
[850] Vgl. BURCHARD, Importance S.116f.
[851] Vgl. BURCHARD, Importance S.116f.

Auf die Bitte Aseneths hin werden vom Engelfürst auch die sieben Jungfrauen gesegnet und als Säulen der Stadt der Zukunft bezeichnet. Danach kehrt der Himmelsfürst in majestätischer Ausstattung (Wagen wie Feuer) in den Himmel zurück.

Als Josephs zweiter Besuch angekündigt wird, läßt Aseneth alles für die Hochzeit vorbereiten. Aseneth hat wegen der sieben Trauertage ein zusammengefallenes Gesicht und wird deswegen von ihrem Vater bedauert. Beim Ankleiden mit dem Brautgewand wird sie dann zu überirdischer Schönheit verwandelt.

Nach Josephs Ankunft begegnen sich die beiden erneut, und Joseph ist erstaunt über ihre Schönheit und erkennt sie zunächst nicht. Daraufhin schildert Aseneth das zuvor Erlebte.

JosAs 19,5
„Und sie sprach (zu) ihm: Ich (selbst) bin deine Magd Aseneth, und die Götzenbilder alle warf ich weg von mir, und sie verdarben.
Und ein Mensch kam zu mir aus dem Himmel heute
und gab mir Brot (des) Lebens, und ich aß,
und Kelch (des) Segens, und ich trank...."[852]

Auch hier begegnen wie in 8,9 nur Brot und Kelch. Dies ist wohl am besten durch den Kontext zu erklären: In 8,9 bittet Joseph um die Annahme Aseneths durch Gott und bittet für sie um Brot und Kelch. Danach kommt die Szene mit dem Engelsfürst, in der es um Brot, Kelch und Salbe geht. Jetzt sieht Aseneth Joseph wieder und berichtet, daß sich sein Gebet erfüllt hat. Da Joseph nur um Brot und Kelch gebeten hat, werden hier in der Erfüllung auch nur Brot und Kelch erwähnt.

Joseph spricht einen Segen über Aseneth und ihre Funktion als Stadt der Zuflucht[853], umarmt sie und gibt ihr drei Küsse:

JosAs 19,11
„Und es küßte der Joseph die Aseneth
und gab ihr Geist (des) Lebens,
und küßte sie das zweite (Mal)
und gab ihr Geist (der) Weisheit,
und küßte sie das dritte (Mal)
und gab ihr Geist (der) Wahrheit."[854]

Den Geist des Lebens hat Aseneth aber schon durch den Genuß des Manna erhalten - warum dann hier noch einmal von Joseph? Unklar ist

---

[852] Übersetzung, BURCHARD, Joseph und Aseneth S.690f.
[853] Vgl. dazu BURCHARD, Untersuchungen S.112-121.
[854] Übersetzung, BURCHARD, Joseph und Aseneth S.692.

jedoch, welche Wirkung dieser Kuß für die bereits konvertierte Aseneth hat.

Nach inniger Umarmung führt Aseneth Joseph ins Haus und wäscht ihm (statt eine der Jungfrauen) die Füße. Die (engelhafte) Gestalt Aseneths bewegt ihre Familie Gott, der die Toten lebendigmacht, zu preisen. Anschließend feiern sie ein Gastmahl. Joseph bittet Pharao um Aseneths Hand, und darauf folgt die Vermählung durch Pharao mit anschließendem Fest.

In einem die Erzählung abschließenden Psalm blickt Aseneth zurück auf ihre Entwicklung von der sündigen heidnischen Götzenverehrerin zur Gottesverehrerin und Mutterstadt der Proselyten.

JosAs 21,10-21

„[21,13:] Ich sündigte, Herr, ich sündigte,
vor dir viele (Male) sündigte ich.
Und ich verehrte fremde Götter, deren nicht war eine Zahl,
und aß Brot aus ihren Opfern.
[21,14:] Ich sündigte, Herr, ich sündigte,
vor dir viele (Male) sündigte ich.
Brot (der) Erwürgung aß ich
und Kelch (des) Hinterhalts trank ich vom Tisch des Todes.(...)
[21,21:] Ich sündigte, Herr, ich sündigte,
vor dir viele (Male) sündigte ich,
bis daß kam Joseph, der Starke Gottes;
er selbst stieß herab mich von meiner Gewaltigkeit
und erniedrigte mich von meiner Hoffart,
und (durch) seine Schönheit fing er mich,
und (durch) seine Weisheit faßte er mich wie ein Fisch auf einem Haken,
und (durch) seinen Geist wie (mit) Lockspeise (des) Lebens lockte er mich,
und (durch) seine Stärke festigte er mich
und führte mich (zu) dem Gott der Ewigkeit und dem Herrscher des Hauses des Höchsten,
und er gab mir (zu) essen Brot (des) Lebens
und (zu) trinken Kelch (der) Weisheit,
und ich wurde seine Braut in die Ewigkeiten der Ewigkeit."[855]

Erstaunlich ist, daß Joseph, der in dem hier rekapitulierten Teil der Erzählung gar nicht vorkommt, zum handelnden Subjekt wird.[856]

---

[855] Übersetzung, BURCHARD, Joseph und Aseneth S.698-701.
[856] Ist damit gemeint, daß letztlich das Gebet Josephs ausschlaggebend für die Annahme Aseneths war? Oder bezieht es sich auf den Kuß Josephs in 19,11?

12.2.3.1.3.2 Auswertung
(1) Die Wörter über Brot, Kelch und Salbe beziehen sich nicht auf ein besonderes sektiererisches Mahl in der jüdischen Diaspora, aber auch nicht auf das alltägliche Mahl, sondern auf die spezielle Art der religiösen Selbstdefinition, die sich im Judentum darin äußert, daß über die wesentlichen Merkmale der menschlichen Existenz der Segen gesprochen wird. Die Wirkung dieses Segensspruches ist die Garantie ewigen Lebens im Himmel.
(2) Diese Segenssprüche erfüllen die Elemente mit dem Geist des Lebens und machen sie zum bestmöglichen Ersatz für die Speisung durch himmlisches Manna.[857]
(3) Voraussetzung für die Wirkung der Segenssprüche ist das Bekenntnis zu Gott.
(4) Dieses Bekenntnis, das sich in diesen Handlungen äußert, ist die entscheidende religiöse und soziale Abgrenzung zu anderen Glaubensgemeinschaften.
(5) Es besteht aber die Möglichkeit für alle Menschen, ebenfalls in diesen Status zu kommen. Für diese ist die konvertierte Aseneth der Prototyp.

12.2.3.1.3.3 Ertrag für Joh 6
Das Johannesevangelium und Joseph und Aseneth weisen von ihrer schriftstellerischen Gesamtintentionen deutliche Unterschiede auf.[858] Das Brot des Lebens hat als Teil des durch Benediktionen geheiligten Mahles (neben Kelch und Salbe) deutlich eine andere Funktion als das Brot des Lebens als Bild für die Funktion Jesu im Johannesevangelium. In JosAs dient das Brot des Lebens nicht als Bild für den Heilsmittler. Vom Kontext her ergeben sich daher kaum Berührungspunkte. Vergleichbar ist allerdings die Funktion der Honigwabe.

(1) In beiden Fällen wird das Erlangen des ewigen Lebens als Essen beschrieben. Die Speise ist jeweils himmlischen Ursprungs.
(2) Für die Weitergabe der himmlischen Speise ist in JosAs wie im Johannesevangelium ein Vermittler notwendig, der selbst aus der himmlischen Sphäre stammt.
(3) In JosAs ist zunächst nur Aseneth in den Heilsstand übergegangen. Dies geschah als Folge des Genusses der Honigwabe, die wohl als himmlisches Manna und somit Speise der Engel in der himmlischen

---
[857] So BURCHARD, Importance S.117.119.
[858] Vgl. BURCHARD, Joseph und Aseneth S.598-616.

Sphäre zu verstehen ist.⁸⁵⁹ „Gleichwohl ist die Aseneth vorbehaltene Honigwabe eine veranschaulichende Deutung dessen, was einem jedem Juden bei dem Genuß von benediziertem Brot, Becher und Salböl verheißen ist: Durch die Benediktion wird die Speise Gott übereignet, man ißt also himmlische Speise."⁸⁶⁰ Hier liegt - wie auch für Joh 6 - die jüdische Manna-Spekulation zugrunde, wonach das Manna die Nahrung der Engel ist.⁸⁶¹

(4) Entscheidend für die Wirkung der Speise ist in beiden Fällen der Glaube. In JosAs geht der Speisung mit der Honigwabe die Abkehrung von den heidnischen Götzen und die Bekehrung zu voraus. In Joh 6,35 ist die Voraussetzung für die Speisung mit Lebensbrot das Kommen zu Jesus und der Glaube an ihn.

(5) In JosAs „haben die Benediktionen den Effekt, daß die benedizierte Speise etc. nicht nur einfach lebenserhaltend wirkt, sondern darüber hinaus ewiges Leben vermittelt."⁸⁶²Dies ist im sakramentalen Kontext von JosAs zu verstehen, wonach der Genuß der Honigwabe eine Ätiologie für das gottverehrende Mahl ist. In Joh 6 liegt jedoch kein sakramentaler Kontext vor.

Fazit: Joh 6 und JosAs haben gemeinsam Anteil an der jüdischen Vorstellung vom himmlischen Manna als Speise der Engel, sind jedoch nicht voneinander abhängig. Bekehrung bzw. Glaube sind Voraussetzung für Genuß des Lebensbrotes. In JosAs wird eine Ätiologie für das spezielle (durch Benediktionen geheiligte) jüdische Mahl geboten, wobei das Brot dieses Mahles Ersatz für das verheißende Himmelsmanna ist. In Joh 6 geht um eine Beschreibung der Funktion Jesu. Der ständige Genuß des Lebensbrotes, wie ihn JosAs für das speziell jüdische Mahl fordert, wird in Joh 6,35 gerade abgelehnt. Gemeinsam ist die Wirkung der Speise.

12.2.3.1.4 Gottes Willen und Jesu Auftrag (6,36-45)
Im folgenden geht es nicht mehr um das Brot als Speise für das ewige Leben, sondern um den geforderten Glaube an den Gesandten Gottes. Der Evangelist rekurriert erneut auf den Zusammenhang von Gottes Heilswillen und Jesu Auftrag. Er betont dabei die Handlungs- und Wil-

---

⁸⁵⁹ Vgl. BURCHARD, Untersuchungen S.180; KLINGHARDT, Gemeinschaftsmahl und Mahlgemeinschaft S.434f.
⁸⁶⁰ KLINGHARDT, Gemeinschaftsmahl und Mahlgemeinschaft S.437.
⁸⁶¹ Vgl. BURCHARD, Untersuchungen S.130: „Joh 6 nimmt offenbar jemandem das Wort aus dem Mund, der genau das behauptet hatte, was in JA [i.e. JosAs, M.S.] steht: daß Manna unsterblich macht. Nur, verbessert Johannes, muß es das richtige sein.". Zustimmend zitiert auch von SCHNACKENBURG, Brot des Lebens S.129.
⁸⁶² KLINGHARDT, Gemeinschaftsmahl und Mahlgemeinschaft S.436.

lenseinheit von Vater und Sohn. Dabei werden noch einmal die wesentlichen Inhalte von Joh 3; 5 und 6 wiederholt:
- Abstieg vom Himmel (6,38; vgl. 3,13; 6,33)
- Willenseinheit von Gott und Jesus (6,38f.; vgl. 5,19-21)
- Ziel der Sendung: Auferweckung am Letzten Tag (6,39f.44; vgl. 3,16; 5,21)
- Vom Vater gesandt (6,44; vgl. 3,17)

Neu hingegen sind die Aussagen über die Fürsorgepflicht Jesu gegenüber denjenigen, die sich ihm zugewandt haben. Aus dieser Fürsorgepflicht ergeben sich zwei Ziele der Sendung Jesu, die bisher noch nicht thematisiert worden sind. Diese werden formuliert in 6,36f. und 39.
- Die Menschen, die zu Jesus kommen, werden von ihm nicht abgewiesen (37).
- Keiner soll zugrundegehen von denen, die Jesus von Gott gegeben sind (39).[863]

Beide Ziele können nur deshalb erreicht werden, weil Jesus und Gott gleichen Willens sind, weil Jesus in seiner Sendung absolut an den Willen Gottes gebunden ist. Dabei ist Gott der zuerst Wirkende. Er vertraut Jesus die Menschen an, die zu ihm gehören sollen. Jesus selbst hat hier überhaupt keine Entscheidungsgewalt. Er nimmt alle an, die zu ihm kommen. Dies entspricht den vorbereitenden Bemerkungen zur Gerichtsvollmacht des Sohnes in 5,19ff. Die Einheit von Vater und Sohn äußert sich in absoluter Abhängigkeit und Unselbständigkeit des beauftragten Sohnes.[864] Eben dies führt zur Handlungseinheit von Vater und Sohn und fordert schließlich eine Verehrungseinheit (5,23), die gerichtsrelevant ist.[865] Jesus hat gegenüber Gott eine Fürsorgepflicht für die Menschen, die Gott ihm anvertraut.

Die Aussagen in 6,37.39 sind motiviert durch die Erfahrung des Nicht-Annehmens und Nicht-Glaubens (6,36). Diese Negativerfahrungen werden noch verstärkt bzw. bestätigt durch die Einwände der Gesprächspartner in 6,41f., die dann im zweiten Gesprächsgang in 6,52 fortgesetzt werden. Die Juden murren, weil Jesus behauptet hat, er sei vom Himmel gekommen. Das Murrmotiv ist traditionsgeschichtlich bedingt durch die

---

[863] Zum angeblich redaktionellen Charakter von 6,39f.44 vgl. zuletzt HAMMES, Ruf ins Leben S.49-51.
[864] Vgl. BEASLEY-MURRAY, Logos-Son S.1858-1862.
[865] Vgl. dazu BOUSSET, Kyrios Christos S.157; BULTMANN, Johannes S.257, Anm.8; HORST, Proskynein S.292-307; THEOBALD, Gott S.50f.

hier angeführte Manna-Tradition (vgl. Ex 16,2 u.ö.) und muß daher nicht zwangsläufig auf eine Gemeindeerfahrung weisen. Andererseits weisen 6,41f.52 schon auf die Krise im Jüngerkreis voraus, von der in 6,60-71 die Rede ist. Ab 6,41 werden die Gesprächspartner Jesu als οἱ Ἰουδαῖοι bezeichnet, d.h. sie unterscheiden sich nun nicht mehr von den Gegnern Jesu aus 5,16ff.[866] Aus wohlgesonnenen aber noch unsicher nachfragenden Jesusanhängern sind Gegner Jesu geworden (so auch in 8,31-59). Das Murren in 6,41f. bzw. das Streiten in 6,52 haben somit als unmittelbare Folge die Gegnerschaft Jesu. Auch dies läßt sich mit dem Bezug zu Ex 16 erklären: Das Murren richtet sich dort gegen Jhwh, der Israel gerade aus Ägypten herausgeführt hat. Ebenso richtet sich hier das Murren gegen die Heilsinitiative Gottes, da Jesu Herkunft von Gott angezweifelt wird.[867] Die deutlichste Parallele zwischen den murrenden Israeliten in der Wüste und den murrenden jüdischen Gegnern Jesu liegt in den fatalen Folgen ihrer Verweigerung gegenüber Gottes Heilsinitiative.[868]

In 6,44 wird nun ein Aspekt aus 6,35.37 wiederaufgenommen: Das Kommen zu Jesus. Nicht nur hinter der Beauftragung Jesu steckt Gottes Heilswille, Gott ist auch derjenige, der die Menschen zu Jesus führt, damit sie an ihn glauben. Wie in 6,28 ist auch hier Gott der Verursacher des Glaubens. Eben daraus resultiert die o.g. Fürsorgepflicht.

Auf den ersten Blick wird hier vom Evangelisten unterschieden zwischen Annehmen der Lehre Gottes und Glauben: Zu Jesus kommen bzw. an Jesus glauben kann nur, wer die Lehre Gottes angenommen hat, d.h. Schüler Gottes geworden ist. Hiermit wird jedoch die heilschaffende Willenseinheit von Gott und Jesus formuliert, die in der Fleischwerdung des λόγος zum Ausdruck kommt: Jesu Rede ist die Intention Gottes. Diese Rede, aber auch seine Taten sind nicht ablösbar von der Person Jesu. Jesus ist nichts ohne Gott; Gott ist nicht zugänglich unter Umgehung der Person Jesu (vgl. 14,6ff.). Jesus ist die fleischgewordene Heilsinitiative Gottes, Gestaltwerdung des göttlichen Heilshandelns, Personifikation des göttlichen Willens, welcher Schöpfung und Erlösung umfaßt.

---

[866] Vgl. L. SCHENKE, Johannes S.135; WEDER, Menschwerdung S.380; WENGST, Bedrängte Gemeinde S.62-73.
[867] Vgl. WEDER, Menschwerdung S.380ff.
[868] Zum Murren im Alten Testament vgl. KNIERIM, לון Sp.871f.: „Der Begriff *lun* deckt demnach im Zentrum alttestamentlicher Theologie eine Art Sünde auf, wonach Gottes Volk als Ganzes in den Bedrohungen der Zwischenzeit (Wüste), zwischen Befreiung (Exodus) und Erfüllung (Landnahme), aus Blindheit und Ungeduld seinen Gott mißverstehend, die von ihm gewirkte Befreiungsgeschichte und damit seine eigene heilvolle Zukunft verwirft." Vgl. auch PREUẞ, Theologie 1 S.87ff.; SCHUNCK, לין; WEDER, Menschwerdung S.381f.

Hier ist also nicht an eine konditionale Abfolge gedacht. Glaube an Jesus ist identisch mit dem Glauben an Gott. Dies liegt an der spezifischen Art der Repräsentation, die hier zum Ausdruck kommt: So wie Jesus das Wort ist, das man hört, so ist Jesus auch die Speise, die man zu sich nimmt (s.u.).[869] Jesus ist das Wort und verkündet das Wort; Jesus ist die Speise und bringt die Speise. Jesus ist das Leben und bringt das Leben.

Durch diese Fürsorgepflicht Jesu wird nun auch deutlich, was in 6,27 mit μένειν gemeint war. Μένειν heißt: sich dauerhaft und endgültig der Fürsorgepflicht Jesu anzuvertrauen.

In 6,46 wird die einmalige Funktion Jesu noch einmal unterstrichen: Nur Jesus kann Gottes Lehre weitergeben bzw. deren Personifikation sein, da er der einzige ist, der Gott gesehen hat. Und dies unterscheidet ihn - hier schließt sich der Kreis der in 6,33 begonnen Argumentation - von Mose. Mose hat Gott nicht gesehen, er stammt nicht aus der himmlischen Sphäre. Hier wird deutlich an 1,18 angeknüpft. Auch dort ging es um den Unterschied von Jesus und Mose: Nur er kann Gnade und Wahrheit (vgl. 14,7-11.16f.) bringen (1,17b), d.h. Gottes Heilsinitiative verkörpern, da er von Gott kommt und mit ihm eins ist.[870] Jeder andere Zugang zu Gott wird damit abgewiesen.[871] Jesus ist der einzige Ort der Begegnung mit Gott (vgl. 1,51).

12.2.3.2 Der zweite Gesprächsgang: Vom Essen der Speise (6,47-58)

Im zweiten Gesprächsgang geht es um Essen und Nicht-Sterben. Schon der erste Satz (6,47), der durch ein ἀμὴν- ἀμὴν-Wort eingeleitet wird, zeigt, daß Essen hier als Metapher für Glauben gebraucht wird (vgl. auch 6,63).[872] Es geht nicht mehr um eine Erklärung der Repräsentanz Gottes durch Jesus. Dies wurde im ersten Gesprächsgang geklärt. Es geht um die Wirkung der Himmelsspeise Jesu.

Der zweite Gesprächsgang ist in zwei Teile zu untergliedern: In 6,47-51 überbietet Jesus das Manna des Mose dadurch, daß er das Brot vom Himmel als sein Fleisch bezeichnet. In 6,52-59 geht es dann - vermittelt durch den Einwand in 6,52 - um das Essen des Fleisches bzw. Trinken des Blutes des Menschensohnes.

---

[869] Zum Zusammenhang von Lehre und Speise vgl. auch Poimandres (Corpus Hermeticum I) §29 bei BERGER / COLPE, Textbuch S.163 (Nr.283).
[870] Vgl. dazu THEOBALD, Fleischwerdung des Logos S.261: „Als ΜΟΝΟΓΕΝΗΣ, der mit seiner Existenz vollständig in Gott gründet und also von Gottes Wesen ist (18b), hat Jesus Gott offenbart, bzw. metaphorisch ausgedrückt: als solcher, der zum Herzen des Vaters hin geneigt ist (18c), hat er ihn kundgetan."
[871] Vgl. THEOBALD, Fleischwerdung des Logos S.259-263.
[872] Vgl. BERGER, Theologiegeschichte S.312.

12.2.3.2.1 Das lebendige Brot vom Himmel als das Fleisch Jesu (6,47-51)

Nach der Aufforderung zum Glauben mit dem Ziel ewiges Leben (6,47) wird in 6,48 die Identifikationswort aus 6,35 wortwörtlich wiederholt: Ἐγώ εἰμι ὁ ἄρτος τῆς ζωῆς.
Im darauffolgenden Vers geht es dann wieder um die Überbietung des Wüstenmanna - allerdings diesmal explizit unter dem Aspekt der Wirkung. Die Väter in der Wüste haben das Manna gegessen, sind aber schließlich dennoch gestorben (6,49). Das Essen des vom Himmel herabgestiegenen Brotes aber bewirkt, daß man nicht stirbt (6,50). Dieser Gedanke wird vom Evangelisten in bewußt formulierter Variation wiederholt:

„Ich bin das lebendige Brot, das vom Himmel herabgestiegen ist." (6,51)

Auffällig ist der Wechsel von Brot des Lebens (ἐγώ εἰμι ὁ ἄρτος τῆς ζωῆς) zu lebendigem, vom Himmel herabgestiegenem Brot (ἐγώ εἰμι ὁ ἄρτος ὁ ζῶν ἐκ τοῦ οὐρανοῦ καταβάς).[873] Das Attribut lebendig (ὁ ζῶν) ist ein alttestamentliches Prädikat Gottes (vgl. u.a. Jes 44,6; Jer 2,13.10,10.17,13; Dan 6,27; Ps 36,10; im Neuen Testament: Act 1,3; Apk 1,18)[874], das nur wenige Verse später auf Gott angewendet wird (6,57: ὁ ζῶν πατήρ). Mit dieser Formulierung betont der Evangelist erneut die Einheit von Gott und Jesus. Jesus ist Teil der lebenschaffenden Wirksamkeit Gottes - dies betont schon der Prolog (1,1). Dies entspricht der für 6,45f. ermittelten Form der Repräsentanz Gottes durch Jesus: Der lebendige Gott ist im Wirken Jesu präsent. Daher läßt sich Jesu Funktion beschreiben als das lebendige, vom Himmel herabgestiegene Brot (6,51a). Und wer dieses Brot ißt, wird in Ewigkeit leben (6,51b). Dieses Brot, das Jesus geben wird, ist sein Fleisch - für das Leben der Welt (6,51c).

In 6,50f. zeigt sich ein deutlicher Argumentationsfortschritt:
- Nicht-Sterben als Folge des Essens des himmlischen Brotes (6,50)
- Leben in Ewigkeit als Folge des Essens des lebendigen, vom Himmel herabgestiegenen Brotes.

---

[873] Vgl. dazu SCHNACKENBURG, Johannesevangelium 2 S.82.
[874] Zu Vorstellung vom lebendigen Gott im Alten Testament vgl. zusammenfassend PREUß, Theologie 1 S.279-283. Ferner: KRAUS, Der lebendige Gott; KREUZER, Der lebendige Gott. Damit verbunden ist auch das göttliche Privileg der Totenauferweckung (Dtn 32,29) bzw. eschatologischen Lebensspendung. Vgl. dazu THEOBALD, Gott S.54.

Je mehr lebenspendende Attribute der Evangelist dem Brot zuschreibt, desto positiver formuliert er die Folge des Essens. Das Ziel der Argumentation ist die Gleichsetzung von Brot und Fleisch Jesu. Mit dem Fleisch Jesu ist nicht sein Tod gemeint.[875] Das Verb διδόναι meint hier nicht Hingabe im Sinne eines stellvertretenden Todes[876], sondern bezieht sich auf 6,27 (vgl. auch 6,33b), wo von der Heilsbringerfunktion des Menschensohnes die Rede ist: Die Präsenz des lebendigen Gottes im Wirken Jesu äußert sich darin, daß der Menschensohn die für das ewige Leben bleibende Speise bringt (6,27: δώσει). Diese Speise ist seine σάρξ. Und dieses Fleisch gibt der Welt das Leben (6,51c; vgl. 6,33b: ζωὴν διδοὺς τῷ κόσμῳ). Auch hier geht es nicht um den Tod Jesu, sondern um seine Funktion als Lebensspender und vollmächtiger Vollstrecker der Heils-initiative Gottes (vgl. 3,16). Jesus gibt sein Fleisch als Speise, weil er nach 5,26 das Leben des Vaters in sich hat.[877] Σάρξ ist hier im christologischen Sinne zu verstehen - wie in 1,14: σάρξ meint die Existenzform Jesu in der Welt, in die er gesandt ist, die Verkörperung der Heilsinitiative Gottes in der Person Jesu.[878]

12.2.3.2.2 Das Essen des Fleisches / Trinken des Blutes des Menschensohnes (6,52-58)

Im letzten Abschnitt der Brotrede geht es jetzt um Essen und Trinken von Fleisch und Blut des Menschensohnes. Die Vorstellung vom Essen des Fleisches Jesu ist nicht erst durch den Einwand der Gegner in den Offenbarungsdialog geraten, er begegnet implizit schon in 6,50f. Die Vorstellung vom Essen Jesu mutet zunächst drastisch an. Andererseits ist diese Vorstellung schon durch die Verwendung der Brotmetapher für Jesus gegeben. Wer sich selbst als Brot bezeichnet, das das ewige Leben bringt, legt die Ausdeutung zwingend nahe, daß man die Gabe des ewigen Lebens nur durch den Verzehr dieses Brotes erlangen kann.

---

[875] Vgl. zum folgenden BERGER, Johannes S.212.
[876] So v.a. SCHÜRMANN, Schlüssel, der hier an Jesu Todeshingabe am Kreuz denkt. Vgl. ferner ANDERSON, Christology S.212; BARRETT, Johannes S.308f.; MOLONEY, Johannine Son of Man S.115; L. SCHENKE, Johannes S.137; SCHLATTER, Johannes S.178; SCHNACKENBURG, Johannesevangelium 2 S.83; WILCKENS, Johannes S.106. Vgl. dagegen BERGER, Theologiegeschichte S.317f. Für einen Übergang zur sog. eucharistischen Rede plädieren u.a. BULTMANN, Johannes S.174; BEUTLER, Heilsbedeutung S.191f.; RICHTER, Formgeschichte.
[877] Vgl. WILCKENS, Johannes S.105.
[878] Vgl. BERGER, Theologiegeschichte S.423; BERGER, Johannes S.212; MOLONEY, Johannine Son of Man S.115; WILCKENS, Johannes S.105. Zu σάρξ als Ort der Offenbarung Gottes vgl. BERGER, Theologiegeschichte S.225-231 (§§ 115-120) und die dort angegebenen Vergleichstexte.

Gegenüber den bisherigen Äußerungen liegt hier deutlich eine Steigerung vor:[879]
In 6,35 sagt Jesus:
"Ich bin das Brot des Lebens."

Hier geht es noch darum, daß man überhaupt zu ihm kommen soll. In 6,50 geht Jesus einen Schritt weiter:
"Wer von diesem Brot ißt, wird leben in Ewigkeit."

Jetzt kommt es auch darauf an, von dem Brot zu essen - nicht nur zu ihm zu kommen, sondern von ihm zu essen. Der nächste Schritt ist dann 6,51b.:
"Das Brot, das ich geben werde, ist mein Fleisch."

Hier ist der Übergang zum Essen der σάρξ Jesu geschaffen, hier fällt zum ersten Mal das Stichwort σάρξ.
"... mein Fleisch für das Leben der Welt."

6,53 geht es einen Schritt weiter. Dort wird gesagt:
"Wenn ihr das Fleisch des Menschensohnes nicht eßt und sein Blut nicht trinkt, habt ihr das Leben nicht in euch."

Hier wird nun der äußerst anstößige Satz formuliert, daß es sich um den Menschensohn handelt und daß es darum geht, sein Fleisch zu essen, und noch anstößiger: sein Blut zu trinken. Was hier noch in der 3. Person formuliert ist, wird in 6,54 in die Ich-Form überführt:
"Wer mein Fleisch ißt und mein Blut trinkt, hat das ewige Leben."

Jesus identifiziert sich mit dem Menschensohn. Es handelt sich um sein Fleisch und sein Blut, das ewiges Leben bewirkt. Dies muß - metaphorisch gesprochen - von den Glaubenden als Nahrung zu sich genommen werden.

Wie Jesus das Leben in sich hat, weil er die fleischgewordene Präsenz des lebendigen Gottes auf Erden ist (6,57; vgl. 5,26), so sollen auch die Glaubenden das ewige Leben in sich haben.[880] Wenn Jesus sich dabei als lebendiges Brot (6,51a) versteht und als Speise für das ewige Leben (6,27), dann liegt es nahe, die Vermittlung des ewigen Lebens aus der Perspektive der Glaubenden in der Metaphorik der Nahrungsaufnahme zu formulieren. Auch hier liegt ein Bezug auf den Prolog vor: "Das

---

[879] Vgl. L. SCHENKE, Johannes S.137. Zur argumentativen Technik der Steigerung in der Brotrede vgl. auch DAUER, Passionsgeschichte S.107f.
[880] Vgl. SCHNACKENBURG, Johannesevangelium 2 S.95.

Fleisch Jesu, von dem 6,51b.53 sprechen (in V.53 in Verbindung mit seinem Blut), ist daher kein anderes als das, von dem Joh 1,14 spricht: der Mensch Jesus. Ihn essen und trinken bedeutet: ihn ganz und gar in sich auf aufnehmen, ihn als das Wort im Fleisch annehmen."[881]

12.2.3.2.2.1 σάρξ und αἷμα des Menschensohnes (6,53-56)

Deutlich ist m.E., daß σάρξ und αἷμα hier nicht auf den Tod Jesu bezogen werden können, sondern nur auf die lebenspendende Qualität seines irdischen Wirkens.[882] Die Funktion des Todes Jesu ist bereits in Joh 3 thematisiert und anhand der Menschensohnbezeichnung umfassend geklärt worden. Es ist sicher kein Zufall, daß im Kontext von 6,27-58 nicht vom Aufstieg als Endpunkt des irdischen Wirkens Jesu die Rede ist. Es geht hier nur und ausschließlich um das Heilsgut, das mit seinem Abstieg zu tun hat (vgl. 6,33.38.41.42.50.51.58). Um den Aufstieg geht es erst in 6,62, und hier wird deutlich betont, daß es bisher noch nicht darum ging. Schon der Abstieg Jesu vom Himmel und das damit verbundene Heilsgut hat negative Reaktionen bei der Volksmenge hervorgerufen. Dies führt zu der Feststellung des Evangelisten, daß die soteriologische Umdeutung der Hinrichtung als Aufstieg und Rückkehr zum Vater noch weniger verstanden werden wird: Wenn ihr schon nicht verstanden habt, daß in Jesu Wirken Gott unmittelbar am Werke ist, dann könnt ihr erst recht nicht verstehen, daß Jesu Hinrichtung die Rückkehr zu Gott nach der Beendigung des irdischen Wirkens bedeutet. 6,62 hat somit eine ähnliche argumentative Funktion wie 3,12 (s.o.).

Die σάρξ bezieht sich hier im Sinne des Prologs auf die Lehre Gottes, die - verkörpert durch Jesus (1,14) - von den Glaubenden angenommen werden soll (6,45).[883] Das Blut ist nach alttestamentlichem Verständnis

---

[881] BERGER, Johannes S.212. Vgl. auch BURKETT, Son of the Man S.140; MOLONEY, Johannine Son of Man S.116.

[882] Vgl. BERGER, Theologiegeschichte S.318.423; SCHENK, Menschensohn S.170; L. SCHENKE, Schisma S.113, Anm.14. Anders: MOLONEY, Johannine Son of Man S.122; PAMMENT, Son of Man S.62; THÜSING, Erhöhung und Verherrlichung S.261f.

[883] Vgl. BERGER, Theologiegeschichte S.318. Nach BURKETT, Son of the Man S.130ff. spricht Jesus von sich hier wie das Wort Gottes, das in Jes 55,1-3.10f. beschrieben wird. Joh 6,27-71 ist nach BURKETT direkt von Jes 55,1-3.10f. abhängig. Damit löst sich für ihn das Problem, warum außerhalb des Prolog nicht mehr von Jesus als dem Wort die Rede ist: „The recognition that Jesus speaks in this discourse as the Word of God helps to explain what has previously been a puzzling feature of the Gospel of John. In the Prologue of the Gospel, the first title given to Jesus is 'the Word' (1.1; cf. 1.14). The priority given to this title indicates that it was quite significant for the Evangelist's understanding of Jesus' identity. Why then does this designation not appear again outside of the Prologue? The results of the present study shed a certain amount of light on this question by indicating that elsewhere in the Gospel the features of the

der Träger des Lebens.[884] Das Blut des Menschensohnes ist eine Metapher für die Weitergabe des präexistenten Lebens. Denn es handelt sich ja beim Blut des aus der himmlischen Sphäre stammenden λόγος bzw. Menschensohnes eben nicht um Blut im Sinne von 1,13. Auch das spricht gegen einen Bezug auf die Hinrichtung Jesu, wie überhaupt das Stichwort αἷμα auch sonst im Johannesevangelium nicht als Metapher für die Hinrichtung verwandt wird.

Darüber hinaus bezeichnen σάρξ und αἷμα im wörtlichen Sinne die körperlichen Bestandteile des Menschen Jesus.[885] D.h. in diesem konkreten Menschen Jesus, der aus Fleisch und Blut besteht, wirkt Gottes Heilsinitiative. Ging es bisher v.a. um die himmlische Herkunft Jesu, wird hier betont, daß das von Gott den Menschen zugedachte ewige Leben nicht frei verfügbar ist, sondern exklusiv gebunden ist an den konkreten Menschen Jesus.

12.2.3.2.2.2 Das Ziel: Bleiben in Jesu / Jesu Bleiben in den Glaubenden (6,56)
Diese Sicht wird bestätigt durch das erste Immanenzwort des Johannesevangeliums in 6,56.[886] Hier wird das μένειν von 6,27 wiederaufgenommen und abschließend erklärt: Μένειν heißt Anteilhabe an der Lebensgabe Jesu, Partizipation an seiner Präexistenzherrlichkeit (vgl. 17,21ff.). Dies ist noch eine Steigerung zur Fürsorgepflicht Jesu in 6,39f. Essen und Trinken des Menschensohnes bewirkt μένειν in Jesus und sein μένειν in den Glaubenden. D.h. die Glaubenden stehen in einem vergleichbaren Immanenzverhältnis zu Jesus wie Jesus zu Gott (6,57).[887]

12.2.3.2.2.3 Essen als Partizipation an der Präexistenzherrlichkeit
Der Evangelist knüpft hier an eine Vorstellung an, wonach an den göttlichen Eigenschaften einer Mittlerfigur partizipiert werden kann. Dies kann metaphorisch als Essen einer Person formuliert werden. Zu verweisen ist dabei auf die „Konzeption vom Essen und Trinken der personifizierten Weisheit".[888]

Word of God have been subsumed under the title 'the Son of the Man'. Jesus does in fact speak as the word of God outside of the Prologue, in John 6, but in so doing designates himself 'the Son of the Man'. The latter title thus takes over the characteristics appropriate to the former. In the Prologue, then, the Evangelist simply makes explicit what is implicit elsewhere in the Gospel." (S.134).

[884] Vgl. dazu WOLFF, Anthropologie S.38.98ff.
[885] Vgl. BERGER, Theologiegeschichte S.318.
[886] Vgl. SCHNACKENBURG, Johannesevangelium 2 S.94.
[887] Vgl. ANDERSON, Christology S.213; SCHNACKENBURG, Johannesevangelium 3 S.218-221 (v.a. die Übersicht S.219).
[888] BERGER, Johannes S.217. Vgl. dazu auch BROWN, John I S.269-273. Kritisch dagegen BURKETT, Son of the Man S.129.

Sir 24,17-33
„17 Ich brachte wie ein Weinstock wohlansehnliche Triebe hervor, und meine Blüten wurden zu einer Frucht voll Pracht und Reichtum.
18 Ich bin Mutter der schönen Liebe und der Frucht und der Erkenntnis und der heiligen Hoffnung, ich gebe aber allen meinen Kindern ewiges Werden, denen, die von ihm genannt sind.
19 Kommt her zu mir, die ihr mich begehrt, und an meinen Früchten sättigt euch!
20 Der Gedanke an mich geht über süßen Honig, und das, was ich zu Besitz gebe, geht über Honigwaben.
21 Die, die mich essen, wird noch mehr hungern, und die, die mich trinken, wird noch mehr dürsten."[889]

Entscheidend ist hier 24,21:
„Die, die mich essen, wird noch mehr hungern, und die, die mich trinken, wird noch mehr dürsten."[890] (οἱ ἐσθίοντες μέ ... οἱ πίνοντες μέ).

Ein Zusammenhang von Aufforderung zur Speise, Erlangung der Weisheit und Leben begegnet auch in Prov 9,1-6:[891]
„1 Die Weisheit hat ihr Haus gebaut und ihre sieben Säulen behauen.
2 Sie hat ihr Vieh geschlachtet, ihren Wein gemischt und ihren Tisch bereitet
3 und sandte ihre Mägde aus, zu rufen oben auf den Höhen der Stadt:
4 »Wer noch unverständig ist, der kehre hier ein!«, und zum Toren spricht sie:
5 »Kommt, esset von meinem Brot und trinkt von dem Wein, den ich gemischt habe!
6 Verlasset die Torheit, so werdet ihr leben, und geht auf dem Wege der Klugheit.«"

12.2.3.2.2.4 Essen des Brotes und ewiges Leben (6,58)

Berücksichtigt man, daß in 6,47 von Glauben und ewigem Leben als Thema und Ziel des zweiten Gesprächsgangs die Rede war, so wird jetzt in 6,58 durch die Wiederaufnahme der Brotmetapher der ganze Abschnitt auf den Punkt gebracht:

Das Brot, das vom Himmel gekommen ist, ist Jesus, der als der Menschensohn die für das ewige Leben bleibende Speise bringt (6,27). Die Menschen müssen dieses Brot essen, d.h. sie müssen an ihn glauben und

---

[889] Übersetzung SAUER, Jesus Sirach S.565. Vgl. BERGER, Johannes S.217.
[890] Übersetzung SAUER, Jesus Sirach S.565.
[891] Vgl. auch BERGER, Johannes S.217; BURKETT, Son of the Man S.130. Vgl. dazu auch Poimandres (Corpus Hermeticum I) §29 bei BERGER / COLPE, Textbuch S.163 (Nr.283).

ihn dadurch in sich aufnehmen. Dadurch haben sie Anteil an der lebenschaffenden Präsenz Gottes in Jesus als dem Menschensohn.

12.2.3.2.2.5 *Der Geist als Speise zum ewigen Leben (6,62f.)*

6,62 verbindet die Vorstellung vom Himmelsbrot mit den Menschensohnworten, die von Ab- und Aufstieg handeln, da Jesus, der ja das vom Himmel herabgestiegene Brot ist (6,51), als der Menschensohn wieder zum Himmel hinaufsteigen wird (3,13) - dorthin, wo er vorher war (6,62). Die Vorstellung vom Menschensohn als Lebensspender verbindet diese Worte mit der Rede von der Erhöhung als Heilsvorgang (3,14f.).

Der verheißende, noch ausstehende Aspekt der Mission Jesu ist der Geist. Dieser ist erst nach der Rückkehr Jesu in seine himmlische Heimat verfügbar. Um diesen geht es jetzt in der Rede Jesu an die murrenden Jünger.[892] Der Wechsel des Publikums ist nicht zufällig, da der Geist ja auch zunächst den Jüngern gespendet wird. In 6,63 wird ganz unmißverständlich gesagt: ohne das πνεῦμα gibt es kein ewiges Leben.[893] Zum Glauben muß der Geist hinzutreten.[894] Sonst können auch die eben gesprochenen Worte nicht vollgültig verstanden werden. Sie bewirken nur für denjenigen Leben, der sie auch im Geist verstehen kann.

12.3 Auswertung

Der Menschensohn bringt (6,27) und ist (6,53) die Speise für das ewige Leben. Das Brot ist die vorherrschende Metapher in der Brotrede. Das liegt daran, weil die Brotrede auf das in 6,1-15 berichtete Speisungswunder Bezug nimmt. Daher haben sich hier die anderen christologischen Bezeichnungen der Hauptmetapher unterzuordnen. Dies erklärt, warum sich in der Brotrede die sonst getrennten Vorstellungskreise von Sohn- und Menschensohnbegriff vermischen. Auch gehen sonst exklusiv mit dem Menschensohn verbundene Begriffe auf die Brotmetapher über. Dies wird besonders deutlich bei der Vorstellung vom vom Himmel herabgestiegenen Brot. Die Rede vom Abstieg ist sonst ausschließlich in Menschensohnworten beheimatet. Hier wird sie mit der Brotmetapher verbunden. Dies hängt damit zusammen, daß Jesus sich im Verlauf der Deutung der Speisungsgeschichte mit der Manna-Tradition auseinandersetzt. Jesus überbietet hier die Gestalt des Mose, indem er sich als Menschensohn mit dem von Gott gegebenen Brot gleichsetzt. Er ist das Brot

---

[892] Vgl. dazu BERGER, Johannes S.212.
[893] Vgl. auch PhilEv 22f.
[894] Vgl. auch KLOS, Sakramente S.64; MUẞNER, ZΩH S.111f.; SCHÜRMANN, Schlüssel S.261.

des Lebens, und das ist mehr als das Manna des Mose (6,35). In diesem Kontext liegt es nahe, daß Jesus sich als Brot beschreibt, das vom Himmel herabgestiegen ist (6,38.41.50.51. 58). Auch die Formulierungen „Speise, die der Menschensohn geben wird" (6,27) und „Fleisch und Blut des Menschensohnes"(6,53) sind durch die Gleichsetzung von Menschensohn Jesus und Brot bedingt. Die Veränderung in der Bezeichnung von 6,27 und 6,53 ist eine Steigerung, die die Leser zu der Spitzenaussage der Brotrede führen soll. Diese Spitzenaussage lautet: Ewiges Leben durch körperliche Aufnahme des Menschensohnes! Dies besagt nichts anderes als die in 3,14f. aufgestellte Regel: Glaube an den Menschensohn bedeutet ewiges Leben. Auch 1,12 ist hier heranzuziehen: Die Aufnahme des λόγος bedeutet Gotteskindschaft

Auch ist diese Aussage appellativ gehalten. Die Menschen werden dazu aufgefordert sich so zu verhalten. Es geht hier also wie in 3,14f. und 5,19ff. um die lebenspendende Funktion des Menschensohnes. Die drastisch anmutenden Formulierungen sind durch den metaphernspendenden Bereich bedingt und entbehren durchaus nicht einer gewissen Anschaulichkeit.[895]

Dem Menschensohn kommt innerhalb dieser zentralen Rede Jesu eine bedeutende Funktion zu. Er ist die erste gültige christologische Bezeichnung im Kontext von Joh 6. Durch die Speisemetaphorik hat der Menschensohn hier auch eine Verbindung zur Speisungsgeschichte und bildet gewissermaßen deren Überbietung.

Daß Jesus sich selbst als die lebenschaffende Speise bezeichnet, liegt an seiner Funktion im Gericht. Sicher läßt sich hiergegen einwenden, daß es in diesem Abschnitt nicht um das Gericht geht. Dafür spricht aber die vergleichbare Doppelfunktion.
- Jesus als der Menschensohn ist Richter und Gerichtskriterium in einem (5,19-27).
- Jesus als der Menschensohn ist Heilsgeber und Heilsgabe in einem (6,27.53).

Ausschlaggebend für das Heil ist in beiden Fällen die Verehrung.

Joh 6 ist insgesamt eine inhaltliche Weiterentwicklung von 5,19-30. Wurde dort die lebenspendende Funktion Jesu im Kontext des Gerichts verdeutlicht, so geht es hier um die Heilsgabe für die Glaubenden. Das

---

[895] Zur Metaphorik von Fleisch und Blut des Messias vgl. BERGER, Theologiegeschichte S.202-204.

Gericht vollzieht sich an den Ungläubigen. Der Menschensohn hingegen verschafft den Seinen das ewige Leben (5,24) und bewahrt sie damit vor dem Gericht. Dies tut er, indem er ihnen die Speise zum ewigen Leben bringt (6,27). Diese Speise ist er selbst als die fleischgewordene Heilsinitiative Gottes. An Jesus als den Menschensohn glauben, heißt: an Gottes Wort glauben. Damit ist ein Bogen zurück zum Prolog geschlagen: Es geht um das Aufnehmen des Wortes Gottes (1,12). In der Metaphorik von Joh 6 heißt dies: Essen und Trinken des Fleisches und Blutes des Menschensohnes.

Es geht dabei immer um die Nicht-Ablösbarkeit von Bote und Botschaft.[896]

---

[896] Vgl. BERGER, Johannes S.212.

13 Der Menschensohn als Gegenstand des Glaubens (9,35-41)

Auf die Bedeutung der Kapitel 8 und 9 für die johanneische Soteriologie wurde bereits mehrfach hingewiesen. Die folgenden Bemerkungen sollen die bereits erzielten Ergebnisse bündeln und kurz im Kontext darstellen.

13.1 Der geheilte Blindgeborene als Repräsentant des johanneischen Judenchristentums

Die Gestalt des geheilten Blindgeborenen hat eine besondere Bedeutung für die johanneische Gemeinde. Er symbolisiert gewissermaßen den johanneischen Judenchristen. An seinem Geschick wird exemplarisch das Schicksal der johanneischen Gemeinde vor Augen geführt und die Bewältigungsstrategie aufgezeigt.

Im Kontext der Blindenheilung (8,12-9,41) begegnen Stichworte und Themen, die für die johanneische Gemeinde von zentraler Bedeutung sind:
- Zwei-Zeugen-Regel (8,17)
- von oben / von unten (8,23a)
- aus dieser Welt / nicht aus dieser Welt (8,23b)
- Erhöhung des Menschensohnes (8,28)
- Kindschaft (8,30-47)
- aus Gott (8,47; vgl. 1,13)
- Präexistenz (8,58; vgl. 1,1ff.; 3,13)
- Geburt (9,1.20; vgl. 1,12f.; 3,3.5)
- Licht-Metapher (9,5; vgl. 8,12; 9,39-41; 3,19-21)
- Heilung als Schöpfungvorgang (9,6-11)
- Synagogenausschluß (9,22.35; vgl. 12,42; 16,2)
- Fraglichkeit der Herkunft Jesu (9,29)
- Glaube an den Menschensohn (9,35ff.)
- blind / sehend (9,39-41)
- Zuwendung des Menschensohnes zu dem aus der Synagoge Ausgeschlossenen (9,35)
- Menschensohn als Richter (9,39; vgl. 5,27)
- Umkehrung der Verhältnisse (9,39.41; vgl. 3,19ff.)

Der geheilte Blindgeborene steht für die gesamte judenchristliche Gemeinde, der nach der Trennung von der Synagoge durch Jesus via Johannesevangelium die Kategorie Menschensohn vermittelt wird, die integrative Funktion für ihre Identität hat.[897] Die schmerzhafte Situation der ausgestoßenen Gemeinde läßt sich in dem Satz des geheilten Blindgeborenen in 9,30 auf den Punkt bringen:
„Der Mensch antwortete und sprach zu ihnen: Das ist verwunderlich, daß ihr nicht wißt, woher er ist, und er hat meine Augen aufgetan."

In der Person des Blindgeborenen ist die Soteriologie des Johannesevangeliums nachgezeichnet:[898] In 9,1-12 wird Jesu Rede über sich als das Licht der Welt (8,12) Gestalt in der Heilung des Blindgeborenen.[899]

Die Licht-Metapher im Johannesevangelium
1,4: Leben = Licht der Menschen
1,5: Licht/Finsternis; Nicht-Annehmen des Lichts
1,7f.: Johannes als Zeuge für das Licht
1,9: Das wahre Licht kam in die Welt.
3,19ff: Licht/Finsternis; Licht kam in die Welt; Hassen des Lichts - Böses tun; Wahrheit - zum Licht kommen
5,35: Johannes als Licht
8,12: Wer mir nachfolgt, wird Licht des Lebens haben.
9,5: Licht der Welt
11,9f.: Licht der Welt (Tag/Nacht)
12,35f.: Das Licht ist bei euch
12,46: Licht/Finsternis; Glauben

Die Beziehung zur Rede Jesu über das Licht wird besonders faßbar in 9,5. Ferner weist die verwandte Metaphorik von Licht / Finsternis und Blindgeborener / Sehender darauf hin. Die Licht-Metapher hat im Kontext von Joh 9 zwei Bedeutungsaspekte:
1. Leben: Diese Bedeutung knüpft direkt an die Gedankenwelt des Prologs an. Das Leben ist das Licht der Menschen (1,4). Mit Jesus als dem Licht der Welt (8,12; 9,5) hat man den einzig möglichen Zugang zu Gott, der ein Gott des Lebens ist.

---

[897] Vgl. MARTYN, History and Theology S.24-63; SCHLÜTER, Selbstauslegung S.155-157.
[898] Vgl. dazu die Übersicht: Die Entsprechung von Herkunft und Ziel als Grundmuster der johanneischen Christologie und Soteriologie S.118. Vgl. auch SCHLÜTER, Selbstauslegung S.155-157
[899] Vgl. dazu SCHNACKENBURG, Johannesevangelium 2 S.302; BORNKAMM, Heilung des Blindgeborenen S.67; DODD, Interpretation S.357; SCHNELLE, Antidoketische Christologie S.131.

2. Scheidende Funktion: Das Verhalten zum Licht als der göttlichen Lebensmacht hat entscheidende Bedeutung für das Gericht (3,19-21). Wahrheit tun und Licht stehen in einem engen Zusammenhang (3,21), während böse Taten mit dem Hassen des Lichtes verbunden werden (3,20). Das Kommen des Lichtes deckt die wahren Verhältnisse auf (vgl. auch 9,40f.).

Der Blindgeborene wird zum Demonstrationsmittel der Vollmacht Jesu. Die von den Jüngern gestellte Schuldfrage wird als bedeutungslos zurückgewiesen (9,2). Es kommt nur darauf an, daß an dem Blindgeborenen Gottes Wirken offenbar wird (9,3) - wie das Offenbarwerden der δόξα in den σημεῖα mit dem Ziel, Glauben zu wecken (vgl. 2,11; 11,4; 12,16; 17,22).

Die Wundertat als solche (9,6) - mit ihrem magischen Charakter[900] - knüpft an die Vorstellung der Erschaffung des Menschen in Gen 2,7 an und betont die von Gott delegierte Vollmacht Jesu. Dies ist jedoch nur die eine Hälfte der Wundertat. Das Gehen des Blindgeborenen zum Teich Siloah (= der Gesandte) ist schon der erste Schritt des Glaubens an den von Gott Gesandten. Der Vorgang im Ganzen ist wohl am Besten im Sinne von 1,12f. und 3,3.5 als pneumatische Neugeburt zu verstehen.[901] Zunächst weist darauf die Betonung des Geburtsstatus des Blindgeborenen am Anfang der Heilungsgeschichte. Auch daß seine Nachbarn ihn zum Teil nicht wiedererkennen (9,8f), läßt an grundlegende Veränderung denken, die über die rein äußerliche Heilung hinausgeht.[902] Der Glaube an den Gesandten läßt den Blindgeborenen zum Teich Siloah gehen und bewirkt letztlich die Neugeburt. Allerdings ist mit dem Sehendwerden der Vorgang noch nicht abgeschlossen. Der Glaube, der den Blindgeborenen zum Teich Siloah gehen läßt, ist nur der erste Schritt. Denn erst der Glaube an Jesus als den Menschensohn (9,35) bewirkt auf der Gemeinde-Ebene die pneumatische Neugeburt in der Taufe.

Entscheidend ist dann der weitere Verlauf der geschilderten Ereignisse:
- 9,17.24-34: Der Geheilte wird als Jünger Jesu beschimpft. Die Juden bezeichnen sich hingegen als Jünger des Mose (analog zur Abrahamskindschaft in 8,30-59) . Der Geheilte muß wegen seines Bekenntnisses Repressalien erleiden (wohl Ausschluß vgl. 9,35). V.34b meint wohl den Hinauswurf im lokalen Sinn wie auch den Ausschluß aus

---

[900] Vgl. dazu BERGER / COLPE, Textbuch S.169.
[901] Vgl. SCHLÜTER, Selbstauslegung S.155f.
[902] Vgl. SCHLÜTER, Selbstauslegung S.156.

der Synagoge mit Bezug auf 9,22.[903] Wie Jesus wird der Geheilte verfolgt und es wird ihm eine Art Prozeß gemacht. In der Auseinandersetzung Jesu mit den Juden zeichnet sich hier eine Steigerung ab. Joh 9 zeigt eine Verfolgungssituation, die über das bisher geschilderte Geschehen weit hinausgeht. In diesem Abschnitt repräsentiert der geheilte Blindgeborene diejenigen, die wegen des Bekenntnisses zu Jesus aus der Synagoge ausgeschlossen worden sind.

– Der Geheilte deutet die Person Jesu zunächst als Prophet, dann als von Gott kommend. Wie schon bei den Samaritanern ist es auch hier ein Vertreter am Rande oder außerhalb der jüdischen Gesellschaft, der Jesus erkennt - im Gegensatz zu den schriftgelehrten Juden. Dies wird besonders krass formuliert in 9,34.

– 9,35-41: Jesus wendet sich dem Ausgestoßenen zu. Jesu Selbstoffenbarung als Menschensohn vermittelt dem Ausgestoßenen die richtige Kategorie zur Deutung der Person Jesu. Wie Jesus sich hier dem Ausgestoßenen zugewandt hat, so steht auch jetzt die Schicksalsgemeinschaft der Ausgestoßenen unter der Fürsorge des erhöhten Herrn.

Der Abschnitt endet mit dem Bekenntnis des Blindgeborenen zu Jesus als dem Menschensohn (9,38).

„Der Blindgeborene ist in einem doppelten Sinn sehend geworden: Er erhielt nicht nur sein Augenlicht, sondern erkannte darüber hinaus, daß Jesus πάρα θεοῦ ist und glaubte an ihn."[904] Dieser Glaube an Jesus wird präzisiert durch den Menschensohnbegriff in 9,35ff..

13.2 Das Bekenntnis zu Jesus als dem Menschensohn

In 9,39 wird die Metaphorik von blind und sehend erneut aufgenommen und mit der Gerichtsfunktion des Menschensohnes in Verbindung gebracht: Der Auftrag des Menschensohnes ist die Umkehrung der Verhältnisse: Diejenigen, die jetzt blind sind, werden sehend werden, und diejenigen, die jetzt sehend sind, werden blind werden (9,39). Die Metaphorik ist hier doppelsinnig verstanden. Blind-Sein entschuldigt für das Nicht-Sehen des Lichtes, Menschensohn etc. Das sehende und wissentliche Verweigern der Heilswirksamkeit Gottes in Jesus ist Sünde und führt

---

[903] Vgl. WENGST, Bedrängte Gemeinde S.79; SCHNELLE, Antidoketische Christologie S.138 mit Verweis auf BAUER, Wörterbuch (5. Aufl.) S.471.
[904] SCHNELLE, Antidoketische Christologie S.139. Vgl. auch SCHLÜTER, Selbstauslegung S.156f.

letztlich zum Sterben in der Sünde (8,21), weil der Schritt zur Geburt von oben nicht getan wurde (8,23). Im eschatologischen Sinne steht dann Sehen für Leben und Blind-Sein für Tod.

Dieser Umkehrung der Verhältnisse entspricht die pragmatische Strategie des Johannesevangeliums, wonach die jetzt Ausgewiesenen die wahren Vertreter der Heilsgemeinde sind.

Der geheilte Blindgeborene kann Jesus zwar nur in annähernd adäquaten christologischen Kategorien beschreiben (9,17.33). Anders als sein geheilter Kollege aus Joh 5 geht er aber ein ganzes Stück weiter: Er verbindet seinen äußerlichen Statuswechsel (als behinderte Randexistenz in der jüdischen Gesellschaft) mit einem soteriologischen Statuswechsel. Nach der Heilung ist er vollgültiges und kultfähiges (vgl. 5,14) Mitglied der Synagoge. Diesen gewonnenen Status opfert er für sein Bekenntnis zu Jesus. Darin ist er ein anschauliches Vorbild für die bedrängte johanneische Gemeinde.

Die Niederwerfung des geheilten Blindgeborenen vor Jesus als Menschensohn demonstriert den Verehrungsanspruch Jesu, der aus der Verehrungseinheit von Gott und Jesus (s.o.) resultiert.[905] Hier begegnet gewissermaßen in Kurzform noch einmal das Programm von 5,19ff.: Aufgrund der Repräsentanz Gottes in Jesus, die sich in absoluter Willens- und Handlungseinheit äußert, wird eine Verehrung des Menschensohnes gefordert, die nicht ihm als solchen gilt, sondern abgeleitet als Verehrungseinheit von Gott und Jesus näher zu bestimmen ist. Diese Verehrung ist gerichtsrelevant (s.o.). Dies weist zurück auf das soteriologische Programm von 3,13ff.: Wer an Jesus als den vom Himmel herabgestiegenen und am Kreuz erhöhten Menschensohn glaubt, wird das ewige Leben haben.

Fazit: Die Menschensohnworte in 9,35.39 gehen inhaltlich nicht über Joh 3 und 5 hinaus. Der Menschensohn ist Richter. Der Glaube an ihn bewirkt ewiges Leben, während Ablehnung ins Gericht führt.

Von besonderer Bedeutung ist hier lediglich die menschliche Perspektive aus der Sicht des Blindgeborenen, die verdeutlicht, daß es Phasen des Gläubigwerden gibt. Mit dem gefährdeten Gut des Glaubens kann in bedrängter Situation unterschiedlich umgegangen werden. Der geheilte Blindgeborene soll zeigen, wie man es richtig macht. Man läßt sich von

---

[905] Vgl. dazu HORST, Proskynein S.292-307; THEOBALD, Gott S.50f.

Jesus die christologische Kategorie Menschensohn vermitteln. Der Glaube an den Menschensohn führt zur Teilhabe am Geschick Jesu.

14 Auswertung der Einzelergebnisse

Aus den oben zusammengetragenen Beobachtungen ergibt sich nun ein Gesamtbild, das im folgenden darzustellen ist.
Die Bezeichnung Menschensohn wird durchgehend in nachösterlicher Perspektive gebraucht und reflektiert das bereits abgeschlossene Wirken des irdischen Jesu. Ob und inwieweit sich der Evangelist vorösterlichem Sprachgebrauch anschließt, war nicht Gegenstand der Untersuchungen.[906]

14.1 Die Einheitlichkeit der johanneischen Menschensohnworte

Die 13 Menschensohnworte vermitteln ein einheitliches Bild vom johanneischen Menschensohn.[907] Die Menschensohnworte sind nur scheinbar isoliert und verstreut. Sie folgen als christologische Bezeichnungen im Munde Jesu oft direkt aufeinander und domininieren somit weite Teile der Jesusreden[908]:
Das Menschensohnwort in 1,51 ist die erste christologische Bezeichnung im Munde Jesu. Zwischen 1,51 und dem zweiten Menschensohnwort in 3,13 begegnet keine andere christologische Bezeichnung. Ähnliches liegt vor in Joh 6: Auch dort ist der Menschensohn in 6,27 die erste und zunächst einzig gültige Funktionsbeschreibung Jesu gegenüber den von der Volksmenge auf ihn angewandten Bezeichnungen (6,14f.). Die gesamte Brotrede in Joh 6 ist als Erklärung des Menschensohnwortes in 6,27 aufzufassen. Auch begegnet zwischen 5,27, wo die Gerichtsvollmacht des Sohnes durch sein Menschensohn-Sein legitimiert wird, und 6,27 keine Funktionsbezeichnung Jesu. Es geht in diesen Abschnitten um die Beziehung zum Vater, ohne daß jedoch die christologische Bezeichnung Sohn verwandt wird. In Joh 9 ist Menschensohn die einzige gültige Bezeichnung für Jesu Handeln am Blindgeborenen (9,35ff.) wie für sein Wirken in der Welt (9,39ff.). In der letzten öffentlichen Rede Jesu (12,20-36) ist der Menschensohn die einzige christologische Be-

---

[906] Vgl. dazu die Überlegungen von DE JONGE, Servant-Messiah S.52f.; DE JONGE, Christologie im Kontext S.161f.; NORDSIECK, Johannes S.56-74
[907] Vgl. LINDARS, Son of Man; SCHNACKENBURG, Johannesevangelium 1 S.412ff.; THEOBALD, Fleischwerdung des Logos S.388f.
[908] Vgl. RUCKSTUHL, Menschensohnforschung S.279; THEOBALD, Fleischwerdung des Logos S.389.

zeichnung, die auf den bevorstehenden Tod verweist. Lediglich das Licht wird am Ende noch angefügt - jedoch ohne Bezug zum Tod Jesu. Das Menschensohnwort in 13,31 ist die letzte christologische Bezeichnung vor den Abschiedsreden und weist voraus auf das bevorstehende Schicksal Jesu, das durch den Verrat des Judas bereits besiegelt ist.

Der Evangelist rahmt mit der Bezeichnung Menschensohn das irdische Wirken Jesu. Der Menschensohn ist die erste und die letzte christologische Bezeichnung aus dem Munde Jesu, die sich auf seine irdische Wirksamkeit bezieht. Das erste und das letzte Menschensohnwort haben darüber hinaus vorausweisende Wirkung.

- 1,51 weist aus dem Jüngerkreis auf das bevorstehende öffentliche Wirken Jesu.
- 13,31 weist aus dem Jüngerkreis auf den bevorstehenden Tod Jesu.

Jedes dieser Worte hat seine spezifische Funktion in der Beschreibung des Erdenwirkens des Menschensohnes. Dabei ist auch die Reihenfolge der Menschensohnworte nicht willkürlich. Sie entspricht einer Argumentationskette, nach der das Bild des johanneischen Menschen-sohnes zusammengesetzt ist.[909]

1. 1,51 zeigt den Lesern, mit wem sie es im folgenden zu tun haben. Der Menschensohn ist ein Wesen, das mit der himmlischen Sphäre in Verbindung steht. Damit wird das im weiteren Verlauf des Evangeliums Gesagte christologisch eingeordnet. Hier werden Vorstellungen, die sich erst in den weiteren Menschensohnworten finden, bereits vorbereitet. In 1,51 wird deutlich, daß man es mit Jesus als dem Menschensohn mit der himmlischen Sphäre zu tun hat. Dies bereitet die Vorstellung vor, daß das richtige Verhalten zum Menschensohn ewiges Leben bedeutet (vgl. 3,13ff.; 6,53).

2. 3,13-15 ist gewissermaßen die Zusammenfassung der johanneischen Menschensohnchristologie: Das im Verlauf des Evangeliums zu beschreibende Geschick des Menschensohnes wird mit zwei Eckpunkten versehen - Abstieg und Aufstieg. Diese bilden so etwas wie einen Rahmen, der den Weg des Menschensohnes auf Erden von dessen himmlischer Existenz abgrenzt. Abstieg und Aufstieg sind Auftritt und Abgang im irdischen Drama des Menschensohnes. Indem der Evangelist diese Eckpunkte mit Erhöhung und Kreuzigung in Bezie-

---

[909] Zur These einer planvollen Anordnung der Menschensohn-Worte vgl. auch MARTYN, History and Theology S.129-151; MOLONEY, Johannine Son of Man S.214; THEOBALD, Fleischwerdung des Logos S.388f.

hung setzt, klärt er sowohl die Legitimität Jesu als auch die Plausibilität der Kreuzigung mit ihrer soteriologischen Konsequenz. Hier begegnet zum ersten Mal die lebenspendende Funktion des Geschicks des Menschensohnes. Mit dem Stichwort Leben werden zentrale Aspekte des Prologs aufgenommen und weiterentwickelt. Der Menschensohn als erhöhtes Wesen bietet für die Menschen die Möglichkeit der Partizipation an seinem Erhöhtsein. Der Menschensohn als Lebensspender begegnet dann in weiteren Texten, wobei die Formulierung jeweils vom Kontext abhängig ist (5,27; 6,27.53; 9,35.39; 12,32). 3,13-15 geht darin über 1,51 hinaus, daß nun von einer Herkunft des Menschensohnes aus der himmlischen Sphäre die Rede ist und nicht mehr nur von einer Begleitung von Wesen, die aus der himmlischen Sphäre stammen. Der Menschensohn selbst ist ein himmlisches Wesen.

3. Nach 5,27 ist der Menschensohn der eschatologische Richter. Dieses Gericht vollzieht sich für den Menschen in seinem Verhalten zum Menschensohn, wie schon in 3,14f. formuliert. Der Menschensohn ist Richter und Gerichtskriterium in Einem. Er hält Gericht, indem er die Seinen vor dem Gericht bewahrt.

4. In der Brotrede geht es wieder um die lebenspendende Funktion des Menschensohnes durch Anteilhabe an ihm. Durch den in diesem Kontext vorherrschenden metaphernspendenden Bereich wird Anteilhabe im anschaulichsten Sinn als Essen der vom Menschensohn gebrachten Speise (6,27) bzw. als Essen und Trinken von Fleisch und Blut des Menschensohnes (6,53) ausgedrückt. Hier wird Anteilhabe als Verinnerlichung im wörtlichsten Sinn dargestellt. Die Texte haben appellativen Charakter (Müht euch für...; Wenn ihr nicht, dann...). Es wird - wie in 3,13ff. - von den Lesern richtiges Verhalten zum Menschensohn gefordert. 6,63 weist wieder auf den in 3,13 aufgestellten Rahmen und bekräftigt die Legitimität des Menschensohnes.

5. Wie 6,63 weist auch 8,28 auf die für die Leser bereits geschehene Kreuzigung als Legitimation für das, was Jesus jetzt sagt. Durch die bereits in 3,13ff. vollzogene Klärung der Begriffe Ab- und Aufstieg, Erhöhung und Kreuzigung wird diese Art der Legitimierung erst möglich.

6. Auch in 9,35.39 geht es um das Verhalten zum lebenspendenden Menschensohn. Glaube an ihn wird gefordert. Hier besteht wieder eine Ähnlichkeit zur Argumentationsstruktur von 3,15. Die Unwis-

senheit des geheilten Blindgeborenen bestätigt die Leser in ihrer bereits gewonnenen Kenntnis der soteriologischen Bedeutung des Menschensohnes. In 9,39 wird die Gerichtsfunktion aus 5,27 wiederaufgenommen. Der Glaube an den Menschensohn bewahrt vor dem Gericht (5,27) und kehrt die bestehenden Verhältnisse um (9,39.41).

7. Die Erhöhungs- und Verherrlichungsaussagen im 12. und 13. Kapitel weisen auf das im Evangelium bevorstehende Ende des Erdenwirkens des Menschensohnes. Die soteriologische Bedeutung der Erhöhung wird zwar erwähnt (12,32), das eigentliche Thema aber ist die Bedeutung der Kreuzigung für den Menschensohn und für Gott. Die Kreuzigung ist Erhöhung und Verherrlichung des Menschensohnes (12,23.32.34; 13,31f.) und Verherrlichung Gottes (12,28; 13,31). Hier geht es wieder darum - wie in 3,13ff. - den Lesern die Sinnhaftigkeit des Endes des Weges des Menschensohnes plausibel zu machen. Dies geschieht hier jedoch nicht durch die Vorgabe eines Rahmens. Dieser wird bereits vorausgesetzt. Es geht hier vielmehr um die richtige Einordnung des Endes des Geschickes des Menschensohn in einer Jesusrede, das nach dem Handlungsablauf des Evangeliums unmittelbar bevorsteht. Nach dem Verrat des Judas und Jesu Deutung dieser Tat (13,31f.) endet die Verwendung des Menschensohnbegriffs. Hiernach folgen die Abschiedsreden und die Passion mit der Kreuzigung Jesu, die hier ja schon im voraus gedeutet wurde.

Die argumentative Verzahnung der Menschensohnworte geschieht durch die Identifikation der Vorstellungskreise Ab- und Aufstieg, Erhöhung und Verherrlichung mit der Kreuzigung Jesu. Der Funktionsaspekt des Gerichtes ist darin enthalten, da die richtige Deutung der Kreuzigung für die Glaubenden Heil bedeutet und sie somit vor dem Gerichtsverfahren bewahrt und schon jetzt ins ewige Leben überführt.

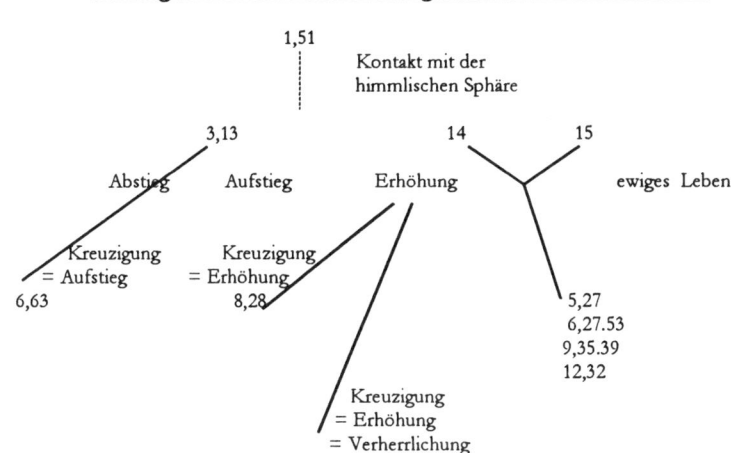

Die argumentative Verzahnung der Menschensohnworte

```
                        1,51
                        Kontakt mit der
                        himmlischen Sphäre

           3,13          14           15
     Abstieg  Aufstieg  Erhöhung      ewiges Leben

   Kreuzigung   Kreuzigung
   = Aufstieg   = Erhöhung
   6,63         8,28                   5,27
                                       6,27.53
                                       9,35.39
                                       12,32
                    Kreuzigung
                    = Erhöhung
                    = Verherrlichung
                    12,23.32.34
                    13,31f.
```

Letztlich umfaßt die johanneische Menschensohnchristologie drei Themenkreise:
- Die Herkunft Jesu aus der himmlischen Welt wird geklärt durch die Worte vom Ab- und Aufstieg des Menschensohnes.
- Der schmachvolle Tod Jesu am Kreuz wird geklärt durch die Vorstellungen von Erhöhung und Verherrlichung.
- Das Warum des Auftretens Jesu wird geklärt durch die Gerichtsfunktion im Blick auf das Verhalten der Menschen zu seinem Geschick.

14.2 Die traditionsgeschichtliche Herkunft

1. Der Evangelist entnimmt die Figur des Menschensohnes der jüdischen Apokalyptik. Ausgangspunkt für den johanneischen Menschensohn ist Dan 7. Aus der Kombination von Dan 7, der Märtyrertheologie und den Elia / Henoch-Traditionen entstand eine Tradition, die den Menschensohn als einen Erhöhten verstand. Hier setzt die Arbeit des Evangelisten ein. Er verbindet den erhöhten Menschensohn mit seiner Ab- und Aufstiegs-Terminologie.

2. Die Rede vom Ab- und Aufstieg des Menschensohnes stammt aus der alttestamentlichen Theophanie-Terminologie. Sie beschreibt den Übergang von der himmlischen Sphäre in die himmlische Welt und

bietet sich daher für den Menschensohn an, der aus der himmlischen Sphäre stammt und in die Welt herabsteigt.

3. Die Vorstellung von der Gerichtsfunktion des Menschensohnes knüpft an ei-ne allen Evangelien gemeinsame Tradition an, die aus der Wirkungsgeschichte von Dan 7 heraus entstanden ist. Wichtige jüdische Texte sind hier ÄthHen und TestAbr.[910]

Darüber hinaus hat der johanneische Menschensohn Anteil an den folgenden in der Tradition (Dan 7 und die davon abhängige Exegese) bereits vorbereiteten Attributen:[911]

- Der Menschensohn als (präexistente)[912] himmlische Gestalt: Dan 7,13; ÄthHen 48,2; 62,7; 4Esr 13,3.26.
  → Joh 1,51; 3,13; 6,27.53.62; 12,23; 13,31f.
  Außerhalb des Johannesevangeliums: Mk 13,26; 14,62; Mt 25,31; Apk 1,12-18; 14,14.

- Der Menschensohn als von Gott eingesetzter Herrscher: Dan 7,14; ÄthHen 69,27-29[913].
  → Joh 3,13 (in Verbindung mit 1,10f.)
  Außerhalb des Johannesevangeliums: Mt 16,27; 25,34

- Der Menschensohn als von Gott eingesetzter Richter bzw. Vollstrekker des Gerichts[914]: ÄthHen 62,7-14; 63,11-12; 69,27[915]; 4Esr 13,37-39.
  → Joh 5,27 (mit 3,14f.; 6,27)
  Außerhalb des Johannesevangeliums: Mt 13,41ff; 16,27; 19,28; 25,31-46; Apk 1,18; 14,14.

- Der Menschensohn als Sieger über die Mächte des Bösen[916]: ÄthHen 46,3-6; 62,7-12; 4Esr 13,4-11;
  → Joh 12,31-34

---

[910] Wobei TestAbr aus Datierungsgründen nicht als Traditionsbasis verwendet werden kann (s.o., vgl. HAMPEL, Menschensohn und historischer Jesus S.43).
[911] Vgl. zum folgenden die Zusammenstellung bei KOVACS, S.242.
[912] Jedoch nicht in Dan 7 und in den synoptischen Evangelien (s.o.).
[913] Vgl. auch ÄthHen 45,3; 49,2; 55,4; 61,8 (ohne Menschsohn-Bezeichnung).
[914] Vgl. auch Dan 7,9.
[915] Vgl. auch ÄthHen 45,3; 49,4; 55,4; 61,8-9 (ohne Menschsohn-Bezeichnung).
[916] Vgl. Dan 10-12; dazu COLLINS, Apocalyptic Imagination S.82; KOVACS, Ruler S.242, Anm.63.

14.3 Das Verhältnis zu den synoptischen Menschensohnworten

Die Gemeinsamkeiten der johanneischen Menschensohnworte mit den Menschensohnworten der Synoptiker liegen vor allem in der Gerichtsfunktion des Menschensohnes, die bereits in der Apokalyptik begegnet.[917] Damit verbunden sind auch die Aussagen über die himmlische Herrlichkeit des Menschensohnes und das Bekenntnis zum Menschensohn. Diese finden sich im Johannesevangelium wie in den synoptischen Evangelien - jedoch mit unterschiedlichen Akzenten.

Die Unterschiede zur synoptischen Tradition sind umfangreich:[918]

1. Das Ab- und Aufstieg-Schema begegnet nur im Johannesevangelium. Der Johannesevangelist beantwortet damit die Frage nach der Herkunft des Menschensohnes. An dieser Frage sind die synoptischen Evangelien nicht interessiert.

2. Die Worte vom Abstieg - vom In-die-Welt-Kommen - des johanneischen Menschensohnes betonen seine Herkunft. Beim synoptischen Menschensohn geht es nicht um die Herkunft. Vergleichbare Äußerungen enthalten stattdessen eine Zielangabe (vgl. Mk 10,45; Lk 19,10).[919]

3. Nur im Johannesevangelium findet sich die Vorstellung vom präexistenten Menschensohn, wie sie auch in ÄthHen und 4Esr begegnet. Die synoptischen Evangelien rezipieren diese Vorstellung nicht.[920]

4. Die Worte vom Erhöhtwerden kennen die synoptischen Evangelien nicht.[921] Vergleichbar sind lediglich die Aussagen vom Sitzen zur Rechten Gottes und die Leidensvoraussagen[922], wobei allerdings der

---

[917] Vgl. dazu insgesamt BERGER, Theologiegeschichte S.617f.667f.
[918] Vgl. dazu BERGER, Theologiegeschichte S.667f.; BERGER, Johannes S.156f.; RUCKSTUHL, Menschensohnforschung S.277-282; SCHNACKENBURG, Johannesevangelium 1 S.417-420; SCHNACKENBURG, Synoptische und johanneische Christologie; STRECKER, Theologie S.511; WILCKENS, Johannes S.53f.
[919] Vgl. dazu THEOBALD, Fleischwerdung des Logos S.374 u. Anm.1
[920] Vgl. dazu TÖDT, Menschensohn S.258.
[921] Vgl. dazu TÖDT, Menschensohn S.259-264.
[922] Vgl. SCHNACKENBURG, Johannesevangelium 1 S.417.

Leidensaspekt im Johannesevangelium fehlt. Gemeinsam ist hier der Aspekt der Notwendigkeit des Sterbens Jesu (δεῖ).[923]

5. Das Johannesevangelium kennt keinen kommenden Menschensohn. Die richtende Funktion (5,27) übt der johanneische Menschensohn bereits in seinem Erdenwirken aus.

6. Auch die Vorstellung vom Sammeln der Gläubigen durch den Menschensohn fehlt im Johannesevangelium. Hier geht es vielmehr um die Ermöglichung einer besonderen Form der Teilhabe am Geschick des Menschensohnes.
Eine vergleichbare Sammlungsfunktion begegnet in 10,16 und 11,52 - dort aber ohne Verbindung mit dem Menschensohn - im Sinne einer endzeitlichen Sammlung des verstreuten Gottesvolkes.[924]

7. Im Johannesevangelium gibt es keine Zweiteilung vom erhöhten und erniedrigten Menschensohn, sondern lediglich die Abfolge von oben und unten.

8. Nur in den synoptischen Evangelien gibt es die ablehnenden Worte über den Menschensohn. Diese sind nach Mt 12,32; Lk 12,10 vergebbar - nicht jedoch Worte gegen den Heiligen Geist. Im Johannesevangelium ist negatives Verhalten gegenüber dem Menschensohn gerichtsrelevant.[925]

9. Im Johannesevangelium fehlen die Worte vom leidenden Menschensohn. Das Verb πάσχειν begegnet im Evangelium nicht.

10. Das Beweisschema des Johannesevangeliums ist deduktiv: Der Begriff Menschensohn und die Legitimität Jesu werden vorausgesetzt. Dies wird im Verlauf des Evangeliums immer wieder nachgewiesen. Das Beweisschema der Synoptiker ist induktiv: Die Legitimität Jesu erweist sich erst in der Auferstehung am Schluß des Evangeliums.

11. Das Johannesevangelium sagt nichts über das Erdenwirken des Menschensohn. Auch der Zweck seines Gekommenseins wird nicht erklärt. Lediglich seine Gerichtsfunktion wird thematisiert.

---

[923] Vgl. Mk 8,31par; 13,7.10 [Dan 2,28]; Lk 17,25; 24,7.44.46; Joh 3,14; 12,34; 20,8; Act 2,23; 3,21; 4,28; 17,3; Röm 8,32; Apk 1,1; 4,1; 22,6; dazu G. BARTH, Tod Jesu S.25-28; BERGER, Theologiegeschichte S.668; VÖGTLE, Todesankündigungen.
[924] Vgl. BEUTLER, Heilsbedeutng S.203; SCHNACKENBURG, Johannesevangelium 2 S.451f.
[925] Vgl. dazu BERGER, Johannes S.32ff.

12. Die synoptischen Evangelien befassen sich mehr mit den irdischen Ereignissen. Es geht um die Inhalte des Leidens. Die Menschensohnbezeichnung wird gewissermaßen verdient. Das Johannesevangelium hingegen beschreibt eher die Person. Es geht um die Fragen, wer er ist und woher er kommt. Die Menschensohnwürde wird dabei vorausgesetzt. Die Synoptiker haben eine geschichtliche Perspektive. Sie zeichnen die Leidensgeschichte des Menschensohnes auf Erden nach. Die Perspektive des Johannesevangeliums ist eine kosmologische. Besonders deutlich wird dies an den letzten Worten am Kreuz.

14.4 Der Auftrag des Menschensohnes

1. Der Menschensohn ist eine inhaltlich leere Bezeichnung. Über den Menschensohn wird eigentlich nichts gesagt. Er ist ganz und gar in ein Weg-Schema eingeordnet. Der Menschensohn verkündigt nichts. Er steigt vom Himmel herab, wird im Kreuzigungsgeschehen erhöht und kehrt dadurch zu seinem Ausgangspunkt zurück. Der Menschensohn geht gewissermaßen durch das Evangelium.

2. Die Legitimationsfrage und die Frage nach dem Heil gehören zwingend zusammen. Erst wenn die Legitimität des Heilsbringers gesichert ist, sind Aussagen über dessen Heilstätigkeit sinnvoll. Die geniale Leistung des Evangelisten besteht gerade darin, diese beiden Fragen mit seiner Konzeption vom Menschensohn zu beantworten. Er tut dies in 3,13 und 14, indem er die Kreuzigung als Erhöhung erklärt und dies in das Ab- und Aufstieg-Schema einordnet.

3. Der Menschensohn ist eschatologischer Richter und Lebensspender in einem. Sein Gericht bedeutet für die Glaubenden, daß sie nicht ins Gericht kommen, sondern von ihm direkt zum ewigen Leben auferweckt werden.

4. Die Gerichtsfunktion des Menschensohnes und seine Solidarität mit den Seinen sind Aspekte, die in der Verwendung des Menschensohnbegriffs im Johannesevangelium vorausgesetzt werden. Sie stammen aus der jüdischen Apokalyptik (s.o.). Auch wenn sie nicht selbständig im Evangelium thematisiert werden, dominieren sie die Menschensohntexte. Beide Aspekte werden meist implizit mitgedacht.

14.5 Der Menschensohn und die Gemeinde

1. Der Menschensohn ist eine der johanneischen Gemeinde verständliche christologische Bezeichnung. Dies wird durch den unbefangenen Gebrauch deutlich.[926] Der Menschensohn braucht nicht erklärt zu werden. Die Unkenntnis des Menschensohnes im Evangelium ist eher ein Zeichen für die positive Bestätigung der theologischen Identität der Leser durch den Verfasser. Sie sind im Gegensatz zu den Unverständigen in der Lage, etwas mit der Bezeichnung Menschensohn anzufangen.

2. Das für die Gemeinde am Menschensohn Attraktive ist sein Erhöhtsein und die Möglichkeit, daß man an ihm Anteil haben kann. Die Gemeinde wird durch ihn nicht belehrt. Nicht sein Wort ist es, woran sich die Gemeinde orientieren kann. Sie erhält vielmehr die Chance der Partizipation an ihm durch ihr richtiges Verhalten zu seinem Geschick. Der Menschensohn ist gerade durch sein Geschick Lebensspender und Richter. Das Gericht vollzieht sich im richtigen Verhalten zum Geschick des Menschensohnes.

3. Wenn die Hypothese zutrifft, daß die Gemeinde durch die Trennungsprozesse hervorgerufene soziale Konflikte in ihr Jesusbild projiziert, dann kommt der christologischen Bezeichnung Menschensohn eine besondere Bedeutung zu. Denn gerade beim Menschensohn geht es um das Geschick Jesu. Besonders deutlich wird dies in 3,1-21, wo der Aufstieg des Menschensohnes von der Gemeinde in der Taufe nachgeahmt wird. Zugleich zeigt dadurch die Taufe, daß der Täufling Jesu Geschick richtig gedeutet hat. Der Menschensohn ist der soteriologische Orientierungspunkt für die Gemeinde. An seinem Geschick gilt es teilzuhaben. Die Orientierung an ihm hat eine integrative Funktion im Blick auf die Gemeinde.[927]

---

[926] Vgl. dazu ONUKI, Gemeinde und Welt S.19; THEOBALD, Fleischwerdung des Logos S.391; VIELHAUER, Literatur S.445. Gegen SCHNACKENBURG, Johannesevangelium 1 S.419, der im Blick auf 9,35f. und 12,34b feststellt: „Das zweimalige Fragen nach jenem 'Menschensohn' (...) verrät ein Wissen darum, daß dies kein gebräuchlicher Messiastitel war." So auch RIEDL, Menschensohn S.369.
[927] Vgl. BERGER, Einführung S.83; BULL, Gemeinde S.125-157, bes.135.

14.6 Der Menschensohn als Teil des Kommunikationsgeschehens

1. Der Menschensohn fungiert als christologisches Korrektiv. Als christologische Bezeichnung korrigiert er im johanneischen Sinne defizitäre christologische Erwartungen (1,51; 3,13ff.; 6,27; 9,35) bzw. ergänzt und interpretiert eine andere christologische Bezeichnung. Der Menschensohn hingegen wird an keiner Stelle durch eine andere Bezeichnung präzisiert. Darin zeigt sich seine besondere Bedeutung.

2. Das Menschensohn-Sein Jesu ist im Rahmen der integrativen Intention des Johannesevangeliums ein offensives Argument für das Bleiben der bedrängten und damit gefährdeten Judenchristen in der johanneischen Gemeinde. Jesus von Nazareth, mit dem sich die johanneische Gemeinde in ihrem Geschick verbunden sieht, ist der Menschensohn - die endzeitliche Gestalt, die den Herrschaftsanspruch Gottes auf Erden vertritt. Die Verbundenheit mit ihm - vollzogen in der Taufe - bewirkt ewiges Leben. Diese neu pneumatisch begründete Existenz darf von außen nicht gefährdet werden. Sie hat ihren sicheren Anhaltspunkt in der Gestalt des Menschensohnes, an dem sich Heil und Unheil entscheidet und der auf der Seite der Gemeinde ist.

3. Jesu Identität mit dem Menschensohn ist andererseits ein defensives Argument. Der Evangelist verteidigt damit den Vorwurf der jüdischen Synagoge, die johanneische Gemeinde verehre eine verurteilten und hingerichteten Verbrecher und setze ihn mit Gott gleich. Demgegenüber betont der Evangelist, daß mit Jesus die Endzeitgestalt Menschensohn erschienen ist. Diese gehört in den jüdischen Traditionszusammenhang und kann daher Ausgangspunkt für ein Gespräch mit der Synagoge sein. Die alttestamentlichen Heilstraditionen sind die gemeinsame Basis, auf der Evangelist und Synagoge argumentieren und jeweils für sich reklamieren. Mit der Bezeichnung Jesu als Menschensohn bleibt der Evangelist im jüdischen Rahmen. Der Menschensohn ist eine von Gott unterschiedene Gestalt aus der himmlischen Sphäre, die von Gott delegierte Aufgaben wahrnimmt. Er ist mehr als ein Engel (1,51) und mehr als ein Prophet. Von einem Scheitern seines Auftrages kann daher keine Rede sein, da er nach Beendigung seiner Mission wieder zu Gott zurückkehrt. Der Tod Jesu am Kreuz ist der heilsnotwendige Rückweg des Offenbarers zu seinem Ausgangspunkt.

Schluß:

Der Menschensohn im Rahmen der johanneischen Christologie

Für die christologische Bezeichnung Menschensohn wurde ein einheitlicher Vorstellungskreis erwiesen (s.o.). Von daher läßt sich m.E. von einer Menschensohnchristologie im Sinne einer von anderen unterscheidbaren christologischen Konzeption sprechen.

Der Menschensohn aber ist nur eine christologische Bezeichnung im Johannesevangelium. Es stellt sich hier die Frage, wie er sich zu den anderen verhält. Seine Funktion als christologisches Korrektiv - v.a. im Blick auf die Gerichtsvollmacht des Sohnes - wurde bereits besprochen.

Die folgenden Erwägungen nehmen die bisherigen Beobachtungen auf und leiten über in grundsätzliche Überlegungen zur Struktur der johanneischen Christologie. Eine vollständige Bearbeitung dieses Themas will die vorliegende Arbeit allerdings nicht leisten. V.a. die Überlegungen zur Erstellung einer Argumentationstruktur in der Christologie des Johannesevangeliums können nicht mehr als vorsichtige Vorschläge sein. Auf die pragmatischen Aspekte der Christologie insgesamt wurde bereits im I. Hauptteil hingewiesen.

15 Die verschiedenen christologischen Bezeichnungen

Bei den christologischen Bezeichnungen im Johannesevangelium gibt es vier verschiedene Gruppen:[928]

1. Menschliche Messiaserwartungen (angewandt auf Jesus, den Täufer oder ohne konkrete Gestalt), die teilweise von Jesus korrigiert bzw. überboten werden.[929]
 - Messias (1,41; 4,25)
 - Christus (1,20.25; 3,28; 4,25.29; 7,26.27.31.41.42; 10,24; 12,34)

---

[928] Zum Befund vgl. BECKER, Auferstehung; SCHNACKENBURG, Vater; STRECKER, Theologie S.508-512.
[929] Vgl. dazu DE JONGE, Expectations.

- Lehrer, von Gott gekommen (3,2)
- Prophet (4,19.44; 6,14; 7,40.52)
- König der Juden (18,33.39; 19,3.19)

2. Selbstprädikationen Jesu
- Menschensohn (1,51; 3,13; 3,14; 5,27; 6,27; 6,53; 6,62; 8,28; 9,35; 12,23; 12,34c; 12,34d; 13,31)
- Sohn (3,16.17.18.35.36; 5,19-23.25f.; 6,40; 8,35f.; 14,13; 17,1 sowie Stellen, an denen Jesus im Ich-Stil von seiner Beziehung zum Vater spricht, was seine Sohnschaft impliziert.)
- Sohn Gottes (11,4)
- Jesus Christus (17,3)
- Licht (3,19-21; 8,12; 9,5; 12,46)
- Brot (6,32-35; 6,41; 6,48-51; 6,58)
- Weinstock (15,1-8)
- Hirte (10,2f.11-21)
- Tür (10,7-9)

3. Bekenntnisse von Anhängern Jesu
- Sohn Gottes (1,49; 11,27)
- Heiliger Gottes (6,69)
- Lehrer (11,28)
- Christus (11,27)
- König von Israel (1,49)
- Retter der Welt (4,42)

4. Bezeichnungen durch den Evangelisten außerhalb der Jesusreden
- Logos (1,1f.)
- Licht (1,4f.9)
- Sohn Gottes (20,30)
- Christus (1,17; 9,22)

Lediglich die Bezeichnung Christus ist in allen Gruppen vertreten, wobei 17,3 als Namensform eine Sonderstellung einnimmt. Die größte Vielfalt an Bezeichnungen weisen die Jesusreden auf. Dort dominieren die Vater-Sohn-Beziehung und kontextbezogene Bildworte. Von den traditionellen mit Hoheit verbundenen christologischen Bezeichnungen ist lediglich der Menschensohn häufiger verwendet. Er begegnet jedoch nicht in den Messiaserwartungen, sondern ist an einigen Stellen deren Überbietung (s.o.). Inhaltlich gibt es die meisten Entsprechungen zwischen Jesusreden und Kommentaren des Evangelisten - v.a. in den Passagen des Prologs, der ja eine Generalisierung der narrativ vermittelten Offenbarung in kosmischem Kontext darstellt (s.o.).

16 Die vermittelnde Funktion der christologischen Bezeichnungen

Es geht in der johanneischen Christologie um den Kontakt, den Jesus für die Glaubenden herstellt. Es geht nicht um den Kontakt mit ihm selbst. Das ist das gemeinsame Grundmerkmal aller christologischen Bezeichnungen. Sie haben alle vermittelnden Charakter:[930]

– Der Sohn ermöglicht den einzigen Zugang zum Vater
– Der Menschensohn kommt vom Himmel und ermöglicht Anteilhabe an seinem himmlischen Status (3,13ff).
– Das Licht der Welt ermöglicht durch Nachfolge den Besitz des Lichtes des Lebens (8,12).
– Jesus als Weg ist der einzige Zugang zum Vater (14,6).
– Wer durch Jesus als die Tür hindurchgeht, wird gerettet (10,9).
– Jesus als Hirte gibt sein Leben für die Schafe (10,11.14).
– Jesus als das Wort wird Fleisch und gibt den Glaubenden die Möglichkeit, Kinder Gottes zu werden.

Der Charakter der Vermittlung wird auch an den Stellen besonders betont, wo Jesus sich mit dem zu erwartenden Heilsgut identifiziert. Eine besondere Variante liegt in Joh 6 vor, wo Jesus sich mit der eschatologischen Heilsgabe identifiziert.
– Leben (11,25; 14,6)
– Wahrheit (14,6)
– Auferstehung (11,25)
– Jesus als Speise für das ewige Leben (Joh 6)

Die Kategorie Vermittlung begegnet außerhalb der Jesusreden schon in der Schöpfungsmittlerschaft des Wortes (1,3), in der erleuchtenden Funktion des Lichtes, in der Figur des Täufers (1,31) und im Gläubigwerden der ersten Jünger (1,35-51). Der johanneische Christus betont seine Mittlerfunktion und weist von sich weg auf seinen Auftraggeber und das zu vermittelnde Heilsgut, das im exklusiven Zugang zu Gott

---

[930] Vgl. dazu BÜHNER, Der Gesandte S.167-172; L. SCHENKE, Christologie S.456f.

besteht. Johanneische Christologie ist Theologie und eben dadurch Soteriologie.[931]

---

[931] Vgl. dazu DUNN, Let John be John S.331; KÄSEMANN, Wille S.109f.; L. SCHENKE, Christologie S.463; SCHNELLE, Tempelreinigung S.372f.; THEOBALD, Gott S.60; THÜSING, Theologie.

17 Die Argumentationsstruktur in der johanneischen Christologie - Versuch einer vereinfachenden Darstellung

Der johanneischen Christologie liegt ein streng monotheistischer Gottesbegriff zugrunde.[932] Jesus ist nur der Gesandte, nur der Sohn, der nur das tut, was er beim Vater gesehen hat, nur die Tür. Der Vorwurf des Ditheismus soll von vornherein entschärft werden. Die durch die Christologie hervorgerufene Auseinandersetzung mit der jüdischen Synagoge ist zugleich eine Auseinandersetzung um den jüdischen Monotheismus.[933] Diese Betonung des Monotheismus entspricht die Betonung der Einzigartigkeit Jesu[934] als Gottes Gesandter, als Menschensohn, der als einziger vom Himmel herab- und wieder hinaufgestiegen ist. Die Alternative hohe Christologie und Niedrigkeitschristologie läßt sich auf das Johannesevangelium nicht anwenden. Der Johannesevangelist bietet zwar eine ganze Reihe hoheitlicher Bezeichnungen für Jesus, auf der anderen Seite wird diese Hoheit jedoch durch Jesu Unselbständigkeit gegenüber Gott nicht gerade relativiert, aber doch kanalisiert. Hier von einer Niedrigkeitschristologie zu reden, verbietet sich wegen der Betonung der himmlischen Herkunft Jesu und dem Fehlen des Leidensaspekts.[935]

---

[932] Vgl. zur Theozentrik des Johannesevangeliums BERGER, Einführung S.182; DUNN, Let John be John S.331.335f.; L. SCHENKE, Christologie S.463 u.ö.; THEOBALD, Gott S.60f.

[933] Vgl. DUNN, Let John be John S.335f.

[934] Vgl. dazu BERGER, Einführung S.182: „Die jüd. Betonung des einen Gottes wird strukturell nachgeahmt durch das Insistieren auf Jesus als dem einen Gesandten, dem einzigen, der herab- und hinaufstieg. Dieses Insistieren soll eine ähnliche Integrationswirkung haben wie der Monotheismus des Judentums." Ferner HAMMES, Ruf ins Leben S.134ff.

[935] Vgl. dagegen die neu aufgeflammte Debatte um eine Kreuzestheologie im Johannesevangelium. Dafür votieren u.a. BÜHLER, Kreuzestheologe; DIETZFELBINGER, Sühnetod; HAMMES, Ruf ins Leben; HENGEL, Schriftauslegung; KNÖPPLER, theologia crucis; KOHLER, Kreuz; SCHNELLE, Tempelreinigung; SCHULZ, Stunde der Botschaft S.306. Gegen die Anwendung des Terminus Kreuzestheologie auf die Deutung des Todes Jesu im Johannesevangelium sprechen sich u.a. aus: BERGER, Johannes S.225; KÄSEMANN, Wille; U.B. MÜLLER, Bedeutung; U.B. MÜLLER, Eigentümlichkeit; SCHNACKENBURG, Johannesevangelium 2 S.512

Die Frage nach der Messianität Jesu hängt zusammen mit der Frage nach seiner Heilsbedeutung für die Gemeinde. Was die Heilsbedeutung angeht, haben alle christologischen Bezeichnungen die gleiche Funktion. Sie bieten für die Glaubenden die Möglichkeit des Heils bei richtigem Verhalten zu ihrer Person bzw. zu dem, was sie verkündigen.

Die verschiedenen Bezeichnungen haben ihren jeweils spezifischen Kontext und verfügen über ein eigenes Vokabular. Der Evangelist scheint es vermieden zu haben, die jeweiligen Vorstellungskreise miteinander zu vermischen. Lediglich in der Brotrede findet sich so etwas. Die jeweiligen Bezeichnungen interpretieren sich gegenseitig. Auch scheint die Vielzahl der Begriffe den Lesern eine Hilfe geben zu wollen, falls sie die eine oder andere Bezeichnung nicht verstehen. So wird der annähernd gleiche Sachverhalt anhand verschiedener unmittelbar aufeinander folgende Vorstellungskreise dargelegt. MEEKS spricht hier m.E. zutreffend von einer „Verdeutlichung von Themen durch fortschreitende Wiederholung".[936]

Ein besonders gutes Beispiel bietet hier 3,14-21: Das Ziel der Sendung Jesu wird hier mit drei verschiedenen Bezeichnungen und den dazugehörigen Terminologien verdeutlicht.[937]
- 14f.: Menschensohn
- 16-18: Sohn + Sendungsterminologie
- 19-21: Licht.

In der folgenden Tabelle habe ich versucht, anhand von vier christologischen Bezeichnungen die jeweils verschiedenen (aber auch die ähnlichen) Formulierungen vergleichbarer Sachverhalte einander gegenüberzustellen. Dabei bin ich von den für den Menschensohnbegriff wichtigen Sachverhalten ausgegangen.

Menschensohn	Sohn/Sohn Gottes	Logos	Licht
Ab- und Aufstieg vom Himmel zum Himmel 1,51; 3,13; 6,62		Fleischwerdung 1,14	In die Welt gekommen 1,9; 3,19; 12,46
Vom Vater versiegelt 6,27	Vom Vater in die Welt gesandt 3,17.34; 4,34; 5,23.		

---

[936] MEEKS, Funktion S.260.
[937] Vgl. HAMMES, Ruf ins Leben S.134, Anm. 221.

	36.37.38; 6,38f.44.57; 8,16.18.26.29.42; 10, 36; 11,42; 12,44f. 49; 14,24; 17,3.18.21.23. 25; 20,21		
Einzigartigkeit 3,13	Gehen/Rückkehr zum Vater 13,1.3; 14,28; 16,28; 17,11		
	Einzigartigkeit durch Einheit mit dem Vater 10,29f.37f.; 14,9ff.20; 16,32; 17,20-26	Einziggeborener 1,14	Das wahre Licht 1,9
	Wie der Vater so der Sohn/vom Vater gelehrt 5,19.20.21.26; 8,28.38.40		
Erhöhung 3,13; 8,28; 12,32.34			
Verherrlichung 12,23; 13,31f.	Verherrlichung 11,4; 12,28; 14,13; 15,8; 16,14; 17,1.4.5. 10		
Gott ist verherrlicht in ihm und verherrlicht ihn in sich. 13,31f.	Der Vater verherrlicht den Sohn, damit dieser ihn verherrlicht. 17,1 Der Sohn hat den Vater auf Erden verherrlicht, nun soll der Vater ihn bei sich verherrlichen. 17,4.5 Jesus und der Vater werden auch durch andere verherrlicht. 15,8; 16,14; 17,10; 21, 19 Verherrlichung Got-		

	tes / des Sohnes durch Wunder Jesu. 11,4		
Präexistenz 6,62	Präexistenz 17,5.24 (Herrlichkeit)	Präexistenz 1,1-3,14 (Herrlichkeit)	
Glaube an ihn bedeutet ewiges Leben. 3,15	Glaube an ihn bedeutet ewiges Leben. 3,16.36; 6,40; 17,3 Bei Glaube an ihn kein Gericht! 3,18	Ihn aufzunehmen bedeutet, Kinder Gottes zu werden. 1,12	Glaube an das Licht bedeutet, Söhne des Lichts zu werden. 12,36
Er bringt Speise für das ewige Leben 6,27	Hören auf sein Wort bedeutet Heil. 5,24; 8,31.37.43.51.52; 12,48; 14,23f.		Licht des Lebens bei Nachfolge 8,12
Nur Essen/Trinken von Fleisch/Blut des Menschensohnes bringt Leben. 6,53	Auferweckung am letzten Tag 6,39.40.44.54		
Gerichtsvollmacht 5,27	Gerichtsvollmacht (weil Menschensohn) 5,27		Licht als Metapher zur Erklärung des Gerichtes 3,19-21

Hier zeigt sich deutlich, daß es allen Bezeichnungen um das Gleiche geht. Das muß ja auch so sein, denn schließlich stehen sie ja alle für den gleichen Sachverhalt. Bemerkenswert ist hierbei die Geschlossenheit der jeweiligen Vorstellungs-kreise. Jede Bezeichnung schildert mit dem ihr eigenen Vokabular das Geschick Jesu und die daraus resultierende Heilsbedeutung, wobei immer die Einzigartigkeit Jesu betont wird.

- Der Menschensohn steigt vom Himmel herab und wieder herauf. Er ist der einzige, der dies tun kann. Glaube an ihn bedeutet ewiges Leben.

- Der Sohn wird vom Vater in die Welt gesandt. Er tut nur das, was der Vater ihm aufgetragen hat. Er ist mit dem Vater eins. Glaube an ihn und an sein Wort bedeutet ewiges Leben.

- Der Logos wird Fleisch. Er ist Einziggeborener. Alle die ihn aufnehmen und an seinen Namen glauben, gibt er die Macht, Kinder Gottes zu werden.

- Das wahre Licht kommt in die Welt. Glaube an das Licht, bedeutet Söhne des Lichts zu werden.

18 Menschensohn und Sohn

Die Menschensohnkonzeption ist also nur eine unter vielen. Was macht nun aber ihre Besonderheit aus? Dies ist nun im Vergleich mit der Sohnkonzeption zu erklären.[938]

18.1 Die Sohnchristologie

Die Sohnchristologie ist die umfangreichste Christologie im Johannesevangelium (vgl. u.a. 3,16.17.18.35.36; 5,19-23.25f.; 6,40; 8,35f.; 14,13; 17,1).[939] Bei ihr geht es grundsätzlich um die Vater / Sohn-Beziehung.[940] Die vollständige Abhängigkeit des Sohnes vom Vater wird auf verschiedene Weisen zu verdeutlichen versucht. Dies geschieht vor allem durch die Sendungsthematik.[941] Aussagen über das Gesandtsein Jesu gehören fast ausschließlich zur Vater / Sohn-Thematik oder sind ohne christologische Bezeichnung.[942]

Die Sohn-Bezeichnung begründet den exklusiven und unverwechselbaren Charakter der Sendung Jesu und ordnet diese dem Heilshandeln Gottes zu. In dem Gesandtsein Jesu ist Gottes Heilsintention gegenwärtig.

„Die Vater-Sohn-Beziehung ist aber nicht bloß innergöttlich gedacht, sondern orientiert sich an Offenbarung und Heilshandeln Gottes; Jesu Sendung durch Gott besagt also letztlich: in Jesus begegnet Gott der Welt, in ihm ist die Gottespräsenz in der Welt zu finden."[943]

---

[938] Vgl. dazu MOLONEY, Son of Man S.211-213, SCHULZ, Menschensohnchristologie S.96-141.

[939] Vgl. dazu APPOLD, Oneness Motif S.58ff.; KÜMMEL, Theologie S.243; MOLONEY, Son of Man S.208ff.; SCHNACKENBURG, Johannesevangelium 2 S.150f. Zur Wortstatistik vgl. auch G. SCHNEIDER, Vater S.1752.1771-1773.

[940] Vgl. BECKER, Johannes 1 S.79: „Der Jesus, von dem das Joh berichtet, ist der vom Vater Gesandte. Diese ständige Selbstaussage Jesu ist seine kontinuierliche Legitimation." Ferner: KUHL, Sendung S.60; KÜMMEL, Theologie S.242; SCHNACKENBURG, Vater;

[941] Die von BÜHNER, Der Gesandte, herausgearbeitete Struktur der johanneischen Sendungschristologie mit ihren Entsprechungen im jüdischen und gemeinorientalischen Botenrecht wird hier übernommen.

[942] Zum Zusammenhang von Sendung und Vater-Sohn-Thematik vgl. PRESCOTT-EZIKSON, Sending Motif S.95 (zitiert bei BEASLEY-MURRAY, Logos-Son S.1865, Anm. 19); SCHNACKENBURG, Vater S.275ff.

[943] KÜMMEL, Theologie S.242f.

Die Vater / Sohn-Thematik verbunden mit der Sendungschristologie scheint wegen ihres Umfangs die dominierende im Johannesevangelium zu sein, die durch die anderen erklärt wird.[944]

Zu unterscheiden ist die Sohnchristologie von der christologischen Bezeichnung Sohn Gottes (diese kommt nur an neun Stellen vor: 1,49; 3,18; 5,25; 10,36; 11,4.27; 17,1; 19,7; 20,31).[945] Die Bezeichnung Sohn Gottes begegnet meist in Bekenntnissen von Anhängern und Jüngern. In der Sohnchristologie geht es um die Relation von Vater und Sohn.

Bei der Sendung des Parakleten durch den Sohn wird die Sendung des Sohnes durch den Vater nachgeahmt.[946] Die Wirksamkeit des Parakleten ist vollgültige und authentische Repräsentanz des zum Vater zurückgekehrten Sohnes Jesus auf Erden in der Gemeinde.[947]

18.2 Vergleich von Menschensohnchristologie und Sohnchristologie

Die Menschensohnchristologie hat mit der Sohnchristologie nur wenige Berührungspunkte.[948] Gemeinsam haben Sohn und Menschensohn ihre himmlische Herkunft. Die Unterschiede betreffen die verschiedenen Aspekte der Mission Jesu:

1. Der Menschensohn wird nicht durchgehend in einem Abhängigkeitsverhältnis dargestellt. Während sich der Sohn nur durch sein beson

---

[944] Nach BECKER, Auferstehung S.140f. (unter Aufnahme von BÜHNER, Der Gesandte), ist johanneische Christologie Sendungschristologie. Gegen eine Überbetonung der Gesandtenvorstellung wenden sich u.a. DUNN, Let John be John S.329f.; L. SCHENKE, Christologie S.454; SCHNACKENBURG, Vater; SCHNELLE, Antidoketische Christologie S.209f. Vgl. zu dieser Frage auch THEOBALD, Fleischwerdung des Logos S.376-380.
[945] Vgl. dazu BERGER, Theologiegeschichte S.61ff.231f.; HAHN, Christologische Hoheitstitel S.281; SCHNACKENBURG, Johannesevangelium 2 S.150-168; SCHNACKENBURG, Synoptische und johanneische Christologie S.1740-1743; STRECKER, Theologie S.511.
[946] Zur Übertragung der Sendungsterminologie (πέμπειν, ἀποστέλλειν etc.) auf den Parakleten vgl. BLANK, Krisis S.70f.; IBUKI, Wahrheit S.306-310. Vgl. auch SCHNELLE, Geisttheologe.
[947] Vgl. dazu WELKER, Gottes Geist S.209f.: „Durch den Parakleten können Jesus und Jesu Wort - ohne die Konzentration und Authentizität der sinnfälligen Nähe Jesu aufzugeben - in vielfältigen Lebens- und Erfahrungszusammenhängen gegenwärtig werden und »bleiben«. Die machtvolle »himmlische« Existenzweise Jesu kann auf diese Weise irdisch gegenwärtig werden. Durch den Parakleten ist Jesus zwar nicht in unbestimmter, gleichgültiger Weise »ubipräsent«, wohl aber tritt er durch ihn in voller Authentizität in raumzeitlich einander ferne und fremde Umgebungen zugleich ein."
[948] Vgl. die Tabelle S.261-263.

deres Verhältnis zum Vater konstituiert, ist der Menschensohn eine absolute Figur. Seine Funktionen sind ganz im Gegensatz zum Sohn nicht legitimationsbedürftig. Was die Gerichtsfunktion angeht, wird der Sohn durch den Menschensohn legitimiert. Was in der Vater / Sohn-Beziehung mit der Einheit von Vater und Sohn ausgedrückt wird, heißt beim Menschensohn ständiger Kontakt mit der himmlischen Sphäre. Der Menschensohn läuft auf eigenen Füßen durch das Evangelium. Er wird nicht wie der Sohn vom Vater an der Hand gehalten.[949]

2. Auch für die Menschen haben Sohn und Menschensohn eine etwas andere Bedeutung. Auch wenn beide Bezeichnungen für den gleichen Sachverhalt stehen, so ist aber der Ansatzpunkt verschieden. Der Sohn verkündigt den Willen des Vaters.[950] Bei ihm geht es darum, an sein Wort zu glauben. Der Inhalt, den er vermittelt, scheint höher zu wiegen als seine Person. Beim Menschensohn ist es das Geschick, das es richtig zu deuten gilt.

3. Dementsprechend endet auch das Auftreten des Menschensohnes in den Jesusreden in der letzten Rede, in der es um das irdische Geschick Jesu geht. Der Sohn bleibt den Lesern bis zum sog. ersten Buchschluß des Evangeliums erhalten. Seine Verkündigungsfunktion - zwar auf den Kreis der Jünger beschränkt, aber durch den Evangelisten auf die johanneische Gemeinde ausgeweitet - wird in den Abschiedsreden noch benötigt. Während der Menschensohn für immer verschwindet, verheißt der Sohn der Gemeinde im Parakleten einen Nachfolger.

18.3 Der Menschensohn als christologische Interpretation des Sohnes

1. Die Sendungsterminologie verbunden mit der Sohn-Bezeichnung dominiert im Johannesevangelium und ist damit die grundlegende christologische Kategorie. Sie ist aber noch christologisch/messianologisch zu interpretieren.[951] Von Gott gesandt ist auch

---

[949] RIEDL, Menschensohn S.367 spricht bezüglich Jesu Offenbarertätigkeit von der „vollkommene(n) 'Unselbständigkeit' Jesu".
[950] Vgl. SCHNACKENBURG, Johannesevangelium 2 S.167.
[951] Vgl. dazu BEASLEY-MURRAY, Logos-Son S.1865ff.; BECKER, Auferstehung S.145ff.; BÜHNER, Der Gesandte; SCHNACKENBURG, Vater S.289ff; THEOBALD, Fleischwerdung des Logos S.377f.

Johannes der Täufer. Die Beauftragung durch Gott und die Qualifizierung der Rede Jesu als von Gott autorisiert gehören zur prophetischen Kategorie. In diesem Sinne ließe sich der johanneische Jesus als prophetischer Gesandter verstehen. Die Gesandtenkategorie kann jedoch nicht mehr als Übereinstimmung von Sender und Gesandtem und Abhängigkeit des Gesandten vom Sender betonen.[952] Die Sendungschristologie ist eine im Sinne des Evangelisten adäquate Konzeption. Hier soll gegenüber den jüdischen Gegnern in juristischer Terminologie (s.o.) gezeigt werden, daß man sich noch auf dem Boden der gemeinsamen jüdischen Tradition befindet - namentlich des jüdischen Botenrechts.

2. In ganz bestimmten Punkten geht der Evangelist aber über diese grundlegende Kategorie hinaus: Er profiliert den johanneischen Christus als Menschensohn und λόγος. Von Menschensohn und λόγος als zwei analoge christologische Modelle spricht THEOBALD.[953] Dies trifft zu bezüglich der Beschreibung der Herkunft aus der himmlischen Welt und der daraus resultierenden einzigartigen Offenbarerfunktion. Der λόγος hat jedoch keinen Bezug zum Tode Jesu. Beide Bezeichnungen erklären, warum das Johannesevangelium keine Beauftragung des Gesandten berichtet. Der Sohn tut, was er beim Vater gesehen hat. Dies hat er jedoch nicht durch eine Offenbarung Gottes gesehen. Seine durch die Interpretation mit Menschensohn und λόγος betonte präexistente Herkunft macht es möglich, ihn so dicht an Gott heranzurücken, daß aus dem Sohn ein himmlisches Wesen wird, das seinen Sendungsauftrag im Himmel erhalten hat. Offenbarung geschieht also nicht in der Beauftragung, sondern erst im Vollzug des Auftrages in der Durchbrechung der Grenze zwischen himmlischer und irdischer Sphäre. Um diese Durchbrechung zu beschreiben, verwendet der Evangelist das Motiv des himmlischen Menschensohnes verbunden mit alttestamentlicher Theophanie-Terminolo-gie.[954]

3. Inhaltlich wird die Sendungschristologie durch die folgenden Aspekte erweitert.
a) Der λόγος als Schöpfungsmittler führt den Lebensbegriff sowie das Eigentumsrecht des Schöpfers in die Christologie ein. Damit wird

---
[952] Vgl. dazu auch THEOBALD, Gott S.41-87.
[953] THEOBALD, Fleischwerdung des Logos S.395. Vgl. auch COLPE, ὁ υἱὸς τοῦ ἀνθρώπου S.474; CULLMANN, Christologie S.192.
[954] Vgl. dazu MOLONEY, Johannine Son of Man S.224-230; THEOBALD, Fleischwerdung des Logos S.381

der legitime Anspruch des Schöpfers auf seine Geschöpfe unterstrichen (s.o.).

b) Der Menschensohn erweitert die Sendungschristologie v.a. durch den Machtaspekt. Als Menschensohn ist Jesus Repräsentant der Gottesherrschaft. Diese Macht ist nach Dan 7 von Gott an ihn delegiert. Daher kann Jesus überhaupt erst sagen, sein Reich sei nicht von dieser Welt.

c) Menschensohn, λόγος und Licht erweitern die Sendungschristologie durch die Vorstellung der Präexistenz.[955] Die himmlische Herkunft wird dadurch in kosmischen Bildern beschrieben und nicht nur mit familiärer Metaphorik.

d) Die scheidende Funktion Jesu wird durch sein Menschensohn-Sein inhaltlich begründet. Diese Funktion des Menschensohnes ist unstrittig.[956]

---

[955] Vgl. dazu BERGER, Johannes S.138-140.
[956] Vgl. dazu THEOBALD, Fleischwerdung des Logos S.391.

19 Die besondere Bedeutung des Menschensohnbegriffes in der johanneischen Christologie

Der Evangelist entwickelt seine Theologie im Rahmen seiner Jesus-Biographie. Dabei geht es darum, im Rahmen der verschiedenen Sendungskonzeptionen (Vorläufer, Sohn, Paraklet) das Verhältnis von Sender und Gesandtem zu erklären, um gegenüber den jüdischen Gegnern den angezweifelten Monotheismus zu betonen. Dem Vorwurf des Ditheismus hält der Evangelist seine spezielle christologische Konzeption entgegen:

- Zugang zu Gott nur durch Jesus.
- Jesus ist aber nur Zugang zu Gott.

Jesus wird wegen seiner lebenspendenden Funktion so dicht an Gott herangerückt, wie nur irgend möglich, denn nur wenn Jesus selbst Anteil an der göttlichen Lebenskraft hat, kann er diese auch weitergeben im Sinne des ewigen Lebens. Aber dennoch vertritt der Evangelist nicht einfach eine Hoheitschristologie. Es ist deshalb keine Hoheitschristologie, weil die Einheit Jesu mit Gott als vollständige Abhängigkeit in Willen und Handeln bzw. als Delegation von Vollmacht bzw. als Präsenz des Heilswillens Gottes in einem Menschen beschrieben wird.[957]

Bei aller formalen Unterschiedlichkeit haben Menschensohn und Sohn wie auch die anderen christologischen Bezeichnungen die gleiche lebenspendende Funktion. Nun ist aber diese Funktion von der Legitimität des Heilsbringers abhängig. Während der Sohn nur immer wieder auf seine Abhängigkeit vom Vater verweisen kann, bietet die Menschensohnkonzeption einen Weg, der sowohl die Legitimität Jesu als auch die Plausibilität des Kreuzestodes mit seiner soteriologischen Konsequenz schlüssig zu beweisen vermag. Weder Licht noch λόγος als verwandte Konzeptionen haben einen Bezug zum Tod Jesu. Sie betonen nur seine Herkunft und sein Ziel. Sie bieten von ihrem metaphernspendenden Bereich her keine Möglichkeit einer heilvollen Deutung des Todes Jesu.

Die Menschensohnchristologie beantwortet die Fragen, die für die theologisch orientierungslos gewordene Gemeinde am wichtigsten sind:

---

[957] Vgl. dazu BERGER, Johannes S.192ff.

„Ist Jesus der Messias?" und „Warum mußte Jesus sterben?". Diese beiden Fragen vermag keine andere christologische Konzeption im Johannesevangelium zusammen zu beantworten. Nur die Menschensohnchristologie bietet eine theologische Deutung des Todes Jesu. Auf dem Hintergrund dieser Konzeption, die ja sehr früh im Evangelium begegnet, wird auch erst die Rede vom Gehen zum Vater in den Abschiedsreden verständlich. Sämtliche Texte, in denen es um den Tod Jesu geht, sind von dem in 3,13-15 aufgestellten Programm abhängig. Hier zeigt sich die unverzichtbare Bedeutung des Menschensohnbegriffs für die johanneische Christologie.

20 Ausblick

1. Es wurde gezeigt, daß der johanneischen Menschensohnchristologie ein theologisches Programm zugrundeliegt, das durch die Situation der Gemeinde bedingt ist. Die Christologie hat für die johanneische Gemeinde eine konstitutive Bedeutung. Sie ist der Grund für die Trennung von der Synagoge aber auch der Schlüssel zur Erlangung einer eigenen Identität als eschatologisch erfülltes Israel.

2. Darüber hinaus wurde gezeigt, welche spezifische Bedeutung der Men-schensohnbegriff für die Identität der Gemeinde hat. Dabei wurde deutlich, daß es beim Menschensohn um die richtige Erkenntnis geht, nicht etwa um das richtige Verhalten (zum Sohn) oder Gehorsam (gegenüber der Lehre Jesu). In der Menschensohnchristologie geht es in erster Linie um die richtige Deutung der Person Jesu.

3. Ausgehend vom Postulat der literarischen Einheit des Johannesevangeliums wurde der Gestalt des Verfassers eine andere Bedeutung zugeschrieben als in der älteren Forschung. Die Abhängigkeit des Verfassers von seinen vorliegenden Traditionen wurde zwar nicht bestritten, jedoch relativiert. Der Verfasser hat in eigener schriftstellerischer und theologischer Initiative die Menschensohnchristologie (und wahrscheinlich auch die anderen Christologien) unter Aufnahme und Auswahl verschiedener Traditionen zu einer Gesamtkonzeption mit innerer (im Bezug auf die christologische Argumentationsstruktur) und äußerer (im Bezug auf die narrative Rahmenhandlung) Logik komponiert.

4. Von daher wurde deutlich, daß das Johannesevangelium durch eine christologische Intention geleitet wird - mit dem Ziel einer theologischen (eschatologischen und ekklesiologischen) Integration von ausgestoßenen johanneischen Judenchristen in eine johanneische Gemeinde.

5. Die Menschensohnchristologie des Johannesevangeliums hat ihre Bedeutung für die heutige Diskussion vor allem darin, daß sie betont, wie wichtig Christologie für die christliche Gemeinschaft und für den Glaubenden ist. An der richtigen Einordnung und Deutung des vom Himmel herabgestiegenen Menschensohnes entscheidet sich das Heil. Das Johannesevangelium identifiziert die Person Jesus von Nazareth mit der Gestalt des himmlischen Menschensohnes, und macht damit deutlich: In ihm ist Gott am Werke - er ist sein Repräsentant. In der Begeg-

nung mit diesem Menschensohn hat man es mit Gott zu tun, und daher ist das Verhalten zu ihm schlechthin entscheidend.

6. Gerade auch im jüdisch-christlichen oder islamisch-christlichen Dialog (sowie im Dialog mit einer pluralistisch orientierten Religionstheorie[958]) kann es nicht darum gehen, Christologie zur Disposition zu stellen, um sich auf einen gemeinsamen Monotheismus zurückzuziehen.
Christologie ist unverzichtbar für christliche Existenz.[959] Christologie als Reflexion der Funktion Jesu beschreibt den Kontakt zur göttlichen Sphäre. Im Menschensohn begegnete jemand, der von Gott kam.

7. Andererseits macht das Johannesevangelium deutlich, was Christologie überhaupt leisten kann: Die johanneische Christologie beschreibt die Funktion Jesu - nicht die Person Jesu. Die Person Jesu verweist auf Gott als den Auftraggeber der Sendung – so wie der Geist auf den erhöhten Jesus verweist.[960]

In Jesus wurde Gott erfahrbar - das ist die wesentliche Aussage. Jesus ist nicht nur Lehrer, nicht nur Prophet, sondern nur Gesandter Gottes, nur der Sohn, nur Menschensohn, nur guter Hirte, nur der Weg.... Entscheidung zu ihm ist Entscheidung zu Gott.

Die Person Jesu ist keine selbständige Größe im Johannesevangelium. Es geht also um die Zugehörigkeit zu Gott. Jesus ist zwar der einzig mögliche Orientierungspunkt, aber eben doch nur der Orientierungspunkt.[961]

8. Sympathisantentum allein genügt nicht. Nirgends wird dies so deutlich wie im Nikodemusgespräch in Joh 3. Kirche ist Gemeinschaft derer, die sich am Geschick des Menschensohnes orientieren und diese Orientie-

---

[958] Vgl. dazu BERGER, Christsein S.92-106
[959] Vgl. dazu BERGER, Christsein S.46-49 u.ö. Vgl. auch aus systematisch-theologischer Sicht die weiterführenden Gedanken von HÄRLE, Dogmatik S.101. HÄRLE versteht die Exklusivität der Heilsoffenbarung in Jesus Christus „als Aussage über den *Gehalt* der Offenbarung (...), und nicht über ihre *Gestalt*. Allerdings gehört es zum *Gehalt* der Gottesoffenbarung als Heilsoffenbarung, daß sie sich vollgültig in *dieser Gestalt* erschließt. Der Gehalt ist also von der Gestalt nur zu unterscheiden, aber nicht zu trennen. Man kann zwar nicht (theologisch verantwortlich) sagen, die Christusoffenbarung sei die *einzige Gestalt* wahrer Selbsterschließung Gottes zum Heil, wohl aber ist festzuhalten, daß aus christlicher Sicht die Selbstoffenbarung Gottes in Jesus Christus den Charakter eines *Maßstabs* bzw. einer Norm hat, die an jeden Offenbarungsanspruch anzulegen ist." (S.101, *kursiv* bei HÄRLE)
[960] Vgl. WELKER, Gottes Geist S.287-290:
[961] Zur Frage nach Offenbarung Gottes außerhalb von Christus vgl. HÄRLE, Dogmatik S.96-102.

rung in der Taufe er-fahrbar gemacht haben. Das Johannesevangelium verlangt die Entscheidung zur christlichen Gemeinschaft - nicht einen individualistischen Glauben, der zwar Sympathie für die Gemeinde aufbringt, letztlich aber abgeschottete Privatsache ist und damit unverbindlich bleibt. Dies hängt zusammen mit der deutlichen Scheidung von Gemeinde und Welt im Johannesevangelium. So sehr heute der Pluralismus in den Volkskirchen zu begrüßen ist, so sehr ist es notwendig, daß innerhalb der Kirche auch deutliche Zeichen der Differenz zwischen Gemeinde und Welt gesetzt werden. Das Bekenntnis zum erhöhten Menschensohn fordert öffentliches Eintreten für das Evangelium. Hierfür ist eine positive Abgrenzung, wie sie das Johannesevangelium mit seiner Christologie leistet, ein unerläßliches Mittel.

9. Die Vielfalt christologischer Bezeichnungen ist kein Beweis für die unselbständige Abhängigkeit des Verfassers von seinen Traditionen bzw. für die Verarbeitung einstmals selbständiger Quellenwerke. In dieser Vielfalt zeigt sich viel-mehr die Intention des Verfasser, in möglichst umfangreicher und sprachlich vielfältiger Weise die Person Jesu zu legitimieren.

10. Diese Art und Weise christologischer Argumentation ist auch ein hermeneutisches Plädoyer für christologische Rede heute: sprachliche Vielfalt und Reichtum an Bildern statt dogmatische Formeln und Verengen der christologischen Vielfalt des Neuen Testaments auf wenige Bilder und Bekenntnisformeln.

21 Christologische Bezeichnungen im Johannesevangelium

Die folgende Tabelle ist die Grundlage für die Ermittlung eines spezifischen Wortfelds für den johanneischen Menschensohn im Vergleich mit den anderen christologischen Bezeichnungen.

Erklärungen

Unter Sendung verstehe ich Aussagen, die Jesu unmittelbare Abhängigkeit von Gott beschreiben - also Repräsentationsaussagen.[962] Sendungsaussagen, in denen das Wort Senden explizit vorkommt, sind mit π und α gekennzeichnet.

Abkürzungen

Ab = Abstieg
Auf = Aufstieg
Er = Erhöhung
ew.L = ewiges Leben (durch Glauben)
H = vom Himmel
HG = Heiliger Geist
J = Jesus
JdT = Johannes der Täufer
Ls = Jesus als Lebensspender

MS = Menschensohn
O = von Oben
RG = Reich Gottes
S = Sohn
SG = Sohn Gottes
V = Vater
Ver = Verherrlichung
W = in die Welt kommen
Xp = Jesus Christus

	Menschensohn	Sohn	Christus	Sendung		
1,1-3					Logos	Schöpfungsmittler
1,4f.					Licht	
1,7f.					Licht	Johannes als Zeuge für das Licht
1,9					W/Licht	
1,14		V			Logos	Fleisch geworden Einzigeborener
1,17			Xp			Mose: Gesetz Xr: Wahrheit u. Gnade

---

[962] Vgl. KÜMMEL, Theologie S.242f.; MIRANDA, Vater S.144f.

Vers						Bezeichnung
1,18		V				Einziggeborener = Gott
1,20f.			▨			Elia? Prophet? (JdT)
1,25			▨			Warum Taufe?
1,29					Lamm	Sünde der Welt hinwegnehmen (JdT)
1,34		S				
1,36					Lamm	(JdT)
1,41			▨			
1,49		SG				König von Israel
1,51	▨				Auf/Ab	
2,1-12						Wein (= Messiaszeichen)
3,2					Lehrer	von Gott gekommen
3,3					O	Von oben geboren - RG
3,5					O	Aus Wasser u. Geist geboren - RG
3,7					O	Von oben geboren
3,13	▨				Auf/Ab	Himmel
3,14	▨				Erhöhung	Mose/Schlange
3,15	▨				ew. Leben	Glaube an MS = ew. L.
3,16		S			ew. Leben	
3,17		S		α		nicht Richten, sd. Retten
3,18		S				Glaube als Gerichtskriterium
3,19					Licht/W	
3,20					Licht	
3,21					Licht	Wahrheit tun
3,28			▨			Nur Gesandter (JdT)
3,31					O/H	
3,34				α		
3,35		S/V				Dem Sohn alles in die Hand gegeben
3,36		S			ew. Leben	
4,10						lebendiges Wasser
4,14					Ls/ew.L	Wasser schenkt ew. Leben
4,19					Prophet	
4,25f.			▨			
4,29			▨			
4,34				π		Speise
4,42					Retter der Welt	
4,44					Prophet	

5,17f.		V					
5,19		S/V					Sohn kann nichts von sich aus tun, nur was er vom Vater sieht.
5,20		S/V					Vater zeigt dem Sohn alles, was er tut.
5,21		S/V					Wie der Vater Tote aufer-weckt, so auch der Sohn.
5,22		S/V					Gericht dem Sohn über-tragen, damit alle den Sohn ehren.
5,23		S/V		π			
5,24		(ICH)		π		ew. Leben	Bei Glaube kein Gericht
5,25		S				Ls/ew.L	...dem Sohn gegeben, das Leben in sich zu haben.
5,26		S/V				Ls	
5,27		S/V					Gerichtsvoll-macht
5,28f.		S				(ew)Leben	Gericht
5,30				π			Gericht/Wille Gottes
5,36		V		α			
5,37		V		π			
5,38				α			
5,43		V					Im Namen des Vaters gekommen
5,45		V					Vergleich mit Mose
6,14						Pro-phet/W	
6,15							zum König machen (!!!)
6,27						ew.L/Ls (Speise)	von Gott mit Siegel beglaubigt
6,29				α			Werk Gottes = Glaube an seinen Gesandten
6,32						H	Brot vom
6,33						Ab/H/Ls	Himmel
6,35						Ls	Brot des Lebens
6,37		V					
6,38				π		Ab/H	Wille Gottes
6,39				π			Auferweckung am Letzten Tag / Wille Gottes
6,40		S/V				ew.L	Auferweckung am Letzten Tag / Wille Gottes

Vers							Bezeichnung
6,41f						Ab/H	Brot vom Himmel
6,44		V			π		Auferweckung am Letzten Tag
6,47						ew.L	Glaube = ewiges Leben
6,48						Ls	Brot des Lebens
6,50						Ab/H/Ls(ew)	Brot vom Himmel
6,51						Ab/H/Ls(ew)	lebendiges Brot vom Himmel Brot = Fleisch Essen
6,53						Ls	Fleisch/Blut Essen/Trinken
6,54						ew.L/Ls	Fleisch/Blut; Essen/Trin-ken; Auferweckung am Letzten Tag
6,55							Fleisch/Blut wirklich Speise u. Trank
6,56						Ls	Essen/Trinken; Bleiben in
6,57		V			α	Ls	Essen - Leben
6,58						Ab/H/Lse	Brot vom Himmel
6,62						Auf	..., dorthin, wo er vorher war. / Präexistenz
6,65		V					Kein Zugang zu Jesus, wenn nicht vom Vater gegeben
6,68						ew. L	Worte des ew. Lebens
6,69						Heiliger Gottes	Petrus-Bekenntnis
7,16					π		Lehre von Gott
7,17							Wille Gottes/ Lehre von Gott
7,18					π		Ehre
7,26							
7,27							
7,28				π			
7,29				α			
7,31							
7,33				π			
7,37f.							lebendiges Wasser = Geist
7,39						Ver	
7,40						Prophet	
7,41							Aus Galiläa? Bethlehem; Geschlecht Davids
7,42							

7,52					Prophet	Nicht aus Galiläa
8,12					Licht der Welt	
8,16		V		π		
8,18		V		π		
8,19		V				
8,23					O	
8,26f.		V		π		Richten
8,28		(Ich = S)			Erhöhung	Vom Vater gelehrt
8,29		(V)		π		Tun, was ihm gefällt
8,35f		S				
8,38		V				Ich sage, was ich beim Vater gesehen habe.
8,40						Verkündet die Wahrheit, die er von Gott gehört hat.
8,42				α		Von Gott gekommen
8,50						Ehre; Gericht (Gott)
8,51					ew. L	Festhalten an meinem Wort = ewiges Leben
8,52					ew.L	
8,54f		V				Ehre vom Vater; Kennen des Vaters; an seinem Wort festhalten
8,58						Ehe Abraham wurde, bin ich. Präexistenz
9,4				π		
9,5					Licht	Licht der Welt
9,7				α		Der Gesandte (Schiloach)
9,17					Prophet	
9,22						
9,33						...von Gott
9,35						
9,39					W	Um zu richten, bin ich in diese Welt gekommen...
10,2					Hirte	
10,7					Tür	zu den Schafen
10,9					Tür	... wer durch mich hineingeht, wird gerettet.
10,11					Guter Hirte	gibt sein Leben für die Schafe
10,14					Guter Hirte	Kennen der Meinen

Christologische Bezeichnungen im Johannesevangelium

					▓	Die Meinen kennen mich
10,15		V				Kennen des Vaters. Vater kennt mich. Leben geben für die Schafe
10,17f		V			▓	Auftrag vom Vater: Leben hingeben, um es wieder zu nehmen.
10,24			Messias			
10,25		V				im Namen meines Vaters
10,28					Lie	
10,29f		V			▓	Ich und der Vater sind eins.
10,36		S/V		α		Vom Vater geheiligt und in die Welt gesandt
10,37f		V			▓	In mir der Vater, ich im Vater
11,4		S			Ver	
11,22					▓	Alles, worum du Gott bittest, wird Gott dir geben. (Marta)
11,25					ew.L	Ich bin die Auferstehung und das Leben. Glauben an
11,26					ew.L	
11,27		S			W	
11,41f		V		α		
12,16					Ver	
12,23	▓				Ver	
12,25					ew.L	
12,26		V				
12,27		V				
12,28		V			Ver	
12,32					Er	(Ich)
12,34	▓				Er	
12,35					Licht	Licht/Finsternis
12,36					Licht	Söhne des Lichts
12,44f				π		
12,46					Licht	...in die Welt gekommen. Licht/Finsternis
12,47						Retten statt Richten
12,48						Richten am Letzten Tag (das Wort richtet)
12,49		V		π		

12,50		V			ew.L	sein Auftrag
13,1		V (Evangelist)				Aus dieser Welt zum Vater hinübergehen
13,3		V (Evangelist)				Von Gott gekommen, zu Gott zurückkehren
13,16				π		
13,20				π		
13,31f					Ver	
14,2		V				
14,6f		V			Weg, Wahrheit, Leben	Einziger Zugang zum Vater durch Jesus Kennen des Vaters durch Kennen des Sohnes
14,9ff		V				Ich im Vater, der Vater in mir
14,13		S/V			Ver	
14,16		V				
14,20		V				Ich im Vater, ihr in mir und ich in euch
14,21		V				
14,23		V				
14,24		V		π		
14,26		V		HG π		
14,28		V				Gehen zum Vater
14,31		V				Vom Vater beauftragt
15,1		V			Weinstock	
15,4					Weinstock	
15,8		V			Ver	
15,9f.		V				
15,15		V				...vom Vater gehört
15,21				π		
15,23		V				
15,26		V		HG π		
16,3		V				
16,5				π		...gehe zu dem, der mich gesandt hat.
16,7				HG π		
16,10		V				
16,13				HG		
16,14				HG	Ver	
16,15		V		HG		
16,28		V			W	Vom Vater ausgegangen / zum Vater gehen
16,32		V				...der Vater ist bei mir.

17,1		S/V			Ver
17,2		V			L*	Macht vom Vater
17,3		V	Xp	α	ew.L
17,4		V			Ver	Vom Vater beauftragt
17,5		V			Ver	Präexistenz
17,6-8		V		α (θ)	
17,9		V			
17,10		V			Ver (in J)	mein = dein / dein = mein
17,11f		V				Gehen zum Vater; Name vom Vater gegeben
17,13f		V				Gehen zum Vater
17,15f		V			
17,17		V			
17,18		V		α / J	
17,20-26		V		α (21.23.25)		21: Du in mir u. ich in dir, so auch sie in uns. Einheit als Beweis für Sendung; 24: Präexistenz (Herrlichkeit)
18,11		V				Kelch vom Vater gegeben
18,37					W	um Zeuge für die Wahrheit zu sein.
19,7		S				Vorwurf der Juden
20,17		V				noch nicht zum Vater zurückgekehrt aber bald mein Gott / euer Gott
20,21		V		π / J		Sendung der Jünger wie der Vater Jesus gesandt hat
20,31		S			(ew.)L	in seinem Namen
21,19					Ver	Petrus durch seinen Tod

Stellenregister (Auswahl)

Gen
11,7 151
17,22 151
28,12 74

Ex
3,12 89, 90

Num
11,25 150
21,4-9 163, 164
21,8 84, 168
21,8f. 163, 164

1Sam
10,7 89

1Kön
8,57 89

2Kön
18,4 164

Jes
35,3-10 101
43,2 89

Ps
85,17 89
107,26 152
110 151

Hi
9,8 (LXX) 186

Dan
2,28 150, 245
7 5, 7, 10, 12, 13, 14, 111, 140, 141, 142, 143, 146, 147, 148, 149, 155, 156, 161, 163, 173, 174, 175, 176, 177, 241, 242, 262

ApkMos
13 101

ÄthHen
10,16..101
14,15 76
37-71 14, 143
48,4ff 144
62,13-16 145
69,27 176, 242
71,16f. 145
92,3ff. 101

Bar
3,29 151

4Esr
7,37 147
13,3 146
13,21-56 146
13,26 147, 148

JosAs
8,5 103, 209
8,5ff. 210
8,9 101, 102, 105, 212
12,8 103
15,5 102, 213
16,16 214
19,5 216
19,11 217
21,10-21 217

Jub
1,22-25 101

PsSal
18,6 101

1QH
V,12 101
XIX, 9-14 101

1QS
IV,25 101

4Q212
IV,22ff. 101

4Q402
Frg. 4,11 101

4Q521 101

11Q19
XXIX, 9f. 101

Sib
III 273f. 101
III 573ff. 101

SyrBar
22,1 77

TestJud
24,3 101

TestLev
2,6 77
18,11 101

Mt
7,24-27 83
8,20-22 149
10,37-42 83
13,36-41.49 75
16,27 75, 171, 173, 225
18,3 99
19,28 8, 149, 178
20,28 149
24,31 75
25,31 8, 75, 172, 225, 256

Mk
1,10 151, 154

2,23-28 149
8,38 8, 75, 173
10,15 99
10,43 149
13,26 8, 75, 171, 225

Lk
6,22 149
6,47-49 83
9,58 149
9,62 99
12,8f. 150, 181
18,17 99

Joh
1,1-18 53
1,1-3 76, 108, 237, 248
1,1 53, 63, 76, 97, 108, 109, 110, 115, 117, 222, 244, 256, 268
1,3 57, 223, 252
1,10 56, 57, 118, 124, 153, 155
1,11-13 93, 96
1,11 56, 57, 94, 97, 98
1,12 97, 98, 118, 152, 181, 196, 230, 231, 243, 257
1,13 1, 76, 94, 96, 97, 108, 118, 170, 182, 210, 215, 256
1,14 76, 78, 108, 116, 118, 166, 208, 209, 210, 236, 248
1,18 76, 111, 139, 206, 207, 225, 249
1,35-51 30, 47, 48, 251ff.
1,44 23
1,47-51 1, 73, 82
1,49 58, 77, 87, 91, 129, 179, 232, 239, 249
1,50 76
1,51 71, 72, 73, 74, 75, 76, 78, 79, 83, 136, 152, 180, 186, 187, 206, 220, 221, 222, 224, 225, 229, 230, 232, 236, 249
2,1-12 49, 50, 269
2,20 23
2,23ff. 80, 111
3,1-12 79, 80, 83, 137

Stellenregister (Auswahl)

3,1 48, 77, 79, 80, 82, 83, 96, 139, 140, 182, 229
3,2 58, 63, 80, 81, 86, 87, 89, 91, 92, 93, 123, 127, 128, 131, 135, 141, 189, 231, 249, 256
3,3 55, 81, 83, 92, 93, 94, 95, 96, 97, 98, 99, 100, 105, 106, 107, 114, 116, 117, 122, 125, 134, 138, 150, 192, 195, 204, 231, 233, 269
3,4 94, 95, 98, 106
3,5 55, 85, 95, 97, 98, 99, 105, 106, 112, 122, 125, 270
3,8 96, 118, 120, 124, 125, 150
3,9 95, 97, 119, 123
3,10 81, 85, 120
3,11 49, 54, 58, 82, 96, 122, 123, 124, 128, 129, 163
3,12 81, 82, 91, 96, 107, 117, 118, 119, 121, 122, 124, 125, 126, 128, 132, 152, 159, 225
3,13-15 49, 62, 83, 100, 139, 192, 208, 239, 265
3,14 41, 71, 72, 111, 112, 117, 125, 139, 157, 158, 159, 162, 164, 165, 166, 167, 168, 169, 179, 198, 207, 244, 249, 254, 256, 269
3,22-36 47, 48, 54, 58, 83, 129
3,23 22
3,26 22, 87
3,35 200, 270
4,5f. 22
4,22 40
5,1-18 199
5,1-9 49, 50
5,18 42, 158
5,19-47 43, 178
5,21 99, 162, 180, 197, 198, 219, 271
5,24 109, 178, 179, 194, 197, 198, 230, 257, 271
5,26 197, 198, 223, 225, 271
5,27 5, 7, 8, 71, 72, 142, 154, 170, 186, 189, 215, 220, 222, 224, 225, 226, 232, 238, 250, 256
5,31-39 58, 59
5,31-47 43, 45, 58
5,39 41, 120, 206
5,46f. 120
6,1-15 52, 55, 184, 185, 228
6,16-21 184, 185
6,22-58 52
6,25-59 72, 82, 182, 184, 191
6,25 72, 82, 87, 182, 184, 191, 192
6,27 54, 71, 100, 154, 173, 182, 183, 186, 187, 189, 190, 191, 194, 195, 196, 206, 207, 208, 209, 210, 212, 213, 214, 220, 222, 224, 225, 229, 232, 236, 237, 251, 256
6,31 55, 201, 202, 203, 206, 209
6,32 107, 117, 187, 193, 202, 203, 205, 250, 272
6,33 117, 134, 152, 153, 204, 206, 207, 208, 209, 220, 222, 226, 271
6,35 205, 206, 207, 208, 209, 219, 220, 221, 223, 225, 230, 271
6,36-45 220
6,41 110, 153, 202, 220, 249
6,42 43, 110, 153
6,44 83, 220, 221, 272
6,53 55, 71, 119, 154, 160, 209, 212, 221, 222, 232, 237, 251
6,60-71 35, 45, 46, 115, 196, 220
6,62 71, 79, 113, 119, 137, 148, 152, 195, 210, 212, 232, 236, 237, 251
6,63 61, 108, 112, 118, 222, 229, 240, 242
6, 68f. 64
7,15 43, 87
7,20 44, 87
7,33-36 136
8,17 57, 58, 100, 231
8,28 71, 72, 134, 156, 157, 163, 164, 215, 222, 224, 232, 236, 237, 252
8,31-59 45, 47, 115, 196, 220
8,37f. 41
8,42-47 45

8,48 43, 44, 58, 196
8,52 44, 272
9,1-12 199, 232
9,22 34, 36, 37, 231, 234, 249, 272
9,35-41 72, 232, 235
9,35 71, 72, 131, 132, 187, 215,
    217, 218, 219, 222, 224, 229,
    232, 253
9,36 71
10,20 44
10,22-39 42, 110
11,17-44 199
11,27 63, 64, 249, 273
12,21 23
12,23 72, 148, 156, 157, 166, 223,
    224, 225, 232, 237, 254
12,29 75
12,34 112, 156, 163, 184, 231, 254,
    256
12,42 36, 37, 85, 86, 231
12,42f. 38
13,31f. 1, 72, 157, 159, 170, 171,
    172, 240, 241, 242, 255
13,34 66, 114
14,1-14 66
14,6 56, 70, 96, 251
14,16 60, 65, 90, 274
14,26 60, 275
15,12 66, 118
15,18-27 112
15,26 58, 59, 60, 276
16,2 36, 37, 38, 101, 202, 220, 231
16,7 59, 108, 113, 119, 155, 276
16,8 61, 162, 215
16,25 66
16,30 66, 67, 89, 110
17,20-22 66
17,21 68
18,32 158
20,12 75
20,30f. 52, 53, 59
20,31 53, 64, 180, 259, 275

Act
1,5 100

2,22 89
2,34 151
2,38 .100
7,56 1, 175
8,17 .100
10,38 89
11,16..100
19,1-6..100.

Röm
1,3 107
5,5 100
8,14 105
8,23 105

1Kor
6,11 100

2Kor
1,21f. 100, 105
5,5 105
5,17 105

Gal
5,24f 100

Eph
4,9f. 152

Tit
3,5 98, 106

1Joh
3,9..97
4,7..97
5,1ff...97
5,18 97

Apk
1,13 1, 175
14,14 1,

Barn 15,9 152

IgnPhil 7,1 1

Sachregister (Auswahl)

Abraham 12, 43, 178, 274
Abschiedsreden 27, 63, 65, 66, 113, 116, 117, 240, 242, 262, 266
Abstieg 11, 73, 74, 79, 81, 134, 135, 136, 138, 140, 141, 151, 154, 168, 176, 194, 204, 210, 213, 221, 224, 226, 248, 256
Apokalyptik 13, 14, 124, 129, 143, 149, 199, 200, 203, 231
Aseneth 103, 104, 105, 108, 114, 197, 198, 200, 201, 202, 203, 204, 205, 258
Auferweckung 1, 64, 117, 162, 174, 175, 200, 205, 220, 258, 272, 273
Aufstieg 4, 7, 11, 19, 72, 74, 79, 117, 133, 136, 137, 138, 140, 141, 150, 151, 152, 154, 157, 160, 165, 166, 176, 210, 212, 221, 222, 223, 224, 225, 226, 228, 229, 236, 248, 256
Auslegung 44, 82, 96, 168, 186
Bekenntnis 44, 48, 58, 61, 64, 66, 67, 85, 87, 88, 90, 92, 93, 106, 121, 126, 128, 129, 130, 150, 190, 214, 218, 236, 237, 245, 269, 273
Berufung 115, 133, 146
Besessener 44, 87
Bleiben 46, 55, 69, 70, 196, 197, 198, 199, 200, 207, 210, 223, 228, 230, 251, 276
Brot des Lebens 111, 117, 202, 204, 206, 209, 210, 211, 219, 224, 225, 230, 272, 273
Christus 1, 2, 4, 9, 10, 32, 42, 43, 58, 61, 70, 72, 89, 99, 107, 114, 150, 154, 162, 164, 170, 188, 192, 211, 252, 254, 264, 269, 271
Ditheismus 30, 31, 43, 111, 158, 255, 265

Dualismus 4, 5, 26, 31, 64, 67, 76, 108, 162, 164
Einheit 24, 25, 42, 62, 66, 68, 70, 108, 114, 118, 121, 152, 179, 180, 183, 184, 190, 219, 222, 255, 260, 263, 265, 275
Engel 71, 73, 74, 75, 76, 79, 101, 141, 142, 153, 154, 155, 162, 178, 198, 199, 215, 219, 220, 249
Epiphanie 6, 153
Erhöhung 1, 8, 10, 20, 54, 74, 109, 113, 114, 117, 119, 120, 127, 136, 137, 138, 140, 141, 154, 159, 160, 161, 162, 163, 164, 165, 166, 167, 168, 169, 170, 171, 172, 173, 174, 175, 176, 177, 199, 210, 228, 231, 234, 241, 242, 243, 244, 248, 258, 271, 272, 275
Erlösermythos 3, 4, 5, 8, 9, 155
Enthusiasmus 6, 7
Fleisch 32, 55, 82, 84, 98, 108, 109, 110, 113, 116, 119, 120, 122, 130, 155, 185, 192, 193, 201, 208, 209, 210, 211, 212, 214, 223, 235, 238, 239, 250, 253, 258
Fleischwerdung 3, 11, 16, 18, 53, 55, 56, 57, 73, 75, 76, 77, 95, 97, 109, 110, 111, 118, 119, 139, 142, 207, 237, 258
Geburt 49, 82, 84, 94, 95, 96, 98, 99, 100, 101, 106, 107, 108, 111, 126, 128, 129, 130, 131, 189, 216, 219
Gehorsam 170, 174, 183, 268
Geist 54, 55, 56, 59, 60, 61, 65, 66, 68, 70, 84, 85, 97, 100, 101, 102, 103, 104, 106, 107, 108, 109, 110, 113, 114, 115, 116, 117, 119, 121, 123, 124, 128, 130, 152, 154, 160, 184, 185, 201,

203, 204, 213, 228, 248, 250, 251, 254, 258
Geistempfang 104, 107, 113, 115, 116, 119, 123
Gemeinde 15, 17, 18, 20, 21, 24, 25, 27, 28, 29, 30, 31, 32, 33, 34, 35, 36, 37, 38, 39, 40, 41, 42, 43, 46, 47, 51, 53, 54, 55, 58, 59, 60, 62, 74, 75, 93, 98, 100, 102, 103, 104, 106, 108, 109, 111, 113, 115, 117, 118, 120, 123, 124, 130, 147, 153, 154, 155, 160, 163, 190, 191, 192, 194, 203, 204, 210, 214, 215, 218, 220, 221, 231
Gericht 61, 85, 86, 89, 118, 132, 148, 157, 162, 163, 171, 177, 179, 181, 199, 200, 231, 234, 236, 240, 241, 246, 247, 257, 271, 273
Gesandter 4, 5, 7, 28, 42, 49, 90, 95, 99, 110, 130, 140, 164, 186, 189, 199, 222, 237, 257, 265, 275
Gesetz 29, 41, 43, 44, 57, 87, 108, 113, 203, 270
Glauben 31, 35, 42, 48, 49, 52, 54, 57, 60, 61, 67, 71, 74, 75, 80, 82, 92, 97, 98, 102, 104, 105, 106, 108, 115, 137, 138, 140, 145, 156, 157, 161, 164, 165, 168, 169, 179, 180, 184, 185, 189, 190, 219, 221, 226, 228
Gnosis 4, 6, 21, 31
Gnostizismus 99, 154
Gottesknecht 12
Heidenchristentum 41, 42
Henoch 144, 145, 156, 161, 173, 174, 176, 177, 241
Himmel 6, 8, 9, 10, 50, 54, 55, 59, 64, 65, 66, 67, 68, 70, 71, 74, 91, 93, 94, 99, 106, 111, 112, 113, 114, 115, 116, 117, 118, 120, 123, 125, 126, 127, 128, 129, 133, 140, 141, 143, 150, 152, 158, 162, 165, 166, 167, 168, 169, 170, 171, 173, 176, 178, 180, 182, 183, 185, 187, 188, 194, 202, 209, 210, 211, 213, 216, 220, 223, 224, 226, 227, 231
Himmelswesen 10, 68, 170
Immanenz 65, 114, 149, 206
Inkarnation 6, 111
Israel 20, 41, 43, 45, 58, 59, 79, 87, 91, 104, 144, 145, 191, 208, 214, 222, 251, 267, 271
Juden 21, 24, 25, 27, 28, 29, 30, 31, 33, 34, 36, 37, 38, 39, 40, 42, 43, 46, 47, 48, 49, 50, 51, 61, 63, 74, 92, 93, 97, 100, 101, 103, 114, 129, 130, 132, 153, 158, 164, 176, 178, 190, 191, 204, 228
Judenchristen 29, 32, 39, 40, 42, 46, 52, 158, 235, 251, 269
Judentum 23, 29, 30, 31, 34, 36, 40, 41, 43, 44, 45, 46, 47, 48, 52, 58, 71, 75, 93, 94, 103, 105, 106, 125, 127, 158, 179, 211, 213, 214, 217, 219
Jünger 27, 28, 30, 34, 48, 49, 55, 56, 59, 60, 63, 65, 66, 67, 68, 69, 70, 84, 85, 115, 116, 117, 118, 119, 122, 125, 139, 151, 174, 179, 187, 195, 196, 230, 235, 253, 262
König 11, 47, 52, 69, 133, 151, 153, 154, 156, 206, 207, 224, 226, 231
Kreuz 10, 83, 85, 137, 160, 161, 166, 168, 170, 172, 173, 226, 238, 244, 248, 250, 256
Leben 18, 27, 35, 47, 49, 50, 55, 57, 63, 65, 70, 71, 72, 74, 76, 77, 81, 84, 85, 94, 95, 96, 99, 101, 104, 105, 106, 107, 109, 111, 112, 114, 117, 118, 119, 120, 122, 130, 133, 138, 140, 141, 156, 162, 163, 164, 165, 166, 167, 171, 172, 173, 181, 182, 185, 186, 194, 195, 196, 197, 198, 199, 200, 201, 202, 203, 206, 207, 208, 209, 210, 211, 213, 214, 216, 222, 223, 225,

226, 227, 228, 230, 231, 232,
234, 236, 239, 242, 243, 244,
245, 249, 251, 255, 257, 258,
260, 261, 272, 273, 274, 275,
276, 277, 278, 279
Leben, ewiges 47, 54, 64, 65, 93,
104, 105, 106, 109, 111, 116,
117, 119, 120, 123, 126, 127,
141, 142, 153, 161, 165, 166,
177, 184, 186, 187, 189, 192,
193, 196, 197, 200, 202, 205,
208, 211, 213, 214, 215, 220,
221, 222, 227, 228, 230, 234,
238, 239, 250, 253, 254, 267
Lehrdialog 63
Lernprozesse 62, 63, 64, 65, 66,
67, 68
Licht 24, 46, 49, 55, 56, 57, 58, 59,
83, 84, 86, 90, 104, 111, 120,
147, 212, 216, 235, 236, 237,
242, 253, 255, 258, 259, 260,
261, 266, 267,
Liebe 54, 66, 67, 114, 137, 195,
227
Logos 3, 4, 11, 12, 16, 17, 19, 55,
59, 75, 77, 78, 79, 92, 96, 98,
106, 109, 110, 111, 115, 117,
118, 138, 141, 142, 157, 159,
162, 165, 170, 174, 222, 224,
240, 241, 246, 249, 252, 257,
260, 261, 262, 264, 265, 271, 272
Lokalkolorit 24, 228
Lokaltraditionen 24
Mahl 103, 213, 218, 220
Manna 55, 107, 117, 151, 156, 170,
188, 189, 194, 198, 202, 203,
204, 205, 206, 207, 208, 209,
211, 213, 215, 216, 217, 218,
219, 220, 221, 223, 230
Monotheismus 43, 255, 265, 268
Mose 11, 20, 30, 39, 50, 64, 75, 84,
86, 101, 113, 114, 129, 135, 136,
137, 138, 140, 142, 153, 165,
166, 167, 168, 169, 170, 171,
182, 188, 192, 223, 224, 226, 231

Neugeburt 68, 97, 98, 99, 100, 101,
102, 106, 107, 108, 113, 114,
120, 121, 122, 124, 126, 128,
130, 134, 136, 186, 189, 218
Neuschöpfung 101, 102, 103, 104,
105, 106, 200
Nikodemus 39, 58, 63, 64, 69, 80,
81, 82, 83, 84, 85, 86, 87, 89, 90,
91, 92, 93, 94, 95, 96, 99, 100,
101, 107, 120, 121, 122, 123,
124, 127, 128, 129, 130, 131,
132, 133, 134, 135, 139, 203
Offenbarung 5, 11, 13, 14, 34, 41,
45, 55, 61, 64, 78, 80, 117, 122,
161, 164, 185, 226, 253, 261,
264, 269
Offenbarungsdialog 63, 192, 225
Ostern 27, 63, 67
Paraklet 56, 58, 59, 60, 61, 66, 171,
264
Passion 63, 67, 240
Pharisäer 28, 35, 36, 49, 73, 74, 75,
108, 157, 228
Philippus 23, 66
Philo von Alexandrien 15, 98, 99,
107, 110, 163, 258
Prophet 10, 11, 12, 56, 93, 109,
110, 151, 153, 168, 193, 205,
206, 221, 224, 225, 226, 227,
228, 231
Prozeß 33, 52, 53, 62, 106, 191,
238
Qumran 20, 39, 102, 103, 107,
144, 258
Sabbat 29, 43, 44, 56, 57, 151, 204
Samaritaner 41, 45, 65, 71
Schrift 6, 20, 28, 41, 44, 52, 59, 89,
91, 93, 117, 122, 123, 124, 146,
169, 178, 209
Schöpfer 4, 57, 106, 109, 164
Sendung 9, 10, 53, 77, 85, 90, 92,
95, 117, 124, 125, 126, 135, 140,
153, 163, 175, 197, 207, 223,
258, 262, 263, 270, 272, 280, 281

Sendungschristologie 7, 9, 15, 43, 47, 78, 80, 114, 115, 125, 214, 216, 217, 231
Speisung 53, 57, 185, 186, 187, 188, 189, 190, 194, 195, 196, 200, 205, 210, 221, 222
Sympathisanten 39, 59, 71, 87, 94, 125, 127, 130
Synagogalgemeinschaft 34, 228
Synagoge 27, 29, 30, 33, 34, 36, 38, 39, 41, 42, 46, 53, 61, 74, 90, 108, 112, 154, 188, 189, 190, 192, 202, 208, 218, 228
Synagogenausschluß 32, 34, 35, 37, 36, 39, 43, 103, 109, 188, 228
Taufe 49, 80, 81, 83, 95, 99, 101, 102, 107, 118, 124, 125, 127, 128, 130, 134, 136, 140, 141, 142, 152, 154, 186, 218, 230, 248, 251, 258
Täufer 48, 50, 59, 88, 90, 112, 131, 190, 209, 252, 265, 272
Täufer 32, 48, 49, 59, 108, 128, 137, 255
Täuferjünger 30, 47, 48, 49, 70
Tempel 24, 30, 124, 171
Thomas 59, 66, 67, 68
Trennungsprozesse 25, 26, 27, 39, 42, 48, 52, 71, 84, 158, 201, 228, 234, 267
Unverständnis 1, 59, 65, 73, 77, 85, 97, 101, 102, 106, 110, 150, 153, 164, 165, 171, 231
Verfolgung 26, 29, 32, 38, 53, 67, 88, 115, 152
Verherrlichung 8, 19, 72, 113, 117, 119, 157, 158, 167, 168, 169, 170, 188, 224, 225, 238, 250, 258
Vertretungslehre 9, 47, 114
Wahrheit 27, 52, 54, 55, 56, 58, 59, 60, 61, 71, 84, 86, 89, 103, 108, 110, 119, 171, 172, 194, 196, 213, 217, 222, 233, 234, 252, 260, 269, 270, 273, 275, 277
Weisheit 4, 151, 217, 218, 228, 229

Welt 4, 10, 12, 27, 28, 29, 31, 35, 36, 46, 47, 49, 51, 52, 53, 54, 55, 56, 57, 58, 59, 60, 75, 77, 84, 89, 90, 91, 92, 95, 96, 97, 98, 99, 100, 116, 120, 123, 124, 127, 129, 131, 133, 134, 137, 141, 142, 146, 150, 153, 155, 156, 160, 168, 169, 170, 171, 183, 184, 190, 191, 195, 199, 201, 207, 209, 211, 213, 214, 216, 217, 221, 223, 224, 225, 227, 228, 229, 230, 231
Zeichen 80, 90, 91, 92, 93, 94, 123, 173, 194, 235
Zeugnis 26, 43, 44, 49, 52, 56, 59, 60, 85, 112, 122, 124, 125, 131, 137, 187, 193, 209, 272, 273, 274

Literaturverzeichnis

Abgekürzt wurde nach
SCHWERTNER, S.: Internationales Abkürzungsverzeichnis für Theologie und Grenzgebiete, Berlin, New York ²1992.

Sekundärliteratur wird im Text der Arbeit mit Name des Verfassers (im Bedarfsfall mit Anfangsbuchstaben des bzw. der Vornamen), Kurztitel und Seitenzahl angegeben. Der Auswahl des Kurztitels liegt kein bestimmtes System zugrunde (wie erstes Substantiv u.ä.). Wichtigste Kriterien bei der Auswahl waren der Bezug des Kurztitels zum Inhalt sowie die Wiedererkennbarkeit des vollständigen Titels im Kurztitel. Der Kurztitel ist im Literaturverzeichnis durch Unterstreichung kenntlich gemacht. Wenn dies nicht möglich war (z.B. bei Abkürzungen oder mehreren Bänden), wurde der Kurztitel nach der Literaturangabe in Klammern gesetzt angefügt. Bei unterschiedlichen Auflagen desselben Titels wird im Text die Auflage angegeben (z.B. BAUER, Wörterbuch [5. Aufl.]).

Hilfsmittel

Lexika und Wörterbücher

BALZ, H. / SCHNEIDER, G. (Hrg.): Exegetisches Wörterbuch zum Neuen Testament I-III, Stuttgart 1980-1983. (= EWNT)

BAUER, W.: Griechisch-deutsches Wörterbuch zu den Schriften des Neuen Testaments und der übrigen urchristlichen Literatur, New York ⁵1971.

BAUER, W.: Griechisch-deutsches Wörterbuch zu den Schriften des Neuen Testaments und der übrigen urchristlichen Literatur, von K. u. B. ALAND völlig neu berabeitete Auflage, New York ⁶1988.

BOTTERWECK, G.J. / RINGGREN, H. (Hrg.): Theologisches Wörterbuch zum Alten Testament, Stuttgart 1970ff. (= ThWAT)

BUßMANN, H.: Lexikon der Sprachwissenschaft, Stuttgart ²1990.

COENEN, L. / BEYREUTHER, E. / BIETENHARD, H. (Hrg.): Theologisches Begriffslexikon zum Neuen Testament (2 Bde), Wuppertal 1967-1971. (= ThBNT)

FREEDMAN, D.N. u.a. (Hrg.): The Anchor Bible Dictionary, 6 Bde, New York, London, Toronto, Sydney, Auckland 1992. (= ABD)

GESENIUS, W.: Hebräisches und aramäisches Handwörterbuch über das Alte Testament, Berlin, Göttingen, Heidelberg [17]1915. (Nachdruck 1962)

JENNI, E. / WESTERMANN, C.: Theologisches Handwörterbuch zum Alten Testament I-II, Zürich, München !971/1976. (= THAT)

KITTEL, G. / FRIEDRICH, G. (Hrg.): Theologisches Wörterbuch zum Neuen Testament I-X, Stuttgart 1933-1979. (= ThWNT)

KLAUSER, T. u.a. (Hrg.): Reallexikon für Antike und Christentum, Stuttgart 1950ff. (= RAC)

KRAUSE, G. / MÜLLER, G. (Hrg.): Theologische Realencyclopädie, Berlin, New York 1977ff. (= TRE)

LEWANDOWSKI, T.: Linguistisches Wörterbuch 1-3, Heidelberg 1979/1980.

LIDDELL, H.G. / SCOTT, R.A. (Hrg.): A Greek-English Lexicon. A New Critical Edition Revised and Augmented troughout by H. ST. JONES and R. MCKENZIE, Oxford [9]1983. (= LIDDELL-SCOTT)

TRÄGER,, C. (Hrg.): Wörterbuch der Literaturwissenschaft, Leipzig 1986.

WISSOWA, G. / KROLL, W. (Hrg.): Paulys Realencyklopädie der classischen Altertumswissenschaft, Stuttgart 1893ff. / 2. Reihe 1914ff. (= PRE)

ZIEGLER, K. / SONTHEIMER, W. (Hrg.): Der kleine Pauly. Lexikon der Antike I-V, Stuttgart 1964-1975. (= KP)

Konkordanzen, Indices, Synopsen etc.

ALAND, K.: Vollständige Konkordanz zum griechischen Neuen Testament. Unter Zugrundelegung aller modernen kritischen Textausgaben und des Textus receptus (2 Bde) (ANTT IV), Berlin, New York 1975-1983.

ALAND, K. (Hrg.): Synopsis Quattuor Evangeliorum. Locis parallelis evangeliorum apocryphorum et patrum adhibitis - ad textum editionum [26]Nestle-Aland et [3]Greek New Testament aptata, Stuttgart [10]1978.

BERGER, K.: Synopse des Vierten Buches Esra und der Syrischen Baruch-Apokalypse (unter Mitarbeit von G. FAßBECK und H. REINHARD) (TANZ 8), Tübingen, Basel 1992.

BERKOWITZ, L. / SQUITTIER, K.A.: Thesaurus Linguae Graecae. Canon of Greek Authors and Works, New York, Oxford [3]1986.

Computer-Konkordanz zum Novum Testamentum Graece von Nestle-Aland, 26. Auflage und zum Greek New Testament, 3rd edition, Hrg. Institut für Neutestamentliche Textforschung und Rechenzentrum der Universität Münster, Berlin, New York 1980.

DENIS, A.-M.: Concordance Grecque des Pseudépigraphes d'Ancien Testament. Concordance, Corpus des textes, Indices, Louvain 1987.

HATCH, E. / REDPATH, H.A.: A Concordance to the Septuagint and Other Greek Versions of the Old Testament (I-III), Oxford 1897-1906.

KRAFT, H.: Clavis Patrum Apostolicorum, Darmstadt 1964.

KUHN, K.G.: Konkordanz zu den Qumrantexten, Göttingen 1960.

KUHN, K.G.: Nachträge zur Konkordanz zu den Qumrantexten, in: RdQ 4 (1963/64), S.163-234.

LECHNER-SCHMIDT, W.: Wortindex der lateinisch erhaltenen Pseudepigraphen zum Alten Testament (TANZ 3), Tübingen, Basel 1990.

LEISEGANG, J.: Indices ad Philonis Alexandrini opera. Philonis Alexandrini Opera quae supersunt VII 1/2, Berlin 1926/1930.

MAIER, J.: Die Qumran-Essener: Die Texte vom Toten Meer Band III: Einführung, Zeitrechnung, Register und Bibliographie, München, Basel 1996.

MAYER, G.: Index Philoneus, Berlin, New York 1974.

MORGENTHALER, R.: Statistik des neutestamentlichen Wortschatzes, Zürich ³1982.

PESCH, R. / WILCKENS, U. / KRATZ, R. (Hrg.): Synoptisches Arbeitsbuch zu den Evangelien. Die vollständigen Synopsen nach Markus, nach Matthäus, nach Lukas mit den Parallelen aus dem Johannes-Evangelium und den nichtkanonischen Vergleichstexten sowie einer Auswahlkonkordanz (4 Bde), Zürich 1980.

RENGSTORF, K.H. (Hrg.): A Complete Concordance to Flavius Josephus I-IV, Leiden 1973-1983.

ROST, L. / LISOWSKY, G. (Hrg.): Konkordanz zum hebräischen Alten Testament, Stuttgart ²1958.

Quellen (Textausgaben und Übersetzungen)

Quellensammlungen

BARRETT, C.K./ THORNTON, C.-J. (Hrg.): Texte zur Umwelt des Neuen Testaments, Tübingen ²1991.

BERGER, K. / COLPE, C.(Hrg.): Religionsgeschichtliches Textbuch zum Neuen Testament (TNT 1), Göttingen 1987.

CHARLESWORTH, J.H. (Hrg.): The Old Testament Pseudepigrapha Vol. 1: Apocalyptic Literature and Testaments, New York 1983.

CHARLESWORTH, J.H. (Hrg.): The Old Testament Pseudepigrapha Vol. 2: Expansions of the „Old Testament" and Legends, Wisdom and Philosophical Literature, Prayers, Psalms and Odes, Fragments of Lost Judeo-Hellenistic Works, New York 1985.

KAUTZSCH, E. (Hrg.): Die Apokryphen und Pseudepigraphen des Alten Testaments, Tübingen 1900 (Nachdruck Darmstadt ⁴1975).

KIPPENBERG, H.G. / WEWERS, G.A. (Hrg.): Textbuch zur neutestamentlichen Zeitgeschichte (GNT 8), Göttingen 1979.

SCHNEEMELCHER, W. (Hrg.): Neutestamentliche Apokryphen in deutscher Übersetzung I: Evangelien, Tübingen ⁶1990.
SCHNEEMELCHER, W. (Hrg.): Neutestamentliche Apokryphen in deutscher Übersetzung II: Apostolisches Apokalypsen und Verwandtes, Tübingen ⁵1989.

ZANGENBERG, J. (Hrg.): ΣΑΜΑΡΕΙΑ. Antike Quellen zur Geschichte und Kultur der Samaritaner in deutscher Übersetzung (TANZ 15), Tübingen, Basel 1994.

Altes Testament

ELLIGER, K. / RUDOLPH, W. (Hrg.): Biblia Hebraica Stuttgartensia quae antea cooperantibus A. ALT, O. EIBFELD, P. KAHLE ediderat R. KITTEL, Stuttgart 1983.

RAHLFS, A. (Hrg.): Septuaginta. Id est Vetus Testamentum graece iuxta LXX interpretes, Stuttgart 1935 (Nachdruck 1979).

Frühjudentum

Apokalypse Abrahams (ApkAbr)

PHILONENKO-SAYAR, B. / PHILONENKO, M.: Die Apokalypse Abrahams (JSHRZ V/5), Gütersloh 1982.

Äthiopisches Henochbuch (ÄthHen)
UHLIG, S.: Das äthiopische Henochbuch (JSHRZ V/6), Gütersloh 1985.

Viertes Esrabuch (4Esr)

SCHREINER, J.: Das 4. Buch Esra (JSHRZ V/4), Gütersloh 1981.

Jesus Sirach (Sir)

BEENTJES, P.C.: The book of Ben Sira in Hebrew: a text edition of all extant Hebrew manuscripts and a synopsis of all parallel Hebrew Ben Sira texts (VT.S 68), Leiden 1997.

SAUER, G.: Jesus Sirach (Ben Sira) (JSHRZ III/5), Gütersloh 1981.

Joseph und Aseneth (JosAs)

BURCHARD, C.: Ein vorläufiger griechischer Text von Joseph und Aseneth, in: DBAT 14 (1979), S.2-53.
BURCHARD, C.: Verbesserungen zum vorläufigen Text von Joseph und Aseneth, in: DBAT 16 (1982), S.37-39.
BURCHARD, C.: Joseph und Aseneth (JSHRZ II/4), Gütersloh 1983.

PHILONENKO, M.: Joseph et Aséneth. Introduction, texte critique, traduction et notes (SPB 13), Leiden 1968.

RIESSLER, P.: Joseph und Asenath. Eine altjüdische Erzählung, in: ThQ 103 (1922), S.1-22.

Flavius Josephus (Antiquitates; Bellum; Contra Apionem)

CLEMENTZ, H.: Des Flavius Josephus Jüdische Altertümer. Geschichte des jüdischen Krieges. Kleinere Schriften, I-IV, Wien ²1923 (Darmstadt 1960).

CORNFELD, G. / MAIER, P.L.: Josephus Flavius, The Jewish War. Newly translated with extensive commentary and archaeological background illustrations, Grand Rapids 1982.

MICHEL, O. / BAUERNFEIND, O. (Hrg.): Flavius Josephus, De Bello Judaico, 3 Bde, Darmstadt 1959-1969.

NIESE, B. (Hrg.): Flavii Josephi Opera I-VII, Berlin 1894-1895.

Jubiläenbuch (Jub)

BERGER, K.: Das Buch der Jubiläen (JSHRZ II/3), Gütersloh 1981.

Philo von Alexandria

COHN, L. / WENDLAND, P. (Hrg.): Philonis Alexandrini Opera quae supersunt I-VII/2, Berlin 1896-1930 (Nachdruck 1962).

COHN, L. / HEINEMANN, I. (Hrg.): Philo von Alexandria. Die Werke in deutscher Übersetzung I-VII, Berlin 1909-1969.

Psalmen Salomos (PsSal)

HOLM-NIELSEN, S.: Die Psalmen Salomos (JSHRZ IV/2), Gütersloh 1977.

Pseudo-Philo, Liber Antiquitatum Biblicarum (LibAnt)

KISCH, G.: Pseudo-Philo's Liber Antiquitatum Biblicarum, Notre Dame/Indiana 1949.

DIETZFELBINGER, C.: Pseudo-Philo: Antiquitates Biblicae (Liber Antiquitatum Biblicarum) (JSHRZ II/2), Gütersloh 1975.

Qumran-Texte (1-11Q)

CHARLESWORTH, J.H. u.a. (Hrg.): The Dead Sea Scrolls. Hebrew, Aramaic, and Greek Texts with English Translations (Princeton Theological Seminary Dead Sea Scrolls Projects), Tübingen, Louisville 1994ff. (= DSS)

Discoveries in the Judaean Desert (of Jordan), Oxford 1955ff. (= DJD[J])

GARCIA MARTINEZ, F.: The Dead Sea Scrolls Translated. The Qumran Texts in English, Leiden, New York, Köln 1994.

LOHSE, E.: Die Texte aus Qumran. Hebräisch und Deutsch, München ⁴1986.

MAIER, J.: Die Qumran-Essener: Die Texte vom Toten Meer Band I: Die Texte der Höhlen 1-3 und 5-11, München, Basel 1995.

MAIER, J.: Die Qumran-Essener: Die Texte vom Toten Meer Band II: Die Texte der Höhle 4, München, Basel 1995.

VERMES, G.: The Dead Sea Scrolls in English, London ³1987.

Slavisches Henochbuch (SlHen)

BÖTTRICH, S.: Das slavische Henochbuch (JSHRZ V/7), Gütersloh 1996.

Syrische Baruch-Apokalypse (SyrBar)

KLIJN, A.F.J.: Die syrische Baruch-Apokalypse (JSHRZ V/2), Gütersloh 1976.

Testament Abrahams (TestAbr)

JANNSEN, E.: Testament Abrahams, in: GUNNEWEG, A.H. / JANSSEN, E. / WALTER, N.: Das Buch Baruch. Der Brief Jeremias. Testament Abrahams. Fragmente jüdisch-hellenistischer Exegeten: Aristobulos, Demetrius, Aristeas (JSHRZ III/2), Gütersloh ²1980, S.193-256.

Testament Hiobs (TestHiob)

SCHALLER, B.: Das Testament Hiobs (JSHRZ III/3), Gütersloh 1979.

Testamente der zwölf Patriarchen (TestXIIPatr)

BECKER, J.: Die Testamente der zwölf Patriarchen (JSHRZ III/1), Gütersloh ²1980.
DE JONGE, M.: The Testament of the Twelve Patriarchs. A Critical Edition of the Greek Text (PVTG I/2), Leiden 1978.

Weisheit Salomos (SapSal)

GEORGI, D.: Weisheit Salomos (JSHRZ III/4), Gütersloh 1980.

Neues Testament

ALAND, K. / BLACK, M. / MARTINI, C.M. / METGER, B.M. / WIKGREN, A. (Hrg.): Novum Testamentum Graece post Eberhard Nestle et Erwin Nestle, 26. neu bearbeitete Auflage, Stuttgart 1898 u. 1979. (= NTG²⁶)

ALAND, B. / ALAND, K. / KARAVIDOPOULOS, J. / MARTINI, C.M. / METZGER, B.M. (Hrg.): Novum Testamentum Graece post Eberhard et Erwin Nestle, 27. revidierte Auflage 1898 u. 1993. (= NTG²⁷)

Apostolische Väter und Alte Kirche

BIHLMEYER, K.: Die Apostolischen Väter. Neubearbeitung der FUNK'schen Ausgabe I/II, Tübingen ³1970.

FISCHER, J.A. (Hrg.): Schriften des Urchristentums I: Die Apostolischen Väter, Darmstadt ⁹1986.

LINDEMANN, A. / PAULSEN, H. (Hrg.): Die apostolischen Väter. Griechisch-deutsche Parallelausgabe auf der Grundlage der Ausgabe von F.-X. Funk u.a., Tübingen 1992.

WENGST, K. (Hrg.): Schriften des Urchristentums II: Didache (Apostellehre), Barnabasbrief, Zweiter Klemensbrief, Schrift an Diognet, Darmstadt 1984.

Kommentare zum Johannesevangelium

ASHTON, J.: Understanding the Fourth Gospel, Oxford 1991.

BARRETT, C.K.: Das Evangelium nach Johannes (KEK Sonderband), Göttingen 1990.

BAUER, W.: Das Johannesevangelium (HNT 6), Tübingen ³1933.

BEASLEY-MURRAY, G.: John (WBC 36), Waco 1987.

BECKER, J.: Das Evangelium nach Johannes. Kapitel 1-10 (ÖTK 4/1), Gütersloh, Würzburg ³1991.
BECKER, J.: Das Evangelium nach Johannes. Kapitel 11-21 (ÖTK 4/2), Gütersloh, Würzburg ³1991.

BLANK, J.: Das Evangelium nach Johannes 1a (GSL.NT 4/1a), Düsseldorf 1981.
BLANK, J.: Das Evangelium nach Johannes 1b (GSL.NT 4/1b), Düsseldorf 1981.
BLANK, J.: Das Evangelium nach Johannes 2 (GSL.NT 4/2), Düsseldorf 1977.
BLANK, J.: Das Evangelium nach Johannes 3 (GSL.NT 4/3), Düsseldorf 1977.

BOISMARD, M.É. / LAMOUILLE, A.: L'Évangile de Jean, Paris 1977.

BRODIE, T.L.: The Gospel according to John. A Literary and Theological Commentary, New York, Oxford 1993.

BROWN, R.E.: The Gospel according to John I (AB 29), New York 1966.
BROWN, R.E.: The Gospel according to John II (AB 29a), New York 1970.

BÜCHSEL, F.: Das Evangelium nach Johannes (NTD 4), Göttingen 1934.

BULTMANN, R.: Das Evangelium des Johannes (KEK 2), Göttingen ²¹1986.

GNILKA, J.: Johannesevangelium (NEB.NT 4), Würzburg ²1985.

HAENCHEN, E.: Das Johannesevangelium. Ein Kommentar aus den nachgelassenen Manuskripten (hrg. v. U. BUSSE), Tübingen 1980.

HIRSCH, E.: Das vierte Evangelium in seiner ursprünglichen Gestalt verdeutscht und erklärt, Tübingen 1936.

DE JONGE, M.: Johannes. Een praktische bijbelverklaring (tekst en toelichting), Kampen 1996.

LIGHTFOOT, R.H.: St. John's Gospel, London 1956.

SCHENKE, L.: Johannes: Kommentar (Kommentare zu den Evangelien), Düsseldorf 1998.

SCHLATTER, A.: Der Evangelist Johannes: Wie er spricht, denkt und glaubt. Ein Kommentar zum vierten Evangelium, Stuttgart ⁴1975.

SCHNACKENBURG, R.: Das Johannesevangelium. Einleitung und Kommentar zu Kapitel 1-4 (HThK 4/1), Freiburg, Basel, Wien ⁶1986.
SCHNACKENBURG, R.: Das Johannesevangelium. Kommentar zu Kapitel 5-12 (HThK 4/2), Freiburg, Basel, Wien ⁴1985.
SCHNACKENBURG, R.: Das Johannesevangelium. Kommentar zu Kapitel 13-21 (HThK 4/3), Freiburg, Basel, Wien⁵1985.
SCHNACKENBURG, R.: Das Johannesevangelium. Ergänzende Auslegungen und Exkurse (HThK 4/4), Freiburg, Basel, Wien 1984. (= Johannesevangelium 1-4)

SCHNEIDER, J.: Das Evangelium nach Johannes (ThHK Sonderband), Berlin ²1978.

SCHULZ, S: Das Evangelium nach Johannes (NTD 4), Göttingen ¹⁶1987.

STRATHMANN, H.: Das Evangelium nach Johannes (NTD 4), Göttingen ⁶1951.

WELLHAUSEN, J.: Das Evangelium Johannis (1. Aufl. Berlin 1908). Mit einer Einleitung von von M. HENGEL, Berlin, New York 1987.

WENDT, H.H.: Das Johannesevangelium, Göttingen 1900.

WIKENHAUSER, A.: Das Evangelium nach Johannes (RNT 4), Regensburg ³1961.

WILCKENS, U.: Das Evangelium nach Johannes (NTD 4), Göttingen ¹⁷1998.

ZAHN, T.: Das Evangelium des Johannes (6. Aufl. Leipzig, Erlangen 1921) (KNT IV), Wuppertal 1983.

Forschungsberichte

BECKER, J.: Aus der Literatur zum Johannesevangelium (1978-1980), in: ThR 47 (1982), S.279-301.303-347.
BECKER, J.: Das Johannesevangelium im Streit der Methoden, in: ThR 51 (1986), S.1-78.

VAN BELLE, G.: Johannine Bibliographie 1966-1985: A Cumulative Bibliography on the Fourth Gospel (BEThL 82), Leuven 1988.

BEUTLER, J.: Literarische Gattungen im Johannesevangelium. Ein Forschungsbericht 1919-1980, in: ANRW II 25.3. (1985), S.2506-2568.

BLINZLER, J.: Johannes und die Synoptiker. Ein Forschungsbericht (SBS 5), Stuttgart 1965.

COLPE, C.: Neue Untersuchungen zum Menschensohn-Problem, in: ThRev 77 (1981), Sp.353-372.

EVANS, C.A.: Life of Jesus Research. An Annotated Bibliography (NTTS 24), Leiden, New York, Köln 1996.

HAENCHEN, E.: Aus der Literatur zum Johannesevangelium, in: ThR 23 (1955), S.295-335.
HAENCHEN, E.: Das Johannesevangelium und sein Kommentar, in: ThLZ 89 (1964), S.881-883.

HAINZ, J.: Neuere Auffassungen zur Redaktionsgeschichte des Johannesevangeliums, in: HAINZ, J. (Hrg.): Theologie im Werden: Studien zu den theologischen Konzeptionen im Neuen Testament, Paderborn, München, Wien, Zürich 1992, S.157-176.

GIESEN, H.: Der irdische Jesus - Ursprung der neutestamentlichen Christologie. Neuere Literatur über Jesus und die Christologie des Neuen Testaments, in: ThRev 87 (1991), S.441-460.

KÜMMEL, W.G.: Jesusforschung seit 1981 I. Forschungsgeschichten, Methodenfragen, in: ThR 53 (1988), S.229-249.
KÜMMEL, W.G.: Jesusforschung seit 1981 II. Gesamtdarstellungen, in: ThR 54 (1989), S.1-53.
KÜMMEL, W.G.: Jesusforschung seit 1981 III. Die Lehre Jesu, in: ThR 55 (1990), S.21-45.
KÜMMEL, W.G.: Jesusforschung seit 1981 IV. Gleichnisse, in: ThR 56 (1991), S.27-53.
KÜMMEL, W.G.: Jesusforschung seit 1981 V. Der persönliche Anspruch sowie Prozeß und Kreuzestod Jesu, in: ThR 56 (1991), S.391-420.
KÜMMEL, W.G.: Vierzig Jahre Jesusforschung (1950-1990) (BBB 91), Weinheim ²1994.

KYSAR, R.: The Fourth Evangelist and his Gospel. An Examination in Contemporary Scholarship, Minneapolis 1975.

KYSAR, R.: The Fourth Gospel. A Report on Recent Research, in: ANRW II 25.3 (1985), S.2391-2411.

MENKEN, M.J.J.: The Christology of the Fourth Gospel: A Survey of Recent Research, in: DE BOER, M.C. (Hrg.): From Jesus to John. Essays on Jesus and New Testament Christology (FS M. DE JONGE) (JSNT.SS 84), Sheffield 1993, S.292-320.

NIEBUHR, K.-W.: Jesus Christus und die vielfältigen Erwartungen Israels. Ein Forschungsbericht, in: JBTh 8 (1993), S.S.337-345.

ROBINSON, J.M.: Recent Research in the Fourth Gospel, in: JBL 78 (1959), S.242-252.

RUCKSTUHL, E.: Die johanneische Menschensohnforschung 1957-1969, in: Theologische Berichte 1 (1972), S.171-284.

SCHMITHALS, W.: Johannesevangelium und Johannesbriefe. Forschungsgeschichte und Analyse (BZNW 64), Berlin, New York 1992.

THYEN, H.: Aus der Literatur zum Johannesevangelium, in: ThR 39 (1975), S.1-69.222-252.289-330. (= Literatur 1)

THYEN, H.: Aus der Literatur zum Johannesevangelium, in: ThR 42 (1977), S.211-270. (= Literatur 2)

THYEN, H.: Aus der Literatur zum Johannesevangelium, in: ThR 43 (1978), S.328-359. (= Literatur 3)

THYEN, H.: Aus der Literatur zum Johannesevangelium, in: ThR 44 (1979), S.97-134. (= Literatur 4)

UNTERGAßMAIR, F.G.: Das Johannesevangelium. Ein Bericht über die neuere Literatur aus der Johannesforschung, in: ThRev 90 (1994), S.91-108.

Literatur zum Menschensohn im Johannesevangelium und zu den johanneischen Menschensohntexten

BURKETT, D.: The Son of the Man in the Gospel of John (JSNT.SS 56), Sheffield 1991.

COPPENS, J.: Les logia johanniques du fils de l'homme,in: DE JONGE, M. (Hrg.): L'Evangile de Jean. Source, redaction, theologie (BEThL 44) Leuven 1977, S.311-315.

FREED, E.D.: The Son of Man in the Fourth Gospel, in: JBL (1967), S.402-409.

KINNIBURGH, E.: The Johannine „Son of Man", in: CROSS, F.L. (Hrg.): Studia Evangelica Vol. IV. Papers presented to the Third International Congress on New Testament Studies held at Christ Church, Oxford 1965. Part I: The New Testament Scriptures (TU 102), Berlin 1968, S.64-71.

LINDARS, B.: The Son of Man in the Johannine Christology, in: LINDARS, B. / SMALLEY, S. (Hrg.): Christ and Spirit in the New Testament (FS C.F.D. MOULE), Cambridge 1973, S.43-60.

MOLONEY, F.J.: The Johannine Son of Man (BSR 14), Rom 1976 / ²1978.
MOLONEY, F.J.: Rezension „Burkett, Son of the Man", in: JTS 44 (1993), S.259-261.

PAINTER, J.: The enigmatic Johannine Son of Man, in: VAN SEGBROECK, F./ TUCKETT, C.M./ VAN BELLE, G./ VERHEYDEN, J. (Hrg.): The Four Gospels 1992 III (FS F. NEIRYNCK) (BEThL 100), Leuven 1992, S.1869-1887.

PAMMENT, M.: The Son of Man in the Fourth Gospel, in: JTS 36 (1985), S.58-66.

RHEA, R.: The Johannine Son of Man (AThANT 76), Zürich 1990.

ROTH, W.: Jesus as the Son of Man. The Scriptural Identity of a Johannine Image, in: GROH, D.E. / JEWETT, R. (Hrg.): The Living Text (FS E.W. SAUNDERS), Lanham 1985, S.11-26.

SCHNACKENBURG, R.: Der Menschensohn im Johannesevangelium, in: NTS 11 (1964/65), S. 123-137.

SCHNACKENBURG, R.: Die Ecce-homo-Szene und der Menschensohn, in: PESCH, R. / SCHNAK-KENBURG, R. (Hrg.): Jesus und der Menschensohn (FS A. VÖGTLE), Freiburg, Basel, Wien 1975, S.371-386.

SCHULZ, S.: Untersuchungen zur Menschensohn-Christologie im Johannesevangelium: Zugleich ein Beitrag zur Methodengeschichte der Auslegung des 4. Evangeliums, Göttingen 1957.

SMALLEY, S.S.: The Johannine Son of Man Sayings, in: NTS 15 (1968-69), S.278-301.

Joh 1,51

FOSSUM, J.E.: The Son of Man's Alter Ego. John 1,51, Targumic Tradition and Jewish Mysticism, in: FOSSUM, J.E.: The Image of the Invisible God. Essays on the influence of Jewish Mysticism on Early Christology (NTOA 30), Freiburg (Schweiz), Göttingen 1995, S.135-151.

KOESTER, C.R.: Messianic Exegesis and the Call of Nathanael (Joh 1,45-51), in: JSNT 39 (1990), S.23-34.

LOADER, W.R.G.: John 1:50-51 and the „Greater Things" of Johannine Christology, in: BREYTENBACH, C./ PAULSEN, H. (Hrg.): Anfänge der Christologie (FS F. HAHN), Göttingen 1991, S.255-274.

MICHAELIS, W.: Joh. 1,51, Gen 28,12 und das Menschensohn-Problem, in: TLZ 85 (1960), S.561-578.

NEYREY, J.H: The Jacob Allusions in John 1:51, in: CBQ 44 (1982), S.586-605.

QUISPEL, G.: Nathanael und der Menschensohn (John 1:51), in: ZNW 47 (1956), S.281-283.

RORDORF, W.: Gen 18,10ff und Joh 1,51 in der patristischen Exegese, in: ROSE, M. (Hrg.): Johannes-Studien. Interdisziplinäre Zugänge zum Johannes-Evangeliums (FS J. ZUMSTEIN), Zürich 1991, S.39-46.

ROWLAND, C.: John 1,51, Jewish Apocalyptic and Targumic Tradition, in: NTS 30 (1984), S.498-507.

SMALLEY, S.S.: Johannes 1,51 und die Einleitung zum vierten Evangelium, in: PESCH, R. / SCHNACKENBURG, R. (Hrg.): Jesus und der Menschensohn (FS A. VÖGTLE), Freiburg, Basel Wien 1975, S.300-313.

WALKER, W.O.: John 1:34-51 and 'The Son of Man' in the Fourth Gospel, in: JSNT 56 (1994), S.31-42.

WINDISCH, H.: Angelophanien um den Menschensohn auf Erden. Ein Kommentar zu Joh. 1,51, in: ZNW 30 (1931), S.215-233.
WINDISCH, H.: Joh 1,51 und die Auferstehung Jesu, in: ZNW 31 (1932), S.199-204.

Joh 3,1-21

BASSLER, J.: Mixed Signals: Nicodemus in the Fourth Gospels, in: JBL 108 (1989), S.635-646.

BEASLEY-MURRAY, G.R.: John 3;3,5. Baptism, Spirit and Kingdom, in: ET 97 (1986), S.167-170.

BECKER, J.: Joh 3,1-21 als Reflex johanneischer Schuldisskussion, in: DERS.: Annäherungen. Zur urchristlichen Theologiegeschichte und zum Umgang mit ihren Quellen (hrg. v. U. MELL) (BZNW 76), Berlin, New York 1995, S.127-137.

BERGMEIER, R.: Gottesherrschaft, Taufe und Geist. Zur Tauftradition in Joh 3, in: ZNW 86 (1995), S.53-73.

BORGEN, P.: Some Jewish Exegetical Traditions as Background for Son of Man Sayings in John's Gospel (Jn 3,13-14 and context), in: DE JONGE, M. (Hrg.): L'Evangile de Jean. Source, redaction, theologie (BEThL 44) Leuven 1977, S.243-258.
BORGEN, P.: The Son of Man Saying in John 3.13-14, in: DERS.: Philo, John and Paul, Atlanta 1983, S.107-110.

DERRETT, J.D.M.: The Bronze Serpent, in: EstBib 49 (1991), S.311-329.

FOWLER, R.: Born of Water and the Spirit (Jn 3⁵), in: ET 82 (1970/71), S.159.

FREY, J.: „Wie Mose die Schlange in der Wüste erhöht hat ...". Zur frühjüdischen Deutung der 'ehernen Schlange' und ihrer Rezeption in Johannes 3,14f., in: HENGEL, M. / LÖHR, H. (Hrg.): Schriftauslegung im antiken Judentum und im Urchristentum (WUNT 73), Tübingen 1994, S.153-205.

GAETA, G.: Il Dialogo con Nicodemo. Per l'interpretazione del capitulo terzo dell' evangelo di Giovanni (StBi 26), Brescia 1974.

GRESE, W.C.: 'Unless One is Born Again': The Use of a Heavenly Journey in John 3, in: JBL 107 (1988), S.677-93.

HOFIUS, O.: Das Wunder der Wiedergeburt. Jesu Gespräch mit Nikodemus, in: HOFIUS, O. / KAMMLER, H.C.: Johannesstudien. Untersuchungen zur Theologie des vierten Evangeliums (WUNT 88), Tübingen, S.33-80.

DE JONGE, M.: Nicodemus and Jesus. Some Observations on misunderstanding and understanding in the Fourth Gospel, in: DERS.: Jesus: Stranger from Heaven and Son of God. Jesus Christ and the Christians in Johannine Perspective (SBLSBS 11), Missoula 1977, S.29-47.

MANESCHG, H.: Die Erzählung von der ehernen Schlange (Num 21,4-9) in der Auslegung der frühen jüdischen Literatur (EHS.XXIII 157), Frankfurt/Main, Bern 1981.

MARRS, R.R.: John 3:14-15: The Raised Serpent in the Wilderness: The Johannine Use of an Old Testament Account, in: PRIEST, J.E. (Hrg.): Johannine Studies (FS F. PACK), Malibu 1989, S.132-147.

MEEKS, W.A.: Die Funktion des vom Himmel herabgestiegenen Offenbarers für das Selbstverständnis der johanneischen Gemeinde, in: MEEKS, W.A. (Hrg.): Zur Soziologie des

Urchristentums. Ausgewählte Beiträge zum frühchristlichen Gemeinschaftsleben in seiner gesellschaftlichen Umwelt (TB 62), München 1979, S.245-283.

MERKLEIN, H.: Gott und Welt. Eine exemplarische Interpretation von Joh 2,23-3,21; 12,20-36 zur theologischen Bestimmung des johanneischen Dualismus, in: SÖDING, T. (Hrg.): Der lebendige Gott. Studien zur Theologie des Neuen Testaments (FS W. THÜSING) (NTA 31), Münster 1996, S.287-305.

MILLER, D.G.: John 3,1-21, in: Interp. 35 (1981), S.174-179.

MOODY, D.: God's only Son: The Translation of Jn 3,16 in the Revised Standard Version, in: JBL 72 (1953), S.213-219.

NEYREY, J.H.: John III - A Debate over Johannine Epistemology and Christology, in: NT 23 (1981), S.115-127.

NICHOLSEN, G.C.: Death as departure: the Johannine descent-ascent-schema (SBLDS 63) Missoula 1983.

PAMMENT, M.: John 3:5: 'Unless one is born of water and the Spirit, he cannot enter the kingdom of God.', in: NT 25 (1983), S.189f.

PESCH, R.: „Ihr müßt von oben geboren werden". Eine Auslegung von Joh 3,1-12, in: BiLe 7 (1966), S.208-219.

RICHTER, G.: Zum sogenannten Tauftext Joh 3,5, in: DERS.: Studien zum Johannesevangelium (hrg. v. J. HAINZ) (BU 13), Regensburg 1977, S.327-345.

RUCKSTUHL, E.: Abstieg und Erhöhung des johanneischen Menschensohns, in: PESCH, R. / SCHNACKENBURG, R. (Hrg.): Jesus und der Menschensohn (FS A. VÖGTLE), Freiburg, Basel, Wien 1975, S.314-341.

SIDEBOTTOM, E.M.: The Ascent and Descent of the Son of Man in the Gospel of St. John, in: ATR 39 (1957), S.115-122.

SÖDING, T.: Wiedergeburt aus Wasser und Geist. Anmerkungen zur Symbolsprache des Johannesevangeliums am Beispiel des Nikodemusgesprächs (Joh 3,1-21), in: KER-TELGE, K. (Hrg.): Metaphorik und Mythos im Neuen Testament (QD 126), Freiburg, Basel, Wien 1990, S.168-219.

WEDER, H.: Die Asymmetrie des Rettenden. Überlegungen zu Joh 3,14-21 im Rahmen johanneischer Theologie, in: DERS.: Einblicke ins Evangelium. Exegetische Beiträge zur neutestamentlichen Hermeneutik. Gesammelte Aufsätze aus den Jahren 1980-1991, Göttingen 1992, S.435-465.

WITHINGTERON III., B.: The Waters of Birth: John 3.5 and 1John 5.6-8, in: NTS 35 (1989), S.155-160.

ZIMMERMANN, H.: Die christliche Taufe nach Joh 3. Ein Beitrag zur Logoschristologie des vierten Evangeliums, in: Cath (M) 30 (1976), S.81-93.

Joh 5,27ff.

DAHL, N.A.: „Do not Wonder!". John 5:28-29 and Johannine Eschatology once more, in: FORTNA, R.T./ GAVENTA, B.R. (Hrg.): The Conversation Continues. Studies in Paul and John (FS J.L. MARTYN), Nashville 1990, S.322-336.

HUIE-JOLLY, M.R.: Threats Answered by Enthronement: Death/Resurrection and the Divine Warrior Myth in John 5,17-29, Psalm 2 and Daniel 7, in: EVANS, C.R. / SANDERS, J.A. (Hrg.): Early Christian Interpretation of the Scriptures of Israel. Investigations and Proposals (JSNT.SS 148; SSEJC 5), Sheffield 1997, S.191-216.

Joh 6

ANDERSON, P.A.: The Christology of the Fourth Gospel. Its Unity and Disunity in the Light of John 6 (WUNT 78), Tübingen 1996.

BARRETT, C.K.: Das Fleisch des Menschensohnes (Joh 6,53), in: PESCH, R./ SCHNACKENBURG, R. (Hrg.): Jesus und der Menschensohn (FS A. VÖGTLE), Freiburg, Basel, Wien 1975, S.342-354.

BORGEN, P.: The Unity of the Discourse in John 6, in: ZNW 50 (1959), S.277-278.
BORGEN, P.: Bread from Heaven. An exegetical study of the concept of Manna in the Gospel of John and the writings of Philo (NT.S 10), Leiden 1965.
BORGEN, P.: Bread from Heaven; Aspects of Debates on Expository Method and Form, in.: DERS.: Logos was the true Light - and other Essays on the Gospel of John, Trondheim 1983, S.32-45.
BORGEN, P.: John 6: Tradition, Interpretation and Composition, in: DEBOER, M.C. (Hrg.): From Jesus to John. Essays on Jesus and New Testament Christology (FS M. DE JONGE) (JSNT.SS 84), Sheffield 1993, S.268-291.

BORNKAMM, G.: Die eucharistische Rede im Johannesevangelium, in: DERS.: Geschichte und Glaube I (BEvTh 48), München 1968, S.60-67.
BORNKAMM, G.: Vorjohanneische Tradition oder nachjohanneische Bearbeitung in der eucharistischen Rede Johannes 6?, in: DERS.: Geschichte und Glaube II (BEvTh 53), München 1971, S.51-64.

CROSSAN, J.D.: It is written: A Structuralist Analysis of John 6, in: STIBBE, M.W.G. (Hrg.): The Gospel of John as Literature. An Anthology of Twentieth-Century Perspectives (NTTS 17), Leiden, New York, Köln 1993, S.145-164.

DORMAN, D.A.: The Son of Man in John. A Fresh Approach through Chapter 6, in: StBiblTh 13 (1983), S.121-142.

DUNN, J.D.G.: John VI. A Eucharist Discourse?, in: NTS 17 (1970/71), S.328-338.

GIBLIN, C.H.: The Miraculous Crossing of the Sea (John 6,16-21), in: NTS 29 (1983), S.96-103.

HOFIUS, O.: Erwählung und Bewahrung. Zur Auslegung von Joh 6,37, in: HOFIUS, O. / KAMMLER, H.C.: Johannesstudien. Untersuchungen zur Theologie des vierten Evangeliums (WUNT 88), Tübingen, S.81-86.

JOHNSTON, E.D.: The Johannine Version of the Feeding of the Five Thousand - an Independent Tradition?, in: NTS 8 (1961/62), S.151-154.

MENKEN, M.J.J.: Some remarks on the course of the dialogue: John 6:25-34, in: Bijdragen 48 (1987) S.139-149.
MENKEN, M.J.J.: John 6,51c-58: Eucharist or Christology?, in: Bib 74 (1993), S.1-26.

PAINTER, J.: Tradition and Interpretation in John 6, in: NTS 35 (1989), S.421-450.

RICHTER, G.: Zur Formgeschichte und literarischen Einheit von Joh 6,31-58, in: DERS.: Studien zum Johannesevangelium (hrg. v. J. HAINZ) (BU 13), Regensburg 1977, S.88-179.

RICHTER, G.: Die alttestamentlichen Zitate in der Rede vom Himmelsbrot Joh 6,26-51a, in: DERS.: Studien zum Johannesevangelium (hrg. v. J. HAINZ) (BU 13), Regensburg 1977, S.199-265.

ROSE, M.: Manna: das Brot vom Himmel, in: ROSE, M. (Hrg.): Johannes-Studien. Interdisziplinäre Zugänge zum Johannes-Evangeliums (FS J. ZUMSTEIN), Zürich 1991, S.75-108.

RUCKSTUHL, E.: Die Speisung des Volkes durch Jesus und die Seeüberfahrt der Jünger nach Joh 6,1-25 im Vergleich zu den synoptischen Parallelen, in: VAN SEGBROECK, F./ TUCKETT, C.M./ VAN BELLE, G./ VERHEYDEN, J. (Hrg.): The Four Gospels 1992 III (FS F. NEIRYNCK) (BEThL 100), Leuven 1992, S.2001-2019.

SCHENKE, L.: Die formale und gedankliche Struktur Joh 6,26-58, in: BZ 40 (1980), S.21-41.

SCHENKE, L.: Die literarische Vorgeschichte von Joh 6,26-58, in: BZ 29 (1985), S.68-89.

SCHNACKENBURG, R.: Das Brot des Lebens (Joh 6), in: DERS.: Johannesevangelium 4 S.119-130.

SCHÜRMANN, H.: Joh. 6,51c - ein Schlüssel zur johanneischen Brotrede, in: BZ 2 (1958), S.255-262.

SMITH, M.: Collected Fragments: On the Priority of John 6 to Mark 6-8, in: SBLASP 1, Missoula 1979, S.105-108.

SPRIGGS, D.G.: Meaning of 'Water' in John 3^5, in: ET 85 (1973/74), S.149-150.

SWANCUTT, D.M.: Hungers Assuaged by the Bread from Heaven: 'Eating Jesus' as Isaian Call to Belief: The Confluence of Isaiah 55 and Psalm 78 (77) in John 6.22-71, in: EVANS, C.R. / SANDERS, J.A. (Hrg.): Early Christian Interpretation of the Scriptures of Israel. Investigations and Proposals (JSNT.SS 148; SSEJC 5), Sheffield 1997, S.218-251.

THEOBALD, M. Gezogen von Gottes Liebe (Joh 6,44f.). Beobachtungen zur Überlieferung eines johanneischen „Herrenwortes", in: BACKHAUS, K. / UNTERGAßMAIR, F.G. (Hrg.): Schrift und Tradition (FS J. ERNST), Paderborn 1996, S.315-342.

WEDER, H.: Die Menschwerdung Gottes. Überlegungen zur Auslegungsproblematik des Johannesevangeliums am Beispiel von Joh 6, in: DERS.: Einblicke ins Evangelium. Exegetische Beiträge zur neutestamentlichen Hermeneutik. Gesammelte Aufsätze aus den Jahren 1980-1991, Göttingen 1992, S.363-400.

WILCKENS, U.: Der eucharistische Abschnitt der johanneischen Rede vom Lebensbrot (Joh 6,51c-58), in: GNILKA, J. (Hrg.): Neues Testament und Kirche (FS R. SCHNACKEN-BURG), Freiburg, Basel, Wien 1974, S.220-248.

WITKAMP, L.T.: Some specific Johannine Features in John 6.1-21, in: JSNT 40 (1990), S.43-59.

Joh 8,28

RIEDL, J.: Wenn ihr den Menschensohn erhöht habt, werdet ihr erkennen (Joh 8,28), in: PESCH, R./ SCHNACKENBURG, R. (Hrg.): Jesus und der Menschensohn (FS A. VÖGTLE), Freiburg, Basel, Wien 1975, S.355-370.

Joh 9

BORNKAMM, G.: Die Heilung des Blindgeborenen Johannes 9, in: DERS.: Geschichte und Glaube II (BEvTh 53), München 1971, S.65-72.

MÜLLER, M.: Have you faith in the Son of Man? (John 9:35), in: NTS 37 (1991), S.291-294.

REIN, M.: Die Heilung des Blindgeborenen (Joh 9). Tradition und Redaktion (WUNT 73), Tübingen 1995.

Joh 12,34

BAMPFYLDE, M.: More Light on Jn XII 34, in: JSNT 17 (1983), S.87-89.

BEASLEY-MURRAY, G.R.: John 12,31-34: The Eschatological Significance of the Lifting up of the Son of Man, in: SCHRAGE, W. (Hrg.): Studien zum Text und zur Ethik des Neuen Testaments (FS H. GREEVEN), Berlin, New York 1986, S.70-81.

KOVACS, J.L.: 'Now shall the Ruler of this World be Driven Out': Jesus Death as Cosmic Battle in John 12:20-36, in: JBL 114 (1995), S.236-247.

VAN UNNIK, W.C.: The Quotation from the Old Testament in John 12:34, in: NT 3 (1959), S.174-179.

VISSCHERS, L.: De mensenzoon moet verhoogd worden, in: Schrift 4 (1972), S.63-67.

Literatur zum Menschensohn-Problem insgesamt

AUFRECHT, W.E.: The Son of Man Problem as an Illustration of the Techne of New Testament Studies, in: MCLEAN, B.H. (Hrg.): Origins and Method. Towards a New Understanding of Judaism and Christianity (FS J.C. HURD) (JSNT.SS 86), Sheffield 1993, S.282-294.

BAUCKHAM, R.: The Son of Man: „A Man in My Position" or „Someone"?, in: JSNT 23 (1985), S.23-33.

BERGER, K.: Die Auferstehung des Propheten und die Erhöhung des Menschensohnes. Traditionsgeschichtliche Untersuchungen zur Deutung des Geschickes Jesu in frühchristlichen Texten (StUNT 13), Göttingen 1976.

BIETENHARD, H.: „Der Menschensohn" - ὁ υἱὸς τοῦ ἀντρώπου. Sprachliche und religionsgeschichtliche Untersuchungen zu einem Begriff der synoptischen Evangelien I. Sprachlicher und religionsgeschichtlicher Teil, in: ANRW II 25.1 (1982), S.265-350.

BITTNER, W.J.: Gott - Menschensohn - Davidsohn. Eine Untersuchung zur Traditionsgeschichte von Dan 7,13f., in: FZPhTh 32 (1985), S.343-372.

BLACK, M.: The „Son of Man" Passion Sayings in the Gospel Tradition, in: ZNW 60 (1969), S.1-8.
BLACK, M.: Die Apotheose Israels: eine neue Interpretation des danielischen »Menschen-sohns« in: PESCH, R./ SCHNACKENBURG, R. (Hrg.): Jesus und der Menschensohn (FS A. VÖGTLE), Freiburg, Basel, Wien 1975, S.92-99.
BLACK, M.: Jesus and the Son of Man, in: JSNT 1 (1978), S.4-18.
BLACK, M.: Aramaic Barnasha and the Son of Man, in: ET 95 (1984), S.200-206.
BLACK, M.: The Messianism of the Parables of Enoch, in: CHARLESWORTH, J.H. (Hrg.): The Messiah. Developments in Earliest Judaism and Christianity, Minneapolis 1992, S.158-168.

BORSCH, F.H.: The Son of Man in Myth and History (NTLi), London 1967.

BOWMAN, J.: The Background of the Term »Son of Man«, in: ET 59 (1948), S.283-288.

BRAUN, F.-M.: Messie, Logos et Fils de l'Homme, in: MASSAUX, E. (Hrg.): La Venue du Messie, Louvain 1962, S.133-147.

BURKETT, D.: The Nontitular Son of Man: A History and Critique, in: NTS 40 (1994), S.504-521

CAMPBELL, J.Y.: The Origin and Meaning of the Term Son of Man, in: JTS 48 (1947), S.145-155.

CARAGOUNIS, C.C.: The Son of Man. Vision and Interpretation (WUNT 38), Tübingen 1986.

CASEY, M.: The Corporate Interpretation of ›One Like a Son of Man‹ (Dan 7,14) at the Time of Jesus, in: NT 18 (1976), S.167-180.

CASEY, M.: Idiom and Translation: Some Aspects of the Son of Man Problem, in: NTS 41 (1995), S.164-182.

CASEY, M.: The Development of New Testament Christology II/4: Son of Man, in: ANRW II 26.5 (1996).

CASEY, P.M.: The Use of the Term ›Son of Man‹ in the Similitudes of Enoch, in JSJ 7 (1976), S.11-29.

CASEY, P.M.: The Son of Man Problem, in: ZNW 67 (1976), S.147-154.

COLLINS, J.J.: The Son of Man and the Saints of the Most High in the Book of Daniel, in: JBL 93 (1974), S.50-66.

COLLINS, J.J.: The Heavenly Represantive. The 'Son of Man' in the Similitudines of Enoch, in: COLLINS, J.J. / NICKELSBURG, W.E. (Hrg.): Ideal Figures in Ancient Judaism (SBL.SCS 12), Chico 1980, S.111-133.

COLLINS, J.J.: The Son of Man in First-Century Judaism, in: NTS 38 (1992), S.448-466.

COLPE, C.: Artikel „υἱὸς τοῦ ἀνθρώπου", in: ThWNT 8 (1969), S. 403-481.

COLPE, C.: Der Begriff „Menschensohn" und die Methode der Erforschung messianischer Prototypen, in: Kairos 11 (1969), S.241-263; 12 (1970), S.81-112; 13 (1971), S.1-17.

COPPENS, J.: Le fils de l'homme néotestamentaire (BEThL 55), Leuven 1981.

COPPENS, J.: Le fils de l'homme vétéro- et intertestamentaire (BEThL 61), Leuven 1983.

DEISSLER, A.: Der „Menschensohn" und „das Volk der Heiligen des Höchsten" in Dan 7, in: PESCH, R./ SCHNACKENBURG, R. (Hrg.): Jesus und der Menschensohn (FS A. VÖGTLE), Freiburg, Basel, Wien 1975, S.81-91.

DONAHUE, J.R.: Recent Studies on the Origin of the „Son of Man" in the Gospels, in: CBQ 48 (1986), S.484-498.

GEIST, H.: Menschensohn und Gemeinde. Eine redaktionskritische Untersuchung zur Menschensohnprädikation im Matthäusevangelium (FzB 57), Würzburg 1986.

GERLEMAN, G.: Der Menschensohn (Studia Biblica 1), Leiden 1983.

HAHN, F.: Die Rede von der Parusie des Menschensohnes Markus 13, in: PESCH, R. / SCHNACKENBURG, R. (Hrg.): Jesus und der Menschensohn (FS A. VÖGTLE), Freiburg, Basel, Wien 1975, S.240-266.

HAHN, H.: Artikel „υἱὸς τοῦ ἀνθρώπου", in: EWNT III, Sp.927-935.

HAMERTON-KELLY, R.G.: Pre-existence, Wisdom and the Son of Man (SNTSMS 21), Cambridge 1973.

HAMPEL, V.: Menschensohn und historischer Jesus. Ein Rätselwort als Schlüssel zum messianischen Selbstverständnis Jesu, Neukirchen-Vluyn 1990.

HARE, D.R.A.: The Son of Man Tradition, Minneapolis 1990.

HAUFE, G.: Das Menschensohnproblem in der gegenwärtigen wissenschaftlichen Diskussion, in: EvTh 26 (1966), S.130-141.

HIGGINS, A.J.B.: Jesus and the Son of Man, London 1964.
HIGGINS, A.J.B.: Menschensohn-Studien (Franz Delitzsch-Vorlesungen 1961), Stuttgart, Ber-lin, Köln, Mainz 1965.
HIGGINS, A.J.B.: The Son of Man in the Teaching of Jesus, Cambridge 1980.

HOOKER, M.D.: The Son of Man in Mark, London 1967.

HORBURY, W.: The Messianic Association of the ›Son of Man‹, in: JTS 38 (1985), S.34-55.

IBER, G.: Überlieferungsgeschichtliche Untersuchungen zum Begriff des Menschensohnes im Neuen Testaments (ungedruckte Dissertation Heidelberg 1953).

KEARNS, R.: Vorfragen zur Christologie, Band I: Morphologische und semasiologische Studie zur Vorgeschichte eines christologischen Hoheitstitels, Tübingen 1978. (= Vorfragen I)
KEARNS, R.: Vorfragen zur Christologie, Band II: Überlieferungsgeschichtliche und religionsgeschichtliche Studie zur Vorgeschichte eines christologischen Hoheitstitels, Tübingen 1980. (= Vorfragen II)
KEARNS, R.: Vorfragen zur Christologie, Band III.: Religionsgeschichtliche und traditionsgeschichtliche Studie zur Vorgeschichte eines christologischen Hoheitstitels, Tübingen 1982. (= Vorfragen III)
KEARNS, R.: Das Traditionsgefüge um den Menschensohn. Ursprünglicher Gehalt und älteste Veränderung im Urchristentum, Tübingen 1986.
KEARNS, R.: Die Entchristologisierung des Menschensohnes. Die Übertragung des Traditionsgefüges um den Menschensohn auf Jesus, Tübingen 1988.

KIM, S.: „The 'Son of Man' " as the Son of God (WUNT 30), Tübingen 1983.

KMIECIK, U.: Der Menschensohn im Markusevangelium (FzB 81), Würzburg 1997.

KOCH, K.: Messias und Menschensohn. Die zweistufige Messianologie der jüngeren Apokalyptik, in: JBTh 8 (1993), S.73-102.
KOCH, K.: Das Reich der Heiligen und des Menschensohns. Ein Kapitel politischer Theologie, in: DERS.: Die Reiche der Welt und der kommende Menschensohn. Studien zum Danielbuch. Gesammelte Aufsätze 2 (hrg. v. M. RÖSEL), Neukirchen-Vluyn 1996, S.140-172.

KÜMMEL, W.G.: Das Verhalten Jesu gegenüber und das Verhalten des Menschensohns. Markus 8,38 par und Lukas 12,3f par Mattäus 10,32f, in: PESCH, R./ SCHNACKENBURG, R. (Hrg.): Jesus und der Menschensohn (FS A. VÖGTLE), Freiburg, Basel, Wien 1975, S.210-224.

KVANVIG, H.: Roots of Apocalyptic. The Mesopotamian Background of the Enoch Figure and of the Son of Man (WMANT 61), Neukirchen-Vluyn 1988.

LEIVESTAD, R.: Exit the Apocalyptic Son of Man, in: NTS 18 (1971/72), S.S.243-267.
LEIVESTAD, R.: Jesus - Messias - Menschensohn. Die jüdischen Heilandserwartungen zur Zeit der ersten römischen Kaiser und die Frage nach dem messianischen Selbstbewußtsein Jesu, in: ANRW II 25.1 (1982), S.220-264.

LINDARS, B.: Re-enter the Apocalyptic Son of Man, in: NTS 22 (1976), S.54-60.
LINDARS, B.: Jesus, Son of Man. A Fresh Examination of the Son of Man Sayings in the Gospels in the Light of Recent Research, London 1983.

LOHSE, E.: Christus als der Weltenrichter, in: DERS.: Die Vielfalt des Neuen Testaments. Exegetische Studien zur Theologie des Neuen Testaments II, Göttingen 1982, S.70-81.
LOHSE, E.: Der Menschensohn in der Johannesapokalypse, in: DERS.: Die Vielfalt des Neuen Testaments. Exegetische Studien zur Theologie des Neuen Testaments II, Göttingen 1982, S.83-87.

MARSHALL, I.H.: The Synoptic Son of Man Sayings in Recent Diskussion, in: NTS 12 (1965/66), S.327-351.

MICHEL, O.: Der Menschensohn. Die eschatologische Hinweisung. Die apokalyptische Aussage. Bemerkungen zum Menschensohn-Verständnis des N.T. in: ThZ 27 (1971), S.81-104.
MICHEL, O.: Artikel „υἱός τοῦ ἀνθρώπου", in: ThBNT II, S.1153-1166.

MOULE, C.F.D.: 'The Son of Man': Some of the Facts, in: NTS 41 (1995), S.277-279.

MUILENBURG, J.: The Son of Man in Dan and the Ethiopic Apocalypse of Enoch, in: JBL 79 (1960), S.197-209.

MÜLLER, K.: Der Menschensohn im Danielzyklus, in: PESCH, R./ SCHNACKENBURG, R. (Hrg.): Jesus und der Menschensohn (FS A. VÖGTLE), Freiburg, Basel, Wien 1975, S.37-80. (= DERS.: Studien zur frühjüdischen Apokalyptik (SBA 11), Stuttgart 1991, S.229-278)
MÜLLER, K.: Menschensohn und Messias, in: DERS.: Studien zur frühjüdischen Apokalyptik (SBA 11), Stuttgart 1991, S.279-322.

MÜLLER, M.: Über den Ausdruck Menschensohn in den Evangelien, in: StTh 31 (1977), S.65-80.
MÜLLER, M.: Der Ausdruck „Menschensohn" in den Evangelien. Voraussetzungen und Bedeutung (AThD 17), Leiden 1984.
MÜLLER, M.: The Expression Son of Man as Used by Jesus, in: StTh 38 (1984), S.47-64.

MÜLLER, U.B.: Messias und Menschensohn in jüdischen Apokalypsen und in der Offenba-rung des Johannes (StNT 6), Gütersloh 1972.

MUßNER, F.: Wohnung Gottes und Menschensohn nach der Stephanusperikope (Apg 6,8-8,2), in: PESCH, R./ SCHNACKENBURG, R. (Hrg.): Jesus und der Menschensohn (FS A. VÖGTLE), Freiburg, Basel, Wien 1975, S.283-299.

PERRIN, N.: The Son of Man in Ancient Judaism and Primitive Christianity, in: BR 11 (1966), S.17-28.

ROLOFF, J.: Das Reich des Menschensohnes. Ein Beitrag zur Eschatologie des Matthäus, in: EVANG, M. / MERKLEIN, H. / WOLTER, M. (Hrg.): Eschatologie und Schöpfung (FS E. GRÄßER) (BZNW 89), Berlin, New York 1997, S.275-292.

SAHLIN, H.: Wie wurde ursprünglich die Bezeichnung ›der Menschensohn‹ verstanden?, in: StTh 37 (1983), S.147-179.

SCHENK, W.: Das biographische Ich-Idiom ›Menschensohn‹ in den frühen Jesus-Bographien. Der Ausdruck, seine Codes und seine Rezeption in ihren Kotexten (FRLANT 177), Göttingen 1997.

SCHWEIZER, E.: Der Menschensohn, in: ZNW 50 (1959), S.185-209.

SJÖBERG, E.: Der Menschensohn im äthiopischen Henochbuch, Lund 1946.
SJÖBERG, E.: Der verborgene Menschensohn in den Evangelien, Lund 1955.

SLATER, T.B.: One like a Son of Man in First-Century CE Judaism, in: NTS 41 (1995), S.183-198.

STOWASSER, M.: Mk 13,26f und die urchristliche Rezeption des Menschensohns. Eine Anfrage an Anton Vögtle, in: BZ 39 (1995), S.246-252.

THEISOHN, J.: Der auserwählte Richter. Untersuchungen zum traditionsgeschichtlichen Ort der Menschensohngestalt der Bilderreden des äthiopischen Henoch (StUNT 12), Göttingen 1975.

THEOBALD, M.: Gottessohn und Menschensohn. Zur polaren Struktur der Christologie im Markusevangelium, in: SNTU 13 (1988), S.37-88.

TÖDT, H.E.: Der Menschensohn in der synoptischen Überlieferung, Gütersloh ³1984.

TUCKETT, C.M.: The Present Son of Man, in: JSNT 14 (1982), S.58-81.

TUCKETT, C.M.: The Son of Man in Q, in: DE BOER, M.C. (Hrg.): From Jesus to John. Essays on Jesus and New Testament Christology (FS M. DE JONGE) (JSNT.SS 84), Sheffield 1993, S.196-215.

VANDERKAM, J.: Righteous One, Messiah, Chosen One, and Son of Man in I Enoch, in: CHARLESWORTH, J.H. (Hrg.): The Messiah. Developments in Earliest Judaism and Christianity, Minneapolis 1992, S.37-71.

VIELHAUER, P.: Gottesreich und Menschensohn, in: DERS.: Aufsätze zum Neuen Testament (TB 13), S.55-91.

VÖGTLE, A.: Die 'Gretchenfrage' des Menschensohnproblems. Bilanz und Perspektive (QD 152), Freiburg, Basel, Wien 1994.

WALKER, W.O.: The Son of Man. Some Recent Developments, in: CBQ 45 (1983), S.684-607.

YARBRO COLLINS, A.: The Origin of the Designation of Jesus as »Son of Man«, in: HTR 80 (1987), S.391-407.

YARBRO COLLINS, A.: The Apocalyptic Son of Man-Sayings, in: PEARSON, B.A. (Hrg.): The Future of Early Christianity (FS H. KOSTER), Minneapolis 1991, S.220-228.

YARBRO COLLINS, A.: The 'Son of Man' Tradition and the Book of Revelation, in: CHARLESWORTH, J.H. (Hrg.): The Messiah. Developments in Earliest Judaism and Christianity, Minneapolis 1992, S.536-568.

Übrige Literatur zum Johannesevangelium

APPOLD, M.L.: The Oneness Motif in the Fourth Gospel. Motif Analysis and Exegetical Probe into the Theology of John (WUNT II/1), Tübingen 1976.

ASHTON, J.: The Identity and Function of the 'Ιουδαῖοι in the Fourth Gospel, in: NT 27 (1985), S.40-75.

ASHTON, J.: The Transformation of Wisdom, in: NTS 32 (1986), S.161-186.

ASHTON, J. (Hrg.): The Interpretation of John (Issues in Religion and Theology 9), London, Philadelphia 1986.

AUGENSTEIN, J.: Das Liebesgebot im Johannesevangelium und in den Johannesbriefen (BWANT 134), Stuttgart 1993.

BALL, D.M.: S. John and the Institution of the Eucharist, in: JSNT 23 (1985), S.59-68.

BALL, D.M.: 'I Am' in John's Gospel. Literary Function, Background and Theological Implications (JSNT.S 124), Sheffield 1996.

BARRETT, C.K.: Der Zweck des 4. Evangeliums, in: ZSTh 22 (1953), S.257-273.
BARRETT, C.K.: Das Johannesevangelium und das Judentum (Franz Delitzsch-Vorlesungen 1967), Stuttgart, Berlin, Köln, Mainz 1970.
BARRETT, C.K.: „The Father is greater than I" (Jo 14,28): Subordinationist Christology in the New Testament, in: GNILKA, J. (Hrg.): Neues Testament und Kirche (FS R. SCHNAKKENBURG), Freiburg, Basel, Wien, S.144-159.
BARRETT, C.K.: Johanneisches Christentum, in: BECKER, J. u.a.: Die Anfänge des Christentums. Alte Welt und Neue Hoffnung, Stuttgart, Berlin, Köln, Mainz 1987, S.255-279.

BARTH, M.: Die Juden im Johannesevangelium. Wiedererwägungen zum Sitz im Leben, Datum und angeblichen Antijudaismus des Johannesevangeliums, in: NEUHAUS, D. (Hrg.): Teufelskinder oder Heilsbringer - Die Juden im Johannesevangelium (Ar-noldshainer Texte 64), Frankfurt ²1993, S.39-94.

BASSLER, J.: The Galileans: A Neglected Factor in Johannine Research, in: CBQ 43 (1981), S.243-257.

BAUCKHAM, R.: The Beloved Disciple as Ideal Author, in: JSNT 49 (1993), S.21-44.

BAUER, J.: Πῶς in der griechischen Bibel, in: NT 2 (1957/58), S.81-91.

BAUM-BODENBENDER, R.: Hoheit in Niedrigkeit. Johanneische Christologie im Prozeß Jesu vor Pilatus (Joh 18,28-19,16a) (FzB 49), Würzburg 1984.

BAUMBACH, G.: Die Funktion der Gemeinde in der Welt in johanneischer Sicht, in: ZdZ 21 (1971), S.161-167.
BAUMBACH, G.: Gemeinde und Welt im Johannes-Evangelium, in: Kairos 14 (1972), S.121-136.

BEASLEY-MURRAY, G.R.: The Mission of the Logos-Son, in: VAN SEGBROECK, F./ TUCKETT, C.M./ VAN BELLE, G./ VERHEYDEN, J. (Hrg.): The Four Gospels 1992 III (FS F. NEIRYNCK) (BEThL 100), Leuven 1992, S.1855-1868.

BECKER, J: Wunder und Christologie. Zum literarkritischen und christologischen Problem der Wunder im Johannesevangelium, in: NTS 16 (1969/70), S. 130-148.
BECKER , J.: Die Abschiedsreden im Johannesevangelium, in: ZNW 61 (1970), S. 215-246.
BECKER, J.: Beobachtungen zum Dualismus im Johannesevangelium, in: ZNW 65 (1974), S.71-87.
BECKER, J.: Ich bin die Auferstehung und das Leben. Eine Skizze der johanneischen Christologie, in: ThZ 39 (1983), S.136-151.

BERGER, K.: Zu „Das Wort ward Fleisch" Joh I 14a, in: NT 16 (1974), S. 161-166.
BERGER, K.: Rezension „Bühner, Der Gesandte und sein Weg im 4. Evangelium", in: ThLZ 108 (1983), Sp.123-125.
BERGER, K.: Im Anfang war Johannes. Datierung und Theologie des vierten Evangeliums, Stuttgart 1997.

BERGMEIER, R.: Glaube als Werk? Die 'Werke Gottes' in Damaskusschrift II,14-15 und Johannes 6,28-29, in: RQum 6 (1967), S.253-260.
BERGMEIER, R.: Glaube als Gabe nach Johannes. Religions- und theologiegeschichtliche Studien zum prädestinatianischen Dualismus im vierten Evangelium (BWANT VI/12), Stuttgart 1980.
BERGMEIER, R.: Weihnachten mit und ohne Glanz. Notizen zu Johannesprolog und Philipperhymnus, in: ZNW 85 (1994), S.47-68.

BETZ, O.: Der Paraklet. Fürsprecher im häretischen Judentum, im Johannesevangelium und in neugefundenen gnostischen Schriften (AGSU 2), Leiden, Köln 1963.

BETZ, O.: „Kann denn aus Nazareth etwas Gutes kommen?" Zur Verwendung von Jesaja Kap.11 in Johannes Kap.1, in: DERS.: Jesus der Messias Israels, Aufsätze zur biblischen Theologie (WUNT 42), Tübingen 1987, S.387-397.

BEUTLER, J.: Martyria. Traditionsgeschichtliche Untersuchungen zum Zeugnisthema bei Johannes (FTS 10), Frankfurt/Main 1972.
BEUTLER, J.: Die Heilsbedeutung des Todes Jesu im Johannesevangelium nach Joh 13,1-20, in: KERTELGE, K. (Hrg.): Der Tod Jesu. Deutungen im Neuen Testament (QD 74), Freiburg, Basel, Wien ²1982, S.188-204.
BEUTLER, J.: Ps 42/43 im Johannesevangelium, in: NTS 25 (1978/79), S.33-57.
BEUTLER, J.: Greeks come to see Jesus (John 12,20f.), in: Bib 71 (1990), S.333-347.
BEUTLER, J.: Habt keine Angst. Die erste johanneische Abschiedsrede (Joh 14) (SBS 116), Stuttgart 1984.

BEUTLER, J./ FORTNA, R.T. (Hrg.): The Sheperd Discourse of John 10 and its Context (MSSNTS 67), Cambridge 1991.

BITTNER, W.J.: Jesu Zeichen im Johannesevangelium. Die Messias-Erkenntnis im Johannesevangelium vor ihrem jüdischen Hintergrund (WUNT II/26), Tübingen 1987.

BJERKELUND, C.J.: Tauta Egeneto. Die Präzisierungssätze im Johannesevangelium (WUNT 40), Tübingen 1987.

BINDEMANN, W.: Der Johannesprolog: Ein Versuch, ihn zu verstehen, in: NT 37 (1995), S.330-354.

BLANK, J.: Krisis. Studien zur johanneischen Christologie und Eschatologie, Freiburg 1964.
BLANK, J.: Der Mensch vor der radikalen Alternative. Versuch zum Grundansatz der „johanneischen Anthropologie", in: Kairos 22 (1980), S.146-156.
BLANK, J.: Die Verhandlung vor Pilatus: Joh 18,28-19,16 im Lichte johanneischer Theologie, in: DERS.: Der Jesus des Evangeliums. Entwürfe zur biblischen Christologie, München 1981, S.169-196.
BLANK, J.: Der johanneische Wahrheitsbegriff, in: DERS.: Der Jesus des Evangeliums. Entwürfe zur biblischen Christologie, München 1981, S.197-210.

BÖCHER, O.: Der johanneische Dualismus im Zusammenhang des nachbiblischen Judentums, Gütersloh 1965.
BODI, D.: Der altorientalische Hintergrund des Themas der „Ströme lebendigen Wassers" in Joh 7,38, in: ROSE, M. (Hrg.): Johannes-Studien. Interdisziplinäre Zugänge zum Johannes-Evangeliums (FS J. ZUMSTEIN), Zürich 1991, S.137-158.

DE BOER, M.C.: Jesus the Baptizer: 1 John 5: 5-8 and the Gospel of John, in: JBL 107 (1988), S.87-106.
DE BOER, M.C.: Narrative Criticism, Historical Criticism, and the Gospel of John, in: JSNT 47 (1992), S.35-48.
DE BOER, M.C.: Johannine Perspectives on the Death of Jesus (Contributions to Biblical Exegesis and Theology 17), Kampen 1996.

BOISMARD, M.E.: Aenon pres de Salim, in: RB 80 (1973), S.218-229.
BOISMARD, M.-É.: Moses or Jesus. An Essay in johannine Christology (BEThL 84-A), Leuven 1993.

BONSALL, H.B.: The Son of God and the Word of God in the Setting of John's Gospel, London 1982.

BORGEN, P.: God's Agent in the Fourth Gospel, in: NEUSNER, J. (Hrg.): Religions in Antiquity (Studies in the History of Religions 14), Leiden 1967, S.137-148.

BORIG, R.: Der wahre Weinstock. Untersuchungen zu Jo 15,1-10 (StANT 16), München 1967.

BORING, M.E.: The Influence of Christian Prophecy in the Johannine Portrayal of the Paraclete and Jesus, in: NTS 25 (1978), S.113-123.

BORNKAMM, G.: Zur Interpretation des Johannesevangeliums. Eine Auseinandersetzung mit Ernst Käsemanns Schrift „Jesu letzter Wille nach Johannes 17", in: DERS.: Geschichte und Glaube I (BEvTh 48), München 1968, S.104-121.

BORNKAMM, G.: Der Paraklet im Johannesevangelium, in: DERS.: Geschichte und Glaube I (BEvTh 48), München 1968, S.68-89.

BORNHÄUSER, K.: Das Johannesevangelium, eine Missionsschrift für Israel (BFChTh II/15), Gütersloh 1928.

BOTHA, J.E.: Jesus and the Samaritan Woman. A Speech Act Reading of John 4:1-42 (NT.S 65), Leiden 1991.

BOWEN, C.R.: The Fourth Gospel as Dramatic Material, in: JBL 49 (1930), S.292-305.

BRAINE, D.D.C.: The Inner Jewishness of St. John's Gospel, in: SNTU 13 (1988), S.101-155.

BRODIE, T.L.: The Quest for the Origin of John's Gospel. A Source-Oriented Approach, New York, Oxford 1993.

BROER, I.: Auferstehung und ewiges Leben im Johannesevangelium, in: BROER, I. / WERBICK, J. (Hrg.): „Auf Hoffnung sind wir erlöst" (Röm 8,24). Biblische und systematische Beiträge zum Erlösungsverständnis heute (SBS 128), Stuttgart 1987, S.67-94.

BROWN, R.E.: Ringen um die Gemeinde. Der Weg der Kirche nach den johanneischen Schrif-ten, Salzburg 1982.

BÜHLER, P.: Ist Johannes ein Kreuzestheologe? Exegetisch-systematische Bemerkungen zu einer noch offenen Debatte, in: ROSE, M. (Hrg.): Johannes-Studien. Interdisziplinäre Zugänge zum Johannes-Evangeliums (FS J. ZUMSTEIN), Zürich 1991, S.191-207.

BÜHNER, J.-A.: Der Gesandte und sein Weg im 4. Evangelium. Die kultur- und religionsgeschichtlichen Grundlagen der johanneischen Sendungschristologie sowie ihre traditionsgeschichtliche Entwicklung, (WUNT II/ 2), Tübingen 1977.

BÜHNER, J.-A.: Denkstrukturen im Johannesevangelium, in: ThBeitr 13 (1982), S.224-231.

BULL, K.M.: Gemeinde zwischen Integration und Abgrenzung. Ein Beitrag zur Frage nach dem Ort der joh Gemeinde(n) in der Geschichte des Urchristentums (BET 24), Frankfurt/Main 1992.

BULTMANN, R.: Die Bedeutung der neu erschlossenen mandäischen und manichäischen Quel-len für das Verständnis des Johannesevangeliums, in: ZNW 24 (1925), S. 100-146.

BULTMANN, R.: Die Eschatologie des Johannes-Evangeliums, in: DERS.: Glauben und Verstehen I, Tübingen ⁹1993, S.134-152.

BULTMANN, R.: Artikel „Johannesevangelium", in: RGG³ III., Sp.840-850.

BURGE, G.M.: The Annointed Community. The Holy Spirit in the Johannine Tradition, Grand Rapids 1987.

CADMAN, W.H.: The Open Heaven. The Revelation of God in the Johannine Sayings of Jesus, Oxford, New York 1969.

CAIRD, G.G.: The Glory of God in the Fourth Gospel. An Exercise in Biblical Semantics, in: NTS 15 (1968/69), S.265-277.

VON CAMPENHAUSEN, H.: Zum Verständnis von Joh 19,11, in: ThLZ 73 (1948), S.387-392.

CAROLL, K.C.: The Fourth Gospel and the Exclusion of Christians from the Synagogues, in: BJRL 40 (1957), S.19-32.

CULLMANN, O.: Der johanneische Gebrauch doppeldeutiger Ausdrucke als Schlüssel zum Verständnis des vierten Evangeliums, in: DERS.: Vorträge und Aufsätze 1925-1962, Tübingen, Zürich 1966, S.176-186.

CULLMANN, O.: Der johanneische Kreis. Sein Platz im Spätjudentum, in der Jüngerschaft Jesu und im Urchristentum. Zum Ursprung des Johannesevangeliums, Tübingen 1975.

CULLMANN, O.: The Theological Content of the Prologue to John in its Present Form, in: FORTNA, R.T./ GAVENTA, B.R. (Hrg.): The Conversation Continues. Studies in Paul and John (FS J.L. MARTYN), Nashville 1990, S.295-298.

CULLMANN, O.: Von Jesus zum Stephanuskreis und zum Johannesevangelium, in: DEXINGER, F. / PUMMER, R. (Hrg.): Die Samaritaner (WdF 604), Darmstadt 1992, S.393-407.

CULPEPPER, R.A.: The Johannine School (SBLDS 26), Missoula 1975.

CULPEPPER, R.A.: The Pivot of John's Prologue, in: NTS 27 (1980), S.1-31.

CULPEPPER, R.A.: Anatomy of the Fourth Gospel. A Study in Literary Design, Philadelphia 1983.

DAUER, A.: Die Passionsgeschichte im Johannesevangelium (SANT 30), München 1972.

DAUER, A.: Johannes und Lukas (FzB 50), Würzburg 1984.

DEELY, M.K.: Ezekiel's Shepherd and John's Jesus: A Case Study in the Approriation of Biblical Texts, in: EVANS, C.R. / SANDERS, J.A. (Hrg.): Early Christian Interpretation of the Scriptures of Israel. Investigations and Proposals (JSNT.SS 148; SSEJC 5), Sheffield 1997, S.252-264.

DETTWILER, A.: Umstrittene Ethik. Überlegungen zu Joh 15,1-17, in: ROSE, M. (Hrg.): Johannes-Studien. Interdisziplinäre Zugänge zum Johannes-Evangeliums (FS J. ZUMSTEIN), Zürich 1991, S.175-189.

DETTWILER, A.: Die Gegenwart des Erhöhten. Eine exegetische Studie zu den johanneischen Abschiedsreden (Joh 13,31-16,33) unter besonderer Berücksichtigung ihres Relecture-Charakters (FRLANT 169), Göttingen 1995.

DIEBOLD-SCHEUERMANN, C.: Jesus vor Pilatus. Eine exegetische Untersuchung zum Verhör durch Pilatus (Joh 18,28-19,16) (SBB 32), Stuttgart 1996.

DIETZFELBINGER, C.: Paraklet und theologischer Anspruch im Johannesevangelium, in: ZThK 83 (1985), S.389-395.

DIETZFELBINGER, C.: Die größeren Werke (Joh 14.12f.), in: NTS 35 (1989), S.27-47.

DIETZFELBINGER, C.: Aspekte des Alten Testaments im Johannesevangelium, in: CANCIK, H. / LICHTENBERGER, H. / SCHÄFER, P. (Hrg.): Geschichte - Tradition Reflexion III. Frühes Christentum [hrg. v. H. LICHTENBERGER] (FS M. HENGEL), Tübingen 1996, S.203-218.

DIETZFELBINGER, C.: Sühnetod im Johannesevangelium?, in: ÅDNA, J. / HAFEMANN, S.J. / HOFIUS, O. (Hrg.): Evangelium. Schriftauslegung. Kirche (FS P. STUHLMACHER), Göttingen 1997, S.65-76.

DODD, C.H.: The Interpretation of the Fourth Gospel, Cambridge 1953.

DODD, C.H.: Historical Traditions in the Fourth Gospel, Cambridge 1963.

DUNN, J.D.G.: Let John Be John. A Gospel for Its Time, in: STUHLMACHER, P. (Hrg.): Das Evangelium und die Evangelien. Vorträge vom Tübinger Symposium 1983 (WUNT 28), Tübingen 1983, S.309-339.

DUPREZ, A.: Jésus et les Dieux Guérisseurs. A propos de Jean, V (Cahiers de la Revue Biblique 12), Paris 1970.

ENSOR, P.W.: Jesus and his ›Works‹. The Johannine Sayings in Historical Perspective (WUNT II/85), Tübingen 1996.

ERNST, J.: Johannes. Ein theologisches Portrait, Düsseldorf 1991.

EVANS, C.A.: The Voice from Heaven. A Note on John 12:28, in: CBQ 43 (1981), S.405-408.

FISCHER, G.: Die himmlischen Wohnungen. Untersuchungen zu Joh 14,2f, Bern, Frankfurt/Main 1975.

FISCHER, K.M.: Der johanneische Christus und der gnostische Erlöser. Überlegungen auf Grund von Joh 10, in: TRÖGER, K.-W. (Hrg.): Gnosis und Neues Testament. Studien aus Religionswissenschaft und Theologie, Gütersloh 1973, S.245-266.

FORESTELL, J.T.: The Word of the Cross. Salvation as Revelation in the Fourth Gospel (An Bibl 57), Rom 1974.

FORTNA, R.: The Fourth Gospel and Its Predecessor. From Narrative Source to Present Gospel, Philadelphia 1988.

FOSSUM, J.E.: In the Beginning was the Name. Onomanology as the Key to Johannine Christology, in: FOSSUM, J.E.: The Image of the Invisible God. Essays on the influence of Jewish Mysticism on Early Christology (NTOA 30), Freiburg (Schweiz), Göttingen 1995, S.109-133.

FREED, E.D.: Old Testament Quotations in the Gospel of John, Leiden 1965.
FREED, E.D.: Did John write his gospel partly to win Samaritan converts?, in: NT 12 (1970), S.241-256.
FREED, E.D.: Psalm 42/43 in John's Gospel, in: NTS 29 (1983), S.62-73.

FREY, J.: Heiden - Griechen - Gotteskinder. Zu Gestalt und Funktion der Rede von den Heiden im 4. Evangelium, in: FELDMEIER, R. / HECKEL, U. (Hrg.): Die Heiden. Juden, Christen und das Problem der Fremden (WUNT 70), Tübingen 1994.
FREY, J.: Die johanneische Eschatologie I. Ihre Probleme im Spiegel der Forschung seit Reimarus (WUNT 96), Tübingen 1997.

FREYNE, S.: Locality and Doctrine. Mark and John Revisited, in: VAN SEGBROECK, F./ TUCKETT, C.M./ VAN BELLE, G./ VERHEYDEN, J. (Hrg.): The Four Gospels 1992 III (FS F. NEIRYNCK) (BEThL 100), Leuven 1992, S.1879-1900.

GARDNER-SMITH, P.: Saint John and the Synoptic Gospels, Cambridge 1938.

GAWLICK, M.: Mose im Johannesevangelium, in: BN 84 (1996), S.29-35.

GIBLIN, C.H.: Confrontations in John 18,1-27, in: Bib. 65 (1984), S.210-231.

GLASSON, T.F.: Moses in the Fourth Gospel (SBT 40), London 1963.

GNILKA, J.: Zur Christologie des Johannesevangeliums, in: KASPER, W. (Hrg.): Christologische Schwerpunkte, Düsseldorf 1980, S.92-107.

GÖRG, M.: Fleischwerdung des Logos. Auslegungs- und religionsgeschichtliche Anmerkungen zu Joh 1,14a, in: HOPPE, R. / BUSSE, U. (Hrg.): Von Jesus zum Christus. Christologische Studien (FS P. HOFFMANN) (BZNW 93), Berlin, New York 1998, S.467-482.

GRÄBER, E.: Die antijüdische Polemik im Johannesevangelium, in: DERS.: Der Alte Bund im Neuen. Exegetische Studien zur Israelfrage im Neuen Testament (WUNT 35), Tübingen 1985, S.135-153.

GRÄBER, E.: Die Juden als Teufelssöhne in Joh 8,37-47, in: DERS.: Der Alte Bund im Neuen. Exegetische Studien zur Israelfrage im Neuen Testament (WUNT 35), Tübingen 1985, S.154-167.

GRISBY, B.H.: The Cross as an Expiatory Sacrifice in the Fourth Gospel, in: JSNT 15 (1982), S.51-80.

HAACKER, K.: Die Stiftung des Heils. Untersuchungen zur Struktur der johanneischen Theologie (AzTh I/47), Stuttgart 1972.

HAHN, F.: Der Prozeß Jesu nach dem Johannesevangelium, in: EKK Vorarbeiten 2, Zürich, Einsiedeln, Köln, Neukirchen-Vluyn 1970, S.23-96.

HAHN, F.: Das Glaubensverständnis im Johannesevangelium, in: GRÄBER, E. / MERK, O. (Hrg.): Glaube und Eschatologie (FS W.G. KÜMMEL), Tübingen 1985, S.51-69.

HAHN, F.: „Das Heil kommt von den Juden". Erwägungen zu Joh 4,22b, in: DERS.: Die Verwurzelung des Christentums im Judentum. Exegetische Beiträge zum christlich-jüdischen Gespräch (hrg. v. C. BREYTENBACH u. Mitwirk. v. S. VON STEMM), Neukirchen-Vluyn 1996, S.99-118.

HAHN, F.: „Die Juden" im Johannesevangelium, in: DERS.: Die Verwurzelung des Christentums im Judentum. Exegetische Beiträge zum christlich-jüdischen Gespräch (hrg. v. C. BREYTENBACH u. Mitwirk. v. S. VON STEMM), Neukirchen-Vluyn 1996, S.119-129.

HAMMES, A.: Der Ruf ins Leben: Eine theologisch-hermeneutische Untersuchung zur Eschatologie des Johannesevangeliums mit einem Ausblick auf ihre Wirkungsgeschichte (BBB 112), Bodenheim 1997.

HANSON, A.T.: The Prophetic Gospel. A Study of John and the Old Testament, Edinburgh 1991.

VON HARNACK, A.: Über das Verhältnis des Prologs des vierten Evangeliums zum ganzen Werk, in: ZThK 2 (1892), S.189-231.

VON HARNACK, A.: Das „Wir" in den Johanneischen Schriften, in: SPAW.PH, Berlin 1923, S.96-231.

HARTMAN, L.: Johannine Jesus-Belief and Monotheism, in: HARTMAN, L. / OLSSON, B. (Hrg.): Aspects on the Johannine Literature (CB NT 18), Uppsala 1987, S.85-99.

HASLER, V.: Glauben und Erkennen im Johannesevangelium. Strukturale und hermeneutische Überlegungen, in: EvTh 59 (1990), S.279-296.

HASITSCHKA, M.: Befreiung von Sünde nach dem Johannesevangelium. Eine bibeltheologische Untersuchung (Innsbrucker theologische Studien 27), Innsbruck, Wien 1989.

HEISE, J.: Bleiben. Menein in den johanneischen Schriften (HUTh 8), Tübingen 1967.

HENGEL, M.: Die Schriftauslegung des 4. Evangeliums auf dem Hintergrund der urchristlichen Exegese, in: JBTh 4 (1989), S.249-288.

HENGEL, M.: Reich Christi, Reich Gottes und Weltreich im Johannesevangelium, in: HENGEL, M. / SCHWEMER, A.M. (Hrg.): Königsherrschaft Gottes und himmlischer Kult (WUNT 55), Tübingen 1991, S.163-184.

HENGEL, M.: Die johanneische Frage. Ein Lösungsversuch. mit einem Beitrag zur Apokalypse von J. FREY (WUNT 67), Tübingen 1993.

HENGEL, M.: Das Johannesevangelium als Quelle für die Geschichte des antiken Judentums, in: DERS.: Judaica, Hellenistica et Christiana. Kleine Schriften II (WUNT 109), Tübingen 1999, S.293-334.

HINRICHS, B.: 'Ich bin': Die Konsistenz des Johannes-Evangeliums in der Konzentration auf das Wort Jesu (SBS 133), Stuttgart 1988.

HIRSCH, E.: Studien zum vierten Evangelium (BHTh 11), Tübingen 1936.

HOEGEN-ROHLS, C.: Der nachösterliche Johannes. Die Abschiedsreden als hermeneutischer Schlüssel zu vierten Evangelium (WUNT II/84), Tübingen 1996.

HOFIUS, O.: Struktur und Gedankengang des Logos-Hymnus in Joh 1,1-18, in: HOFIUS, O. / KAMMLER, H.C.: Johannesstudien. Untersuchungen zur Theologie des vierten Evangeliums (WUNT 88), Tübingen, S.1-23.

HOFRICHTER, P.: Nicht aus Blut, sondern monogen aus Gott geboren. Textkritische, dogmengeschichtliche und exegetische Untersuchung zu Joh 1,13-14 (FzB 31), Würzburg 1978.
HOFRICHTER, P.: Das Johannesevangelium in der religionsgeschichtlichen Forschung und die Literarkritik des Prologs, in: HAINZ, J. (Hrg.): Theologie im Werden: Studien zu den theologischen Konzeptionen im Neuen Testament, Paderborn, München, Wien, Zürich 1992, S.219-246.

IBUKI, Y.: Die Wahrheit im Johannesevangelium (BBB 39), Bonn 1972.

JENDORFF, B.: Der Logosbegriff. Seine philosophische Grundlegung bei Heraklit von Ephesos und seine theologische Indienstnahme durch Johannes den Evangelisten (EHS.XX 19), Frankfurt/Main, Bern 1976.

JOHNS, L. / MILLER, D.B.: The Signs as Witnesses in the Fourth Gospel: Reexamining the Evidence, in: CBQ 56 (1994), S.519-535.

JOHNSTON, G.: The Spirit-Paraclete in the Gospel of John, Cambridge 1970.

JONES, L.P.: The Symbol of Water in the Gospel of John (JSNT.SS 145), Sheffield 1997.

DE JONGE, M.: The Fourth Gospel: The Book of the Disciples, in: DERS.: Jesus: Stranger from Heaven and Son of God. Jesus Christ and the Christians in Johannine Perspective (SBLSBS 11), Missoula 1977, S.1-28.
DE JONGE, M.: Jesus as Prophet and King, in: DERS.: Jesus: Stranger from Heaven and Son of God. Jesus Christ and the Christians in Johannine Perspective (SBLSBS 11), Missoula 1977, S.49-76.
DE JONGE, M.: Jewish Expectations about the „Messiah" according to the Fourth Gospel, in: DERS.: Jesus: Stranger from Heaven and Son of God. Jesus Christ and the Christians in Johannine Perspective (SBLSBS 11), Missoula 1977, S.77-116.
DE JONGE, M.: Signs and Works in the Fourth Gospel, in: DERS.: Jesus: Stranger from Heaven and Son of God. Jesus Christ and the Christians in Johannine Perspective (SBLSBS 11), Missoula 1977, S.117-140.
DE JONGE, M.: Christology and Theology in the Context of Early Christian Eschatology Particulary in the Fourth Gospel, in: VAN SEGBROECK, F. / TUCKETT, C.M. / VAN BEL-LE, G. / VERHEYDEN, J. (Hrg.): The Four Gospels 1992 III (FS F. NEIRYNCK) (BEThL 100), Leuven 1992, S.1836-1853.
DE JONGE, M.: The Radical Eschatology in the Fourth Gospel and the Eschatology of the Synoptics, in: DENAUX, A. (Hrg.): John and the Synoptics (BEThL 101), Leuven 1992, S.481-487.

KÄSEMANN, E.: Die Johannesjünger in Ephesus, in: DERS.: Exegetische Versuche und Besinnungen 1, Göttingen 1960, S.158-168.
KÄSEMANN, E.: Ketzer und Zeuge. Zum johanneischen Verfasserproblem, in: DERS.: Exegetische Versuche und Besinnungen 1, Göttingen 1960, S.292-311.

KÄSEMANN, E.: Aufbau und Anliegen des johanneischen Prologs, in: DERS.: Exegetische Versuche und Besinnungen 2, Göttingen ³1968, S.155-180.

KÄSEMANN, E: Jesu letzter Wille nach Johannes 17, Tübingen ⁴1980.

KLAIBER, W.: Die Aufgabe einer theologischen Interpretation des 4. Evangeliums, in: ZThK 82 (1985), S.300-324.

KLAIBER, W.: Der irdische und der himmlische Zeuge. Eine Auslegung von Joh 3,22-36, in: NTS 36 (1990), S.205-233.

KLAUCK, H.-J.: Gemeinde ohne Amt? Erfahrungen mit der Kirche in den johanneischen Schriften, in: BZ 29 (1985), S.193-220.

KLEIN, H.: Vorgeschichte und Verständnis der johanneischen Ich-bin-Worte, in: KuD 33 (1987), S.120-136.

KLEINKNECHT, K.T.: Johannes 13, die Synoptiker und die „Methode" der johanneischen Evangelienüberlieferung, in: ZThK 82 (1985), S.361-388.

KLOS, H.: Die Sakramente im Johannesevangelium (SBS 46), Stuttgart 1970.

KNÖPPLER, T.: Die theologia crucis des Johannesevangeliums. Das Verständnis des Todes Jesu im Rahmen der johanneischen Inkarnations- und Erhöhungschristologie (WMANT 69), Neukirchen-Vluyn 1994.

KOCH, D.-A.: Der Täufer als Zeuge des Offenbarers. Das Täuferbild von Joh 1,19-34 auf dem Hintergrund von Mk 1,2-11, in: VAN SEGBROECK, F./ TUCKETT, C.M./ VAN BELLE, G./ VERHEYDEN, J. (Hrg.): The Four Gospels 1992 III (FS F. NEIRYNCK) (BEThL 100), Leuven 1992, S.1963-1984.

KOESTER, C.R.: Hearing, Seeing, Believing in the Gospel of John, in: Bib 70 (1989), S.327-348.

KOESTER, C.R.: „The Saviour of the World" (John 4:42), in: JBL 109 (1990), S.665-680.

KOHLER, H.: Kreuz und Menschwerdung im Johannesevangelium. Ein exegetisch-hermeneu-tischer Versuch zur johanneischen Kreuzestheologie (AThANT 72), Zürich 1987.

KORTING, G.: Die esoterische Struktur des Johannesevangeliums. Teil 1 und 2 (BU 25), Regensburg 1994.

KÖSTER, H.: Geschichte und Kultus im Johannesevangelium und bei Ignatius von Antiochien, in: ZThK 54 (1957), S.56-69.

KOTILA, M.: Umstrittener Zeuge. Studien zur Stellung des Gesetzes in der johanneischen Theologiegeschichte (AASFDHL 48), Helsinki 1988.

KRAFT, E.: Die Personen des Johannesevangeliums, in: EvTh 16 (1956), S.18-32.

KRAUS, W.: Johannes und das Alte Testament. Überlegungen zum Umgang mit der Schrift im Johannesevangelium im Horizont Biblischer Theologie, in: ZNW 88 (1997), S.1-23.

KÜCHLER, M.: Die „Probatische" und Betesda mit den fünf ΣΤΟΑΙ (Joh 5,2), in: KESSLER, A. / RICKLIN, T. / WURST, G.: Peregrina Curiositas. Eine Reise durch den *orbis antiquus* (FS D. VAN DAMME) (NTOA 27), Freiburg/Schweiz, Göttingen 1994, S.127-154.

KÜCHLER, M.: Zum „Probatischen Becken" und zu „Betesda mit den fünf Stoën", in: HENGEL, M.: Judaica, Hellenistica et Christiana. Kleine Schriften II (WUNT 109), Tübingen 1999, S.381-390.

KÜGLER, J.: Das Johannesevangelium und seine Gemeinde - kein Thema für Science Fiction, in: BN 23 (1984), S.48-62.

KÜGLER, J.: Der Jünger, den Jesus liebte. Literarische, theologische und historische Untersuchungen zu einer Schlüsselgestalt johanneischer Theologie und Geschichte. Mit einem Exkurs über die Brotrede in Joh 6 (SBB 16), Stuttgart 1988.

KÜGLER, J.: Der Sohn im Schoß des Vaters. Eine motivgeschichtliche Notiz zu *Joh 1,18*, in: BN 89 (1997), S.76-87.

KÜGLER, J.: Der König als Brotspender. Religionsgeschichtliche Überlegungen zu JosAs 4,7; 25,5 und Joh 6,15, in: ZNW 89 (1998), S.118-124.

KUHN, H.-J.: Christologie und Wunder. Untersuchungen zu Joh 1,35-51 (BU 18), Regensburg 1988.

KÜHSCHELM, R.: Verstockung, Gericht und Heil. Exegetische und bibeltheologische Untersuchungen zum sogenannten 'Dualismus' und 'Determinismus' in Joh 12,35-50 (BBB 76), Frankfurt/Main 1990.

KUNDZIN, K.: Topographische Überlieferungsstoffe im Johannesevangelium, Göttingen 1925.

KURZ, W.S.: Intertextual Permutations of the Genesis Word in the Johannine Prologues, in: EVANS, C.R. / SANDERS, J.A. (Hrg.): Early Christian Interpretation of the Scriptures of Israel. Investigations and Proposals (JSNT.SS 148; SSEJC 5), Sheffield 1997, S.179-190.

LABAHN, M.: Eine Spurensuche anhand von Joh 5.1-18. Bemerkungen zu Wachstum und Wandel der Heilung eines Lahmen, in: NTS 44 (1998), S.159-179.

LANGBRANDTNER, W.: Weltferner Gott oder Gott der Liebe. Der Ketzerstreit in der johanneischen Kirche. Eine exegetisch-religionsgeschichtliche Untersuchung mit Berücksichtigung der koptisch-gnostischen Texte aus Nag-Hammadi (BET 6), Frank-furt/Main, Bern, Las Vegas 1977.

LATTKE, M.: Einheit im Wort. Die spezifische Bedeutung von „agape", „agapan" und „filein" im Johannes-Evangelium (STANT 41), München 1975.

LEE, D.A.: The Symbolic Narratives of the Fourth Gospel. The Interplay of Form and Meaning (JSNT.SS 95), Sheffield 1994.

LEISTNER, R.: Antijudaismus im Johannesevangelium? Darstellung des Problems in der neueren Auslegungsgeschichte und Untersuchung der Leidensgeschichte (TW 3), Bern, Frankfurt/Main 1974.

LÉON-DUFOUR, X.: Towards a Symbolic Reading of the Fourth Gospel, in: NTS 27 (1980-1981), S.439-456.

LEROY, H.: Rätsel und Mißverständnis. Ein Beitrag zur Formgeschichte des Johannesevangeliums (BBB 30), Bonn 1968.

LEROY, H.: Das johanneische Mißverständnis als literarische Form, in: BiLe 9 (1968), S.196-207.

LINCOLN, A.T.: Trials, Plots and the Narrative of the Fourth Gospel, in: JSNT 56 (1994), S.3-30.

LINDARS, B.: John and the Synoptic Gospels: A Test Case, in: NTS 27 (1981), S.287-294.

LINDEMANN, A.: Gemeinde und Welt im Johannesevangelium, in: LÜHRMANN, D./ STRECKER, G. (Hrg.): Kirche (FS G. BORNKAMM), Tübingen 1980, S.133-161.

LINK. A.: „Was redest du mit ihr?" Eine Studie zur Exegese-, Redaktions- und Theologiegeschichte von Joh 4,1-42 (BU 24), Regensburg 1992.

VON LIPS, H.: Anthropologie und Wunder im Johannesevangelium. Die Wunder Jesu im Johannesevangelium im Unterschied zu den synoptischen Evangelien auf dem Hintergrund johanneischen Menschenverständnisses, in: EvTh 50 (1990), S.296-311.

LOADER, W.R.G.: The central structure of Johannine christology, in: NTS 30 (1984), S.188-216.
LOADER, W.G.: The Christology of the Fourth Gospel. Structure and Issues (BET 23), Frankfurt/Main ²1992.

LONA, H.E.: Abraham in Johannes 8. Ein Beitrag zur Methodenfrage (EHS.XXIII 65), Bern, Frankfurt/Main 1976.
LONA, H.E.: Glaube und Sprache des Glaubens im Johannesevangelium, in: BZ 28 (1984), S.168-184.

LOWE, M.: Who were the Ιουδαίοι?, in: NT 18 (1976), S.101-130.

LÜTGEHETMANN, W.: Die Hochzeit von Kana - Der Anfang der Zeichen Jesu, in: HAINZ, J. (Hrg.): Theologie im Werden: Studien zu den theologischen Konzeptionen im Neuen Testament, Paderborn, München, Wien, Zürich 1992, S.177-197.

MARTYN, J.L.: History and Theology in the Fourth Gospel, Nashville ²1979.
MARTYN, J.L.: Glimpses into the History of the Johannine Community. From Its Origin Through the Period of Its Life in Which the Fourth Gospel was Composed, in: DE JONGE, M. (Hrg.): L'Evangile de Jean. Source, redaction, theologie (BEThL 44) Leuven 1977, S.149-175.

MASTIN, B.A.: A Neglected Feature of the Christology of the Fourth Gospel, in: NTS 22 (1975/76), S.32-51.

MATSUNAGA, K.: The 'Theos' Christology as the Ultimate Confession of the Fourth Gospel, in: AJBI 7 (1981), S.124-145.

McHUGH, J.: „In Him was Life": John's Gospel and the Parting of the Ways, in: DUNN, J.D.G. (Hrg.): Jews and Christians. The Parting of the Ways A.D. 70 to 135 (WUNT 66), Tübingen 1992, S.123-158.

MEEKS, W.A.: Galilee and Judea in the Fourth Gospel, in: JBL 85 (1966), S.59-69.
MEEKS, W.A.: The Prophet-King. Moses Traditions and the Johannine Christology (NT.S 14), Leiden 1967.
MEEKS, W.A.: „Am I a Jew?" Johannine Christianity and Judaism, in: NEUSNER, J. (Hrg.): Christianity, Judaism and other Greco-Roman Cults (FS M. SMITH I) (SJLA 12), 1975, S.163-186.
MEEKS, W.A.: The Divine Agent and his Counterfeit in Philo and the Fourth Gospel, in: SCHÜSSLER FIORENZA, E. (Hrg.): Aspects of Religious Propaganda in Judaism and Early Christianity, Notre Dame, London 1976, S.43-67.
MEEKS, W.A.: Equal to God, in: FORTNA, R.T. / GAVENTA, B.R. (Hrg.): The Conversation Continues. Studies in Paul and John (FS J.L. MARTYN), Nashville 1990, S.309-321.

MEES, M.: Erhöhung und Verherrlichung Jesu im Johannesevangelium nach dem Zeugnis neutestamentlicher Papyri, in: BZ 18 (1974), S.32-44.
MEES, M.: Die Heilung des Kranken vom Bethesdateich, in: NTS 32 (1986), S.596-608.

MEINERTZ, M.: Die „Nacht" im Johannesevangelium, in: ThQ 133 (1953), S.400-407.

MENKEN, M.J.J.: Die Form des Zitates aus Jes 6,10 in Joh 12,40. Ein Beitrag zum Schriftgebrauch des vierten Evangelisten, in: BZ 32 (1988), S.189-209.

MICHEL, O.: Die Botenlehre des 4. Evangeliums, in: ThBeitr 7 (1976), S.56-60.

MINEAR, P.S: The Original Functions of John 21, in: JBL 102 (1983), S.85-98.

MIRANDA, J.P.: Der Vater, der mich gesandt hat. Religionsgeschichtliche Untersuchungen zu den johanneischen Sendungsformeln. Zugleich ein Beitrag zur johanneischen Chri-stologie und Ekklesiologie (EHS.XXIII 7), Bern, Frankfurt 1972.

MIRANDA, J.P.: Die Sendung Jesu im vierten Evangelium. Religions- und theologiegeschichtliche Untersuchungen zu den Sendungsformeln (SBS 87), Stuttgart 1977.

MLAKUZHYIL, G.: The Christocentric Literary Structure of the Fourth Gospel (AnBib 117), Rom 1987.

MOSER, F.: Mißverständnis und Ironie in der johanneischen Argumentation und ihr Gebrauch in der heutigen pfarramtlichen Praxis, in: ROSE, M. (Hrg.): Johannes-Studien. Interdisziplinäre Zugänge zum Johannes-Evangeliums (FS J. ZUMSTEIN), Zürich 1991, S.47-74.

MÜLLER, U.B.: Die Parakletenvorstellung im Johannesevangelium, in: ZThK 71 (1974), S.31-77.

MÜLLER, U.B.: Die Geschichte der Christologie in der johanneischen Gemeinde (SBS 77), Stuttgart 1975.

MÜLLER, U.B.: Die Bedeutung des Kreuzestodes im Johannesevangelium. Erwägungen zur Kreuzestheologie im Neuen Testament, in: KuD 21 (1975), S.49-71.

MÜLLER, U.B.: Zur Eigentümlichkeit des Johannesevangeliums. Das Problem des Todes Jesu, in: ZNW 88 (1997), S.24-55.

MUßNER, F.: ZQH. Die Anschauung vom „Leben" im vierten Evangelium unter Berücksichtigung der Johannesbriefe, München 1952.

MUßNER, F.: Die johanneischen Parakletsprüche und die apostolische Tradition, in: BZ 5 (19961), S.56-70.

MUßNER, F.: Die johanneische Seeweise und die Frage nach dem historischen Jesus (QD 28), Freiburg, Basel, Wien 1965.

MUßNER, F.: Die „semantische Achse" des Johannesevangeliums. Ein Versuch, in: FRANKE-MÖLLE, H. / KERTELGE, K. (Hrg.): Vom Urchristentum zu Jesus (FS J. GNILKA), Freiburg, Basel, Wien 1989, S.246-255.

NEUGEBAUER, J.: Die eschatologischen Aussagen in den johanneischen Abschiedsreden. Eine Untersuchung zu Joh 13-17 (BWANT 140), Stuttgart 1995.

NEYREY, J.H.: „I said: You are Gods". Psalm 82:6 and John 10, in: JBL 108 (1989), S.647-663.

NEYREY, J.H.: „My Lord and My God": The Divinity of Jesus in John's Gospel, in: SBL.SP 1986, Atlanta 1986, S.154-159.

NEYREY, J.H.: Ideology of Revolt. John's Christology in Social-Science Perspective, Philadelphia 1988.

NEYREY, J.H.: The Footwashing in John 13:6-11: Transformation or Ceremony?, in: WHITE, L.M. / YARBROUGH, O.L. (Hrg.): The Social World of the First Christians (FS W.A. MEEKS), Minneapolis 1995, S.178-197.

NEIRYNCK, F.: John and the Synoptics, in: DE JONGE, M. (Hrg.): L'Evangile de Jean. Source, redaction, theologie (BEThL 44) Leuven 1977, S.73-106.

NEIRYNCK, F.: John and the Synoptics 1975-1990, in: DENAUX, A. (Hrg.): John and the Synoptics (BEThL 101), Leuven 1992. S.3-62.

NIEDERWIMMER, K.: Zur Eschatologie im Corpus Johanneum, in: NT 39 (1997), S.105-116.

NORDSIEK, R.: Johannes. Zur Frage nach Verfasser und Entstehung des vierten Evangeliums. Ein neuer Versuch, Neukirchen-Vluyn 1998.

OBERMANN, A.: Die christologische Erfüllung der Schrift im Johannesevangelium. Eine Untersuchung zur johanneischen Hermeneutik anhand der Schriftzitate (WUNT II/83), Tübingen 1996.

ODEBERG, H.: The Fourth Gospel. Interpreted in its Relation to contemporaneous religious Currents in Palestine and the hellenistic-oriental World, Uppsala 1929.

OEHLER, W.: Typen oder allegorische Figuren im Johannesevangelium?, in: EvTh 16 (1956), S.422-427.

OKURE, T.: The Johannine Aproach to Mission. A Contextual Study of John 4,1-42 (WUNT II/31) Tübingen 1988.

OLSSON, B.: Structure and Meaning in the Fourth Gospel. A Text-Linguistic Analysis of John 2:1-11 and 4:1-42 (Coniect Bibl NT Ser 6), Lund 1974.

OLSSON, B.: The History of the Johannine Movement, in: HARTMAN, L./ OLSSON, B. (Hrg.): Aspects on the Johannine Literature (CB NT 18), Uppsala 1987, S.27-43.

ONUKI, T.: Die johanneischen Abschiedsreden und die synoptische Tradition. Eine traditionskritische und traditionsgeschichtliche Untersuchung, in: AJBI 3 (1977), S.157-268.

ONUKI, T.: Zur literatursoziologischen Analyse des Johannesevangeliums, in: AJBI 8 (1982), S.162-216.

ONUKI, T.: Gemeinde und Welt im Johannesevangelium. Ein Beitrag zur Frage nach der theologischen und pragmatischen Funktion des johanneischen „Dualismus" (WMANT 56), Neukirchen-Vluyn 1984.

PAINTER, J.: The Church and Israel in the Gospel of John: a Response, in: NTS 25 (1978/79), S.103-112.

PAINTER, J.: The Farewell Discourses and the History of Johannine Christianity, in: NTS 27 (1980/81), S.525ff.

PAINTER, J.: Christology and the History of the Johannine Community in the Prologue of the Fourth Gospel, in: NTS 30 (1984), S.460ff.

PAINTER, J.: The Quest for the Messiah. The History, Literature and Theology of the Johannine Community, Edinburgh 1991.

PAMMENT, M.: The meaning of doxa in the Fourth Gospel, in: ZNW 74 (1983), S.12-16.

PANCARO, S.: 'People of God' in St. John's Gospel?, in: NTS 16 (1969/70), S.114-129.

PANCARO, S.: The Law in the Fourth Gospel. The Torah and the Gospel, Moses and Jesus, Judaism and Christianity According to John (NT.S 42), Leiden 1975.

PANCARO, S.: The Relationship of the Church to Israel in the Gospel of John, in: NTS 21 (1975), S.396-405.

PERRY, J.M.: The Evolution of the Johannine Eucharist, in: NTS 39 (1993), S.22-35.

PIERRE, M.-J. / ROUSEE, J.-M.: Sainte Marie de la Probatique, état et orientation des recherches, in: POC 31 (1981), S.23-42.

PILGAARD, A.: The Gospel of John as Gospel Writing, in: HARTMAN, L./ OLSSON, B. (Hrg.): Aspects on the Johannine Literature (CB NT 18), Uppsala 1987, S.44-55.

PIXNER, B.: Bethanien jenseits des Jordan, in: DERS.: Wege des Messias und Stätten der Urkirche im Licht neuer archäologischer Erkenntnisse (SBAZ 2) (hrg. v. R. RIESNER), Gießen ²1994, 166-179.

POKORNY, P.: Der irdische Jesus im Johannesevangelium, in: NTS 30 (1984), S.217-228.

PORSCH, F.: Pneuma und Wort. Ein exegetischer Beitrag zur Pneumatologie des Johannesevangeliums (FTS 16), Frankfurt/Main 1974.

POYTHRESS, V.S.: Testing for Johannine Authorship by Examining the Use of Conjunctions, in: WThJ 46 (1984), S.35-369.

POYTHRESS, V.S.: The Use of the Intersence Conjunctions *De, Oun, Kai,* and Asyndeton in the Gospel of John, in: NT 26 (1984), S.312-340.

PRESCOTT-EZIKSON, R.D.: The Sending Motif in the Gospel of John: Implications for a Theology of Mission (unveröffentlichte Ph.D. Dissertation Southern Baptist Theological Seminary), Louisville/Kentucky 1986.

PRYOR, J.W.: John 4:44 and the Patris of Jesus, in: CBQ 49 (1987), S.254-263.

PRYOR, J.W.: Jesus and Israel in the Fourth Gospel - John 1:11, in: NT 32 (1990), S.201-218.

QUAST, K.: Peter and the Beloved Disciple. Figures for a Community in Crisis (JSNT.S 32), Sheffield 1989.

REBELL, W.: Gemeinde als Gegenwelt. Zur soziologischen und didaktischen Funktion des Johannesevangeliums (BET 20), Frankfurt/Main 1987.

REIM, G.: Studien zum alttestamentlichen Hintergrund des Johannesevangeliums (SNTSMS 22), Cambridge 1974.

REIM, G.: Targum und Johannesevangelium, in: BZ 27 (1983), S.1-13.

REIM, G.: Jesus as God in the Fourth Gospel: the Old Testament Background, in: NTS 30 (1984), S.158-160.

REIM, G.: Joh. 8.44 - Gotteskinder/Teufelskinder. Wie antijudaistisch ist 'die wohl antijudaistischte Äußerung des NT'?, in: NTS 30 (1984), S.619-624.

REIM, G.: Zur Lokalisierung der johanneischen Gemeinde, in: BZ 32 (1988), S.72-86.

RENNER, G.L.: The Life World of the Johannine Community: An Investigation of the Social Dynamics which resulted in the composition of the Fourth Gospel, Michigan 1982.

RENSBERGER, D.: The Politics of John: The Trial of Jesus in the Fourth Gospel, in: JBL 103 (1984), S.395-411.

RENSBERGER, D.: Johannine Faith and Liberating Community, Philadelphia 1988.

RENSBERGER, D.: Overcoming the World. Politics and Community in the Gospel of John, London 1988.

RICCA, P.: Die Eschatologie des Vierten Evangeliums, Zürich, Frankfurt/Main 1966.

RICHARD, E.: Expressions of Double Meaning and their Function in the Gospel of John, in: NTS 31 (1985), S.96-112.

RICHTER, G.: Präsentische und futurische Eschatologie im 4. Evangelium, in: DERS.: Studien zum Johannesevangelium (hrg. v. J. HAINZ) (BU 13), Regensburg 1977, S.346-382.

RICHTER, G.: Zum gemeindebildenden Element in den johanneischen Schriften, in: DERS.: Studien zum Johannesevangelium (hrg. v. J. HAINZ) (BU 13), Regensburg 1977, S.383-414.

RIESNER, R.: Bethany Beyond the Jordan (John 1:28). Topography, Theology and History in the Fourth Gospel, in: TynB 38 (1987), S.29-63.

RINKE, J.: Kerygma und Autopsie. Der christologische Disput als Spiegel johannischer Gemeindegeschichte (HBS 12), Freiburg, Basel, Wien, Barcelona, Rom, New York 1997.

RISSI, M.: „Die Juden" im Johannesevangelium, in: ANRW II 26.3 (1996), S.2100-2141.

RITT, H.: Die Frau als Glaubensbotin. Zum Verständnis der Samaritanerin von Joh 4,1-42, in: FRANKEMÖLLE, H. / KERTELGE, K. (Hrg.): Vom Urchristentum zu Jesus (FS J. GNILKA), Freiburg, Basel, Wien 1989, S.287-306.

ROBINSON, J.A.T.: The Relation of the Prologue to the Gospel of St. John, in: NTS 9 (1962/63), S.120-129.

ROBINSON, J.A.T.: The Priority of John, London 1985.

RÖHSER, G.: Prädestination und Verstockung. Untersuchungen zur frühjüdischen, paulinischen und johanneischen Theologie (TANZ 14), Tübingen, Basel 1994.

RUCKSTUHL, E.: Kritische Arbeit am Johannesprolog, in: WEINRICH, W.C. (Hrg.): The New Testament Age (FS B. REICKE II), Macon 1984, S.443-454.

RUCKSTUHL, E.: Die literarische Einheit des Johannesevangeliums. Der gegenwärtige Stand der einschlägigen Forschung. Mit e. Vorw. von M. HENGEL (NTOA 5), Freiburg (Schweiz) u. Göttingen 1987.

RUCKSTUHL, E.: Liste der johanneischen Stilmerkmale mit allen Belegstellen aus dem johanneischen Schrifttum, in: DERS.: Die literarische Einheit des Johannesevangeliums, S.291-303.

RUCKSTUHL, E.: Sprache und Stil im Johanneischen Schrifttum. Die Frage ihrer Einheit und Einheitlichkeit, in: DERS.: Die literarische Einheit des Johannesevangeliums, S.304-331.

RUCKSTUHL, E.: Der Jünger, den Jesus liebte, in: DERS.: Jesus im Horizont der Evangelien (SBA.NT 3), Stuttgart 1988, S.355-401.

RUCKSTUHL, E.: Jesus und der geschichtliche Mutterboden im vierten Evangelium, in: FRANKEMÖLLE, H. / KERTELGE, K. (Hrg.): Vom Urchristentum zu Jesus (FS J. GNILKA), Freiburg, Basel, Wien 1989, S.256-286.

RUCKSTUHL, E. / DSCHULNIGG, P.: Stilkritik und Verfasserfrage im Johannesevangelium. Die johanneischen Sprachmerkmale auf dem Hintergrund des Neuen Testaments und des zeitgenössischen hellenistischen Schrifttums (NTOA 17), Freiburg/Schweiz, Göttingen 1991.

SABBE, M.: John and the Synoptics: Neirynck vs. Boismard, in: EThL 56 (1980), S.125-131.

SANDELIN, K.-G.: The Johannine Writings within the Setting of Their Cultural History, in: HARTMAN, L./ OLSSON, B. (Hrg.): Aspects on the Johannine Literature (CB NT 18), Uppsala 1987, S.9-26.

SÄNGER, D.: „Von mir hat er geschrieben" (Joh 5,46). Zur Funktion und Bedeutung Mose im Neuen Testament, in: KuD 41 (1995), S.112-135.

SCHEIN, B.E.: Following the Way. The Setting of John's Gospel, Jerusalem, Minneapolis 1980.

SCHENKE, H.-M.: Jakobsbrunnen - Josephsgrab - Sychar. Topographische Untersuchungen und Erwägungen unter der Perspektive von Joh 4,5.6, in: ZDPV 94 (1968), S.159-184.

SCHENKE, L.: Der „Dialog mit den Juden" im Johannesevangelium. Ein Rekonstruktionsversuch, in: NTS 34 (1988), S.573-603.

SCHENKE, L.: Das Johannesevangelium. Einführung - Text - dramatische Gestalt, Stuttgart, Berlin, Köln 1992.

SCHENKE, L.: Das johanneische Schisma und die „Zwölf", in: NTS 38 (1992), S.105-121.

SCHENKE, L.: Christologie als Theologie. Versuch über das Johannesevangelium, in: HOPPE, R. / BUSSE, U. (Hrg.): Von Jesus zum Christus. Christologische Studien (FS P. HOFFMANN) (BZNW 93), Berlin, New York 1998, S.445-465.

SCHLATTER, A.: Die Sprache und Heimat des vierten Evangelisten, in: RENGSTORF, K.H. (Hrg.): Johannes und sein Evangelium (WdF 82), Darmstadt 1973, S.28-201.

SCHLIER, H.: Jesus und Pilatus nach dem Johannesevangelium, in: DERS.: Die Zeit der Kirche. Exegetische Aufsätze und Vorträge, Freiburg, Basel, Wien ⁴1966, S.56-74.

SCHLÜTER, A.: Die Selbstauslegung des Wortes. Selbstreferenz und Fremdreferenzen in der Textwelt des Johannesevangeliums, Dissertation Heidelberg 1996.

SCHMITHALS, W.: Der Prolog des Johannesevangeliums, in: ZNW 70 (1979), S.16-43.

SCHMITHALS, W.: Johannesevangelium und Johannesbriefe. Forschungsgeschichte und Analyse (BZNW 64), Berlin, New York 1992.

SCHNACKENBURG, R.: Die »Anbetung in Geist und Wahrheit« (Joh 4,23) im Lichte von Qumran-Texten, in: BZ 3 (1959), S.88-94.

SCHNACKENBURG, R.: Die johanneische Gemeinde und ihre Geisterfahrung, in: DERS.: Das Johannesevangelium. Ergänzende Auslegungen und Exkurse (HThK 4/4), Freiburg, Basel, Wien 1984, S.33-57.

SCHNACKENBURG, R.: Paulinische und johanneische Christologie. Ein Vergleich, in: DERS.: Das Johannesevangelium. Ergänzende Auslegungen und Exkurse (HThK 4/4), Freiburg, Basel, Wien 1984, S.102-118.

SCHNACKENBURG, R.: „Der Vater, der mich gesandt hat". Zur johanneischen Christologie, in: BREYTENBACH, C. / PAULSEN, H. (Hrg.): Anfänge der Christologie (FS F. HAHN), Göttingen 1991, S. 275-292.

SCHNACKENBURG, R.: Synoptische und johanneische Christologie. Ein Vergleich, in: VAN SEGBROECK, F./ TUCKETT, C.M./ VAN BELLE, G./ VERHEYDEN, J. (Hrg.): The Four Gospels 1992 III (FS F. NEIRYNCK) (BEThL 100), Leuven 1992, S.1723-1750.

SCHNEIDER, G.: Auf Gott bezogenes »mein Vater« und »euer Vater« in den Jesus-Worten der Evangelien. Zugleich ein Beitrag zum Problem Johannes und die Synoptiker, in: VAN SEGBROECK, F./ TUCKETT, C.M./ VAN BELLE, G./ VERHEYDEN, J. (Hrg.): The Four Gospels 1992 III (FS F. NEIRYNCK) (BEThL 100), Leuven 1992, S.1751-1781.

SCHNELLE, U.: Antidoketische Christologie im Johannesevangelium: Eine Untersuchung zur Stellung des vierten Evangeliums in der johanneischen Schule (FRLANT 144), Göttingen 1987.

SCHNELLE, U.: Paulus und Johannes, in: EvTh 47 (1987), S.212-228.

SCHNELLE, U.: Johanneische Ekklesiologie, in: NTS 37 (1991), S.37-50.

SCHNELLE, U.: Johannes und die Synoptiker, in: VAN SEGBROECK, F./ TUCKETT, C.M./ VAN BELLE, G./ VERHEYDEN, J. (Hrg.): The Four Gospels 1992 III (FS F. NEIRYNCK) (BEThL 100), Leuven 1992, S.1799-1814.

SCHNELLE, U.: Die johanneische Schule, in: HORN, F.W. (Hrg.): Bilanz und Perspektiven gegenwärtiger Auslegung des Neuen Testaments (FS G. STRECKER) (BZNW 75), Berlin, New York 1995, S.198-217.

SCHNELLE, U.: Die Tempelreinigung und die Christologie des Johannesevangeliums, in: NTS 42 (1996), S.359-373.

SCHNELLE, U.: Rezension „Burkett, The Son of the Man in the Gospel of John, in: TLZ 121 (1996), Sp.453f.

SCHNELLE, U.: Johannes als Geisttheologe, in: NT 40 (1998), S.17-31.

SCHOTTROFF, L.: Der Glaubende und die feindliche Welt. Beobachtungen zum gnostischen Dualismus und seiner Bedeutung für Paulus und das Johannesevangelium (WMANT 37), Neukirchen-Vluyn 1970.

SCHUCHARD, B.G.: Scripture within Scripture. The Interrelationship of Form and Function in the Explicit Old Testament Citations in the Gospel of John (SBLDS 133), Missoula 1992.

SCHÜSSLER-FIORENZA, E.: The Quest for the Johannine School: The Apocalypse and the Fourth Gospel, in: NTS 23 (1977), S.402-407.

SCHWANK, B.: Ortskenntnisse im vierten Evangelium?, in: EA 57 (1981), S.427-442.

SCHWANKL, O.: Licht und Finsternis. Ein metaphorisches Paradigma in den johanneischen Schriften (HBS 5), Freiburg, Basel, Wien, Barcelona, Rom, New York 1995.

SCHWEIZER, E.: Ego eimi. Die religionsgeschichtliche Herkunft und theologische Bedeutung der johanneischen Bildreden, zugleich ein Beitrag zur Quellenfrage des vierten Evangeliums (FRLANT 38), Göttingen ²1965.

SCHWEIZER, E.: Das johanneische Zeugnis vom Herrenmahl, in: DERS.: Neotestamentica, Zürich 1963, S.371-396.

SCHWEIZER, E.: Zum religionsgeschichtlichen Hintergrund der „Sendungsformel" Gal 4,4f.; Röm 8,3f.; Joh 3,16; 1Joh 4,9, in: DERS.: Beiträge zur Theologie des Neuen Testaments. Neutestamentliche Aufsätze (1955-1970), Zürich 1970 S.83-95.

SCOTT, M.: Sophia and the Johannine Jesus (JSNT.S 71), Sheffield 1992.

SIDEBOTTOM, E.M.: The Christ of the Fourth Gospel in the Light of First-Century Thought, London 1961.

SMITH, D.M.: The Composition and Order of the Fourth Gospel; Bultmann's Literary Theory, New Haven, London 1965.

SMITH, D.M.: The Contribution of J. Louis Martyn to the Understanding of the Gospel of John, in: FORTNA, R.T. / GAVENTA, B.R. (Hrg.): The Conversation Continues. Studies in Paul and John (FS J.L. MARTYN), Nashville 1990, S.275-294.

SMITH, D.M.: The Theology of the Gospel of John, Cambridge 1995.

SÖDING, T.: Die Schrift als Medium des Glaubens. Zur hermeneutischen Bedeutung von Joh 20,30f., in: BACKHAUS, K. / UNTERGAßMAIR, F.G. (Hrg.): Schrift und Tradition (FS J. Ernst), Paderborn 1996, S.343-372.

SÖDING, T.: Die Macht der Wahrheit und das Reich der Freiheit. Zur johanneischen Deutung des Pilatus-Prozesses (Joh 18,28-19,16), in: ZThK 93 (1996), S.35-58.

STÄHLIN, G.: Zum Problem der johanneischen Eschatologie, in: ZNW 33 (1934), S.225-259.

STALEY, J.L.: The Prints First Kiss: A rhetorical Investigation of the Implied Reader in the Fourth Gospel (SBL.DS 82), Missoula 1988.

STAUFFER, E.: Historische Elemente im vierten Evangelium, in: AMBERG, E.H. / KÜHN, U. (Hrg.): Bekenntnis zur Kirche (FS E. SOMMERLATH), Berlin 1960, S.33-51.

STEGEMANN, E.W.: Die Tragödie der Nähe. Zu den judenfeindlichen Aussagen des Johannesevangeliums, in: KuI 4 (1989), S.114-120.

STEGEMANN, E.W.: Zwischen Xenophobie und Antisemitismus, in: KuI 10 (1995), S.152-166.

STEGEMANN, E. / STEGEMANN, W.: König Israels, nicht König der Juden? Jesus als König im Johannesevangelium, in: STEGEMANN, E. (Hrg.): Messias-Vorstellungen bei Juden und Christen, Stuttgart, Berlin, Köln 1993, S.41-56.

STENGER, W.: Strukturale Lektüre der Ostergeschichte des Johannesevangeliums (Joh 19,31-21,25), in: DERS.: Strukturale Beobachtungen zum Neuen Testament (NTTS 12), Leiden 1990, S.202-242.

STIBBE, M.W.G.: John as Storyteller. Narrative Criticism and the fourth Gospel (MSSNTS 73), Cambridge 1992.

STIBBE, M.W.G.: The Elusive Christ: A New Reading of the Fourth Gospel, in: STIBBE, M.W.G. (Hrg.): The Gospel of John as Literature. An Anthology of Twentieth-Century Perspectives (NTTS 17), Leiden, New York, Köln 1993, S.231-247.

STIMPFLE, A.: Blinde sehen. Die Eschatologie im traditionsgeschichtlichen Prozeß des Johannesevangeliums (BZNW 57), Berlin, New York 1990.

STOWASSER, M.: Johannes der Täufer im Vierten Evangelium. Eine Untersuchung zu seiner Bedeutung für die johanneische Gemeinde (ÖBS 12), Klosterneuburg 1992.

STRECKER, G.: Die Anfänge der johanneischen Schule, in: NTS 32 (1986), S.31-47.

SUNDBERG, A.C.: Isos-To-Theo Christology in Joh 5,17-30, in: BR 15 (1970), S.19-31.

TAEGER, J.W.: Johannesapokalypse und johanneischer Kreis (BZNW 51), Berlin, New York 1989.

TANZER, S.J.: Salvation is for the Jews: Secret Christian Jews in the Gospel of John, in: PEARSON, B.A. (Hrg.): The Future of Early Christianity (FS H. KÖSTER), Minneapolis 1991, S.285-300.

THEIßEN, G.:Autoritätskonflikte in den johanneischen Gemeinden. Zum „Sitz im Leben" des Johannesevangeliums, in: Διακονια (FS B. STOGIANNOS), Thessaloniki 1988, S.243-258.

THEOBALD, M.: Im Anfang war das Wort. Textlinguistische Studie zum Johannesprolog (SBS 106), Stuttgart 1983.

THEOBALD, M.: Die Fleischwerdung des Logos. Studien zum Verhältnis des Johannesprologs zum Corpus des Evangelium und zu 1 Joh (NTA 20), Münster 1988.

THEOBALD, M.: Geist- und Inkarnationschristologie. Zur Pragmatik des Johannesprologs (Joh 1,1-18), in: ZThK 112 (1990), S.129-149.

THEOBALD, M.: Gott, Logos und Pneuma. „Trinitarische" Rede von Gott im Johannesevangelium, in: KLAUCK, H.-J. (Hrg.): Monotheismus und Christologie. Zur Gottesfrage im hellenistischen Judentum und im Urchristentum (QD 138), Freiburg, Basel, Wien 1992, S.41-87.

THEOBALD, M.: Der Jünger, den Jesus liebte. Beobachtungen zum narrativen Konzept der johanneischen Redaktion, in: CANCIK, H. / LICHTENBERGER, H. / SCHÄFER, P. (Hrg.): Geschichte - Tradition - Reflexion III. Frühes Christentum [hrg. v. H. LICHTENBERGER] (FS M. HENGEL), Tübingen 1996, S.219-256.

THEOBALD, M.: Der johanneische Osterglaube und die Grenzen seiner narrativen Vermittlung (Joh 20), in: HOPPE, R. / BUSSE, U. (Hrg.): Von Jesus zum Christus. Christologische Studien (FS P. HOFFMANN) (BZNW 93), Berlin, New York 1998, S.93-123.

THOMPSON, M.M: The Humanity of Jesus in the Fourth Gospel, Philadelphia 1988.

THÜSING, W.: Die Erhöhung und Verherrlichung Jesu im Johannesevangelium (NTA 21,1/2), Münster ³1979.

THÜSING, W.: Die johanneische Theologie als Verkündigung der Größe Gottes, in: DERS.: Studien zur neutestamentlichen Theologie [hrg. v. T. Söding] (WUNT 82), Tübingen 1995, S.124-134.

THÜSING, W.: Die Bitten des johanneischen Jesus in dem Gebet Joh 17 und die Intentionen Jesu von Nazaret, in: DERS.: Studien zur neutestamentlichen Theologie [hrg. v. T. SÖDING] (WUNT 82), Tübingen 1995, S.265-294.

THYEN, H.: Johannes 13 und die „Kirchliche Redaktion" des vierten Evangeliums, in: JEREMIAS, G. u.a. (Hrg.): Tradition und Glaube (FS K.G. KUHN), Göttingen 1971, S.343-356.

THYEN, H.: Entwicklungen innerhalb der johanneischen Theologie und Kirche im Spiegel von Joh. 21 und der Lieblingsjüngertexte des Evangeliums, in: DE JONGE, M. (Hrg.): L'Evangile de Jean. Source, redaction, theologie (BEThL 44), Leuven 1977, S.259-299.

THYEN, H.: „Niemand hat größere Liebe als die, daß er sein Leben für seine Freunde hingibt" (Joh 15,13). Das johanneische Verständnis des Kreuzestodes Jesu, in: ANDRESEN, C. /

KLEIN, G. (Hrg.): Theologia crucis - signum crucis (FS E. DINKLER), Tübingen 1979, S.467-481.
THYEN, H.: „Das Heil kommt von den Juden", in: LÜHRMANN, D. / STRECKER, G. (Hrg.): Kirche (FS G. BORNKAMM), Tübingen 1980, S.163-184.
THYEN, H.: Artikel „Johannesevangelium", in: TRE 17 (1988), S.200-225.
THYEN, H.: Das Johannes-Evangelium als literarisches Werk, in: NEUHAUS, D. (Hrg.): Teufelskinder oder Heilsbringer - Die Juden im Johannesevangelium (Arnoldshainer Texte 64), Frankfurt [2]1993, S.112-132.
THYEN, H.: Ich bin das Licht der Welt. Das Ich- und Ich-Bin-Sagen Jesu im Johannesevangelium, in: JAC 35 (1992), S.19-46.

VAN TILBORG, S.: Imaginative Love in John (Biblical Interpretation Series 2), Leiden 1993.
VAN TILBORG, S.: Reading John in Ephesus (NT.S 88), Leiden, New York, Köln 1996.

TOBIN, T.H.: The Prologue of John and Hellenistic Jewish Speculation, in: CBQ 52 (1990), S.252-269.

TOBLER, E.: Vom Missverstehen zum Glauben. Ein theologisch-literarischer Versuch zum vierten Evangelium und zu Zeugnissen seiner Wirkung (EHS.XXIII 395), Bern, Frankfurt/Main, New York, Paris 1990.

TRUMBOWER, J.A.: Born from Above. The Anthropology of the Gospel of John (HUT 29), Tübingen 1992.

VAWTER, B.: Ezekiel and John, in: CBQ 26 (1964), S.450-458.

VELLANICKAL, M.: The Divine Sonship in the Johannine Writings (AnBib 72), Rom 1977.

VOUGA, F.: Le cadre historique et l'intention théologique de Jean, Paris 1977.
VOUGA, F.: The Johannine School: A Gnostic Tradition in Primitive Christianity?, in: Bib 69 (1988), S.371-385.

WAGNER, J.: Auferstehung und Leben. Joh 11,1-12,19 als Spiegel johanneischer Redaktions- und Theologiegeschichte (BU 19), Regensburg 1988.

VON WAHLDE, U.C.: The Johannine 'Jews': A Critical Survey, in: NTS 28 (1982), S.33-66.
VON WAHLDE, U.C.: The Relationships between Pharisees and Chief Priests: Some Observations on the Texts in Matthew, John and Josephus, in: NTS 42 (1996), S.506-522.

WALTER, N.: Glaube und irdischer Jesus im Johannesevangelium, in: DERS.: Praeparatio Evangelica. Studien zur Umwelt, Exegese und Hermeneutik des Neuen Testaments (hrg. v. W. KRAUS u. F. WELK) (WUNT 98), Tübingen 1997.

WANKE, J.: Theologische Erwägungen zur johanneischen Eschatologie, in: ThGl 71 (1981), S.127-139.

WELCK, C.: Erzählte Zeichen. Die Wundergeschichten des Johannesevangeliums literarisch untersucht. Mit einem Ausblick auf Joh 21 (WUNT 69), Tübingen 1994.

WENGST, K.: Bedrängte Gemeinde und verherrlichter Christus: Ein Versuch über das Johannesevangelium, München [3]1992.
WENGST, K.: Rezension „Bull, Gemeinde zwischen Integration und Abgrenzung", in: ThLZ 118 (1993), S.512-514.

WIEFEL, W.: Die Scheidung von Gemeinde und Welt im Johannesevangelium auf dem Hintergrund der Trennung von Kirche und Synagoge, in: ThZ 35 (1979), S.213-227.

WILKENS, W.: Die Entstehungsgeschichte des vierten Evangeliums, Zollikon 1958.
WILKENS, W.: Zeichen und Werke. Ein Beitrag zur Theologie des vierten Evangeliums in Erzählungs- und Redestoff (AThANT 55), Zürich 1969.

ZANGENBERG, J.: Frühes Christentum in Samarien. Topographische und traditionsgeschichtliche Studien zu den Samarientexten im Johannesevangelium (TANZ 27), Tübingen, Basel 1998.

ZELLER, D.: Paulus und Johannes. Methodischer Vergleich im Interesse einer neutestamentlichen Theologie, in: BZ 27 (1983), S.167-182.

ZUMSTEIN, J.: Analyse narrative, critique rhétorique et exégèse johannique, in: BÜHLER, P. / HABERMACHER, J.-F. (Hrg.): La narration. Quand le récit devient communication (Lieux théologiques 12), Genf 1988, S.37-56.
ZUMSTEIN, J.: Der Prozess der Relecture in der johanneischen Literatur, in: NTS 42 (1996), S.394-411.
ZUMSTEIN, J.: Zur Geschichte des johanneischen Christentums, in: ThLZ 122 (1997), Sp.417-428.
ZUMSTEIN, J.: Das Johannesevangelium: eine Strategie des Glaubens, in: ThBeitr 28 (1997), S.350-363.

ZURHELLEN, O.: Die Heimat des vierten Evangelisten, in: RENGSTORF, K.H. (Hrg.): Johannes und sein Evangelium (WdF 82), Darmstadt 1973, S.314-380.

Übrige Literatur

ACHTEMEIER, P.: Toward the Isolation of Pre-Marcan Miracle Catenae, in: JBL 89 (1970), S.265-291.

ALBERTZ, R.: Religionsgeschichte Israels in alttestamentlicher Zeit 2: Vom Exil bis zu den Makkabäern (Grundrisse zum Alten Testament. ATD Ergänzungsreihe 8/2), Göttingen ²1997. (= Religionsgeschichte 2)

BACKHAUS, K.: Die 'Jüngerkreise' des Täufers Johannes. Eine Studie zu den religionsgeschichtlichen Ursprüngen des Christentums (PaThSt 19), Paderborn, München, Wien, Zürich 1991.

BADER, G.: Jesu Tod als Opfer, in: ZThK 80 (1983), S.411-431.
BADER, G.: Symbolik des Todes Jesu (HUTh 25), Tübingen 1988.

BALZ, H.R.: Methodische Probleme der neutestamentlichen Christologie (WMANT 25), Neukirchen-Vluyn 1967.

BARTH, G.: Die Taufe in frühchristlicher Zeit (BThSt 4), Neukirchen-Vluyn 1981.
BARTH, G.: Der Tod Jesu Christi im Verständnis des Neuen Testaments, Neukirchen-Vluyn 1992.

BAUER, D.: Das Buch Daniel (NSK-AT 22), Stuttgart 1996.

BEASLEY-MURRAY, G.: Die christliche Taufe. Eine Untersuchung über ihr Verständnis in Geschichte und Gegenwart, Kassel 1968.

BECKER, J.: Die neutestamentliche Rede vom Sühnetod Jesu, in: ZThK. B 8 (1990), S.29-49.
BECKER, J.: Paulus. Der Apostel der Völker, Tübingen ²1992.
BECKER, J.: Jesus von Nazaret, Berlin, New York 1996.

BERG, W.: Die Rezeption alttestamentlicher Motive im Neuen Testament - dargestellt an den Seewandelerzählungen (Hochschulsammlung Theologie, Exegese Band 1), Freiburg 1979.

BERGER, K.: Die Amen-Worte Jesu. Eine Untersuchung zum Problem der Legitimation in apokalyptischer Rede (BZNW 39), Berlin 1970.
BERGER, K.: Zum traditionsgeschichtlichen Hintergrund christologischer Hoheitstitel, in: NTS (1971), S.391-425.
BERGER, K.: Die königlichen Messiastraditionen des Neuen Testaments, in: NTS 20 (1974), S.1-44.
BERGER, K.: Zum Problem der Messianität Jesu, in: ZThK 71 (1974), S.1-30.
BERGER, K.: Artikel „Abraham II. Im Frühjudentum und Neuen Testament", in: TRE 1 (1977), S.372-382.
BERGER, K.: Die impliziten Gegner. Zur Methode des Erschließens von „Gegnern" in neutestamentlichen Texten, in: LÜHRMANN, D./ STRECKER, G. (Hrg.): Kirche (FS G. BORNKAMM), Tübingen 1980, S.373-400.
BERGER, K.: Hellenistische Gattungen im Neuen Testament, in: ANRW II 25.2 (1984), S.1031-1432 u. 1831-1885.
BERGER, K.: Exegese des Neuen Testaments: Neue Wege vom Text zur Auslegung, Heidelberg ²1984.
BERGER, K.: Formgeschichte des Neuen Testaments, Heidelberg 1984.
BERGER, K.: Artikel „Geist/Heiliger Geist/Geistesgaben III. Neues Testament", in: TRE 13 (1984), S.178-196.
BERGER, K.: Artikel „Gnosis/Gnostizismus I. Vor- und außerchristlich", in: TRE 13 (1984), S.519-535.
BERGER, K.: Einführung in die Formgeschichte, Tübingen 1987.
BERGER, K.: Artikel „Henoch", in: RAC 14 (1988), Sp.473-545.
BERGER, K. Artikel „Kirche I. Altes Testament und Frühjudentum / Kirche II. Neues Testament", in: TRE 18 (1989), S.198-218.
BERGER, K.: Manna, Mehl und Sauerteig. Korn und Brot im Alltag der frühen Christen, Stuttgart 1993.
BERGER, K.: Qumran und Jesus. Wahrheit unter Verschluß?, Stuttgart 1993.
BERGER, K.: Vom Verkündiger zum Verkündigten - Anfragen an ein Programm, in: SCHMIDINGER, H. (Hrg.): Jesus von Nazaret, Graz 1994, S.185-209.
BERGER, K.: Theologiegeschichte des Urchristentums. Theologie des Neuen Testaments, Tübingen, Basel ²1995.
BERGER, K.: Wer war Jesus wirklich?, Stuttgart 1995.
BERGER, K.: Darf man an Wunder glauben?, Stuttgart 1996.
BERGER, K.: Ist Christsein der einzige Weg?, Stuttgart 1997.
BERGER, K.: Qumran. Funde - Texte - Geschichte, Stuttgart 1998.
BERGER, K.: Wozu ist der Teufel da?, Stuttgart 1998.
BERGER, K.: Wie kommt das Ende der Welt?, Stuttgart 1999.

BETZ, H.D.: Artikel „θεός", in EWNT II, Sp.346-352.

BETZ, O.: Probleme des Prozesses Jesu, in: ANRW II 25.1 (1982), S.565-647.

BEUTLER, J.: Artikel „ἀναβαίνω", in: EWNT I, Sp.178-180.
BEUTLER, J.: Artikel „ἄνωθεν",in: EWNT I, Sp.269f.

BEYER, K.: Semitische Syntax im Neuen Testament, I: Satzlehre Teil 1 (StUNT 1), Göttingen ²1968.

BIETENHARD, H.: Artikel „ἐκβάλλω", in: ThBNT I, S.169.

BLACK, M.: The Book of Enoch or 1 Enoch (SVTP 7), Leiden 1985.

BÖCHER, O.: Artikel „διάβολος" , in: EWNT I, Sp.714-716.

BOOBYER, G.H.: Jesus as „Theos" in the New Testament, in: BJRL 50 (1967/68), S.255ff.

BORNKAMM, G.: Jesus von Nazareth, Stuttgart, Berlin, Köln, Mainz ¹⁴1988.

BÖSEN, W.: Der letzte Tag des Jesus von Nazaret, Freiburg, Basel, Wien 1994 (Neuausgabe 1999).

BOUSSET, W.: Kyrios Christos. Geschichte des Christusglaubens von den Anfängen des Christentums bis Irenaeus (FRLANT 21), Göttingen ²1921.

BRANDENBURGER, E.: Fleisch und Geist. Paulus und die dualistische Weisheit (WMANT 29), Neukirchen-Vluyn 1968.
BRANDENBURGER, E.: Die Verborgenheit Gottes im Weltgeschehen. Das literarische und theologische Problem des 4. Esrabuches (AThANT 68), Zürich 1981.
BRANDENBURGER, E.: Markus 13 und die Apokalyptik (FRLANT 134), Göttingen 1984.

BRANICK, V.B.: The Sinful Flesh of the Son of God (Rom 8,3): A Key Image of Pauline Theology, in: CBQ 47 (1985), S.246-262.

BREUER, D.: Einführung in die pragmatische Texttheorie, München 1974.

BÜCHSEL, F.: Artikel „ἄνω, ἀνώτερον", in: ThWNT I (1933), S.376-378.
BÜCHSEL, F.: Artikel „παλιγγενεσία", in: ThWNT I (1933), S.685-688.

BÜCHSEL, F. / RENGSTORF, K.-H.: Artikel „γεννάω κτλ.", in: ThWNT I (1933), S.663-674.

BULTMANN, R.: Zur Frage des Wunders, in: DERS.: Glauben und Verstehen I, Tübingen 1964.
BULTMANN, R.: Geschichte der synoptischen Tradition, Göttingen ⁹1979.
BULTMANN, R.: Theologie des Neuen Testaments, Tübingen ⁹1984.

BURCHARD, C.: Untersuchungen zu Joseph und Aseneth. Überlieferung - Ortsbestimmung (WUNT 8), Tübingen 1965.
BURCHARD, C.: The Importance of Joseph and Aseneth for the Study of the New Testament: A General Survey and a Fresh Look at the Lords Supper, in: NTS 33 (1987), S.102-134.
BURCHARD, C.: Artikel „Joseph und Aseneth", in: TRE 17 (1988), S.246-249.
BURCHARD, C.: Jesus von Nazareth, in: BECKER, J. u.a.: Die Anfänge des Christentums. Alte Welt und Neue Hoffnung, Stuttgart, Berlin, Köln, Mainz 1987, S.12-58.

BUSCH, P.: Der gefallene Drache. Mythenexegese am Beispiel von Apokalypse 12 (TANZ 19), Tübingen, Basel 1996.

BYRNE, B.: »Sons of God« - »Seed of Abraham«. A Study in the Idea of the Sonship of God of All Christians in Paul against the Jewish Background (AnBibl 83), Rom 1979.

CARR, D.: Das „leidende und verherrlichte 'Menschliche'", in: EVANGELISCHES MISSIONSWERK IN DEUTSCHLAND (Hrg.): Der Text im Kontext. Die Bibel mit anderen Augen gelesen (Weltmission Heute 31. Studienheft), Hamburg 1998, S.10-43.

CHARLES, R.: A Critical and Exegetical Commentary on the Book of Daniel, Oxford 1929.

CHESNUTT, R.D.: Bread of Life in Joseph and Aseneth and in John 6, in: PREAST, J.E. (Hrg.): Johannine Studies (FS F. PACK), Malibu 1989, S.1-16.

COHEN, S.J.D.: The Significance of Yavneh. Pharisees, Rabbis and the End of Jewish Sectarianism, in: HUCA 55 (1984), S.27-53.

COLLINS, J.J.: The Apocalyptic Imagination, New York 1984.
COLLINS, J.J.: Daniel (Hermeneia CHCB), Minneapolis 1991.
COLLINS, J.J.: The 'Son of God' Text from Qumran, in: DE BOER, M.C. (Hrg.): From Jesus to John. Essays on Jesus and New Testament Christology (FS M. DE JONGE) (JSNT.SS 84), Sheffield 1993, S.65-82.

COLLINS, J.J.: Jesus and the Messiahs of Israel, in: CANCIK, H. / LICHTENBERGER, H. / SCHÄFER, P. (Hrg.): Geschichte - Tradition - Reflexion III. Frühes Christentum [hrg. v. H. LICHTENBERGER] (FS M. HENGEL), Tübingen 1996, S.287-302.

COLPE, C.: Die religionsgeschichtliche Schule: Darstellung und Kritik ihres Bildes vom gnostischen Erlösermythos (FRLANT 78), Göttingen 1961.
COLPE, C.: Artikel „Bethesda", in: BHH 1, Sp.232f.
COLPE, C.: Artikel „Gnosis I (Religionsgeschichtlich)", in: RGG³ II, Sp.1648-1652.
COLPE, C.: Die Himmelsreise der Seele außerhalb und innerhalb der Gnosis, in: BIANCHI, U. (Hrg.): Le origini dell gnostizismo (Studies of the History of Religions 12), Leiden 1967, S.429-447.
COLPE, C.: Von der Logoslehre des Philon zu der des Clemens von Alexandrien, in: RITTER, A.M. (Hrg.): Kerygma und Logos. Beiträge zu den geistesgeschichtlichen Beziehungen zwischen Antike und Christentum (FS C. ANDRESEN), Göttingen 1979, S.89-107.
COLPE, C.: Artikel „Gnosis II (Gnostizismus)", in: RAC 11 (1981), S.537-659.

CONZELMANN, H.: Grundriß der Theologie des Neuen Testaments, Tübingen ⁴1987.

CULLMANN, O.: Die Christologie des Neuen Testaments, Tübingen ⁵1975.
CULLMANN, O.: Urchristentum und Gottesdienst (AThANT 3), Zürich 1962.

DEY, J.: ΠΑΛΛΙΓΓΕΝΕΣΙΑ. Ein Beitrag zur religionsgeschichtlichen Bedeutung von Tit 3,5 (NTA 17/5), Münster 1937.

DUNN, J.D.G.: Unity and Diversity in the New Testament. An Inquiry into the Character of Earliest Christianity, London 1977.
DUNN, J.D.G.: The Question of Anti-semitism in the New Testament Writings of the Period, in: DUNN, J.D.G. (Hrg.): Jews and Christians. The Parting of the Ways A.D. 70 to 135. The second Durham Tübinger Research Symposium on Earliest Christianity and Judaism (Durham, September 1989) (WUNT 66), Tübingen 1992, S.177-211.
DUNN, J.D.G.: Christology in the Making. A New Testament Inquiry into the Origins of the Doctrine of the Incarnation, Philadelphia, London 1980.
DUNN, J.D.G.: Artikel „Christology (NT)", in: ABD I (1992), S.979-991.

EGGER, W.: Methodenlehre zum Neuen Testament. Einführung in linguistische und historisch-kritische Methoden, Freiburg, Basel, Wien 1987.

ELLIS, E.E.: The Old Testament in Early Christianity (WUNT 54), Tübingen 1991, S.105-109.

ERLEMANN, K.: Naherwartung und Parusieverzögerung im Neuen Testament. Ein Beitrag zur Frage religiöser Zeiterfahrung (TANZ 17), Tübingen, Basel 1995.
ERLEMANN, K.: Papyrus Egerton 2: 'Missing Link' zwischen synoptischer und johanneischer Tradition, in: NTS 42 (1996), S.12-34.

ERNST, J.: Johannes der Täufer. Interpretation - Geschichte - Wirkungsgeschichte (BZNW 53), Berlin, New York 1989.

FELDTKELLER, A.: Identitätssuche des syrischen Urchristentums. Mission, Inkulturation und Pluralität im ältesten Heidenchristentum (NTOA 25), Freiburg/Schweiz, Göttingen 1993.

FENDRICH, H.: Artikel „καταβαίνω", in: EWNT II, Sp.627-629

FIEBIG, P.: Jüdische Wundergeschichten des neutestamentlichen Zeitalters, Tübingen 1911.

FITZMEYER, J.A.: 4Q246: The 'Son of God' Document from Qumran, in: Bib 74 (1994), S.153-174.

FORKMAN, G.: The Limits of the Religious Community, Lund 1972.

FRANKEMÖLLE, H.: Jahwebund und Kirche Christi. Studien zur Form- und Traditionsgeschichte des Evangeliums nach Matthäus (NTA 10), Münster ²1984.
FRANKEMÖLLE, H.: Biblische Handlungsanweisungen. Beispiel pragmatischer Exegese, Mainz 1983.
FRANKEMÖLLE, H.: Neutestamentliche Christologien als jüdische Glaubenszeugnisse? Voraussetzungen einer sachgemäßen Diskussion, in: FLOTHKÖTTER, H. / NACKE, B. (Hrg.): Das Judentum - eine Wurzel des Christlichen. Neue Perspektiven des Miteinanders, Würzburg 1990, S.104-126.
FRANKEMÖLLE, H.: Der Brief des Jakobus I-II (ÖTK 17/1-2), Gütersloh 1994.

FREY, J.: Der implizite Leser und die biblischen Texte, in: ThBeitr 23 (1992), S.266-290.

FRIEDRICH, G.: Artikel „προφήτης κτλ D. Propheten und Prophezeien im Neuen Testament",in: ThWNT VI (1959), S.829-858.

FRICKENSCHMIDT, D.: Evangelium als Biographie. Die vier antiken Evangelien im Rahmen antiker Erzählkunst (TANZ 22), Tübingen, Basel 1997.
FRICKENSCHMIDT, D.: Evangelium als antike Biographie, in: ZNT 2 (1998), S.29-39.

FRÜCHTEL, U.: Mit der Bibel Symbole entdecken (in Verb. m. H.-W. BÜSCHER), Göttingen ²1994.

GADAMER: Wahrheit und Methode. Grundzüge einer philosophischen Hermeneutik (Gesam-melte Werke 1), Tübingen 1990.

GARCIA MARTINEZ, F.: Messianische Erwartungen in den Qumranschriften, in: JBTh 8 (1993), S.171-208.

GERO, S.: »My Son the Messiah«. A Note on 4 Ezra 7,28-29, in: ZNW 66 (1975), S.264-267.

GESE, H.: Der Messias, in: DERS.: Zur biblischen Theologie. Alttestamentliche Vorträge, Tübingen ³1989, S.128-151.
GESE, H.: Die Bedeutung der Krise unter Antiochus IV. Epiphanes für die Apokalyptik des Danielbuches, in: ZThK 80 (1983), S.373-388.

GOPPELT, L.: Typos, Gütersloh 1939 (Nachdruck Darmstadt 1969).
GOPPELT, L.: Artikel „Wiedergeburt II.", in: RGG³ VI, Sp.1697-1699.

GREENFIELD, J.C. / STONE, M.E.: The Enochic Pentateuch and the Date of the Similitudes, in: HTR 70 (1977), S.51-66.

GROß, W.H.: Artikel „Congiarium", in: KP 1, Sp.1276.

GÜLICH, E. / RAIBLE, W.: Linguistische Textmodelle. Grundlage und Möglichkeiten, München 1977.

GUHRT, J.: Artikel „παλλιγγενεσία", in: ThBNT I, S.450f.

GRUNDMANN, W.: Das Evangelium nach Markus (ThHK 2), Berlin ¹⁰1989.

HAAG, E.: Daniel (NEB.AT 30), Würzburg 1993.

HAHN, F.: Christologische Hoheitstitel. Ihre Geschichte im frühen Christentum (FRLANT 83), Göttingen ⁵1995.
HAHN, F.: »Siehe, jetzt ist der Tag des Heils«. Neuschöpfung und Versöhnung nach 2. Korinther 5,16-6,2, in: EvTh 33 (1973), S.244-253.

HARDMEIER, C.: Texttheorie und biblische Exegese. Zur rhetorischen Funktion der Trauermetaphorik in der Prophetie (BEvTh 79), München 1978.

HÄRLE, W.: Dogmatik, Berlin, New York 1995.

HARNISCH, W.: Verhängnis und Verheißung der Geschichte. Untersuchung zum Zeit- und Geschichtsverständnis im 4. Buch Esra und in der syrischen Baruchapokalypse (FRLANT 97), Göttingen 1969.

HARRIS, M.J.: Jesus as God. The New Testament Use of *Theos* in Reference to Jesus, Grand Rapids 1992.

HARRIS, W.H.: The Descent of Christ. Ephesians 4:7-11 and Traditional Hebrew Imagery (AGAJU 23), Leiden, New York, Köln 1996.

HARTMAN, L.: Auf den Namen des Herrn Jesus. Die Taufe in den neutestamentlichen Schriften (SBS 148), Stuttgart 1992.

HARVEY, A.E.: Jesus and the Contraints of History (The Bampton Lectures 1980), London 1982.

HARVEY, G.: The True Israel. Uses of the Names Jew, Hebrew and Israel in Ancient Jewish and Early Christian Literature (AGAJU 35), Leiden, New York, Köln 1996.

HEGERMANN, H.: Artikel „δόξα", in: EWNT I, Sp.832-841.
HEGERMANN, H.: Artikel „δοξάζω", in: EWNT I, Sp.841-843.

HEILIGENTHAL, R.: Artikel „ἐργάζομαι / ἐργασία / ἐργάτης", in: EWNT II, Sp.120-123.
HEILIGENTHAL, R.: Artikel „ἔργον", in: EWNT II, Sp.123-127.

HEISING, A.: Die Botschaft der Brotvermehrung (SBS 15), Stuttgart 1966.

HENGEL, M.: Der Sohn Gottes. Die Entstehung der Christologie und die jüdisch-hellenistische Religionsgeschichte, Tübingen ²1977.
HENGEL, M.: Mors turpissima crucis. Die Kreuzigung in der antiken Welt und die „Torheit" des „Wortes vom Kreuz", in: FRIEDRICH, J. (Hrg.): Rechtfertigung (FS E. KÄSEMANN), Göttingen 1976, S.125-184.
HENGEL, M.: Jesus als messianischer Lehrer der Weisheit und die Anfänge der Christologie, in: Sagesse et Religion (Colloque de Strasbourg, Octobre 1976), Paris 1979, S.148-188.
HENGEL, M.: Crucifixion in the Ancient World and the Folly of the Message of the Cross, London 1977.
HENGEL, M.: Der vorchristliche Paulus, in: HENGEL, M. / HECKEL, U. (Hrg.): Paulus und das antike Judentum (WUNT 58), Tübingen 1991, S.177-291.

HINDLEY, J.C.: Towards a Date for the Similitudes of Enoch: An Historical Approach, in: NTS 14 (1967/68), S.551-565.

HOFIUS, O.: Katapausis. Die Vorstellung vom endzeitlichen Ruheort im Hebräerbrief (WUNT 11), Tübingen 1970.
HOFIUS, O.: Artikel „κατάπαυσις", in: EWNT II, Sp.655f.
HOFIUS, O.: Ist Jesus der Messias? Thesen, in: JBTh 8 (1993), S.103-129.

HORN, F.W.: Die synoptischen Einlaßsprüche, in: ZNW 87 (1996), S.187-203.

HORST, J.: Proskynein. Zur Anbetung im Urchristentum nach ihrer religionsgeschichtlichen Eigenart (NTF 3/2), Gütersloh 1932.

HÜBNER, H.: Artikel „μένω", in: EWNT II, Sp.1002-1004.

HULTKRANTZ, Å.: Artikel „Wiedergeburt I. Religionsgeschichtlich", in: RGG³ VI, Sp.1696f.

HURTADO, L.W.: One God, One Lord. Early Christian Devotion and Ancient Jewish Monotheism, Philadelphia.

ISER, W.: Der implizite Leser, München 1972.
ISER, W.: Der Akt des Lesens. Theorie ästhetischer Wirkung, München 1976.
ISER,W.: Die Appellstruktur der Texte, in: WARNING, R. (Hrg.): Rezeptionsästhetik. Theorie und Praxis, München ²1979, S.228-252.

JEREMIAS, J.: Die Wiederentdeckung von Bethesda, Göttingen 1949. (erweiterte engl. Fassung: The Rediscovery of Bethesda, Louisville 1966.
JEREMIAS, J.: Die Abendmahlsworte Jesu, Göttingen ⁴1967.

DE JONGE, M.: Jesus. The Servant-Messiah, New Haven 1991.
DE JONGE, M.: Christologie im Kontext. Die Jesusrezeption des Urchristentums, Neukirchen-Vluyn 1995.

KARRER, M.: Der Gesalbte. Grundlagen des Christustitels (FRLANT 151), Göttingen 1990.
KARRER, M.: Der lehrende Jesus. Neutestamentliche Erwägungen, in: ZNW 83 (1992), S.1-20.
KARRER, M.: Jesus Christus im Neuen Testament (GNT 11), Göttingen 1998.

KEE, H.C.: The Social-Cultural Setting of Joseph and Aseneth, in: NTS 29 (1983), S.394-413.
KEE, H.C.: Messiah and the People of God, in: BUTLER, J./ CONRAD, E.W. / OLLENBURGER, B.L. (Hrg.): Understanding the Word (FS B.W. ANDERSON) (JSOT.SS 37), Sheffield 1985, S.341-358.

KERTELGE, K.: »Neue Schöpfung«. Grund und Maßstab apostolischen Handelns (2.Kor 5,17), in: EVANG, M. / MERKLEIN, H. / WOLTER, M. (Hrg.): Eschatologie und Schöpfung (FS E. GRÄßER) (BZNW 89), Berlin, New York 1997, S.139-144.

KILPATRICK, G.D.: The Last Supper, in: ET 64 (1952/53), S.4-8

KLAFKI, W.: Neue Studien zur Bildungstheorie und Didaktik. Zeitgemäße Allgmeinbildung und kritisch-konstruktive Didaktik, Weinheim, Basel ²1991.

KLAIBER, W.: Rechtfertigung und Gemeinde. Eine Untersuchung zum paulinischen Kirchenverständnis (FRLANT 127), Göttingen 1982.

KLAUCK, H.-J.: Herrenmahl und eucharistischer Kult. Eine religionsgeschichtliche Untersuchung zum ersten Korintherbrief (NTA 15), Münster ²1986.
KLAUCK, H.J.: Die religiöse Umwelt des Urchristentums II. Herrscher- und Kaiserkult, Philosophie (KStTh 9,2), Gnosis, Stuttgart, Berlin, Köln 1996. (= Umwelt II)

KLEIN, G.: Artikel „Eschatologie IV. Neues Testament", in: TRE 10 (1982), S.270-299.

KLINGHARDT, M.: Gesetz und Volk Gottes. Das lukanische Verständnis des Gesetzes nach Herkunft, Funktion und seinem Ort in der Geschichte des Urchristentums (WUNT II/32), Tübingen 1988.
KLINGHARDT, M.: Gemeinschaftsmahl und Mahlgemeinschaft. Soziologie und Liturgie frühchristlicher Mahlfeiern (TANZ 13), Tübingen, Basel 1996.

KNIERIM, R.: Artikel „חטא", in: THAT I, Sp.870-872.

KÖSTER, H.: Einführung in das Neue Testament im Rahmen der Religionsgeschichte und Kulturgeschichte der hellenistischen und römischen Zeit, Berlin, New York 1980.

KRAUS, H.-J.: Der lebendige Gott, in: EvTh 27 (1967), S.169-200.

KREUZER, S.: Der lebendige Gott (BWANT 116), Stuttgart 1983.

KRON, F.W.: Grundwissen Didaktik, München, Basel 1993.

KUHLI, H.: Artikel „Ἰσραήλ", in: EWNT II, Sp.495-501.

KUHN, H.B.: The Angelology of the Non-canonical Jewish Apocalypses, in: JBL 67 (1948), S.211-219.

KUHN, H.-W.: Ältere Sammlungen im Markusevangelium (StUNT 8), Göttingen 1971.
KUHN, H.-W.: Die Kreuzesstrafe während der frühen Kaiserzeit. Ihre Wirklichkeit und Wertung in der Umwelt des Urchristentums, in: ANRW II 25.1 (1982), S.648-793.
KUHN, H.-W.: Artikel „Kreuz II.", in: TRE 19 (1990), S.713-725.

KUHN, K.G.: The Lord's Supper and the Communal Meal at Qumran, in: STENDAHL, K. (Hrg.): The Scrolls and the New Testament, New York, London 1957/58, S.65-93.259-265.

KÜMMEL, W.G.: Einleitung in das Neue Testament, Heidelberg [21]1983.
KÜMMEL, W.G.: Die Theologie des Neuen Testaments nach seinen Hauptzeugen Jesus . Paulus . Johannes (GNT 3) , Göttingen 1969.

KÜSTER, V.: Text und Kontext, in: EVANGELISCHES MISSIONSWERK IN DEUTSCHLAND (Hrg.): Der Text im Kontext. Die Bibel mit anderen Augen gelesen (Weltmission Heute 31. Studienheft), Hamburg 1998, S.130-143.

LAMPE, P.: Artikel „βασιλεύς", in: EWNT I, Sp.492-497.

LANG, H.G.: Christologie und Ostern. Untersuchungen im Grenzgebiet von Exegese und Systematik (TANZ 29), Tübingen, Basel 1999.

LÉON-DUFOUR, X.: Abendmahl und Abschiedsrede im Neuen Testament, Stuttgart 1983.

LICHTENBERGER, H.: Täufergemeinden und frühchristliche Täuferpolemik im letzten Drittel des 1. Jahrhunderts, in: ZThK 84 (1987), S.36-57.
LICHTENBERGER, H.: Messianische Erwartungen und messianische Gestalten in der Zeit des Zweiten Tempels, in: STEGEMANN, E. (Hrg.): Messias-Vorstellungen bei Juden und Christen, Stuttgart, Berlin, Köln 1993, S.9-20.

LIDZBARSKI, M.: Mandäische Liturgien. Text und Übersetzung (AAWG.PH XVII,1), Berlin 1920 (Nachdruck 1970).

LIEU, J.M.: The Theology of the Johannine Epistles, Cambridge 1991.

LINDARS, B.: 'Joseph and Asenath' and Eucharist, in: THOMPSON, B. P. (Hrg.): Scripture: Meaning and Method, Hull 1987, 181-199.

LINK, H.: Rezeptionsforschung. Eine Einführung in Methoden und Probleme, Stuttgart 1976.

LINK, J.: Literaturwissenschaftliche Grundbegriffe. Eine programmierte Einführung auf strukturalistischer Basis, München [3]1985.

LOADER, W.R.G.: Jesus' Attitude towards the Law. A Study of the Gospels (WUNT II/97), Tübingen 1997.

LOHMEYER, E.: Das Evangelium des Markus (KEK 1/2), Göttingen 1959.

LOHSE, E.: Märtyrer und Gottesknecht. Untersuchungen zur urchristlichen Verkündigung vom Sühntod Jesu Christi (FRLANT 46), Göttingen ²1963.
LOHSE, E.: Artikel „ῥαββί", in: ThWNT VI (1959), S.962-966.
LOHSE, E.: Artikel „υἱός, in: ThWNT VIII (1969), S.358-363.
LOHSE, E.: Jesu Worte über den Sabbat, in: DERS.: Die Einheit des Neuen Testaments. Exegetische Studien zur Theologie des Neuen Testaments, Göttingen 1973, S.62-72.
LOHSE, E.: Apokalyptik und Christologie, in: DERS.: Die Einheit des Neuen Testaments. Exegetische Studien zur Theologie des Neuen Testaments, Göttingen 1973, S.125-144.

LÜDEMANN, G.: Artikel „ὑψόω", in: EWNT III, Sp.981f.

LUZ, U.: Theologia crucis als Mitte der Theologie im Neuen Testament, in: EvTh 34 (1974), S.116-141.
LUZ, U.: Das Evangelium nach Matthäus. 2. Teilband: Mt 8-17 (EKK I/2), Zürich, Brauschweig 1990.

MADDEN, P.J.: Jesus' Walking on the Sea. An Investigation of the Origin of the Narrative Account (BZNW 81), Berlin, New York 1997.

MAIER, J.: Jüdische Auseinandersetzung mit dem Christentum in der Antike (EdF 177), Darmstadt 1982.

MALINA, B.J.: The Palestinian Manna Tradition - The Manna Tradition in the Palestinian Targums and its Relationship to the New Testament Writings (AGSU 7), Leiden 1968.

MARSHALL, H.: Die Ursprünge der neutestamentlichen Christologie, Gießen, Basel 1985.

MC CASLAND, S.V.: The Asclepios Cult in Palestine, in: JBL 58 (1939), S.221-227.

MEARNS, C.L.: The Parables of Enoch: Origin and Date, in: ET 89 (1978), S.118f.
MEARNS, C.L.: Dating the Similitudes of Enoch, in: NTS 25 (1979), S.260-269.

MEEKS, W.A.: Moses as God and King, in: NEUSNER, J. (Hrg.): Religions in Antiquity (Studies in the History of Religions 14), Leiden 1967, S.354-371.

MEIER, H.-C.: Mystik bei Paulus. Zur Phänomenologie religiöser Erfahrung im Neuen Testament (TANZ 26), Tübingen, Basel 1998.

MEIER, J.P.: A Marginal Jew: Rethinking the Historical Jesus Vol. 1 & 2 (ABRL), New York 1991 u. 1994.

MELL, U.: Neue Schöpfung. Eine traditionsgeschichtliche und exegetische Studie zu einem soteriologischen Grundsatz paulinischer Theologie (BZNW 56), Berlin, New York 1989.

MERK, O.: Artikel „ἄρχων", in: EWNT I, Sp.401-404.

MERKLEIN, H.: Jesu Botschaft von der Gottesherrschaft (SBS 111), Stuttgart 1983.
MERKLEIN, H.: Jesus, Künder des Reiches Gottes, in: DERS.: Studien zu Jesus und Paulus (WUNT 43), Tübingen 1987, S.127-156.
MERKLEIN, H.: Der Tod Jesu als stellvertretender Sühnetod. Entwicklung und Gehalt einer zentralen neutestamentlichen Aussage, in: DERS.: Studien zu Jesus und Paulus (WUNT 43), Tübingen 1987, S.181-191
MERKLEIN, H.: Die Auferweckung Jesu und die Anfänge der Christologie (Messias bzw. Sohn Gottes und Menschensohn), in: DERS.: Studien zu Jesus und Paulus (WUNT 43), Tübingen 1987, S.221-246.
MERKLEIN, H.: Zur Entstehung der urchristlichen Aussage vom präexistenten Sohn Gottes, in: DERS.: Studien zu Jesus und Paulus (WUNT 43), Tübingen 1987, S.247-276.

MEYER, H.: Leitfaden zur Unterrichtsvorbereitung, Frankfurt [10]1991.

MICHEL, O.: Der Brief an die Hebräer (KEK 13), Göttingen [6]1966.

MICHEL, O.: Der aufsteigende und herabsteigende Gesandte, in: WEINRICH, W.C. (Hrg.): The New Testament Age (FS B. REICKE II), Macon 1984, S.335-361.

MICHEL, O. / BETZ, O.: Von Gott gezeugt, in: ELTESTER, W. (Hrg.): Judentum, Urchristentum, Kirche (FS. J. JEREMIAS) (BZNW 26), Berlin 1960, S.3-23.

MILIK, J.T.: Problemes de la littérature Hénochique à la lumière de fragments araméens de Qumran, in: HTR 64 (1971), S.333-378.

MOWINKEL, S.: He That Cometh, Oxford 1956.

MÜLLER, D.: Artikel „ὑψόω", in: ThBNT I, S.706-709.

MÜLLER, K.: Möglichkeit und Vollzug jüdischer Kapitalgerichtsbarkeit im Prozeß gegen Jesus, in: KERTELGE, K. (Hrg.): Historische Rückfrage und theologische Deutung (QD 112), Freiburg, Basel, Wien 1988, S.41-83.

MÜLLER, U.B.: Die Offenbarung des Johannes (ÖTK 19), Gütersloh 1984.

MÜLLER, U.B.: Die Menschwerdung des Gottessohnes. Frühchristliche Inkarnationsvorstellungen und die Anfänge des Doketismus (SBS 140), Stuttgart 1990.

MÜLLER, U.B.: »Sohn Gottes« - ein messianischer Hoheitstitel Jesu, in: ZNW 87 (1996), S.1-32.

MUBNER, F.: Ursprünge und Entfaltung der neutestamentlichen Sohn-Christologie, in: SCHEFFCZYK, L. (Hrg.): Grundfragen der Christologie heute (QD 72), Freiburg, Basel, Wien 1975, S.77-113.

NEUSNER, J.: The Formation of Rabbinic Judaism. Yavneh (Jamnia) from A.D. 70 to 100, in: ANRW II.19.2 (1979), S.3-42

NOTH, M.: Die Heiligen des Höchsten, in: DERS.: Gesammelte Studien zum Alten Testament I (TB 6), München [3]1966, S.274-290.

NOTH, M.: Zur Komposition des Buches Daniel, in: DERS.: Gesammelte Studien zum Alten Testament II (TB 39), München 1969, S.11-28.

OBERMANN, A.: An Gottes Segen ist allen gelegen. Eine Untersuchung zum Segen im Neuen Testament, Neukirchen-Vluyn 1998.

VON DER OSTEN-SACKEN, P.: Grundzüge einer Theologie im christlich-jüdischen Gespräch (ACJD 12), München 1982.

PANNENBERG, W.: Systematische Theologie 2, Göttingen 1991.

PESCH, R.: Das Markusevangelium. Einleitung und Kommentar zu Kapitel 1,1-8,26 (HThK II/1), Freiburg, Basel, Wien [5]1989. (= Markusevangelium 1)

PESCH, R.: Das Markusevangelium. Kapitel 8,27-16,20 (HThK II/2), Freiburg, Basel, Wien [4]1991. (= Markusevangelium 2)

PETZKE, G.: Artikel „κτίζω κτλ.", in: EWNT II, Sp.803-808.

PLÖGER, O.: Das Buch Daniel (KAT 18), Gütersloh 1965.

POWELL, M.A.: What is Narrative Criticism?, Minneapolis 1990.

PUECH, E.: Fragment d'une Apocalypse en Araméen (4Q246 = pseude Dan^d) et le 'Royaume de Dieu', in: RB 99 (1992), S.98-131.
PUECH, E.: Fragment d'une Apocalypse; Notes sur le Fragment d'Apocalypse 4Q246 - 'Le Fils de Dieu', in: RB 101 (1994), S.533-557.

PREUB, H.D.: „...ich will mit dir sein!", in: ZAW 80 (1968), S.139-173.
PREUB, H.D.: Artikel „את", in: ThWAT I, Sp.485-500.
PREUB, H.D.: Theologie des Alten Testaments. Band 1: JHWHs erwählendes und verpflichtendes Handeln, Stuttgart, Berlin, Köln 1991. (= Theologie 1)
PREUB, H.D.: Theologie des Alten Testaments. Band 2: Israels Weg mit JHWH, Stuttgart, Berlin, Köln 1992. (= Theologie 2)

RATSCHOW, C.H.: Jesus Christus (HST 5), Gütersloh 1982.

REBELL, W.: Zum neuen Leben berufen. Kommunikative Gemeindepraxis im frühen Christentum, München 1990.

RENGSTORF, K.H.: Artikel „διδάσκω κλ.", in: ThWNT II (1935), S.138-167.
RENGSTORF, K.H.: Die Anfänge der Auseinandersetzung zwischen Christusglaube und Asklepiosfrömmigkeit, Münster 1953.

RIESNER, R.: Artikel „Betesda", in: GBL S.283-285.
RIESNER, R.: Jesus als Lehrer. Eine Untersuchung zum Ursprung der Evangelien-Überlieferung (WUNT II/7), Tübingen ³1988.
RIESNER, R.: Die Frühzeit des Apostels Paulus. Studien zur Chronologie, Missionsstrategie und Theologie (WUNT 71), Tübingen 1994.
RIESNER, R.: Christologie in der Jerusalemer Urgemeinde, in: ThBeitr 28 (1997), S.229-243.

RINGWALD, A.: Artikel „γεννάω", in: ThBNT I, S.444-448.

RITT, H.: Der „Seewandel Jesu" (Mk 6,45-52 par): Literarische und theologische Aspekte, in: BZ 23 (1979), S.71-84.

RITZ, H.-J.: Artikel „βίος / βιωτικός", in: EWNT I, Sp.525-526.

ROBINSON, J.A.T.: Wann entand das Neue Testament?, Paderborn, Wuppertal 1986.
ROBINSON, J.A.T.: The Priority of John, London 1985.

ROSTOWZEW, M.: Artikel „Congiarium", in: PRE 4 (1901), Sp.875-880.
ROSTOWZEW, M.: Artikel „Frumentum", in: PRE 7 (1912), Sp.126-187.

ROWLAND, C.: The Open Heaven: A Study of Apocalyptic in Judaism and Early Christianity, London 1982.

RUSAM, D.: Das Motiv der Gotteskindschaft und die Gemeinden der johanneischen Briefe (BWANT 133), Stuttgart 1993.

SANDERS, J.T.: Schismatics, Sectarians, Dissidents, Deviants. The First One Hundred Years of Jewish-Christian Relations, London 1993.
SANDERS, J.T.: The First Decades of Jewish-Christian Relations: The Evidence of the New Testament (Gospels and Acts), in: ANRW II 26.3 (1996), S.1937-1978.

SÄNGER, D.: Antikes Judentum und die Mysterien. Religionsgeschichtliche Untersuchungen zu Joseph und Aseneth (WUNT II/5), Tübingen 1980.

SCHABERG, J.: Daniel 7,12 and the New Testament Passion-Resurrection Predictions, in: NTS 31 (1985), S.208-222.

SCHÄFER, P.: Die sogenannte Synode von Jabne, in: Judaica 31 (1975), S.54-64; 116-124.

SCHENKE, L.: Die Wundererzählungen des Markusevangeliums (SBB), Stuttgart 1974.

SCHIMANOWSKI, G.: Weisheit und Messias. Die jüdischen Voraussetzungen der urchristlichen Präexistenzchristologie (WUNT II/12), Tübingen 1985.

SCHLIEBEN-LANGE, B.: Linguistische Pragmatik, Stuttgart ²1979.

SCHMELLER, T.: Das Reich Gottes im Gleichnis, in: TLZ 119 (1994), S.599-608.

SCHMIDT, S.J.: Texttheorie. Probleme einer Linguistik der sprachlichen Kommunikation, München ²1976.

SCHMITHALS, W.: Das Evangelium nach Markus. Kapitel 1,1-9,1 (ÖTK 2/1), Gütersloh, Würzburg ²1986. (= Markus 1)
SCHMITHALS, W.: Das Evangelium nach Markus. Kapitel 9,2-16,20 (ÖTK 2/2), Gütersloh, Würzburg ²1986. (= Markus 2)

SCHNACKENBURG, R.: Ist der Gedanke des Sühnetodes Jesu der einzige Zugang zum Verständnis unserer Erlösung durch Jesus Christus? (mit Teilbeiträgen von KNOCH, O. und BREUNING, W.), in: KERTELGE, K. (Hrg.): Der Tod Jesu. Deutungen im Neuen Testament (QD 74), Freiburg, Basel, Wien ²1982, S.205-230.

SCHNEIDER, J.: Artikel „βαίνω," in: ThWNT I (1933), S.516-521.
SCHNEIDER, J.: Artikel „ἐξέρχομαι", in: ThWNT II (1935), S.676-678.

SCHNELLE, U.: Neutestamentliche Anthropologie. Jesus - Paulus - Johannes (BThSt 18), Neukirchen-Vluyn 1991.
SCHNELLE, U.: Einleitung in das Neue Testament, Göttingen 1994/²1996.

SCHOTTROFF, L.: Artikel „ἐγώ", in: EWNT I, Sp.916-922.
SCHOTTROFF, L.: Artikel „ζῶ/ζωή", in: EWNT II, Sp.261-271.

SCHRAGE, W.: Artikel „ἀποσυνάγωγος", in: ThWNT VII (1964), S.845-850.

SCHRAMM. T.: Artikel „ἔρχομαι", in: EWNT II, Sp.138-143.

SCHRENK, G.: Artikel „γράφω κτλ.", in: ThWNT I (1933), S.742-773.

SCHROER, S.: In Israel gab es Bilder (OBO 74), Freiburg (Schweiz), Göttingen 1987.

SCHROT, G.: Artikel „Frumentum", in: KP 2, Sp.620-623.

SCHUNCK, K.-D.: Artikel „חץ",in: ThWAT IV, Sp.527-530.

SCHWANTES, H.: Schöpfung der Endzeit. Ein Beitrag zum Verständnis der Auferweckung bei Paulus (AVTRW 25), Berlin 1963.

SCHWEIZER, E.: Erniedrigung und Erhöhung bei Jesus und seinen Nachfolgern (AThANT 28), Zürich ²1962.
SCHWEIZER, E.: Artikel „πνεῦμα, πνευματικός. E. Das Neue Testament", in: ThWNT VI (1959), S.394-449.

SCHWEMER, A.M.: Jesu letzte Worte am Kreuz (Mk.15,34; Lk.23,46; Joh.19,28ff), in: ThBeitr 29 (1998), S.5-29.

SCOBIE, C.H.H.: The Origins and Development of Samaritan Christianity, in: NTS 19 (1972/73), S.390-414.

SEGAL, A.F.: Heavenly Ascent in Hellenistic Judaism. Early Christianity and their Environment, in: ANRW II 23.2 (1980), S.1333-1394.

SEGAL, A.F.: The Risen Christ and the Angelic Mediator Figures in Light of Qumran, in: CHARLESWORTH, J.H. (Hrg.): Jesus and the Dead Sea Scrolls (ABRL), New York, London, Toronto, Sydney, Auckland 1992, S.302-328

SELLIN, G.: „Die Auferstehung ist schon geschehen." Zur Spiritualisierung apokalyptischer Terminologie im Neuen Testament, in: NTS 25 (1983), S.220-237.

SIEDE, B.: Artikel „ἀναβαίνω", in: ThBNT I, S.684f.

SIM, D.C.: Matthew 22.13a and 1 Enoch 10.4a: A Case of Literary Dependence?, in: JSNT 47 (1992), S.3-19.

SJÖBERG, E.: Wiedergeburt und Neuschöpfung im palästinischen Judentum, in: StTh 4 (1950), S.44-85.

SJÖBERG, E.: Neuschöpfung in den Toten-Meer-Rollen, in: StTh 9 (1955), S.131-136.

SMITH, M.: Two Ascended to Heaven - Jesus and the Author of 4Q491, in: CHARLESWORTH, J.H. (Hrg.): Jesus and the Dead Sea Scrolls (ABRL), New York, London, Toronto, Sydney, Auckland 1992, S.290-301

SNOY, T.: La rédaction marcienne de la marche sur les eaux (Mc., VI, 45-52), in: ETL 44 (1968), S.205-241.433-481.

SPARKS, H.F.D.: 1Enoch. Introduction; Bibliography, in: DERS.: The Apocryphical Old Testament, Oxford, S.169-184.

SPIECKERMANN, H.: Heilsgegenwart (FRLANT 148), Göttingen 1989.

STADELMANN, H.: Ben Sira als Schriftgelehrter. Eine Untersuchung zum Berufbild des vormakkabäischen Sofer unter Berücksichtigung seines Verhältnisses zu Priester-, Propheten und Weisheitslehrertum (WUNT II/6), Tübingen 1980.

STAUFFER, E.: Jesus. Gestalt und Geschichte, Bern 1957.

STEGEMANN, W.: Zwischen Synagoge und Obrigkeit. Zur historischen Situation der lukanischen Christen (FRLANT 152), Göttingen 1991.

STEGEMANN, E.W. / STEGEMANN, W.: Urchristliche Sozialgeschichte. Die Anfänge im Judentum und die Christusgemeinden in der mediterranen Welt, Stuttgart, Berlin, Köln 1995.

STEMBERGER, G.: Die sogenannte „Synode von Jabne" und das frühe Christentum, in: Kairos 19 (1977), S.14-21.

STEMBERGER, G.: Das klassische Judentum. Kultur und Geschichte der rabbinischen Zeit (70 n.Chr. bis 1040 n.Chr.), München 1979.

STRACK, H.L. / BILLERBECK, P.: Kommentar zum Neuen Testament aus Talmud und Midrasch I-IV, München ²1926-1956. (= BILLERBECK, Kommentar I-IV)

STRECKER, G.: Johannesbriefe (KEK 14), Göttingen 1989.
STRECKER, G.: Literaturgeschichte des Neuen Testaments, Göttingen 1992.
STRECKER, G.: Theologie des Neuen Testaments (bearb., erg. u. hrg. v. F.W. HORN), Berlin, New York 1995.

STUHLMACHER, P.: Erwägungen zum ontologischen Charakter der καινή κτίσις bei Paulus, in: EvTh 27 (1967), S.1-35.
STUHLMACHER, P.: Biblische Theologie des Neuen Testaments I. Grundlegung. Von Jesus zu Paulus, Göttingen 1992. (= STUHLMACHER, Theologie I)
STUHLMACHER, P.: Der messianische Gottesknecht, in: JBTh 8 (1993), S.131-154.
STUHLMACHER, P.: Das Lamm Gottes - eine Skizze, in: CANCIK, H. / LICHTENBERGER, H. / SCHÄFER, P. (Hrg.): Geschichte - Tradition - Reflexion III. Frühes Christentum [hrg. v. H. LICHTENBERGER] (FS M. HENGEL), Tübingen 1996, S.539-544.

TALBERT, C.H.: The Myth of a Descending-Ascending Redeemer in Mediterranian Antiquity, in: NTS 22 (1975/76), S.418-440.

THEIßEN, G.: Soziologie der Jesusbewegung. Ein Beitrag zur Entstehungsgeschichte des Urchristentums (TEH 194), München ⁴1985.
THEIßEN, G.: Zur Entstehung des Christentums aus dem Judentum. Bemerkungen zu David Flussers Thesen, in: KuI 3 (1988), S.179-189.
THEIßEN, G.: Lokalkoloritforschung in den Evangelien. Plädoyer für die Erneuerung einer alten Fragestellung, in: EvTh 45 (1985), S.481-499.
THEIßEN, G.: Die soziale Schichtung in der korinthischen Gemeinde. Ein Beitrag zur Soziologie des hellenistischen Urchristentums, in: DERS.: Studien zur Soziologie des Urchristentums (WUNT 19), Tübingen ³1989, S.231-271.
THEIßEN, G.: Lokalkolorit und Zeitgeschichte in den Evangelien. Ein Beitrag zur Geschichte der synoptischen Tradition, Freiburg/Schweiz, Göttingen ²1992.

THEIßEN, G. / MERZ, A.: Der historische Jesus. Ein Lehrbuch, Göttingen 1996.

THOMA, C.: Redimensionierungen des frühjüdischen Messianismus, in: JBTh 8 (1993), S.209-218.

THYEN, H.: Studien zur Sündenvergebung im Neuen Testament und seinen alttestamentlichen und jüdischen Voraussetzungen (FRLANT 96), Göttingen 1970.

TILLICH, P.: Systematische Theologie I / II, Berlin, New York 1987. (= Systematische Theologie I bzw. Systematische Theologie II)

TOBIN, T.H.: Artikel „Logos", in: ABD 4, S.348-356.

VANDERKAM, J.C.: Einführung in die Qumranforschung. Geschichte und Bedeutung der Schriften vom Toten Meer, Göttingen 1998.
VETTER, D.: Jahwes Mit-Sein. Ein Ausdruck des Segens (ATh I/45), Stuttgart 1971.
VETTER, D.: Artikel „עם", in: THAT II, Sp.325-328.

VIELHAUER, P.: Geschichte der urchristlichen Literatur: Einleitung in das Neue Testament, die Apokryphen und die Apostolischen Väter, Berlin, New York 1978.

VOGEL, M. Das Heil des Bundes. Bundestheologie im Frühjudentum und im frühen Christentum (TANZ 18), Tübingen, Basel 1996.

VÖGTLE, A.: Todesankündigungen und Todesverständnis Jesu, in: KERTELGE, K. (Hrg.): Der Tod Jesu. Deutungen im Neuen Testament (QD 74), Freiburg, Basel, Wien ²1982, S.51-113.

VOUGA, F.: Geschichte des frühen Christentums, Tübingen 1994.

WANDER, B.: Trennungsprozesse zwischen Frühem Christentum und Judentum im 1. Jahrhundert n.Chr. Datierbare Abfolgen zwischen der Hinrichtung Jesu und der Zerstörung des Jerusalemer Tempels (TANZ 16), Tübingen, Basel ²1997.

WANDER, B.: Auseinandersetzungen, Ablösungsvorgänge und »Trennungsprozesse« zwischen Frühem Christentum und Judentum im 1. Jh. d.Z., in: KuI 10 (1995), S.167-179.

WARNING, R.: Rezeptionsästhetik als literaturwissenschaftliche Pragmatik, in: WARNING, R. (Hrg.): Rezeptionsästhetik. Theorie und Praxis, München ²1979, S.9-41.

WEGENAST, K.: Artikel „Gnosis. Gnostiker", in: KP 2, Sp.830-836.

WEHMEIER, G.: Artikel „עלה" in: THAT II, Sp.272-290.

WEIMAR, P.: Daniel 7. Eine Textanalyse, in: PESCH, R./ SCHNACKENBURG, R. (Hrg.): Jesus und der Menschensohn (FS A. VÖGTLE), Freiburg, Basel, Wien 1975, S.11-36.
WEIMAR, P.: Formen frühjüdischer Literatur. Eine Skizze, in: MAIER, J. / SCHREINER, J. (Hrg.): Literatur und Religion des Frühjudentums. Eine Einführung, Würzburg, Gütersloh 1973, S.123-162.

WEISER, A.: Theologie des Neuen Testaments II. Die Theologie der Evangelien (KStTh 8), Stuttgart, Berlin, Köln 1993.

WEIß, H.-F.: Der Brief an die Hebräer (KEK 13), Göttingen 1991.

WELKER, M.: Gottes Geist. Theologie des Heiligen Geistes, Neukirchen-Vluyn 1992.

WESTERMANN, C.: Artikel „כבד", in: THAT I, Sp.794-812.

WOLFF, C.: Der zweite Brief des Paulus an die Korinther (ThHK 8), Berlin 1989. (= 2. Korinther)

WOLFF, H.W.: Anthropologie des Alten Testaments, München ⁵1990.

YARBRO COLLINS, A.: Rulers, Divine Men, and Walking on the Water, in: BORMANN, L. / DEL TREDICI, K. / STANDHARTINGER, A. (Hrg.): Propaganda and Missionary Competition in the New Testament World (FS D. GEORGI) (NT.S 74), Leiden, New York, Köln 1994, S.207-227.

ZELLER, D.: Charis bei Philon und Paulus (SBS 142), Stuttgart 1990.
ZELLER, D.: Christus unter den Göttern. Zum antiken Umfeld des Christusglaubens (Sachbücher zur Bibel) , Stuttgart 1993.

ZIMMERMANN, H.: Das absolute „Ego eimi" als die neutestamentliche Offenbarungsformel, in: BZ 4 (1960), S.54-69.266-276.

TANZ – TEXTE UND ARBEITEN ZUM NEUTESTAMENTLICHEN ZEITALTER

Holger Sonntag
ΝΟΜΟΣ ΣΩΤΗΡ
Zur politischen Theologie des Gesetzes bei Paulus und im antiken Kontext

TANZ 34, 2000, XIV, 337 Seiten,
DM 96,–/ÖS 701,–/SFr 86,–
ISBN 3-7720-2826-8

Wie wird ein Mensch gerecht, wie kann er ein sicheres, kultiviert-menschliches, kurz: lebenswertes Leben führen und – für den jüdisch-christlichen Bereich: über den Tod hinaus – bewahren? In dieser philologisch-thematisch aufgebauten Untersuchung wird herausgearbeitet, daß nach gemein-antiker Auffassung das Gesetz eine zentrale Rolle bei der Erlangung und Bewahrung von Gerechtigkeit und gutem Leben spielt. Die paulinische Kritik an diesem Konsens paganer, jüdischer und christlicher Autoren verdankt sich der Offenbarung des einen Evangeliums Jesu Christi. Denn dieses stellt als verbindliche Äußerung des einen Gottes nicht nur den Weg zur Beseitigung vergangener und gegenwärtiger Schuld dar; darüber hinaus ist es auch die Weisung für richtiges Handeln gegenüber Gott und den Mitmenschen. Auf Grund dieses Doppelcharakters steht das Evangelium des Paulus aber im Konflikt mit allen anderen Normen, seien sie jüdischer oder paganer Provenienz.

Gabriele Faßbeck
Der Tempel der Christen
Traditionsgeschichtliche Untersuchungen zur Aufnahme des Tempelkonzepts im frühen Christentum

TANZ 33, 2000, XII, 317 Seiten,
DM 96,–/ÖS 701,–/SFr 86,–
ISBN 3-7720-2825-X

In der neutestamentlichen Forschung war die Beschäftigung mit Tempel und Kult des Frühjudentums lange von Vorbehalten geprägt, die eher die theologischen Präferenzen der Wissenschaftler widerspiegelten als die historischen Sachverhalte in der Zeit des frühen Christentums. Neuere Arbeiten haben die Bedeutung des Tempels auch für die ersten christlichen Generationen erkannt. Diese Untersuchung zeigt auf, wie interessiert frühchristliche Autoren an der Übernahme tempeltheologischer Konzepte waren und welche Wege sie beschritten, um diese für ihre eigenen Aussageabsichten fruchtbar zu machen.

francke
verlag

**A. Francke Verlag
Tübingen und Basel**